大 学 体 育

主　编　姜　明

副主编　方　武　汤　泳

参　编　（排名不分先后）

曾庆旋　丁　鹏　马智超　余　刚　王　锋　陈　萍

周　柯　盛紫莹　胡　迪　李　根　陈　龙　王宸铭

张　双　秦　天　孙　卓　柯　易　潘　璐　段辉巧

杨　成　张汉华　马宏俊

北京师范大学出版集团
北京师范大学出版社
BEIJING NORMAL UNIVERSITY PUBLISHING GROUP
BEIJING NORMAL UNIVERSITY PUBLISHING

图书在版编目（CIP）数据

大学体育／姜明主编. —北京：北京师范大学出版社，2017.9（2019.9重印）
ISBN 978-7-303-22883-6

Ⅰ．①大… Ⅱ．①姜… Ⅲ．①体育－高等学校－教材
Ⅳ．①G807.4

中国版本图书馆 CIP 数据核字（2017）第 226114 号

营 销 中 心 电 话　010-58802755　58801876
北师大出版社职业教育教材网　http://zjfs.bnup.com
电 子 信 箱　zhijiao@bnupg.com

出版发行：北京师范大学出版社　www.bnup.com
　　　　　北京市海淀区新街口外大街 19 号
　　　　　邮政编码：100875
印　　刷：大厂回族自治县正兴印务有限公司
经　　销：全国新华书店
开　　本：787 mm×1092 mm　1/16
印　　张：25.5
字　　数：470 千字
版　　次：2017 年 9 月第 1 版
印　　次：2019 年 9 月第 4 次印刷
定　　价：43.00 元

策划编辑：庞海龙　　　责任编辑：李会静
美术编辑：高　霞　　　装帧设计：高　霞
责任校对：陈　民　　　责任印制：陈　涛

前　　言

为全面贯彻落实《中共中央国务院关于深化教育改革，全面推进素质教育的决定》的指示精神，以适应新时期对人才的要求，学校教育要贯彻健康第一的指导思想，全面推进素质教育，培养青少年的健康体魄，使他们将来为国家和社会服务。因此，学校应切实加强体育工作。

《全国普通高等学校体育课程教学指导纲要》明确指出：体育课程是大学生以身体练习为主要手段，通过合理的体育教育和科学的体育锻炼过程，达到增强体质、增进健康和提高体育素养为主要目标的公共必修课程；是学校课程体系的重要组成部分；是高等学校体育工作的中心环节。

本教材以学生为主体、以健康为主题、以服务专业为方向，坚持以人为本，强化身体练习，注重能力培养，突出个性发展，引导兴趣爱好等教学手段，将"健康第一""终身体育"的思想贯彻始终。全书理念先进、结构合理、内容丰富、方法科学、图文并茂、针对性强，重点突出教材的个性和实用性，结合目前大学体育教学和学生的实际状况，深入浅出，不仅可以作为大学体育课教材，也可作为大学生进行课外体育活动的实践指南。

为保证出版质量，本书由我国体育教育领域资深专家夏云建教授总体策划和把关，由姜明教授任主编，方武、汤泳老师任副主编。本书各章节的编写情况如下：第一章，曾庆旋；第二章，丁鹏；第三章，马智超；第四章，余刚；第五章，王锋；第六章，陈萍、周柯；第七章，盛紫莹；第八章，胡迪、李根；第九章，陈龙、王宸铭；第十章，张双、秦天；第十一章，方武、孙卓；第十二章，柯易；第十三章，潘璐；第十四章，汤泳；第十五章，段辉巧（第一节至第三节）、杨成（第四节和第五节）；第十六章，张汉华、马宏俊。

在本教材的编写过程中，编者参考和引用了相关专家、教授的著作、教材和其他的一些相关资料，同时也得到了一些专家学者的积极指导、支持和宝贵建议，在此谨作说明和致以衷心的感谢。

由于时间仓促，编写人员水平和能力有限，书中难免出现疏漏之处，在此诚恳希望各位专家、同行以及读者提出宝贵的建议和意见，以帮助我们在今后修订时能不断地提高和完善。

武汉商学院《大学体育》教材编写组

2017 年 7 月

目　　录

体育基本理论编

第一章
体育基本概论

📖 学习目标

了解体育的基本概念、本质、构成与功能；
了解高等学校体育的发展沿革；熟知高等学校体
育的特点。

第一节　体育的概念、本质、构成与功能

一、体育的概念

体育的发展历史悠久漫长，但从理性的角度去认识体育，给体育下定义却是在近代才出现。众所周知，"体育"一词在我国是一个舶来品，最早来源于拉丁文和英文，经日本传播至中国。体育对应的英文原词有：Sports，Gym，Physical Culture，Physical Education，Physical Training，P. E. 。可见，"体育"一词来源的多元性及丰富性，这也充分说明体育这个概念的争议性。同时，这也造成用中文给体育的基本概念下定义的困难。那么，从科学的意义和理性的角度看，到底什么是体育？

"体育"一词在《现代汉语词典》(第7版)上有以下两种解释。

一是以发展体力、增强体质为主要任务的教育，通过参加各种运动来实现。事实上，随着社会发展，体育的主要任务早已超出了仅仅是发展身体(发

展体力、增强体质)的范畴。目前体育的主要任务是：促进身心(身体和精神)健全发展，培养终身体育能力。

二是指体育运动。体育运动主要包括田径、体操、球类、游泳、武术、登山、射击、滑冰、滑雪、举重、摔跤、击剑、自行车等各种项目。目前，包含身体锻炼、游戏、竞争要素的各种身体运动都是体育。换句话说，体育是包含身体锻炼、游戏、竞争要素的身体运动的总称。

由此看来，从不同的角度，无论是教育，还是竞技体育，抑或是文化、社会的其他角度，对于体育的理解都会出现不同的概念。简言之，体育伴随着现代社会的发展，其概念的内涵与外延都在发生深刻的变化。

二、体育的本质

体育的本质，是指体育本身特有的不同于其他事物的根本属性。从哲学的范畴来看，体育是人们根据自然的、社会的需要，以身体活动为主要手段，实现人的全面发展的身体文化活动。体育作为一种复杂的社会文化现象，其本质属性包括两个部分：一是作为体育方式或手段的运动部分；二是运用这种方式或手段来实现体育的社会目的部分。这种双重结构决定着体育具有双重的质：一个是运动的质，即自然本质；一个是教育的质，即社会本质。体育的根本性质正是由其自然本质和社会本质相互结合、相互作用来决定的。体育的本质具有层次性：强身、游戏、娱乐，是体育的初级(一级)本质；对人的品格的培养、教育，是体育的二级本质；促进人的自我超越、自觉创造、全面发展，是体育的高级本质。人们对体育本质的揭示和认识，同样是在实践基础上不断深化、永无止境的过程。

实际上，对于体育本质的认识，早已经过数百年的演进发展：从卢梭在著名的《爱弥尔》中提出"体育"到马克思提出"有可能把教育和体育同体力劳动结合起来，因而也有可能把体力劳动同教育和体育结合起来""生产劳动同教育和体育结合起来"；再到 20 世纪三四十年代，美国学者认为"体育是以身体活动方式之教育""体育是辅助身体发达成长之训练"等，直到如今大多数学者把体育看成是教育的一个重要组成部分，重视从增进身心健康、全面发展的视角去认识体育的本质属性。

三、体育的构成

根据我国体育发展的现状，我们一般认为体育由三个部分构成：学校体育、社会体育(群众体育)、竞技体育。

1. 学校体育

学校体育是学校教育的重要组成部分，也是社会体育的基础。实施学校体育的主要场所是各级各类学校，主要手段是体育课程、课余体育训练和课外体育活动。学校体育主要在于通过知识、技能、方法、道德的传授和培养，实现教育的目的。

2. 社会体育

社会体育亦称群众体育，包含健身、娱乐、休闲、康复等体育活动。实施社会体育的场所非常广泛、灵活。社会体育的主要手段为身体娱乐和身体锻炼，其主要目的是休闲娱乐和强身健体。社会体育更多地出现在正规的教学、训练和工作以外的余暇时间里，因而业余性最为突出。

3. 竞技体育

竞技体育亦称竞技运动，它是在全面发展身体素质的基础上，最大限度地挖掘体力、智力与运动能力，以取得优异运动成绩为目标而进行的科学训练和各种竞赛活动。竞技体育的实施场所主要在各类运动场，其主要手段为运动训练和竞赛，其主要目的不仅仅是夺取金牌，而是培养人们不断超越自我的竞争意识，因而竞争性最为突出。

四、体育的功能

从原始人的身体活动，到现在理性科学地看待体育，可以说人类的进步史也是一部人类对于体育认识的发展史。那么，在当今这个科技发达、社会发展程度极高的时代中，人们对于体育功能的认知也是多元化的。现归纳为以下五点。

1. 增强体质、强国强种

增强体质、强国强种是体育的本质功能，也是体育能在人类社会中长盛不衰和持续不断存在的原因。通过体育来实现增强人的体质的目的，促进人自由、全面地发展，这正是体育的独特之处，也是体育区别于其他社会活动和事物对人和社会作用的根本点，并且具有不可替代的基本特征。人的身体素质是思想道德素质和科学文化素质的基础，也是一个民族和国家强盛的基础。毛泽东在《体育之研究》一文中指出："体育一道，配德育与智育，而德智皆寄于体。无体是无德智也。"还指出："体者，载知识之车而寓道德之舍也。"体育对人民的健康、身体素质的提高以及民族的强盛具有独特作用。通过体育达到增强体质、强国强种的目的，已经成为人类社会一种普遍的做法。这也是当今世界各国普遍重视体育运动的根本原因。

2. 培养人们勇敢顽强、克服困难、超越自我的意志品质

人们在进行体育运动时，特别是在运动训练过程中，要克服许多由体育运动产生的特有的身体困难，体验到很多在正常条件下不可能获得的身体感受。

这也是人们在从事其他活动过程中很难体会到的身体感受。它对一个人的内在意志品质具有特殊的培养和陶冶作用。强筋骨、强意志、调情感是体育的特殊功效，可以起到"文明其精神，野蛮其体魄"的作用。体育的这些功能对青少年意志品质的培养作用尤为重要。

3. 培养人们竞争、团结、协作的社会意识

体育有利于人的"社会化"。竞争是体育运动的一个显著特征。体育竞赛能有效地培养人们的竞争意识和团结协作精神。没有强烈的取胜欲望和良好的团结协作精神，在体育竞赛中不可能取得胜利。人类现实社会是一个充满着激烈竞争的场所，需要团结协作精神。体育竞赛，特别是在集体项目的竞赛过程中，要想取得胜利，既要有力争胜利的顽强竞争意识，又要懂得与同伴和队友团结协作，才可能达到目的。而体育的这种"模拟社会"的功能，是体育运动所独有的。

4. 丰富个人和社会的文化生活，提高人们的生活质量

人们通过参加体育运动不仅能增强体质，还能够愉悦身心、丰富文化生活。世界上还没有其他任何一种活动能像体育竞赛那样有规律地举行，特别是以奥运会为代表的最高层次的国际体育竞赛已经成为现代人们关注的焦点和欣赏的热点。各种不同形式和类型的体育竞赛，以它独有的形式和方式为人类社会生产出丰富多彩的文化精神食粮，提高人类的生存和生活质量。群众体育的趣味性和娱乐性是体育给他们带来的特殊享受。群众体育改变和改善着当今人们的生活方式。

5. 为社会提供和构建公平、公开、公正的价值体系和价值标准

公平是人类社会所共同追求的一种理想社会状态。竞赛是体育最鲜明的特点，通过竞赛，优胜劣败，决出名次，可以激发荣誉感，鼓舞上进心。这是其他任何形式的社会活动和手段都不能代替的。在一定意义上说，没有竞赛，就没有体育运动。体育竞赛就是在公平的规则下，在公开场合中，通过最大限度地发挥个人和集体的体力和智力，优胜者得到奖励的一类活动。体育运动向人们和社会所展示的，以公平、公开、公正为核心的价值体系和价值标准得到了不同民族和国家的普遍尊重和推崇。"阳光下的公平竞争"正是现代人类社会所需要构建的价值体系和价值标准的道德核心。

第二节 体育运动与欣赏

美是人类精神追求的最高境界,是人们在满足生存与发展的需求后,孜孜以求的境界。这个世界关于美的东西很多,其中体育运动的美是众多美的形式之一。我们去欣赏运动,实际上是去发现体育领域和体育运动中的美和规律,以及人如何表现、认识、反映和掌握这些规律。诸如,运用优美的身体运动和体态变化等手段,反映人体美、运动形式美;表现审美感情,以激起欣赏者的美感;引导运动者、欣赏者提高审美的能力、趣味、水平和情操等。

体育和美育都是全面发展教育的重要组成部分,均属于社会现象,它们的发展和社会教育的发展是紧密联系的。从培养人的角度来讲,体育主要是强身健体,美育主要是塑造运动审美。所以说美是体育的内涵,体育始终与美育联系在一起。体育是育人为健,而健是美的物质基础,美又是健的生动客观反映,健和美两者犹如形和影一样不可分离。体育教育工作者应把形体美、运动美、体育美等美育更好地实施于体育教学之中,并通过体育教学这块育人之美的阵地,教育与培养人的形体美、心灵美和艺术美,从而增强青少年及广大人民群众表达美、观赏美、创造美的能力。

一、体育与美育的关系

体育和美育都是教育的组成部分,体育是美育的基础,美育也参与并渗透于体育之中。在体育中,人体和人体的运动以其美的形式进入审美领域,使运动者在亲身操作的运动中,积累了审美经验,形成并发展了审美心理结构。同时,体育文化的各种形态都含有教育的因素,成为审美教育的内容。

二、体育的美育功能

1. 身体美的锻炼功能

体育运动可以从形态与技能上完美身体,使人肌肉发达,举止大方,精神焕发,体魄健康强壮,体形匀称健美。

2. 精神美的升华功能

体育运动有进取、竞争、对抗、承担负荷、战胜艰难困苦和经受胜败考验等特点，可以锻炼人的思想、意志和道德品质。

3. 技巧美的激励功能

体育中精湛的技巧与身体美、精神美交相辉映，形成一个体育健儿的完美形象。这些运动中的技巧、战术，把各种精湛的运动绘成动人的画卷，编就成美妙的诗篇，无不诱发青年学生对技巧美的向往，使他们产生模仿的欲望。而在学生的日常体育活动中，体育教师完美、正确、成功的动作技术示范，也同样可以激发学生学习的积极性。

三、体育教学中美育的实施

1. 教师应是教学中美的使者

在体育教学过程中，教师起着非常重要的主导作用，教师的魅力美将对学生产生无形的影响。教师的美主要表现在四个方面：一是形象美；二是着装典雅仪表美；三是内在修养美；四是心灵和行为美。因此，在体育教学中实施美育，教师要有高度的涵养、优美的风度、一丝不苟的教学态度，要创造一个和谐、融洽、真诚的课堂气氛，从而激发学生对体育的情感，并赢得学生的尊敬与尊重。

2. 教学目的要体现美育要求

在体育教学中，我们要把美育体现在教学目的中，在具体的教学内容和教学方法上要突出体育的美育功能，要有意识地在教学中从美育的角度去培养学生的体型美、姿态美、动作美和心灵美，使他们形成健壮匀称的体格、端正健美的姿态、轻捷矫健的动作、落落大方的风格，培养他们的审美意识，提高他们鉴赏美、创造美的能力。

3. 充分挖掘教学内容的美学价值

教师在教学过程中要精心设计、周密组织，展示每次教学内容所具有的不同风格的美。例如，在篮球运动的教学中，学习运球时强调运球的节奏，学习投篮时要讲究投篮的舒展性，传球配合时要讲究传球的巧妙性，从而把篮球运动的潇洒美与巧妙配合的智慧美充分展现在学生面前；在战术配合的学习中，强调集体主义精神，把不计个人得失的集体主义风格美充分表现出来，从而达到塑造学生心灵的目的；在身体素质的练习中，学生会产生怕吃苦的现象，教师要从塑造健美体型的角度去启发引导学生，培养学生坚强的意志和吃苦耐劳的精神。为了培养学生的姿态美，准备活动中可以选择做健美操以及体育舞蹈，将柔慢舒缓或强劲有力的音乐配合到练习中，既使学生感到身心的欢娱，又达到美育的目的。

4. 教学组织和安排要具有美感

教师在堂课的组织安排上要严密紧凑，一环扣一环，引人入胜，营造出积极的气氛，使学生对学习目标产生热烈追求的愿望。对学习有高度的自觉性和积极性，生动活泼地学习，使整个学习活动构成一幅动态的、具有美感的画面。

5. 教学方法要注意示范动作的美感

由于美育具有形象性和直观性的特点，教师上课时的优美示范会在学生的知觉、意向中产生影响，学生欣赏、羡慕、向往、实践这样连锁式的心理反射过程，从而加深了审美教育的效果。教师的讲解语言生动形象、音调洪亮清晰、条理清楚、饶有风趣、富有感情色彩，就容易使学生专心致志、聚精会神地听讲，使学生受到语言美的熏陶，对学生学习的积极性无形中起到了激发的作用。另外，还可以采用多媒体技术和放录像的形式，让学生观看规范动作画面，也可以通过给学生观看专项技术图，小组间的互教、互学、互评，表演性的示范等都可以收到较好的审美教育效果。在纠正学生错误动作时，要告诉学生正确规范动作的原理，从美学、力学、生理学、解剖学和生物力学的角度来剖析技术动作所具有的美感，从而提高学生的审美意识。

6. 体育教学环境和场地美

练习环境、场地器材是体育教学中的物质基础，是构成教育的强有力的媒介之一，对教学的效果产生直接的影响。环境对人的心理可以产生积极作用也可以产生消极作用。优美的环境不仅使学生感到舒适、愉快，产生美感享受，提高学习兴趣，而且会对学生优秀品质的形会产生积极的影响。因此，教师要根据教学内容和目标的要求，做到场地干净，粉线清晰，运动器材井然有序。教学环境协调能使学生思想专一、情绪稳定。

第三节 高等学校体育概述

高等学校体育是学校体育在高等教育的延续和发展，是全面贯彻党的教育方针的重要组成部分，肩负着提高国民体质健康的重任，担负着培养德、智、体全面发展的高级专门人才的重任。

一、高等学校体育的地位和作用

我国著名的教育家蔡元培曾说："殊不知有健全之身体，始有健全之精神；若身体柔弱，则思想精神何由发达？或曰，非困苦其身体，则精神不能自由。

然所谓困苦者，乃锻炼之谓，非使之柔弱以自苦也。"这位北京大学的前校长一言道出了体育之于人生教育的意义。那么，高等学校体育作为学校体育教育的最高阶段，也是学生培养终身体育意识，养成终身体育锻炼习惯的关键阶段，理应承担更为重要的责任和义务。

1. 地位

《中共中央关于教育体制改革的决定》中指出：高校担负着培养高级专门人才和发展科学技术文化的重大任务。无论是培养高级专门人才，还是发展科学技术文化，都集中反映在对人才的要求，必须是德、智、体全面发展，而不是片面发展。因此，高校应在中小学教育的基础上正确认识德、智、体的辩证关系，确立体育在高校教育中的地位，纠正忽视体育的种种倾向。

多年来，党和国家十分重视大学体育工作，颁布了《学校体育工作条例》《国家体育锻炼标准》《大学生体育合格标准》《国家学生体质健康标准》等法规，并多次修订《全国普通高等学校体育课程教学指导纲要》，这些都说明了大学体育在高等教育中的重要地位。

2. 作用

大学阶段是一个人形成价值观、世界观非常重要的阶段，也是一个人生长发育趋于稳定的阶段。从大学体育的角度锻炼人、培养人，其结果应是多元的。

第一，大学体育不仅能强身健体，更为重要的是，对于人的心理健康发展也有积极作用。

第二，大学体育可以培养人的良好的意志品质和行为习惯，如遵守纪律、迎难而上、坚韧不拔、机智勇敢、吃苦耐劳等。

第三，通过大学体育领域内知识、技术和技能的学习，能培养学生终身体育的行为，养成终身体育的习惯。

第四，大学体育能根据大学生的年龄特征，教授体育课程，对大学生的生理机能、心理健康、个性发展及对社会的适应能力都起到积极的作用。

二、高等学校体育的目的和任务

1. 目的

根据我国社会主义现代化建设事业对当代大学生身心发展的要求，以及大学生的生理、心理特征，大学体育的目的是：有效地锻炼身体，促进学生正常地发育，完善学生的形态和机能，培养学生的体育意识，增强学生的体育能力，形成自觉锻炼身体的习惯；与学校各方面的教育互相配合，促进学生身心全面发展，使学生在校时能顺利地完成学习任务；毕业后能胜任社会主义建设工作，过健康快乐的生活。

2. 任务

为了实现上述目的，大学体育的任务是：全面锻炼学生身体，促进学生身体形态结构、生理机能和心理的发展，增强学生对自然环境的适应能力；使学生掌握体育和卫生保健的基本知识、技术和技能，学会锻炼身体的科学方法，养成经常锻炼身体的习惯；对学生进行思想品德教育，增强组织纪律性，培养学生优良品质，树立良好的体育道德风尚；发展学生的体育才能，提高学生的运动技术水平，促进体育进一步普及。

三、高等学校体育的特点

1. 大学体育是培养终身体育观的关键环节

社会的发展、民族的进步与其说是科学技术的进步，不如说是作为社会人的进步，而人的进步必须有坚实的身体做保障，因而终身体育观应运而生。终身体育是指人们终身进行身体锻炼和接受体育教育。其中，高等学校体育是终身体育观形成的关键期。学校体育通过一系列教育行为对不同阶段的受教育者施加影响，使他们对体育产生浓厚的兴趣，并积极主动地获取运动科学知识，掌握运动的技术、技巧，为将来科学地锻炼身体打下基础。同时，在教学中，要有意识地渗透一些有关体育锻炼对身心发展的影响、对生活的影响等方面的知识，使其内化为自身的需要。在学校体育阶段，注重培养学生自练、自评、自创的能力，使他们依靠内化的需要，进行身体锻炼和自我评价，创建适合自己身心发展的一套锻炼内容和知识体系，并学会科学的监督和评价，为终身体育打下坚实的基础。

2. 大学体育的教学内容更加丰富

近年来，由于学校体育改革不断推进，素质教育已经渗透到各个学科，培养学生的创新精神及创造能力已成为学校教学的主旨。学校体育也开始重视学生的需要，从学生的兴趣出发成为主要着眼点，即根据学生身心发展特点，承认他们的差异性，开展丰富多彩的体育项目并将学习的内容与他们的生活实际联系起来，让学生在开心、愉悦的心理状态下完成教学内容并达到增强体质、增进健康的目的。体育教育内容的设定以学生兴趣爱好为主，学生可以自主选择学习内容；有条件的学校，学生还可以自主选择上课时间和任课教师，这种"三自主"的教学模式突出体现了学校对学生的人文关怀，可以充分满足学生的需要，彰显学生个性。同时，男女项目的分化，也给女生拓展了运动的空间。另外，学生来自不同的院系，有利于知识相互的渗透。

3. 大学体育教学形式更加多样化

在"健康第一"的教学思想指导下，大学体育以《大学生体质健康标准》的实施为主线，以体育课为主导，以课外锻炼为辅助，以各层次的体育比赛和高水平运动队为拓展，从简单的锻炼行为变成了校园文化的有机组成部分，在学校文化中日益发挥着巨大的作用。

(1)体育课

大学体育课是学校体育的重要手段和方式，也是学校教育的重要组成部分。教育部对大学体育课堂教学的内容、手段、方法以及质量评价等方面都有着明确的规定和要求。

体育课为必修课，是学校课程的重要组成部分。大学体育课的教学始终围绕"健康第一"的宗旨进行教学组织和实施。体育课的基本任务包括锻炼学生身体、增强体质；传授体育的基本知识、技术和技能；对学生进行思想和道德品质的教育。这三个方面是有机联系的统一体，必须协调一致，全面贯彻。体育课是通过学生的身心活动，在学习和掌握体育知识、技术和技能的过程中，锻炼学生的身体，以达到增强体质的目的，这是体育课的主要特点。

体育课的另一特点是，学生在课堂中思想和行为的表现较多，且较为明显，与其他课程相比，体育课提供了更多的进行思想和道德教育的机会。另外，体育还包括了形态美和动作美等有关教育的内容。强调锻炼身体的效果，重视体育教学中的德育和美育，培养良好的运动习惯，让学生在上体育课时积极主动、活泼愉快，这是现代体育课发展的一般趋势。

体育课的类型是根据具体教学任务来划分的。由于体育教学任务较复杂，而每节课的时间有限，从而形成了课程的多种类型。一般分为五种：引导课、新授课、复习课、综合课和考核课。

(2)体育俱乐部

体育俱乐部是由学生自发组织或者由学校统一组织的一种社团。它围绕着某一项运动项目，以俱乐部的组织形式将体育教学、课外体育、运动训练、群体竞赛等融为一体。它是高校重要的体育教学形式。我国普通高校的体育俱乐部大体上分为三种类型，即课外体育俱乐部、课内体育俱乐部和课内外相结合的体育俱乐部。

实行俱乐部制可以提高学生的锻炼兴趣和积极性。因为俱乐部一般都是以共同的兴趣和爱好组织起来的，成员具有兴趣和爱好的一致性，因此，具有一定的良好动机。只有在良好动机的推动下，学生才会从内心喜欢体育运动并能愉快地参加各种不同形式的运动。

体育俱乐部以学生为主体，让学生按照自己的意愿和兴趣来选择所爱好的体育项目，从而让参加者在活动中体验到体育的乐趣。

体育俱乐部从组织到管理，都需要俱乐部成员的积极参与。所以，体育俱乐部不仅可以提高学生的运动能力，为学生提供良好的运动空间，同时还可以提高学生的组织能力、管理能力和社会实践能力。

我国大部分高校体育教育教学实行的是两年必修，三、四年级为选修，因此，俱乐部形式的体育教学，不仅可以使体育课堂得到扩展，而且还可以为高年级体育教学提供新的平台，使体育教学更灵活多样，更贴近学生的需要。

目前，我国大部分高校都成立了不同类型的体育俱乐部，而且俱乐部的组织形式、教学方式以及对学生的考核方法都各具特色。俱乐部除了选择田径、球类、游泳等对身体素质发展价值高、符合学生生理和心理特点的项目外，也十分重视发展具有民族特色的传统体育项目，如武术、毽球等。有条件的学校还开设了健身操、攀岩、街舞、定向越野、野外生存等课程。

（3）体育竞赛

高校体育除了体育教学外，最多采用的就是体育竞赛的方法。体育竞赛是学校体育的重要组成部分。从一般小型单项竞赛活动到大型的综合竞赛活动，体育竞赛在高校中越来越显示出其独特的价值和功能。

简单地讲，高校体育竞赛已经超越了教学和锻炼的价值范畴而成为校园文化和学校精神文明建设的重要组成部分。体育竞赛不仅可以锻炼学生的社会实践能力和创新能力，而且还可以弘扬爱国主义和集体主义精神，提升校园文化品位。

《学校体育工作条例》规定，学校体育竞赛贯彻小型多样、单项分散、基层为主、勤俭节约的原则。竞赛活动要从实际出发、因地制宜、生动活泼。

体育竞赛要全面贯彻"健康第一"的宗旨，要从学校实际出发，力求达到体育竞赛活动多样性、经常性、小型性、趣味性、娱乐性、健身性等方面的统一，使体育竞赛与体育教学和《大学生体质健康标准》的实施紧密结合起来，相互促进、相互提高。

（4）高校高水平运动队与体教结合

1987年4月，国家教育委员会（现中华人民共和国教育部）发布了《关于部分普通高等学校试行招收高水平运动员工作的通知》，为退役的优秀运动员提供了学习、转型和发展的新机会。这一方面减轻了负责运动员退役保障的体育行政部门的负担，另一方面开辟了高校竞技体育水平提高的可行路径。

退役的高水平运动员进入高校学习进行"深造"，有利于运动员提高综合素质和能力，从而使其竞技运动能力和社会价值得到进一步深度挖掘。但现实的情况是，有部分退役运动员不愿意继续参与高校组织的运动训练和比赛。随后出现了优秀运动队与高校共建的模式，专业运动员保留学籍，但仍然以体育训练为主。这种模式下，专业运动员所受的大学教育显然并不完整，运动员即使最后拿到了专业文凭也往往觉得底气不足，依靠专业就业的前景不乐观。随着高校思想的转变以及国家政策的放开，一些高校开始直接招收现役运动员，包括体工队青年运动员、体校运动员。高校招收有潜力的竞技体育后备人才、自主培养高水平运动员、自办高水平运动队是当前"体教结合"的方式之一。目前，全国有 200 余所高校在国家和地方的允诺下获得了招收高水平运动员的资格。高校办高水平运动队充分挖掘利用高校的教育资源，扩展了竞技体育人才培养渠道。2005 年，教育部又颁发了《教育部关于开展普通高等学校高水平运动队建设评估工作的通知》，标志着高校办高水平运动队逐渐成为我国竞技体育人才培养的一个重要渠道。

"体教结合"可以采取多种形式。第一种是以地方体育局训练基地为基础，运动员的训练、生活、管理仍在体育系统内，文化学习到学校，或者由学校教师到体育系统上课。第二种是以大学、中学为依托，运动员的学习、训练、生活、管理在学校，由学校自聘教练或由体育系统派教练员到学校组织训练和参加管理；也可以在体育系统负责训练和主要经费的情况下，将专业运动队建制放在普通学校。第二种模式实际上就是高校高水平运动队的模式。

高水平运动队既承担了学校赋予的竞赛和交流的职责，同时也是我国竞技体育重要的组成部分。高校组建的高水平运动队，是我国竞技体育运作模式的变革和尝试，也是一种体制的补偿。经过多年的实践和探索，我国高校高水平运动队在选拔、招生、训练、竞赛、管理等方面逐渐形成了一整套较为完善的运行机制和科学的管理标准。再加上大学在教学、训练、科研及师资方面的有利条件以及专项经费的保障，高校组建高水平运动队是我国未来竞技体育发展的一个重要途径，必将得到进一步的加强。

思考与练习

1. 简述体育的概念。
2. 请问体育的本质是什么？
3. 请谈一谈中国体育的发展沿革。
4. 请谈一谈体育和美育的关系。
5. 请谈一谈高校体育的内容。

知识拓展

体育具有强身健体、娱乐，以及教育、政治、经济等功能。也可以说，所处的历史阶段不同，体育具有不同的功能。但是自从体育产生以来，强身健体及其娱乐功能自始至终是体育的主要功能。体育是一种复杂的社会文化现象，以身体活动为基本手段，以增强体质、增进健康及培养人的各种心理品质为目的。尤其是随着社会经济的发展，人们的生活水平得到了提高，人们对精神方面的需要高于对物质方面的需要。人们对于体育的认识不只局限于强身健体的方面，更希望通过体育活动得到更多的精神享受。例如，人们观看体育比赛，优美的体育动作、扣人心弦的竞赛等都给人们以美的享受；在比赛现场，随着比赛的进行，人们可以大声叫喊，可以尽情地宣泄自己的情绪，使人们在精神上有一种轻松感。一次成功的射门，一个漂亮的投篮，随着快节奏的音乐跳健美操等，不只是健身，更重要的是给人们的一种精神与神经方面的释放感、愉快感、成就感和舒畅感。这些都是体育带给人们精神方面的价值。生活水平越高，人们越是注重体育精神层面的价值。

此外，体育也有助于培养人们勇敢顽强的性格、超越自我的品质、迎接挑战的意志和承担风险的能力，有助于培养人们的竞争意识、协作精神和公平观念。一些体育活动和体育赛事对丰富人们的文化生活，弘扬集体主义、爱国主义精神，增强国家和民族的向心力、凝聚力，都有着不可或缺的作用。体育是人类社会发展中，根据生产和生活的需要，遵循人体身心的发展规律，以身体练习为基本手段，达到增强体质，提高运动技术水平，进行思想品德教育，丰富社会文化生活而进行的一种有目的、有意识、有组织的社会活动，是伴随人类社会的发展而逐步建立和发展起来的一个专门的科学领域。

健身长跑可提高呼吸系统和心血管系统机能。科学实践证实，较长时间有节奏的深长呼吸，能使人体呼吸大量的氧气，吸收氧气量若超过平时的 7～8 倍，就可以抑制人体癌细胞的生长和繁殖。长跑锻炼还能改善心肌供氧状态，加快心肌代谢，同时还能使心肌纤维变粗，心脏收缩力增强，从而提高心脏工作能力。

第二章

大学生体质测试与评价

学习目标

了解《国家学生体质健康标准》测试项目及评价要求；掌握《国家学生体质健康标准》测试操作的基本方法；熟悉《国家学生体质健康标准》测试成绩的评定方法。

第一节　《国家学生体质健康标准》概述

《学生体质健康标准》自 2002 年试行以来，各地认真组织推广试行，取得了很好的成果。教育部、国家体育总局根据《学生体质健康标准》试行五年来的实际情况和调研所发现的问题，对《学生体质健康标准》进行了修订和完善，并定名为《国家学生体质健康标准》，于 2007 年正式颁布实施。《国家学生体质健康标准》的正式颁布实施，对于加强素质教育、提高我国青少年体质健康水平发挥了积极的作用，产生了深远的影响。2014 年，教育部对《国家学生体质健康标准》进行了修订，并于 2014 年 7 月 7 日颁布了 2014 年修订版《国家学生体质健康标准》。

一、《国家学生体质健康标准》名称的含义

《国家学生体质健康标准》的内涵是测量学生体质健康状况和锻炼效果的评

价标准，是国家对不同年龄段学生体质健康方面的基本要求，是学生体质健康的个体评价标准。健康的概念包括身体健康、心理健康和社会适应。《国家学生体质健康标准》涵盖的是与学校体育密切相关的学生身体健康范畴。为了界定它的内涵，又避免与三维的健康概念相混淆，故将"体质"作为"健康"的定语以示其内涵。

《国家学生体质健康标准》名称的外延涉及它的教育激励、反馈调整和引导锻炼功能。

教育激励功能。《国家学生体质健康标准》是促进学生体质健康发展、激励学生积极进行身体锻炼的教育手段。所选用的指标可以反映与身体健康关系密切的身体成分、心血管系统功能、肌肉的力量和耐力以及关节和肌肉的柔韧等要素的基本状况。《国家学生体质健康标准》的实施将使学生和社会能够对影响身体健康的主要因素有一个更加明确的认识和理解，引导和帮助人们去积极追求身体的健康状态，实现学校体育的目标。《国家学生体质健康标准》实施办法还规定，对达到合格以上等级的学生颁发证章，以激发学生对体育锻炼的内在积极性。

反馈调整功能。《国家学生体质健康标准》是学生体质健康的个体评价标准，并规定了各校应将每年测试的数据按时上报至国家学生体质健康标准数据管理系统。该系统具有按各种要求进行统计、分析、检索的功能，并定期向社会公布。该系统为学生及其家长提供了在线查询和在线评估服务，向学生提供了个性化的身体健康诊断，使学生能够在准确了解自己体质健康状况的基础上进行锻炼；该系统还可为各级政府机关、教育行政部门、学校提供翔实的统计和分析数据，使之了解学生的体质健康状况，及时采取科学的干预措施。

引导锻炼功能。《国家学生体质健康标准》增加了一些简便易行、锻炼效果较好的项目，并提高了部分锻炼项目指标的权重，对指导学生进行体育锻炼具有较强的实效性；同时通过国家学生体质健康标准数据管理系统，学生还可以查询到针对性较强的运动方案，用于自身因地制宜地进行科学的体育锻炼，提高身体健康水平。

二、制定《国家学生体质健康标准》的基本原则

《国家学生体质健康标准》强调的是促进学生身体的正常生长和发育，促进形态机能的全面协调发展，促进身体健康素质的全面提高和激励学生主动自觉地参加经常性的体育锻炼。《国家学生体质健康标准》在研制过程中，始终把握了以下几个基本原则。

第一，有利于促进学生、家长乃至全社会对健康概念的重新认识，建立符

合现代社会发展趋势的体质健康的新理念，认识到身体成分、身体形态、身体机能、身体素质和运动能力是影响人体健康水平的重要因素。

第二，有利于明确地帮助和督促学生实现健康目标。

第三，有利于引导学生选择简便易行、实效性强的项目进行锻炼，并促进学生运动技能水平的提高。

第四，有利于科学、综合地评价学生个体的体质健康状况，对每一名学生的体质健康状况进行监控和及时反馈，激发学生自觉参加体育锻炼，培养学生终身追求健康生活方式的行为和习惯。

第五，有利于减轻学生的负担(包括身体和心理负担)。

第六，有利于促进学校在"健康第一"思想指导下将体育课程与《国家学生体质健康标准》相结合，两者既各有侧重，又相互配合，促进体育课程内容的改革，激励学生主动上好体育课，积极参与体育锻炼，全面实现体育与健康课程的目标。

第七，有利于行政部门和学校的管理。

三、实施《国家学生体质健康标准》的重要意义

1. 贯彻实施《中华人民共和国体育法》

《国家体育锻炼标准》是经国务院批准实施的我国重要的体育制度。《中华人民共和国体育法》明确规定：学校必须实施国家体育锻炼标准，对学生在校期间每天用于体育活动的时间给予保证。《国家学生体质健康标准》是《国家体育锻炼标准》在学校的具体实施，目的在于鼓励广大青少年自觉积极地锻炼身体，促使身体的正常发育和全面发展，增强体质，为全面建设社会主义现代化国家，为培养德、智、体、美全面发展的人才服务。《国家学生体质健康标准》的实施不仅会促进学生积极锻炼，纠正和改变目前学生体质健康状况出现的突出问题，使学生拥有健康的体魄和健全的人格，而且还是依法办学、依法执教的重要内容。

2. 贯彻落实"健康第一"的指导思想和全国学校体育工作会议的精神

学校教育，特别是学校体育直接肩负着"增强学生体质"和"促进学生健康"的使命。《国家学生体质健康标准》是积极贯彻落实《中共中央国务院关于深化教育改革，全面推进素质教育的决定》所提出的"健康体魄是青少年为祖国和人民服务的基本前提，是中华民族旺盛生命力的体现。学校教育要树立健康第一的指导思想，切实加强体育工作"这一思想的重大举措，也是深化学校体育教学改革、推进素质教育的重要步骤。《国家学生体质健康标准》是学生体质健康的个体评价标准和学生是否能够毕业的参考条件之一；是激励学生积极参加体

育锻炼、促进学生体质健康发展的一种教育手段；引导广大青少年学生努力拥有健康的体魄和健全的人格，将"健康第一"的指导思想落到实处。

3. 满足社会发展对人体健康的需要

现代文明在带给人们充分物质享受的同时，也给人类的健康带来了新的威胁。由于精神紧张、营养过剩、运动不足、环境污染等因素所引发的非传染性疾病在全球不断蔓延，处于"亚健康状态"的人群不断扩大。关爱生命、追求健康是现代人追求的目标。实施《国家学生体质健康标准》对于唤起学生的健康意识、改变学生不良的生活习惯和生活方式、促进学生健康的成长必将起到积极的作用。《国家学生体质健康标准》是激励学生积极进行身体锻炼的教育手段，而不是为了甄别和选拔优秀体育运动员。《国家学生体质健康标准》采用的是个体评价标准，针对身体形态、身体机能、身体素质和运动能力设置了专门的测评项目，有些项目还具有简便易行、实效性较强等特点。测评能够帮助学生发现自身的不足或个体差异，并促进学生积极参加体育锻炼，通过锻炼改善体质健康状况，促进身体全面发展，成为具有正确的体育意识和健康的生活方式的高素质的建设者，进而使学校体育在促进国民健康素质方面起到应有的作用。

4. 发展和完善学生体质健康评价体系

学生体质健康评价是学校体育工作中的重要环节，也是学校教育评价体系中的重要组成部分。正确、合理地对学生进行体质健康评价，对于促进学校体育和教育工作有着重要的意义。《国家学生体质健康标准》是在继承了《国家体育锻炼标准》的成功经验，认真总结了《学生体质健康标准》试行工作的基础上，根据当前学校体育工作中的有关问题，特别是学生体质调研发现的肺活量水平继续呈下降趋势，速度、爆发力、耐力素质水平进一步下降，肥胖检出率继续上升等问题，参考国际上有关研究的成功经验和先进做法，对《学生体质健康标准》进行了修改和完善后正式颁布实施的。《国家学生体质健康标准》对于评价学生的体质健康状况，引导学生积极锻炼都有了新的发展。《国家学生体质健康标准》从建立和完善我国学校教育评价体系的目标出发，体现了学校体育的价值，回答了学校体育为什么要以"体质健康"为本和怎样以"体质健康"为本的问题，明确了"体质健康"不仅应是学校体育追求的目标，而且是学校体育课程存在的根本理由。《国家学生体质健康标准》的实施将对我国深化学校体育改革，完善体质健康评价体系，提高全体学生综合素质，具有深刻的影响和深远的历史意义。

第二节 大学生《国家学生体质健康标准》

一、大学生《国家学生体质健康标准》测试内容

《国家学生体质健康标准》规定，大学生测试指标均为必测指标。大学生测试项目单项指标与权重见表 2-1。

表 2-1 大学生《国家学生体质健康标准》测试项目单项指标与权重

单项指标	权重（%）
体重指数（BMI）	15
肺活量	15
50 米跑	20
坐位体前屈	10
立定跳远	10
引体向上（男）/1 分钟仰卧起坐（女）	10
1000 米跑（男）/800 米跑（女）	20

注：体重指数（BMI）＝体重（千克）/身高^2（米^2）。

二、大学生《国家学生体质健康标准》测试方法

1. 身高

（1）测试目的

测试学生身高，与体重测试相配合，评定学生的身体匀称度，评价学生生长发育水平及营养状况。

（2）场地器材

身高测量计。使用前应校对 0 点，钢尺测量基准板平面至立柱前面红色刻线的高度以 10.0 厘米为标准，误差不得大于 0.1 厘米。同时应检查立柱是否垂直，连接处是否紧密，有无晃动，零件有无松脱等情况，并及时加以纠正。

（3）测试方法

受试者赤足，立正姿势站在身高计的底板上（上肢自然下垂，足跟并拢，

足尖分开约成 60 度)。足跟、骶骨部及两肩胛区与立柱相接触，躯干自然挺直，头部正直，耳屏上缘与眼眶下缘呈水平位。测试人员站在受试者右侧，将水平压板轻轻沿立柱下滑，轻压于受试者头顶。测试人员读数时双眼应与压板水平面等高。记录员复述后进行记录。以厘米为单位，精确到小数点后一位。测试误差不得超过 0.5 厘米。

(4)注意事项

①身高计应选择平坦靠墙的地方放置，立柱的刻度尺应面向光源。

②严格掌握"三点靠立柱""两点呈水平"的测量姿势要求，测试人员读数时两眼一定与压板等高，两眼高于压板时要下蹲，低于压板时应垫高。

③水平压板与头部接触时，松紧要适度，头发蓬松者要压实，头顶的发辫、发结要放开，饰物要取下。

④读数完毕，立即将水平压板轻轻推向安全高度，以防碰坏。

⑤测量身高前，受试者应避免进行剧烈的体育活动和体力劳动。

2. 体重

(1)测试目的

测试学生的体重，与身高测试相配合，评定学生的身体匀称度，评价学生生长发育的水平及营养状况。

(2)场地器材

杠杆秤或电子体重计。使用前需检验其准确度和灵敏度。准确度要求误差不超过 0.1%，即每百千克误差小于 0.1 千克。检验方法是：以备用的 10 千克、20 千克、30 千克标准砝码(或用等重标定重物代替)分别进行称量，检查指标读数与标准砝码误差是否在允许范围。灵敏度的检验方法是：放置 100 克重砝码，观察刻度尺变化，如果刻度抬高了 3 毫米或游标向远移动 0.1 千克而刻度尺维持水平位时，则达到要求。

(3)测试方法

测试时，杠杆秤应放在平坦地面上，调整 0 点至刻度尺水平位。受试者赤足，站在秤台中央。测试人员放置适当砝码并移动游标至刻度尺平衡。读数以千克为单位，精确到小数点后一位。记录员复诵后进行记录。测试误差不超过 0.1 千克。

(4)注意事项

①测量体重前受试者不得进行剧烈体育活动和体力劳动。

②受试者站在秤台中央，上下杠杆秤动作要轻。

③每次使用杠杆秤时均需校正。测试人员每次读数前都应校对砝码重量避免差错。

3. 肺活量

(1)测试目的

测试学生的肺通气功能。

(2)场地器材

电子肺活量计。

(3)测试方法

房间通风良好,使用干燥的一次性口嘴(非一次性口嘴,则每换测试对象需消毒一次。每测一人时将口嘴朝下倒出唾液,并注意消毒后必须使其干燥)。肺活量计主机放置在平稳桌面上,检查电源线及接口是否牢固,按工作键液晶屏显示"0",即表示机器进入工作状态,预热5分钟后测试为佳。

首先告知被测者不必紧张,以中等速度和力度尽全力吹气效果最好。令被测试者手持吹气口嘴,面对肺活量计站立试吹1~2次,首先看仪表有无反应,还要试口嘴或鼻处是否漏气,调整口嘴位置和使用鼻夹(或自己捏鼻孔);学会深吸气(避免耸肩提气,应该像闻花式的慢吸气)。测试时,受试者进行一两次较平日深一些的呼吸动作后,更深的吸一口气,向口嘴处慢慢呼出至不能再呼出为止,防止此时从口嘴处吸气,测试中不得中途二次吸气。吹气完毕后,液晶屏上最终显示的数字即为肺活量毫升值。每位受试者测三次,每次间隔15秒,记录三次数值,选取最大值作为测试结果。以毫升为单位,不保留小数。

(4)注意事项

①电子肺活量计的计量部位的通畅和干燥是仪器准确的关键,吹气筒的导管必须在上方,以免口水或杂物堵住气道。

②每测试10人及测试完毕后用干棉球及时清理和擦干气筒内部。严禁用水、酒精等任何液体冲洗气筒内部。

③导气管存放时不能弯折。

④定时校对仪器。

4. 800米或1000米跑

(1)测试目的

测试学生耐力素质的发展水平,特别是心血管呼吸系统的机能及肌肉耐力。

(2)场地器材

400米、300米、200米田径场跑道,地质不限。也可使用其他不规则场地,但必须丈量准确,地面平坦。秒表若干块,使用前需要校正,要求同50米跑。

(3)测试方法

受测者至少两人一组进行测试，站立式起跑。当听到"跑"的口令后开始起跑。计时员看到旗动开表计时，当受试者的躯干部位到达终点线垂直面时停表。以分、秒为单位记录测试成绩，不计小数。

(4)注意事项

①如果在非 400 米标准场地上测试，测试人员应向受试者报告剩余圈数，以免跑错距离。

②测试人员应告知受试者在跑完后应保持站立并缓缓走动，不要立刻坐下，以免发生意外。

③受试者不得穿皮鞋、塑料凉鞋、钉鞋参加测试。

④对分、秒进行换算时要细心，防止差错。

5. 坐位体前屈

(1)测试目的

测量学生在静止状态下的躯干、腰、髋等关节可能达到的活动幅度，主要反映这些部位关节、韧带、肌肉的伸展性和弹性及学生身体柔韧素质的发展水平。

(2)场地器材

坐位体前屈测试计。

(3)测试方法

受测者两腿伸直，两脚平蹬测试纵板坐在平地上，两脚分开 10～15 厘米，上体前屈，两臂伸直向前，用两手中指尖逐渐向前推动游标，直到不能前推为止。测试计的脚蹬纵板内沿平面为 0 点，向内为负值，向前为正值。记录数值以厘米为单位，保留一位小数。测试两次，取最好成绩。

(4)注意事项

①身体前屈，两臂向前推游标时两腿不能弯曲。

②受试者应匀速向前推动游标，不得突然发力。

6. 仰卧起坐

(1)测试目的

测试腹肌耐力。

(2)场地器材

垫子若干块(或代用品)，铺放平坦。

(3)测试方法

受试者仰卧于垫上，两腿稍分开，屈膝呈 90 度左右，两手指交叉贴于脑后。另一同伴压住其踝关节，以便固定下肢。受试者起坐时两肘触及或超过双膝为完成一次，仰卧时两肩胛必须触垫。测试人员发出"开始"口令的同时开表计时，记录 1 分钟内完成次数。1 分钟到时，受试者虽已坐起但肘关节未达到双膝者不计该次数，精确到个位。

(4)注意事项

①如发现受试者借用肘部撑垫或臀部起落的力量坐起时，该次不计数。

②测试过程中，观测人员应向受试者报数。

③受试者双脚必须放于垫上。

7. 引体向上

(1)测试目的

测试学生的上肢肌肉力量和耐力的发展水平。

(2)场地器材

高单杠或高横杠，杠粗以手能握住为准。

(3)测试方法

受试者跳起双手正握杠，两手与肩同宽成直臂垂悬。静止后，两臂同时用力引体(身体不能有附加动作)，上拉到下巴超过横杠上缘为完成一次，记录引体次数。

(4)注意事项

①受试者应双手正握单杠，待身体静止后开始测试。

②引体向上时，身体不得做大的摆动，也不得借助其他附加动作撑起。

③两次引体向上的间隔时间超过 10 秒终止测试。

8. 50 米跑

(1)测试目的

测试学生速度、灵敏素质及神经系统灵活性的发展水平。

(2)场地器材

50 米直线跑道若干条，地面平坦，地质不限，跑道线要清楚。发令旗一面，口哨一个，秒表若干块(一道一表)。秒表使用前，应用标准秒表校正，每分钟误差不得超过 0.2 秒。标准秒表的选定，以北京时间为准，每小时误差不超过 0.3 秒。

(3)测试方法

受试者至少两人一组测试。站立起跑，受试者听到"跑"的口令后开始起跑。发令员在发出口令的同时要摆动发令旗。计时员视旗动开表计时。受试者躯干部位到达终点线的垂直面停表。以秒为单位记录测试成绩，精确到小数点后一位。小数点后第二位数按非"0"时则进 1，如 10.11 秒读成 10.2 秒，并记录。

(4)注意事项

①受试者测试最好穿运动鞋或平底布鞋，赤足亦可。但不得穿钉鞋、皮鞋、塑料凉鞋。

②发现有抢跑者，要当即召回重跑。

③如遇风时一律顺风跑。

9. 立定跳远

(1)测试目的

测试学生下肢肌肉爆发力及身体协调能力的发展水平。

(2)场地器材

沙坑、丈量尺。沙面应与地面平齐。如无沙坑，可在土质松软的地上进行。起跳线离沙坑近端不得少于 30 厘米。起跳地面要平坦，不得有坑凹。

(3)测试方法

受试者两脚自然分开站立，站在起跳线后，脚尖不得踩线(最好用线绳做起跳线)。两脚原地同时起跳，不得有垫步或连跳动作。丈量起跳线后缘至最近着地点后缘的垂直距离。每人试跳三次，记录其中最好一次的成绩。以米为单位，保留两位小数。

(4)注意事项

①发现犯规时，此次成绩无效。三次试跳均无成绩者，再跳至取得成绩为止。

②可以赤足，但不得穿钉鞋、皮鞋、塑料凉鞋测试。

第三节　大学生《国家学生体质健康标准》评分表

《国家学生体质健康标准》是国家学校教育工作的基础性指导文件和教育质量基本标准，是评价学生综合素质、评估学校工作和衡量各地教育发展的重要依据，是《国家体育锻炼标准》在学校的具体实施，适用于全日制普通高等学校的学生。

本标准从身体形态、身体机能和身体素质等方面综合评定学生的体质健康水平，是促进学生体质健康发展、激励学生积极进行身体锻炼的教育手段，是国家学生发展核心素养体系和学业质量标准的重要组成部分，是学生体质健康的个体评价标准。

本标准的学年总分由标准分与附加分之和构成，满分为 120 分。标准分由各单项指标得分与权重乘积之和组成，满分为 100 分。附加分根据实测成绩确定，即对成绩超过 100 分的加分指标进行加分，满分为 20 分。大学的加分指标为男生引体向上和 1000 米跑，女生 1 分钟仰卧起坐和 800 米跑，各指标加分幅度均为 10 分。根据学生学年总分评定等级：90.0 分及以上为优秀，80.0～89.9 分为良好，60.0～79.9 分为及格，59.9 分及以下为不及格。大学男、女生体重指数(BMI)单项评分见表 2-2。大学男生评分标准见表 2-3。大学女生评分标准见表 2-4。加分指标评分见表 2-5。

表 2-2　大学男、女生体重指数(BMI)单项评分表

等级	单项得分	男生体重指数/(千克/米²)	女生体重指数/(千克/米²)
正常	100	17.9～23.9	17.2～23.9
低体重	80	≤17.8	≤17.1
超重		24.0～27.9	24.0～27.9
肥胖	60	≥28.0	≥28.0

表 2-3　大学男生评分标准

等级	单项得分	肺活量/毫升		50 米跑/秒		坐位体前屈/厘米		立定跳远/厘米		引体向上/次		耐力 1000 米跑/(分·秒)	
		大一大二	大三大四	大一大二	大三大四	大一大二	大三大四	大一大二	大三大四	大一大二	大三大四	大一大二	大三大四
优秀	100	5040	5140	6.7	6.6	24.9	25.1	273	275	19	20	3'17"	3'15"
	95	4920	5020	6.8	6.7	23.1	23.3	268	270	18	19	3'22"	3'20"
	90	4800	4900	6.9	6.8	21.3	21.5	263	265	17	18	3'27"	3'25"
良好	85	4550	4650	7.0	6.9	19.5	19.9	256	258	16	17	3'34"	3'32"
	80	4300	4400	7.1	7.0	17.7	18.2	248	250	15	16	3'42"	3'40"
及格	78	4180	4280	7.3	7.2	16.3	16.8	244	246			3'47"	3'45"
	76	4060	4160	7.5	7.4	14.9	15.4	240	242	14	15	3'52"	3'50"
	74	3940	4040	7.7	7.6	13.5	14.0	236	238			3'57"	3'55"
	72	3820	3920	7.9	7.8	12.1	12.6	232	234	13	14	4'02"	4'00"
	70	3700	3800	8.1	8.0	10.7	11.2	228	230			4'07"	4'05"
	68	3580	3680	8.3	8.2	9.3	9.8	224	226	12	13	4'12"	4'10"
	66	3460	3560	8.5	8.4	7.9	8.4	220	222			4'17"	4'15"
	64	3340	3440	8.7	8.6	6.5	7.0	216	218	11	12	4'22"	4'20"
	62	3220	3320	8.9	8.8	5.1	5.6	212	214			4'27"	4'25"
	60	3100	3200	9.1	9.0	3.7	4.2	208	210	10	11	4'32"	4'30"

等级	单项得分	肺活量/毫升		50米跑/秒		坐位体前屈/厘米		立定跳远/厘米		引体向上/次		耐力1000米跑/(分·秒)	
		大一大二	大三大四	大一大二	大三大四	大一大二	大三大四	大一大二	大三大四	大一大二	大三大四	大一大二	大三大四
不及格	50	2940	3030	9.3	9.2	2.7	3.2	203	205	9	10	4′52″	4′50″
	40	2780	2860	9.5	9.4	1.7	2.2	198	200	8	9	5′12″	5′10″
	30	2620	2690	9.7	9.6	0.7	1.2	193	195	7	8	5′32″	5′30″
	20	2460	2520	9.9	9.8	−0.3	0.2	188	190	6	7	5′52″	5′50″
	10	2300	2350	10.1	10.0	−1.3	−0.8	183	185	5	6	6′12″	6′10″

表 2-4 大学女生评分标准

等级	单项得分	肺活量/毫升		50米跑/秒		坐位体前屈/厘米		立定跳远/厘米		仰卧起坐/次		耐力800米跑/(分·秒)	
		大一大二	大三大四	大一大二	大三大四	大一大二	大三大四	大一大二	大三大四	大一大二	大三大四	大一大二	大三大四
优秀	100	3400	3450	7.5	7.4	25.8	26.3	207	208	56	57	3′18″	3′16″
	95	3350	3400	7.6	7.5	24.0	24.4	201	202	54	55	3′24″	3′22″
	90	3300	3350	7.7	7.6	22.2	22.4	195	196	52	53	3′30″	3′28″
良好	85	3150	3200	8.0	7.9	20.6	21.0	188	189	49	50	3′37″	3′35″
	80	3000	3050	8.3	8.2	19.0	19.5	181	182	46	47	3′44″	3′42″
及格	78	2900	2950	8.5	8.4	17.7	18.2	178	179	44	45	3′49″	3′47″
	76	2800	2850	8.7	8.6	16.4	16.9	175	176	42	43	3′54″	3′52″
	74	2700	2750	8.9	8.8	15.1	15.6	172	173	40	41	3′59″	3′57″
	72	2600	2650	9.1	9.0	13.8	14.3	169	170	38	39	4′04″	4′02″
	70	2500	2550	9.3	9.2	12.5	13.0	166	167	36	37	4′09″	4′07″
	68	2400	2450	9.5	9.4	11.2	11.7	163	164	34	35	4′14″	4′12″
	66	2300	2350	9.7	9.6	9.9	10.4	160	161	32	33	4′19″	4′17″
	64	2200	2250	9.9	9.8	8.6	9.1	157	158	30	31	4′24″	4′22″
	62	2100	2150	10.1	10.0	7.3	7.8	154	155	28	29	4′29″	4′27″
	60	2000	2050	10.3	10.2	6.0	6.5	151	152	26	27	4′34″	4′32″

等级	单项得分	肺活量/毫升		50米跑/秒		坐位体前屈/厘米		立定跳远/厘米		仰卧起坐/次		耐力800米跑/(分·秒)	
		大一大二	大三大四	大一大二	大三大四	大一大二	大三大四	大一大二	大三大四	大一大二	大三大四	大一大二	大三大四
不及格	50	1960	2010	10.5	10.4	5.2	5.7	146	147	24	25	4′44″	4′42″
	40	1920	1970	10.7	10.6	4.4	4.9	141	142	22	23	4′54″	4′52″
	30	1880	1930	10.9	10.8	3.6	4.1	136	137	20	21	5′04″	5′02″
	20	1840	1890	11.1	11.0	2.8	3.3	131	132	18	19	5′14″	5′12″
	10	1800	1850	11.3	11.2	2.0	2.5	126	127	16	17	5′24″	5′22″

表 2-5　加分指标评分表

加分	男生引体向上/次		男生1000米跑/(分·秒)		女生1分钟仰卧起坐/次		女生800米跑/(分·秒)	
	大一大二	大三大四	大一大二	大三大四	大一大二	大三大四	大一大二	大三大四
10	10	10	−35″	−35″	13	13	−50″	−50″
9	9	9	−32″	−32″	12	12	−45″	−45″
8	8	8	−29″	−29″	11	11	−40″	−40″
7	7	7	−26″	−26″	10	10	−35″	−35″
6	6	6	−23″	−23″	9	9	−30″	−30″
5	5	5	−20″	−20″	8	8	−25″	−25″
4	4	4	−16″	−16″	7	7	−20″	−20″
3	3	3	−12″	−12″	6	6	−15″	−15″
2	2	2	−8″	−8″	4	4	−10″	−10″
1	1	1	−4″	−4″	2	2	−5″	−5″

　　注：引体向上、1分钟仰卧起坐均为高优指标，学生成绩超过单项评分100分后，以超过的次数所对应的分数进行加分；1000米跑、800米跑均为低优指标，学生成绩低于单项评分100分后，以减少的秒数所对应的分数进行加分。

　　每个学生每学年评定一次，记入《〈国家学生体质健康标准〉登记卡》(见表 2-6)。特殊学制的学校，在填写登记卡时可以按规定和需求相应地增减栏目。学生毕业时的成绩和等级，按毕业当年学年总分的50%与其他学年总分平均得分的50%之和进行评定。

　　学生测试成绩评定达到良好及以上者，方可参加评优与评奖；成绩达到优秀者，方可获体育奖学分。测试成绩评定不及格者，在本学年度准予补测一次，补测仍不及格，则学年成绩评定为不及格。普通高等学校学生毕业时，测试的成绩达不到50分者按结业或肄业处理。

　　学生因病或残疾可向学校提交暂缓或免予执行《国家学生体育健康标准》的申请，经医疗单位证明，体育教学部门核准，可暂缓或免予执行《国家学生体育健康标准》，并填写《免予执行〈国家学生体质健康标准〉申请表》(表 2-7)，

表 2-6 《国家学生体质健康标准》登记卡（大学样表）

姓　名						性　别		学号	
院系						民　族			
								出生日期	

单项指标	大一			大二			大三			大四			毕业成绩	
	成绩	得分	等级	成绩	得分	等级	成绩	得分	等级	成绩	得分	等级	得分	等级
体重指数(BMI)/(千克/米^2)														
肺活量/毫升														
50米跑/秒														
坐位体前屈/厘米														
立定跳远/厘米														
引体向上（男）或 1分钟仰卧起坐（女）/次														
1000米跑（男）或 800米跑（女）/(分·秒)														
标准分														

加分指标	大一		大二		大三		大四		
	成绩	附加分	成绩	附加分	成绩	附加分	成绩	附加分	
引体向上（男）或 1分钟仰卧起坐（女）/次									
1000米跑（男）或 800米跑（女）/(分·秒)									
学年总分									
等级评定									
体育教师签字									
辅导员签字									

学校签章：

年　　月　　日

注：高等职业学校、高等专科学校参照本样表执行。

表 2-7　免予执行《国家学生体质健康标准》申请表（样表）

姓　　名		性　　别		学　　号	
班　级 /院（系）		民　　族		出生日期	
原因				申请人： 　年　月　日	
体育教师签字		家长签字			
学校体育 部门意见				学校签章： 　年　月　日	

注："家长签字"由学生本人签字。

存入学生档案。确实丧失运动能力、被免予执行《国家学生体育健康标准》的残疾学生，仍可参加评优与评奖，毕业时《国家学生体育健康标准》成绩需注明免测。

思考与练习

1. 简述大学生《国家学生体质健康标准》中肺活量的测试方法。

2. 简述大学生《国家学生体质健康标准》中引体向上的测试方法。

知识拓展

大学生体质健康现状：从连续多年对大学生体质健康调查结果来看，大学生的健康状况不容乐观，近视率和肥胖率都有所上升，大学生体质健康素质呈下降的趋势。主要表现在以下两个方面。

第一，学生的体型由以前的细长型向适中型发展，但是两极分化现象严重，表现在胖的太胖，瘦的太瘦。大学生中超重及肥胖学生明显增多，超重和肥胖问题已成为学生不容忽视的重要健康问题。

第二，体能部分指标继续呈下降趋势。我国学生的速度素质、耐力素质、柔韧性素质均有不同程度的下降，其中，耐力素质下降明显，上肢力量、下肢爆发力和女生的腰腹肌力量均有不同程度的提高，但提高幅度不大。

目前大学生体质健康下降的原因主要表现在以下几个方面：学生课业负担过重；营养知识缺乏，饮食不够均衡；随着电子游戏机盛行、计算机普及、网络信息的发展，学生长时间玩游戏机、上网、看电视等也是导致学生体质健康下降的重要因素；学校体育受竞技体育思想影响。

提高大学生体质健康建议：转变观念，树立体育健身和终身体育观念；加强体育场（馆）建设，提高现有体育场（馆）利用率；减轻学生的学业负担；加强学校、社区和家庭对体质健康教育的关注；建设一支高质量的健康教育教师队伍。

第三章

健康与体育运动

📖 学习目标

　　掌握健康、理想健康和亚健康的概念；了解影响健康的主要因素；了解运动生理学和心理学基础知识；了解体育锻炼对机体生理和心理的效应；掌握健康生活和科学健身的基本方法。

第一节　健康概述

　　曾经有人说："若将健康与其他利益相比，健康是1，名誉、金钱、友情、爱情、地位都是1后面的0。有了1，这个数可以是十、百、千、万，乃至无穷大；若没有1，即失去健康，后面的名誉、金钱等再多也是0。"这段话告诉我们，健康是任何东西都无法取代的个人珍宝。虽然科技进步、医学发展，但都尚未能解决所有的健康问题，因此健康便成了人类永恒的追求。人类对健康的认识也随着科技、医学的发展和人类防治疾病的经验而变化着；健康的内涵从生物健康逐步扩大到社会健康；健康的要求逐步由生理健康扩展到心理健康、社会健康；健康覆盖的范畴由个体健康逐步扩大到群体健康；健康的获取逐渐由消极治疗转变为积极预防。

一、现代健康观

1. 健康观及其内涵的发展

20 世纪初，由于社会的发展和医学的进步，以及人类对健康的需求不断提升，健康的概念随之日趋完善。

20 世纪 30 年代，美国健康教育学家鲍尔和霍尔首先提出了一个比较全面的健康定义，即"健康是人们在身体、心情和精神方面都自觉良好、精力充沛的一种状态"。他们认为人类健康的基础在于机体器官组织功能正常，并掌握和施行物质、精神、环境和健康生活的科学规律。另外，还要形成一种态度，即不把健康看作是生活的最终目的，而是看作争取使生命更好延续所必需的物质条件。

而世界卫生组织（WHO）1948 年成立时，在其宪章中明确提出："健康不仅仅是没有疾病和虚弱的现象，而是一种躯体上、心理上和社会适应方面的完好状态。"这一概念改变了以往健康仅指无生理功能异常、免于疾病的单一概念。

1978 年，世界卫生组织在其发表的《阿拉木图宣言》中对健康的概念进行了重新定义，将健康概括为"不仅仅是疾病与体弱的匿迹，而是身心健康、社会健康的完美状态"。同时还指出"健康是人类的基本权利，达到尽可能的健康水平是世界范围内一项重要的社会性目标"。

1989 年，世界卫生组织又再次提出了"身体健康、心理健康、道德健康、社会适应良好"四个方面的健康新标准，首次将道德修养的良好状态也纳入了健康的范畴中。

到 20 世纪 90 年代后期，有关健康的定义开始强调环境因素对人类的影响，认为健康是生理、心理、社会和环境的和谐统一。

纵观健康概念及其内涵的演化过程可以看出，现代健康的概念体现了人类的自然属性和社会属性，既包含了人类的生理健康，又涵盖了人类所特有的心理和社会两个方面的属性，因此健康成了人类拥有的一种基本权利以及体现人类社会价值的重要标志。

2. 现代健康的判断标准

2000 年，根据健康概念的内容，世界卫生组织宣布了人的健康标准：

①有充沛的精力，能从容不迫地负担日常生活和工作，而且不感到过分紧张和疲劳。

②处事乐观，态度积极，乐于承担责任，事无大小，不挑剔。

③善于休息，睡眠好。

④应变能力强，能适应外界环境的各种变化。

⑤能够抵抗一般性感冒和传染病。

⑥体重适当，身体匀称，站立时头、肩、臂位置协调。

⑦眼睛明亮，反应敏捷，眼睑不易发炎。

⑧牙齿清洁，无龋齿，不疼痛，牙龈颜色正常，无出血现象。

⑨头发有光泽，无头屑。

⑩肌肉丰满，皮肤富有弹性，走路感觉轻松。

从人的健康标准可以看出，社会方面的有②④两点，生活习惯方面的是③，其余的都是身体方面的。可以说，衡量健康的标准主要是身体方面的，其次是精神方面和生活习惯方面的。

二、理想健康观

1. 理想健康概述

现代健康观已经使得健康的内涵得到了极大的扩展，突破了传统健康观和近代健康观的范畴。学者们为了进一步强化健康的本质和完善传统健康评估体系，提出了一个促进健康的终极目标——理想健康(Optimal Health)或健全健康(Robust Health)。

理想健康是指个体致力于维持健康状态，并充分发挥自己的最大潜力，以达到"身心合一"的整体完美状态。理想健康提出的目的就是强调人类想要获得健康，除了要摆脱疾病的威胁以外，还要积极地改善自身的社会、心理、教育、运动和营养状态，使其真正获得生理、心理、社会和道德"四维"健康，并享有完美的生活状态。

美国的理想健康又称为"全人健康"，是指持续而用心来维持健康并达到康宁状态的最高境界，它包含七个范畴——身体、情绪、心理、社会、环境、职业和精神，并将之整合为有品质的生命。

理想健康或全人健康的生活需要有良好的生活规划来改变行为，以达到提高生活品质、延长生命以及幸福安宁的境界。所以，理想健康或全人健康具有多元化层面的内容。与其说它丰富了健康的本质，倒不如说是强调了获得健康的途径。

2. 理想健康的四大基石

(1)乐观的心态

积极乐观的心态是身体健康的钥匙。凡事向积极的一面看，可以减轻日常生活的紧张，舒缓精神压力，有利于身体健康。反之人若长时间处于沮丧、忧伤、焦躁、愤怒的情绪中，则往往食欲减弱，引起肠胃不适，有碍健康。

(2)充足的睡眠

充足的睡眠是拥有理想健康的保障。睡眠和休息有助于松弛神经、恢复体力。每天保证 8 小时的睡眠时间，加上平时适当合理的精神，对保持身体健康至关重要。白天适当的放松，可以减轻大脑和身体的负荷，使我们全天都保持比较高的效率。到了晚上，如果有充足的睡眠，就可以让我们身体进行自我调节，储蓄能量，迎接第二天的新挑战。休息不够，则会令人情绪低落，难以精神集中。

(3)适量的运动

运动是保持健康的重要因素。早在 2400 多年前，希波克拉底就讲过："阳光、空气、水和运动，这是生命的源泉。"生命和健康，离不开阳光、空气、水和运动。长期坚持适量的运动，可以使人青春永驻、精神焕发。一个良好的运动计划应该包括有氧运动和无氧运动。

(4)均衡的营养

营养是生命的源泉，人体通过摄取均衡、充足的营养获得生命的存在和发展。均衡的营养是人们实现理想健康的关键因素。人体所需要的营养素主要通过食物来获得，科学的膳食、良好的饮食习惯及生活方式，对于均衡的营养获得均有十分重要的影响。

三、亚健康

1. 亚健康的概念

亚健康是一种临界状态，处于亚健康状态的人，虽然没有明确的疾病，但却出现精神活力和适应能力下降的状况，如果这种状态不能得到及时的纠正，非常容易引起身心疾病。亚健康指非病非健康状态，这是一类次等健康状态，是关乎健康与疾病之间的状态，故又有"次健康""第三状态""中间状态""游移状态""灰色状态"等称谓。世界卫生组织将机体无器质性病变，但是有一些功能改变的状态称为"第三状态"，我国称为"亚健康状态"。

2. 亚健康的类型

(1)身体成长亚健康

学生营养过剩和营养失衡同时存在，体质较弱。

(2)心理素质亚健康

来自家庭、学校的压力，引发了青少年的逆反心理、反复心理、自卑心理、厌学心理等，抗挫折能力较差。

(3)情感亚健康

本应关心社会，对生活充满热情，但实际上他们对很多事情都很冷漠，使自己的"心理领空"越来越狭小。

(4)思想亚健康

思想表面化，脆弱、不坚定，容易接受外界刺激并改变自我。

(5)行为亚健康

表现为行为上的程式化，时间长了容易产生行为上的偏激。

3. 亚健康状态的具体表现

心病不安，惊悸少眠：主要表现为心慌气短，胸闷憋气，心烦意乱，惶惶无措，夜寐不安，多梦纷纭。

汗出津津，经常感冒：经常自汗、盗汗、出虚汗，自己稍不注意就感冒，怕冷。

舌赤苔垢，口苦便燥：舌尖发红，舌苔厚腻，口苦、咽干，大便干燥、小便短赤等。

面色有滞，目围灰暗：面色无华，憔悴；双目周围，特别是眼下灰暗发青。

四肢发胀，目下卧蚕：有些中老年妇女，晨起或劳累后足踝及小腿肿胀，下眼皮肿胀、下垂。

指甲成像，变化异常：中医认为，人体躯干四肢、脏腑经络、气血体能信息层叠融会在指甲上称为甲像，如指甲出现卷如葱管、相似蒜头、剥如竹笋、枯似鱼鳞、曲类鹰爪、塌同瘪螺、月痕不齐、峰凸凹残、甲面白点等，均为甲像异常，病位或在脏腑或累及经络，营卫阻滞。

潮前胸胀，乳生结节：妇女在月经到来前两三天，四肢发胀、胸部胀满、胸胁串痛，妇科检查，乳房常有硬结，应给予特别重视。

口吐黏物，呃逆胀满：常有胸腹胀满、大便黏滞不畅、肛门湿热之感，食生冷干硬食物常感胃部不适，口中黏滞不爽，吐之为快。重时，晨起非吐不可，进行性加重。此时，应及时检查是否胃部、食道有占位性病变。

体温异常，倦怠无力：下午体温常常 38 摄氏度左右，手心热、口干、全身倦怠无力，应到医院检查是否有结核等。

视力模糊，头胀头疼：平时视力正常，突感视力下降(非眼镜度数不适)，且伴有目胀、头疼，此时千万不可大意，应及时到医院检查是否有颅内占位性病变。

4. 诱发亚健康状态产生的原因

据世界卫生组织界定，人类的健康和长寿 40％依靠遗传因素和客观条件，其中 15％为遗传因素，10％为社会因素，8％为医疗条件，7％为气候条件，而剩下 60％则依靠自己建立的生活方式和心理行为习惯。诱发亚健康状态产生的常见因素有：

①交通拥挤，住房紧张，办公室桌子靠桌子，使人们生活、工作的物理空间过分窄小，独立的空间往往成为奢望。

②废气、垃圾、工业、噪声及射线等污染，严重损害人们的生存环境，宁静祥和的环境往往被喧嚣和污浊所代替。

③市场经济条件下，经济收入逼迫人们过度地劳作，出现身心"透支"现象。

④竞争的年代、改革的年代，人们面临着被"炒鱿鱼"和下岗的威胁，为了保住岗位，不得不承受越来越重的压力，陷入越来越多的矛盾。

⑤社会发展日新月异，信息变化加速，使得终身学习成为必然的要求，因此，学习新知识，创造新思维，成为人们越来越重的压力和负担。

⑥由于种种利益交织冲突，社会人际关系变得复杂，使得每个人建立和处理人际关系变得更加谨慎和困难。

⑦机械化、形式化的生活、工作和学习，占去了人们的大部分时间，使得人们之间的情感交流变得越来越少，越来越空乏，孤独成为人们生存的显著特征。

⑧社会生活的复杂化、多变性，给人们的恋爱、婚姻、家庭生活的稳定性产生了越来越多的冲击，使得人们之间的情感联系薄弱，情感受挫的机会增多，从而降低了人们对生活的信心，影响了人们情感生活的质量。

⑨人们自身的某些不足和遗憾，往往成为自我折磨的理由。

⑩躯体生命的偶然性和暂时性，在深层次上淡弱人们奋斗进取的激情，荒诞、无谓，往往成为人们对生命真谛的体验。

另外，从事电脑工作的人群也是亚健康的主要群体，由于长期操作电脑，易引发很多电脑病，如鼠标手、颈椎病、屏幕脸等。因此，建议电脑工作者，每工作 1 小时就要起身休息，舒展筋骨远离亚健康。平时要加强体育锻炼，不要总是对着电脑，能不用的时候尽量少用。

四、影响健康的因素

人类的健康取决于多种因素的影响和制约。影响健康的主要因素为 5 个方面，即环境因素、生物学因素、医疗卫生服务因素、行为和生活方式因素及营养因素。

1. 环境因素

环境因素是指围绕着人类的空间以及直接或间接地影响人类生活的各种自然因素和社会因素的总和。因此，环境包括自然环境和社会环境两种。

(1)自然环境

自然环境又称物质环境，是指影响人类生存和发展的各种自然因素的总和，包括水、空气、土壤、矿藏、森林、野生生物、各种自然和人工区域等。自然环境是人类生存的必要条件。自然环境的生物、物理因子或化学元素都会对人类的健康产生重要的影响。例如，某些动物、植物及微生物为人类的生存提供了必要的保障，而另一些则会通过直接或者间接的方式影响甚至危害人类的健康。此外，当气流、气温、噪声、电离辐射、电磁波等这些物理因子用于人体的时间或者强度超过一定限度时，或某些化学元素的浓度、剂量超过人体所能承受的极限时都会对人体健康造成危害。

(2)社会环境

社会环境又称非物质环境，是指人类在生产、生活和社会交往活动中互相间形成的生产、阶级和社会等关系。在社会环境中，有诸多的因素与人类健康有关，如社会制度、法律、经济、文化、教育、民族或职业等。

2. **生物学因素**

生物学因素包括遗传、病原微生物、个体生物学特征3类。遗传是先天性因素，它与人类诸多疾病的发生密切相关；病原微生物能引发传染性疾病或感染性疾病，造成人体内分泌、免疫等系统的紊乱或失调；个体生物学特征则包括年龄、性别、形态和健康状况等。相同危险因素对不同生物学特征的个体健康影响程度不同。

3. **医疗卫生服务因素**

医疗卫生服务是指促进及维护人类健康的各类医疗、卫生活动，它既包括医疗机构所提供的诊断、治疗服务，也包括卫生保健机构提供的各种预防保健服务。良好的医疗卫生服务对健康起到促进作用，反之则会危害健康。良好的医疗卫生服务包括健全的医疗机构、完善的医疗服务网络、充足且科学合理分配的卫生资源。除此以外，个体提高对医疗卫生服务的利用能力也是提高医疗卫生投入与效益的重要因素。

4. **行为和生活方式因素**

行为是指机体对内外环境因素刺激所做出的能动反应。生活方式是个体的一种特点行为模式，它受个体特征和社会关系的制约。行为和生活方式紧密联系，相互贯通。人们自身的不良行为和生活习惯会给个体、社会的健康带来直接或间接的危害。这种危害具有一定的潜伏性和积累性，并具有影响广泛的特点。常见的不良行为和生活方式包括吸烟、酗酒、吸毒、纵欲、赌博以及滥用药物等。

5. **营养因素**

合理营养是保证人体健康的重要因素，营养过剩或不足都有损健康。日常饮食中要注意营养素——宏量营养素(糖、脂肪和蛋白),微量营养素(维生素、矿物质),水,膳食纤维的合理供给和搭配,这样既有利于预防疾病,又能促进健康。

第二节　体育锻炼与健康

一、体育锻炼的生理学基础

生理学是研究人体生命活动规律的科学,任何体育锻炼都需遵循运动生理的规律。体育锻炼的生理学基础主要包括以下内容。

1. 运动时肌肉的工作形式

运动系统由骨、骨连结和骨骼肌三种结构组成。骨以不同形式联结在一起,构成骨骼,形成了人体的基本形态,并为肌肉提供附着,在神经支配下,肌肉收缩,牵拉其所附着的骨,以可动的骨连结为枢纽,产生杠杆运动。运动系统主要的功能是运动。简单的移位和高级活动,如语言、书写等,都是由骨、骨连结和骨骼肌实现的。运动系统的第二个功能是支持。构成人体基本形态:头、颈、胸、腹、四肢,维持体姿。运动系统的第三个功能是保护。由骨、骨连结和骨骼肌形成了多个体腔:颅腔、胸腔、腹腔和盆腔,保护脏器。从运动角度看,骨是被动部分,骨骼肌是动力部分,关节是运动的枢纽。根据肌肉收缩时肌长度和肌张力的变化,可将肌肉收缩分为三种形式,即等长收缩、等张收缩和等速收缩。

(1)等长收缩

等长收缩(Isometric Contraction)是指肌肉为克服后负荷(肌肉开始收缩时遇到的负荷或阻力),肌张力达到最大值,但肌肉长度未改变的收缩。等长收缩为静态活动,可保持关节的位置,肌肉未做工。

(2)等张收缩

等张收缩(Isotonic Contraction)是指在后负荷存在时肌肉收缩产生张力,肌肉张力与后负荷相等时,肌肉缩短,张力保持不变。其收缩速度可变,肌肉做功,使肌肉能带动关节活动。等张收缩有两种分类方式:一种为向心收缩(肌肉收缩时其起点和止点相靠近)和离心性收缩(肌肉收缩时其起点和止点远离);另一种为开放链(肢体远端自由活动的运动,如哑铃运动)和闭合链(肢体远端固定时身体产生的运动，如蹲起、行走、跑跳、俯卧撑等运动）。

（3）等速收缩

等速收缩（Isokinetic Contraction）是指人为地借助等速性训练器（如 Cybex 机）将肌肉收缩速度保持一定，以便测定关节的活动度及处于任意关节角度时的肌力（肌力矩），并进行训练。严格地讲，这不是肌肉的自然收缩形式，而是一种肌力评测和训练的方法。

2. 运动时人体的供能系统

在人体内有三大供能系统：磷酸肌酸供能系统、无氧呼吸供能系统和有氧呼吸供能系统。

ATP 在肌肉中的含量低，当肌肉进行剧烈运动时，供能时间仅能维持 1～3 秒。之后的能量供应就要依靠 ATP 的再生。这时，细胞内的高能化合物磷酸肌酸的高能磷酸键水解将能量转移至 ADP，生成 ATP。磷酸肌酸在体内的含量也很少，只能维持几秒的能量供应。人在剧烈运动时，首先是 ATP-磷酸肌酸供能系统供能，通过这个系统供能能维持 6～8 秒的时间。这两项之后的供能，主要依靠葡萄糖和糖原的无氧酵解所释放的能量合成 ATP。无氧酵解能维持 2～3 分钟时间。由于无氧呼吸产生的乳酸易导致肌肉疲劳，所以长时间的耐力运动需要靠有氧呼吸释放的能量来合成 ATP。

综上所述，短时间大强度的运动，如 100 米短跑，主要依靠 ATP-磷酸肌酸供能；长时间低强度的运动，主要靠有氧呼吸提供能量；介于二者之间的较短时间的中强度运动，如 400 米跑，则主要由无氧呼吸提供能量。人在剧烈运动时，呼吸底物主要是糖。但在长时间剧烈运动时，如马拉松式的长跑运动，人体内储存的糖是不够用的，在消耗完储存的糖类物质后，就动用体内储存的脂肪和脂肪酸。

3. 运动时人体的供氧系统

人体的供氧系统由呼吸系统和血液循环系统组成。呼吸是呼吸系统把氧气从体外吸入体内并使之与血红蛋白相结合从而进行代谢的过程。血液循环是将氧气带入各器官和系统的途径。心肺功能是衡量人体运动能力和耐力能力的标准之一，常用最大摄氧量来评价。最大摄氧量就是人体在运动时，呼吸系统和血液循环系统功能达到最大能力时每分钟能够吸入并被身体利用的氧气的最大值。最大吸氧量能直接反映个体的最大有氧代谢能力，常被作为衡量氧气运输系统整体功能的综合性指标。

4. 运动性疲劳及其恢复

运动性疲劳是运动本身引起的机体工作能力暂时降低，经过适当时间休息和调整可以恢复的生理现象；是一个极其复杂的身体变化综合反应过程。

疲劳时工作能力下降，经过一段时间休息，工作能力又会恢复，只要不是过度疲劳，并不损害人体的健康。所以，运动性疲劳是一种生理现象，对人体来说又是一种保护性机制。但是，如果人经常处于疲劳状态，前一次运动产生的疲劳还没来得及消除，而新的疲劳又产生了，疲劳就可能累积，久之就会产生过度疲劳。过度疲劳影响运动员的身体健康和运动能力。如果运动后能采取一些措施，就能及时消除疲劳，使体力很快得到恢复，消耗的能量物质得到及时的补充甚至达到超量恢复，就有助于训练水平的不断提高。运动性疲劳恢复的途径有：

①用各种方法使肌肉放松，改善肌肉血液循环，加速代谢产物排出及营养物质的补充，如整理活动、水浴、蒸汽浴、桑拿浴、理疗、按摩等。

②通过调节神经系统机能状态来消除疲劳，如睡眠、气功、心理恢复、放松练习、音乐疗法等。

③通过补充机体在运动中大量失去的物质，促进疲劳的消除，如吸氧、补充营养物质及利用某些中药来调节身体机能等。

除此以外，运动还能够对神经系统、心血管系统、泌尿生殖系统、内分泌系统等的生理功能产生影响。

二、体育锻炼的心理学基础

心理学是研究个人及其行为的科学，研究范围包括生长发育、动机行为、情绪想象、个性差异等。体育与心理的关系异常密切。体育锻炼可以调节人的心理，使人的心理向着健康的方向发展。体育锻炼还可以培养优秀的心理品质等。

运动兴趣、运动动机能使机体积极认识、探究或参与体育运动。体育运动中合理地进行目标定向与目标设置，能够将机体的注意和行为指向到体育锻炼的任务上，能够激发机体努力并动员其能量，提高机体的运动表现和长时间坚持体育锻炼的热情。对运动进行正确的归因，能使个体正确地认识自我，提高体育锻炼的兴趣。另外，注意与表现、运动中的心境状态等人的心理活动都是个体进行体育锻炼时不可忽视的因素，也是体育锻炼中的重要心理学基础。

三、体育锻炼的生理效应

1. 体育锻炼对骨骼肌功能的效应

肌肉体积增大。运动员，特别是举重等力量型项目的运动员的肌肉块明显大于一般正常人，这说明体育锻炼和运动训练可以使肌肉体积增大。体育锻炼对肌肉体积的影响非常明显，一般进行力量训练就可以使肌肉体积增大，而且练什么肌肉，什么肌肉的体积就增大较明显。

肌肉力量增加。体育锻炼可以增强肌肉力量已被大量实验所证实，而且体育锻炼增加肌肉力量的效果也是非常明显的，数周的力量练习就会引起肌肉力量的明显增加。

肌肉弹性增加。有良好体育锻炼习惯的人，在运动时经常从事一些牵拉性练习，从而可使肌肉的弹性增加，这样可以避免人体在日常活动和体育锻炼过程中由于肌肉的剧烈收缩而造成各种运动损伤。

2. 体育锻炼对骨、关节功能的效应

(1)体育锻炼对骨的良好影响

人体长期从事体育锻炼，通过改善骨的血液循环，加强骨的新陈代谢，使骨径增粗，骨质增厚，骨质排列规则、整齐，并随着骨形态结构的良好变化，骨的抗折、抗弯、抗压缩等方面的能力有较大提高。人体从事体育锻炼的项目不同，对人体各部分骨的影响也不同。经常从事以下肢活动为主的项目，如跑、跳等，对下肢骨的影响较大；而从事以上肢活动为主的项目，如举重、投掷等，对上肢骨骼的影响较大。体育锻炼的效果并不是永久的，当体育锻炼停止后，对骨的影响作用也会逐渐消失，因此，体育锻炼应经常化。同时，体育锻炼的项目要多样化，以免造成骨的畸形发展。

(2)体育锻炼对关节的影响

科学、系统的体育锻炼，既可以提高关节的稳定性，又可以增加关节的灵活性和运动幅度。体育锻炼可以增加关节面软骨的密度，并可使关节周围的肌肉发达、力量增强，关节囊和韧带增厚，因而可使关节的稳固性加强。在增加关节稳固性的同时，由于关节囊、韧带和周围肌肉的弹性和伸展性提高，关节的运动幅度和灵活性也大大增加。

3. 体育锻炼对心血管功能的效应

从心脏生理、病理角度讲，经常的运动锻炼对心血管系统有直接和间接双重作用。运动锻炼达到一定强度其间接作用即可表现出来，但对心肌的直接效应则较小。

(1)运动的间接效应

①肌张力增加。在剧烈的运动锻炼过程中，收缩肌群内压迅速增加骨骼肌血流受阻，心脏后负荷增加，从而影响心脏的射血分数和搏出量。当肌肉收缩达最大肌力的15%时，肌肉血流开始受阻，达70%时肌肉血流完全阻塞。病人由于卧床休息等原因，最大张力下降，通过适当的运动锻炼，心肌收缩协调性增加，肌张力也随之增加。

②生活方式的改变。经常参加运动锻炼可以改变人的生活方式。例如，对吸烟者的耐力训练可延长吸烟的间隔时间，能长期坚持耐力训练的人往往是非吸烟者；运动训练可能降低食欲，但也有不同意见，运动训练由于能量及氧耗量都增加，体重相应下降。

（2）运动的直接效应

①静息性心动过缓。经常运动锻炼可使动脉压力感受器"重新调制"，副交感神经活性增强，加之搏出量增加、心肌及肾上腺素能受体下调等因素，休息时心率减慢，次极量运动时心率也相应变慢，这种反应的实际意义在于使心脏储备功能和心功能容量增加；一定的工作效率时，心肌缺血发作减少；心脏舒张期延长有利于心肌血液灌注。

②血压降低。运动锻炼后无论是休息时还是运动时其血压均降低，左室后负荷减轻，射血分数和搏出量都增加，最大心输出量和心功能容量也随之增加。次极量运动时，收缩压降低，心肌缺血的危险性减小。

③周围静脉张力增加。运动训练可使周围静脉张力增加，弹性增强，回心血量增多，前负荷增加，心搏量增加；运动后即刻体位性低血压得到缓解。

④血浆容量扩张。血浆容量扩张是运动锻炼的早期反应，可能是由于肾素、醛固酮系统的调节所致。血容量增加，心室前负荷增加，搏出量随之增加，然而由于血液稀释，单位体积内血红蛋白减少，所以单位体积心输出量的携氧能力不变甚至减少。

⑤心肌收缩力和搏出量增加。运动训练可致心肌收缩力增加，心脏搏出量也随之增加，可使休息时和运动时搏出量增加 20% 或更多。其机制如上述，包括前负荷的增加和后负荷的降低。训练有素的运动员的心脏扩大、心室肥厚，以前被认为是一种十分危险的病理改变，然而目前认为这是一种理想的生理反应。另外，运动确实能提高室颤阈，尽管其机制尚不明确。因此，运动对于心律失常性猝死的预防可能有益。

4. 体育锻炼对呼吸功能的效应

经常参加体育锻炼，特别是做一些伸展扩胸运动，可以使呼吸肌力量加强，胸廓扩大，有利于肺组织的生长发育和肺的扩张，使肺活量增加，经常性的深呼吸运动，也可以促使肺活量的增长，大量实验表明，经常参加体育锻炼的人，肺活量高于一般人。此外，体育锻炼由于加强了呼吸力量，可使呼吸深度增加，以有效增加肺的通气效率。研究表明，一般人在运动时肺通气量能增加到 60 升/分左右，有体育锻炼习惯的人运动时肺通气量可超过 100 升/分。还有，一般人在进行体育活动时只能利用其最大摄氧量的 60% 左右，而经过体育锻炼后可以使这种能力大大提高，体育活动时，即使氧气的需要量增加，也能满足机体的需要，而不致使机体缺氧。

5. 体育锻炼对代谢功能的效应

体育锻炼时，体内新陈代谢加快，能量消耗增加，机体为了恢复能量，就要摄入、消化、吸收更多的营养以补充不足，而且摄入的能量往往超过消耗的能量，即出现"超量恢复"现象。消耗越多，超量恢复越明显。同时体育锻炼还能促进腹肌力量，有利于维持正常腹部压力促进消化吸收。因此，长期适量的体育运动可以增强消化功能，促进少年儿童的生长发育。

6. 体育锻炼对内分泌功能的效应

体育锻炼可以刺激生长激素、肾上腺皮质激素、雄激素及儿茶酚胺等重要激素的分泌，从而促进青少年的生长发育，提高机体免疫系统的功能，增强抵抗疾病的能力，提高健康水平，对提高身体素质和运动能力有重要的作用。

7. 体育锻炼对神经功能的效应

人体的一切活动都是在神经系统的调节和支配下进行的。反过来，身体的每个动作及各器官的生理活动都可以对神经系统产生刺激作用。这种刺激作用可以增强神经细胞的工作能力和神经系统的调节能力，使大脑的兴奋性、灵活性和反应速度大大提高，视觉、听觉更加敏锐，记忆力和分析综合能力增强，还可消除大脑疲劳，提高学习和工作效率。

8. 体育锻炼对人体血液成分的影响

体育锻炼能够增加人体血液中红细胞及血红蛋白的含量，提高人体运输氧气的能力。体育锻炼还能使人体白细胞的数量、载脂蛋白的比例发生变化，这对于增强人体的免疫能力和预防疾病有着重要的作用。

四、体育锻炼的心理效应

1. 体育锻炼可以降低焦虑、抑郁，达到治疗心理疾病的作用

体育锻炼的情绪效应可能是迄今为止研究最多的问题，通过体育锻炼可使情绪得到调控。不良情绪是导致生理、心理异常和疾病的重要因素之一，而体育锻炼能直接给人带来愉快和喜悦，并能降低紧张和不安，从而调控人的情绪，改善心理健康。麦格曼等人对体育锻炼后的被试者立即进行了测量，发现他们的焦虑、抑郁、紧张、心理紊乱等水平显著降低，而在精力和愉快程度上却显著提高。伯格的研究认为，有规律地从事中等强度(最大心率的60%～75%)活动的锻炼者，每次活动20～60分钟，有助于情绪的改善。还有些研究人员研究发现，用力的运动可使人减少情绪上的负担，甚至能减轻因精神压力的偶发事件而造成的心理负担，这如同人们在愤怒时摔东西时的迁怒、宣泄作用，通过运动行为的替代作用，可以减弱或消除情绪障碍。在

当今快节奏、高效率、强竞争的时代，人们心理上会产生一定程度的紧张、焦虑、不安，在繁忙的工作中抽出时间坚持体育锻炼，可使紧张、焦虑、不安的情绪状态得到改善，心理承受能力得到提高，适应能力得到增强。

2. 体育锻炼对自我概念的影响

自我概念是个体主观上关于自己的看法和感觉的总和，它由许多自我认识所组成。由于锻炼可增强体质，使精力充沛，因而，体育锻炼对于改善身体表象和身体自尊非常重要。许多研究发现，锻炼者比不锻炼者有更积极的总体自我概念；体质好的人比体质差的人倾向于更高水平的自我概念和躯体概念。躯体表象障碍在正常人群中是普遍存在的。据报道，54%的大学生对他们的体重不满意，特别是女生。肥胖的个体更可能有身体表象和身体自尊方面的障碍。对身体表象不满意会使个体自尊下降，并产生不安全感和抑郁症状。研究表明，力量与身体自尊、情绪稳定性、自信心相一致，加强力量训练能使个体的自我概念显著增强。

3. 体育锻炼可以促进认知的发展

动作技能的学习和掌握过程，不仅通过视觉、听觉来感知动作的形象，还要通过触觉和肌肉的本体感觉感知动作的要领以及动作过程中的时间和空间关系等，从而建立完整、正确的动作表象。在这个过程中，学习者的感知能力、观察能力、形象记忆能力、动作记忆能力等都能得到发展与提高。

4. 体育锻炼可以培养坚强的意志品质

锻炼内容的多样性、复杂性、多变性和趣味性，能使人从中体验到快乐、满足、紧张、兴奋、焦虑等多种不同程度的情感体验。体育活动的团体性和互助互学能启发学生的社会意识，增强自尊、自信及责任感。体育活动的竞争性能激发学生的进取心。同样，体育活动中也有各种各样的困难与障碍，其中有来自内心的，如紧张、害怕、失意等情绪，也有来自外界的，如环境、设备、能力限制等。为了实现目的，就必须发挥意志的作用，克服困难。所以，锻炼的过程就是意志行动实现的过程。体育锻炼可以培养学生的自觉性、果断性、自制性等良好意志品质。

5. 体育锻炼可以影响人的人格，从而有利于协调人际关系

社会心理学的研究表明，人格的形成及发展与人的行为活动不可分割。在体育教学和体育锻炼过程中，学生是活动的主体，并拥有一个较为广阔的空间领域。思维活动与机体活动紧密结合有利于人格的显示和发展；同时活动内容的多样性为学生人格的多元化发展提供了条件。一项元分析结果表明，体育活动对人格培养有积极效应。

6. 体育锻炼可以减轻心理的应激反应

应强调的是，科学锻炼才可能促进心理健康，如果锻炼不合理，则损害身体，给心理健康带来负效应。这些负效应主要表现在心理耗竭和锻炼成瘾。

(1)心理耗竭

心理耗竭指锻炼者在运动中因长期无法克服的运动应激而产生的一种耗竭性心理反应。常见心理症状有心境状态紊乱，身体、精神和情绪的筋疲力尽感，自尊心下降，人际关系质量消极变化(玩世不恭、冷酷无情等)。研究指出，心理耗竭不仅损害心理健康，而且还直接导致锻炼者退出锻炼。

(2)锻炼成瘾

锻炼成瘾是对有规律的锻炼生活方式的一种心理依赖。锻炼成瘾分为积极和消极两种，有积极成瘾的人能够控制锻炼行为，而有消极锻炼成瘾的人则反受锻炼行为的控制。锻炼成瘾的诊断标准是：活动单一，导致每日锻炼的刻板模式和固定时间表；为保证每日锻炼，把锻炼放在优先的突出地位；日益表现出对大运动量的承受能力；有规律锻炼一旦停止，表现出心境状态的紊乱信号，一旦恢复运动，紊乱现象减轻或消失；主观上意识到自己非锻炼不可；运动加重身体的不良状态但不顾他人告诫继续运动。锻炼成瘾不能算是一种强迫症状，因为个体主观上并未想摆脱。出于健美、减肥、提高运动技能等目的的锻炼是否易形成锻炼成瘾，目前未见报道。这种心理倾向是否会发展为变态也有待研究。

五、体育锻炼的原则和注意事项

1. 体育锻炼的原则

体育锻炼的原则是指人们在从事体育活动、运动实践以及达到体育运动锻炼目的时所必须遵循的基本原则，主要有自觉性原则、循序渐进原则、持之以恒原则、全面性原则、针对性原则。

(1)自觉性原则

自觉性原则是指要求进行体育锻炼的人要有明确的锻炼目的、健身目标，并能自觉、自愿地从事体育锻炼。

(2)循序渐进原则

循序渐进原则是指体育锻炼必须遵循人体自然发展、机体适应的基本规律，从不同的主客观实际出发，合理安排运动负荷，在渐进的基础上提高锻炼水平。具体表现在锻炼的内容、方法必须要由易到难、由简到繁，逐渐深化。

(3)持之以恒原则

持之以恒原则是指体育锻炼必须要持之以恒，使体育运动成为人们日常生活中的内容。人体运动技能的提高、各器官系统功能的改善与提高、身体素质的提高等都是通过体育锻炼反复强化的结果。体育锻炼给予人体的持续性刺激，将促进人体结构和机能产生适应性变化。

(4)全面性原则

全面性原则是指通过体育锻炼来全面促进人体由内到外各方面的发展，即通过体育锻炼来促进人体的身体形态、生理功能、身体适应能力、心理素质等的全面和谐的发展。

(5)针对性原则

针对性原则是指根据个人的实际情况，有针对性地进行体育锻炼。也就是说，体育锻炼必须从个人实际出发，从年龄、性别、健康状况、体育基础、生活条件等因素综合考虑，来制定行之有效的锻炼方式、项目、内容、方法和负荷等。

2. 体育锻炼的注意事项

(1)选择合适的锻炼环境

进行体育锻炼时，要选择一个空气流通的环境。锻炼场所的空气、阳光、温度要适宜，避免在气温过低或大雾的天气状况下进行运动，不要选择在树林里进行晨练等。

(2)选择合适的锻炼时间

进行体育锻炼适宜的时间为：5～7时及15～17时，因为这两个时间段的气温、湿度最适合进行体育锻炼。

(3)做好准备活动和整理活动

锻炼前应当做好充分的准备活动，以免造成运动损伤，同时还能够提高机体对锻炼任务的适应能力。锻炼结束时要进行适当的整理活动，以使机体逐步恢复到安静状态，尽量避免骤练骤停的运动方式。

(4)锻炼前进行身体检查

体育锻炼前要进行身体检查，体温升高、内脏疾病、出血倾向、恶性肿瘤、传染病及慢性疾病的患者应经过治疗且病情稳定后，在医生的建议下进行有针对性的体育锻炼。

(5)防止运动过度

体育锻炼要适量，避免运动过度。运动过度将会降低人体免疫能力，使人体对外界病毒的抵抗能力下降，导致疾病的发生。

(6)注意安全

体育锻炼时，要选择安全系数较高的场地、器械进行练习，对于存在安全隐患的器材设施要及时整修，以免对身体造成危害。

六、科学的体育锻炼方法

1. 运动尽可能要在固定的时间段内进行

每次锻炼尽可能安排在同一时间，以养成良好的锻炼习惯，促使身体内脏器官形成条件反射。饭后半小时和睡前半小时不宜进行体育锻炼，否则会影响消化和睡眠。体力最佳时间段一般为15～20时，此时间段可以考虑作为主要锻炼时间。

2. 要控制运动的频率及持续的时间

锻炼时间以每周3～5次，每次1～1.5小时为宜，从健身的角度考虑，锻炼应当以有氧运动项目为主。

3. 运动量要合适

运动量的大小可根据年龄、性别、体质差异进行确定。运动量过小达不到健身的目的，过大会对身体造成损伤。运动量的衡量标准一般为运动强度、持续时间、运动频率。运动强度可采取监测运动中的心率的方法将其控制在有效范围内，最适宜的运动强度为最大心率的60%～80%，持续时间与运动频率可根据个体身体素质及机体承受能力进行适当调整。

4. 要选择合适的运动项目

运动项目可分为有氧运动、无氧运动。有氧运动项目包括步行、远足、慢跑、跳绳、游泳、跳操、自行车、划船、球类等；无氧运动包括短跑、举重、投掷、跳跃等。为了达到健身的目的，应多选用有氧类运动项目进行练习。

5. 平衡膳食与控制体重

平衡膳食是科学健身的物质基础。运动后必须及时补充必要的糖、脂肪、蛋白质及其他营养素，同时应注意食物的合理搭配和营养的均衡。健身期间要合理地控制体重，标准体重与肥胖度计算方法为：

标准体重(千克)＝身高(厘米)－105；

肥胖度(%)＝(实际体重－标准体重)/标准体重×100%；

判断标准：肥胖度大于等于10%为超重；20%～29%为轻度肥胖；30%～49%为中度肥胖；大于等于50%为重度肥胖。

第三节　大学生心理健康教育

一、心理障碍及大学生常见的心理障碍

1. 心理障碍

心理障碍是在特定情境和特定时段由不良刺激引起的心理异常现象，属于正常心理活动中暂时性的局部异常状态。它包括轻微的心理问题。例如，当人们遭遇重大挫折或面临重大抉择时会表现出情绪焦虑、恐惧或者抑郁，有的表现为遭受挫折后的沮丧，亲人死亡后的悲伤，人际关系紧张引起的烦恼、退缩、自暴自弃，或者表现出愤怒甚至冲动、报复，往往是过度应用防卫机制来自我保护，且表现出一系列适应不良的行为。也包括比较严重的心理活动紊乱，例如，由各种躯体疾病和各种物质(成瘾物质、某些药物或毒物)引起的继发性精神障碍，以及尚不知道原因的原发性精神障碍，如精神分裂症、心境障碍、焦虑障碍等。

心理障碍几乎人人都可能遇到，如失恋、落榜、人际关系冲突造成的情绪波动，一段时间内不良心境造成的兴趣减退、生活规律紊乱甚至行为异常、性格偏离等，都需要找心理咨询医生寻求帮助。

2. 大学生常见的心理障碍

大学生正处在心理发展最不平衡的时期，复杂多变的社会现实和日益深化的高教改革使大学生群体充满了竞争和压力。内在的心理冲突和外在的社会压力，导致大学生的心理负荷十分沉重。大学生中常见的心理障碍主要有 6 种：情绪情感障碍、认知障碍、异性交往障碍、意志障碍、人格障碍、人格缺陷。

(1)情绪情感障碍

大学生情绪情感障碍是指其情绪情感活动的变态与失常现象。其外在表现通常可以观察到，他们的行为与一般同年龄人应当发生的行为有明显的偏离。不仅如此，这些偏离行为将会严重影响大学生自身发展，甚至干扰生活在其身边的其他人。常见的情绪情感障碍包括情绪不稳定、抑郁、易怒、焦虑、自卑等。

(2)认知障碍

认知是机体认识和获取知识的智能加工过程，涉及学习、记忆、语言、思

维、精神、情感等一系列心理和社会行为。认知障碍指与上述学习、记忆以及思维判断有关的大脑高级智能加工过程出现的异常。常见的认知障碍有学习、记忆障碍，失语、失用、失认或失行等。

（3）异性交往障碍

异性交往是很正常的社交活动，同时也是一个一直令大学生棘手的社交障碍。一些学生在不良心理因素的作用下，与异性交往时总感到要比与同性交往困难得多，以至于不敢、不愿，甚至不能和异性交往，主要原因是不能正确区别和处理友情与爱情的关系，部分大学生划不清友情与爱情的界限，从而把友情幻想成爱情。另外，由于一些大学生受传统观念的影响，特别是封建社会"男女授受不亲"的传统文化影响，认为男女之间除了爱情就没有其他感情了，这就使得他们没有树立起正确的"异性朋友观"。这必然会对大学生异性间交往带来一定的消极影响。

（4）意志障碍

意志是人自觉地确定行动的目的并支配自己行动实现预定目的的心理过程。它从人的行为中得到表现，受到人的思维、情感的支配并受社会文化的制约，受到个体人格特征的影响。意志障碍主要有：意志增强，指在病态动机和目的支配下，出现的意志活动增多与意志力量增强，如躁狂症；意志减弱，指意志活动减少和意志力量减退，如抑郁症；意志缺乏，指意志活动极度减少或缺乏，意志力量极度减退；意向倒错，指患者的意志活动与正常人的意志相违背，难以理解，如伤害自己等；强迫意向，指患者反复体验到，想要做某种违背自己意愿的动作或行为的强烈内心冲动，明知是荒谬的，但又不能摆脱这种内心冲动。

（5）人格障碍

人格障碍是指不伴有精神症状的人格适应缺陷，也称病态人格。表现为纪律观念差，行为受原始欲望的驱使，知行脱节，具有高度的冲动性，缺乏羞愧感和责任感，难以与人相处等。

（6）人格缺陷

人格缺陷是介于正常人格与人格障碍之间的一种人格状态，或人格发展的一种不良倾向。主要表现为自卑、抑郁、怯懦、孤僻、冷漠、悲观、依赖、敏感、多疑或对人敌视、暴躁、冲动、破坏等。

3. 心理障碍的判定

（1）比较

指依据个人经验，比较、判断个体是否出现不同于以往的异常改变。这里涉及两个方面的经验：一是个体自己的主观经验，二是观察者的经验。

个体自己可以感到不同于以往的心理体验，如体验到情绪低落、不高兴或压抑，且个体主观上感到痛苦，因而需要寻求医生的帮助。

观察者根据自身的经验观察到患者的行为不同于以往，亦可以认为是异常。

(2)心理活动性质的改变

如果观察到个体的心理活动有明显的质的改变，如出现幻觉、妄想、明显的语言紊乱或行为异常，则提示是心理障碍。

(3)社会适应标准

在正常情况下，个体的行为能适应环境，并参与改造环境。他的行为应符合社会准则和道德规范。因此，人的行为总是与环境协调一致的。如果个体出现了社会适应不良，则反映他的心理活动可能异常。

(4)统计学标准

运用一些设计好的心理评价量表来帮助判断。人们已经设计出不同的心理测量技术测定不同的心理特征。根据某一个体的测量结果与正常人群测量结果的比对可以区分出正常、异常及临界状态。例如，智商：低于 70 定为异常；70～90 定为临界状态；90 以上为正常。

4. 心理障碍的干预措施

(1)借助心理健康处方进行心理障碍的干预

个体在生活、工作和学习时需要适度的精神紧张。但是，这些精神紧张一旦影响了个体正常的生活、工作和学习后，就有害于个体健康了。任何个体在生活中都难免遇到不幸事件，每个人也都应该学会对付应激、避免精神过度紧张的方法。下面 6 张心理健康处方能够行之有效地对心理障碍进行干预。

处方一：精神胜利法。在你的事业、爱情、婚姻不尽人意时，在你因经济上得不到合理对待而伤感时，在你无端遇到人身攻击或不公正的评价而气恼时，在你因生理缺陷遭到嘲笑而郁郁寡欢时，你不妨用阿 Q 精神调适一下失衡的心理。

处方二：难得糊涂法。这是心理环境免遭侵蚀的保护膜。在一些非原则性问题上"糊涂"一下，以恬淡平和的心境对待各种生活紧张的事件。

处方三：随遇而安法。生活中，每个人总会遇到一些不愉快的事件，生老病死、天灾人祸都会不期而至，用恬淡的、随遇而安的心境去对待生活，你将拥有一片宁静清新的心灵天地。

处方四：幽默人生法。当人受到挫折或处于尴尬紧张的境况时，可用幽默来化解困境，维持心态平衡。幽默是人际关系的润滑剂，使沉重的心境变得豁达、开朗。

处方五：宣泄积郁法。宣泄是人的一种正常的心理和生理需要。悲伤忧郁时不妨与亲人朋友倾诉，或进行一项你所喜爱的运动，也可以来一次旅行改变心境。

处方六：音乐冥想法。当你出现焦虑、抑郁、紧张等不良情绪时，不妨试着去做一次"心理按摩"——音乐冥想。

（2）借助心理疏导进行心理障碍的干预

个体的应激反应随着时过境迁，应使之淡化、消除，切勿反复记忆，自怨倒霉，从而使应激持续下去。当事者如不能做到这一点，则应求助于心理医生，以得到医学上的有效帮助。

二、有益于大学生身心健康的生活方式

1. 生活作息要有规律

人的生活要有规律，否则神经系统就不可能形成"动力定型"，从而导致人的生理机能下降，易使人体各器官处于紧张状态，久而久之，身体健康状况就会受到损害，各种疾病也会发生。所以应养成有规律的、健康的生活作息习惯，有节奏地安排好自己的作息时间。

2. 保证充足的睡眠

睡眠是人生活中的一个重要组成部分。人的一生有 1/3 的时间是在睡眠中度过的，好的睡眠对恢复体力、增强智慧、维持健康十分重要，是机体自我保护的重要生理活动。睡眠不仅能使身体得到休息，恢复体力，还能让大脑得到休息，恢复脑力。

3. 合理营养与平衡膳食

合理营养是健康的基础，而平衡膳食又是合理营养的根本途径。合理营养指通过膳食满足人体生长发育和各种生理需要，以及劳动强度及生活环境的需要，并且在各种营养素间建立起营养生理上的平衡关系所提供的能量和全部营养素的数量。

平衡膳食，又称合理膳食或健康膳食，是指能够提供适宜人体热能和各种营养素需要的膳食。平衡膳食的基本要求：保证人体能量平衡；供给种类全面的各种营养素；满足营养素数量、比例的平衡；食物组成要全面；重视食物的合理搭配；重视合理烹调，减少营养素损失。

4. 戒烟限酒

吸烟对人体健康有百害而无一利，烟草中许多物质对人体有害，仅目前查明的致癌物质就有 40 多种。吸烟的长期危害主要是引发疾病和死亡，包括诱发多种癌症，如肺、喉、口腔、咽、食道、胰腺、膀胱等癌症，使心脏病及脑中风发作，促使慢性阻塞性肺疾患的发生。酗酒对人体的危害是毋庸置疑的，但适量饮酒有保健作用也是肯定的。酗酒易导致胃癌、肝癌、乳腺癌、恶性黑色素瘤等疾病的发生。因此，生活中应做到戒烟限酒。

5. 注重劳逸结合

适度的紧张有利于健康，而过度劳累则有损于健康。如果长期处于疲劳、紧张状态，不仅学习、工作的效率会降低，还会引起血压升高、心血管动脉粥样硬化、心律失常、神经衰弱、消化性溃疡等疾病。在当今经济飞速发展，竞争空前激烈的时代，在快节奏的紧张工作与生活中，大家一定要注意劳逸结合，这样才能够在紧张的学习、工作中既提高效率，又能预防疾病。

6. 科学锻炼身体

体育锻炼不仅能够强筋健骨、健壮体格、敏捷身手，同时也可以锻炼个人毅力、修身养性，以使人们在做事情时能够做到持之以恒。适当的锻炼也是排遣心中压力的一种行之有效的方法。但是体育锻炼也是一把"双刃剑"，如果不遵守人体运动的基本规律，不遵守科学体育锻炼的原则，体育锻炼不仅不会增进人的健康，反而会破坏人的健康。所以，在进行身体锻炼时，要掌握科学的锻炼方法与原则，以增强体质，增进健康。

7. 心理平衡

人的健康除了身体健康外，还应包括心理健康与社会交往方面的健康。人生活在世界上就会遇到各种各样的心理、社会因素，如果对这些心理、社会因素不能正确处理，就会产生焦虑、抑郁、恐惧、紧张等情绪困扰，甚至诱发疾病。良好的心境是健康的支柱，精神心理状态对身体的健康有重要影响。良好的心理状态有利于保护和稳定中枢神经系统、内分泌系统和免疫系统的功能，从而有利于保持身体健康，减少疾病的发生。要想心理健康就要做到：善良、宽容、乐观、淡泊。

思考与练习

1. 现代健康观及对健康的判断标准是什么？

2. 什么是亚健康？

3. 体育锻炼对机体生理的效应有哪些？

4. 体育锻炼对心理健康的影响是什么？

5. 标准体重和肥胖度如何计算？

6. 如何判定是否出现心理障碍？

7. 有益于大学生心理健康的生活方式有哪些？

知识拓展

运动结束后，要注意以下 6 个"不要"。

1. 不要蹲坐休息

这是非常普遍的现象，运动结束后感觉累了，就蹲下或坐下认为能省力和休息，其实，这是一个错误的做法。健身运动后若立即蹲坐下来休息，会阻碍下肢血液回流，影响血液循环，加深机体疲劳。严重时会产生重力性休克。

因此，每次运动结束后应调整呼吸节奏，进行一些低热量的活动，如慢步走走，做几节放松体操，或者简单深呼吸，促使四肢血液回流心脏，以利于还清"氧债"，加快恢复体能、消除疲劳。实在体力不支时也可让同伴搀着走走。

2. 不要贪吃冷饮

运动往往使人大汗淋漓，尤其是在夏天，随着大量水分的消耗，运动过后总会有口干舌燥、急需喝水的感觉，年轻人大多喜欢买一些冷饮解暑解渴。然而，此时人体消化系统仍处在抑制状态，消化功能低下。若图一时凉快和解渴而贪吃大量冷饮，极易引起胃肠痉挛、腹痛、腹泻，并诱发胃肠道疾病。所以，运动后不要立即贪吃大量冷饮，此时适宜补充少量的白开水或盐水。

3. 不要立即吃饭

运动时，特别是激烈运动时，运动神经中枢处于高度兴奋状态。在它的影响下，管理内脏器官活动的副交感神经系统则加强了对消化系统活动的抑制。同时，在运动时，全身血液亦进行重新分配，而且比较集中地供应了运动器官的需要，而腹腔内各器官的供应相对减少。上述因素使得胃肠道的蠕动减弱，各种消化腺的分泌大大减少。它需在运动结束 20～30 分钟后才能恢复。如果急忙吃饭，就会增加消化器官的负担，引起功能紊乱，甚至造成多种疾病。

4. 不要骤降体温

运动时机体表面血管扩张，体温升高，毛孔舒张，排汗增多。倘若运动后立即走进冷气空调房间或在风口纳凉小憩，或图凉快用冷水冲头，都会使皮肤紧缩闭汗而引起体温调节等生理功能失调，免疫功能下降而招致感冒、腹泻、哮喘等病症。

5. 不要"省略"放松整理活动

实践表明，放松性的整理活动不仅可使运动者的大脑皮层兴奋性及较快的心跳、呼吸频率通过适宜的放松徒手操、步行、放松按摩、呼吸节律放松操等恢复到运动前的安静状态，而且，还有助于缓解肌肉的疲劳感，减轻酸胀不适，并可避免运动健身后头晕、乏力、恶心、呕吐、眼花等不良现象。所以，每一次健身后要充分做好放松运动，以利于身体的恢复和健身效果的提高。

6. 不要立刻洗澡

　　许多运动员在练习或比赛后立即去洗澡，以为这样既可去污又可消除疲劳。其实，这种做法并不科学。因为在运动时，流向肌肉的血液增多。停止运动后，这种情况仍会持续一段时间，如果这时立即洗热水澡，就会使血液不足以供应其他重要器官，如心脏和大脑供血不足，就会感到头昏、恶心、全身无力，严重的还会诱发其他疾病，因此应格外注意。

　　而运动后立即洗冷水澡更是弊多利少。由于运动的时候身体新陈代谢过程加强，皮下血管扩张，并大量出汗，运动后马上洗冷水澡，使体内产生的大量热不能很好地散发，形成内热外凉，破坏人体的平衡，这样容易生病。正确的方法是运动后休息一会儿，等脉搏平稳后再洗澡，以洗温水澡为宜。

学习目标

了解营养和营养素的概念及七大营养素的主要生理作用；了解大学生的生长发育与营养之间的关系；掌握体育锻炼后进行合理营养补充的方法。

第一节　营养与营养素

一、营养的概念

一切生物的生存都必须依赖一定的营养物质。人体和其他动植物一样，是由各种营养素分子组成的。营养物质被摄入机体后，需要一番加工和改造过程后变成自己机体的组成部分，或变成能量被机体所利用。所谓营养，即指生物为了维持生存而从外界摄取必要的材料，并将这些材料在体内进行有效应用而产生的全部现象。营养是一种全面的生理过程，而不是专指某一种养分。所以，"补充营养"是一种不正确的说法，正确的说法应该是"补充营养素"。

二、营养素的概念

机体通过食物与外界联系，以保持内在环境的相对恒定，并完成内外环境的统一与平衡。我们将食物中的有效成分称为营养素，即能在体内消化吸收，具有供给热能、构成机体组织和调节生理机能，为机体进行正常代谢所必需的物质。

现在认为，人体所需要的营养素包括七大类：蛋白质、脂肪、糖(亦称碳水化合物)、维生素、无机盐、水和膳食纤维。在这些物质的共同作用下，生命活动有条不紊地进行。营养素在人体内的功能各不相同。总的来说大致可归纳为以下 3 种作用：

①供给热能、维持体温，并满足生理活动、从事生活劳动和运动训练的需要。

②构成细胞组织，供给生长、发育和自我更新所需要的材料，并为制造体液、激素、免疫抗体等创造条件。

③保护器官机能，调节代谢反应，使机体各部分工作能协调地正常运动。

运动员由于训练、比赛等活动，各类物质的消耗较一般人要多，因此，对营养素的需要量相对较高。

三、营养素的生理作用

1. 糖

糖(亦称碳水化合物)是自然界广泛存在的一大类具有广谱化学结构和生物功能的化合物，是多羟基醛或多羟基酮及其衍生物，由碳、氢、氧三种元素组成。此类化合物的分子式中氢和氧的比例恰好是 2∶1，看起来像是碳和水的化合，故亦称碳水化合物，和蛋白质、脂肪并称为三大营养素。

(1)糖的生物学功能

①作为供能物质。糖类是人体从膳食中取得能量的最经济、最主要的来源。人体内糖的含量虽然不多，但正常生理活动中 60%～70%的能量来自糖氧化的过程。它在人体内消化后，主要以葡萄糖的形式被吸收，葡萄糖能迅速氧化给机体供能。每克葡萄糖完全氧化可释放热量 4 千卡。人体充足的糖原储备是短时间、大强度间歇运动和长时间持续运动能量的主要来源，尤其是 60 分钟左右的运动项目，更是以糖的有氧代谢来维持人体大部分的能量供给。

人体大脑中糖的储量很小(仅有 0.1 毫克)，所以主要是依靠血糖供能。运动中保持血糖浓度相对稳定，将有利于保证中枢神经和红细胞等持续获得葡萄糖。运动中血糖浓度降低会出现疲劳的现象。人体血糖正常浓度为 4.4～6.6 毫摩尔/升。空腹时间长时，大脑供能不足，会出现头晕的现象。血糖降低是大脑供糖不足及长时间运动引起中枢疲劳的主要原因。

②构成人体的重要物质。细胞膜的糖蛋白、结缔和黏蛋白，神经组织的糖

脂以及传递遗传信息的核糖核酸和脱氧核糖核酸都含有糖类，某些糖类还是构成一些具有重要生理功能的物质，如抗体、酶、血型物质和激素的组成成分。

③运动中供能。糖的无氧代谢(糖酵解)是短时间剧烈运动的主要供能物质；糖的有氧代谢则是短时间中等强度运动的供能物质之一。

④参与蛋白质和脂肪代谢的调节。

对蛋白质代谢的调节。当蛋白质与糖一起被摄入时，氮在体内的潴留量比单独摄入蛋白质时要多，这是因为糖的氧化增加了 ATP 的形成，有利于氨基酸的活化以及蛋白质合成。当热量不足时，增加糖的供给量，氨基酸在血中的含量降低，且对其他组织的供应和尿素氮的排出减少，保留的氮重新被利用。这种糖节省蛋白质消耗的特异作用称为糖对蛋白质的保护作用。

对脂肪代谢的调节(抗生酮作用)。体内糖代谢正常进行，将会减少酮体的生成。脂肪代谢过程中，如果糖类供应不足，脂肪氧化便会不完全而产生过量酮体。酮体是酸性物质，它在血中的含量过高会引起酸中毒。如果糖类供应充足，便不会发生这种有害的情况。脂肪分解代谢时，其产生的脂肪酸经氧化过程进一步降解成乙酰辅酶 A。乙酰辅酶 A 必须与糖氧化的中间产物草酰乙酸结合，才能进入有氧代谢途径而彻底氧化，故脂肪在体内完全氧化必须有糖代谢参与。

⑤护肝。肝脏中的糖原储备充足时，对某些化学物质(如四氯化碳、酒精、砷等)和各种致病微生物产生的毒素有较强的解毒能力。摄入足够的糖可使肝脏中肝糖原丰富，在一定程度上既可保持肝脏免受有害因素的损害，又能保持肝脏正常的解毒功能。

(2)糖的供给量及来源

①糖的供给量。糖的供给量依工作性质、劳动强度、饮食习惯、生活水平而定。一般认为，由糖所提供的热量应占总热量的 60%～70%。成年人每日每千克体重需 4～6 克糖，而运动员每日每千克体重需 8～12 克糖。

②糖的来源。糖(红糖、白糖、蜜糖、麦芽糖等)，谷类(大米、小米、面粉、玉米等)，干豆类(黄豆、蚕豆等)，根茎类(土豆、红薯等)，坚果(栗子、花生等)。

(3)糖与运动能力

糖在能量代谢中十分重要，它对人体运动能力有很大的影响。

国内外研究证实，糖是运动中的重要能源，运动时肌肉的摄糖量可为安静时的 20 倍以上，体内糖原储存量与运动能力成正比。若糖原储备减少，不仅使机体耐力下降，而且也使大强度运动时的最大吸氧量降低。运动前和运动中合理地补充糖，可以减少糖原消耗，提高血糖水平，有利于提高运动成绩，但不同种类糖的功效有所不同，如葡萄糖、蔗糖较易引起胰岛素反应，而果糖的此种反应较小。

我国的研究表明，低聚糖对增加糖原储备、维持血糖、减少胰岛素反应、提高运动能力等有良好的作用。运动后补充糖可促进糖原储备的恢复。运动后即刻摄入果糖对肝糖原的效果较好，葡萄糖与蔗糖可使肌糖原储备在 24 小时后保持较高水平。

2. 脂类（脂肪）

脂类包括中性脂肪和类脂质。脂肪仅指中性脂肪，是甘油和三分子脂肪酸组成的酯（甘油三酯）。脂肪在常温下有固态脂肪和液态脂肪的区别，动物脂肪为固态，植物脂肪为液态；植物脂肪的营养价值高于动物脂肪。

（1）脂肪的生物学功能

①供给和储存能量。一般膳食中所含的总热量有 17％～30％来自脂肪。脂肪与糖或蛋白质相比，氧的百分含量小，可氧化元素百分含量高，所以同样质量的脂肪产能量最多，每 1 克脂肪可产生 37.66 千焦的能量，而 1 克糖类只能产生 17.35 千焦能量。1 克蛋白质产生 16.74 千焦的能量。而且因其疏水性，可以作为能源的储存形式蓄积在体内。

脂肪提供长时间低强度运动（如马拉松跑和铁人三项等）时机体所需的大部分能量。但是，脂肪酸氧化时的耗氧量高，与糖相比，产生相同能量时，脂肪的耗氧量要比糖高出 11％。脂肪氧化功能具有降低蛋白质和糖消耗的作用。当脂肪氧化供能提高时，则与糖一样，具有降低蛋白质消耗的作用。高水平耐力性运动员对脂肪氧化分解的能力也高，运动时机体增大脂肪供能的比例，同样可降低糖的消耗，有效地提高运动成绩。

②防震和隔热保温作用。脂肪层由于具有弹性所以又具有缓冲和保护作用。皮下和体内重要的脏器等都有脂肪层附着和包裹，它们可以起到防震作用，在一定程度上使人体避免跑动、跳跃、翻腾、滚动时对身体和内脏器官的震动。在肾脏、心脏周围沉积着一层脂肪垫，维系和固定着这些重要的脏器，保护这些器官免受振荡和运动损伤。

又因脂肪是热的不良导体，所以具有保温作用。皮下脂肪层对防止体温过分散失起重要作用，这对水上运动项目的运动员来说具有重要意义。

③促进脂溶性维生素的吸收。维生素 A、D、E、K 和胡萝卜素不溶于水，但都溶于脂肪，称为脂溶性维生素。脂肪中往往含有一定数量的脂溶性维生素，膳食中含有一定数量的脂肪可以促进脂溶性维生素的吸收。

④脂肪在食物中具有特殊属性。脂肪能赋予食物特殊的风味，改善食物的色、香、味等感官质量，并可激发人的食欲；且含油脂较多的食物在进入十二

指肠后,可刺激机体产生肠抑胃素,使肠道蠕动刺激延缓,从而延迟了胃排空时间,故可给人以饱腹感。

(2)脂肪的供给量及来源

①脂肪的供给量。脂肪无供给量标准。不同地区由于经济发展水平和饮食习惯的差异,脂肪的实际摄入量有很大差异。一般认为,在人类合理膳食中,人所需要热量的20%～30%应由脂肪供给。推荐成人为20%～30%,儿童、青少年为25%～30%。必需脂肪酸占总热量的2%,饱和脂肪酸(SFA)、单不饱和脂肪酸(MFA)和多不饱和脂肪酸(PUFA)之间的比例以1:1:1为宜。

②脂肪的来源。脂肪的主要来源是食用油脂和食物本身所含的油脂。食用油脂中的脂肪含量为100%。其中植物油主要含不饱和脂肪酸,如亚油酸普遍存在于植物油中,亚麻酸在豆油和紫苏籽油中较多;食物本身所含的油脂中尤以畜肉类的脂肪含量最高,且多为饱和脂肪酸及单不饱和脂肪酸,而多不饱和脂肪酸含量较少,如猪肉中的脂肪含量为30%～90%,牛、羊肉中的脂肪含量则为2%～5%,禽肉类的脂肪含量较低,多在10%以下。谷类、蔬菜和水果等食物中脂肪含量很少,作为油脂的来源无实际意义。核桃、瓜子、榛子等坚果类,油脂含量虽然丰富,但在人们食物中占的比重很小,不能作为脂类食物的主要来源。

(3)脂肪与运动能力

脂肪是人体从事长时间运动的主要能源,但必须在氧充足的情况下方可实现。一般是在运动强度小于最大耗氧量55%时,脂肪酸才能氧化供能,脂肪供能耗氧较多;在氧不充分时代谢不完全,脂肪不仅不能被充分利用,而且其代谢的中间产物——酮体增加,使体内酸性增高,对身体机能和运动能力有不良的影响。实验证明,在同一运动负荷下,高脂肪膳食使氧消耗增加10%～20%。高脂肪膳食引起食饵性高脂血症,血液黏性增加,使毛细血管内血液流动缓慢,红细胞的气体交换功能减弱,从而降低耐久力。所以运动员膳食无论在平时还是赛前,脂肪都不宜过多。

有氧运动可使体内甘油三酯和低密度脂蛋白胆固醇减少,而高密度脂蛋白胆固醇增高,这对防治动脉硬化及冠心病有良好的作用。此外,有氧运动促使脂肪组织中的脂肪酸游离出来参与供能,以及运动造成的机体热量负平衡,从而有助于减少体内的脂肪。

3. 蛋白质

蛋白质是一切生命的物质基础,可以说没有蛋白质就没有生命。蛋白质是一类复杂的高分子有机化合物,主要含有碳、氢、氧、氮,及少量硫、磷、铁、铜、碘、钴元素等。与其他供能营养素相比较,含有氮元素是其最突出的特点，一般蛋白质中氮的平均含量为 16%，因而蛋白质是人体氮元素的唯一供源。这也是其他营养素无法替代的。蛋白质约占人体组织干重的 50%，占人体总质量的 16%～19%，一个体重 60 千克的成年人体约含有 9.8 千克蛋白质。人体内蛋白质的种类很多，性质、功能各异，但都是由 20 多种氨基酸按不同比例组合而成的，并在体内不断进行代谢与更新。

（1）蛋白质的生物学功能

①构成人体组织中主要的成分之一。蛋白质是一切有机体的主要构成成分，人体在生长过程中，就包含着蛋白质的不断增加。人体的瘦组织中，如肌肉、心、肝、肾等器官都含有大量蛋白质。具有高抗张强度的胶原纤维蛋白是主要的细胞外结构蛋白，参与皮下、结缔组织和骨髓的组成，是身体的机械支架。骨骼和牙齿中含有大量的胶原蛋白；指、趾甲中含有角蛋白；组成肌原纤维的肌球蛋白和肌动蛋白是肌肉收缩复合体的基本结构成分。而有机体的最基本单位——细胞，亦主要是由蛋白质构成。

②运输功能。生物体不少物质的转运需要载体，这些载体大多是蛋白质，如氧气的输送载体是血红蛋白；铁离子的运输载体是运铁蛋白；铜在血液中的运输载体是血浆铜蓝蛋白。

③催化功能。生物体内的反应几乎都是在酶的催化下进行的，而目前发现的 1000 余种酶的化学本质都是蛋白质。由于酶的存在，许多在一般化学条件下难以发生的反应在生物体内却很容易进行。我们知道酶的合成由基因所控制，酶又催化各种不同的反应，因此基因对生物体代谢类型的控制是通过酶的催化功能来实现的。

④运动功能。肌肉的主要成分是蛋白质，肌肉的收缩就是通过肌动蛋白和肌球蛋白的滑动来完成的，而肌肉的收缩和舒张对生物的运动和各器官的活动密切相关。另外，某些细菌表面着生有从细胞内伸出的细长、波浪形弯曲的丝状物，称为鞭毛，它可使细菌获得运动的能力。

⑤防御和保护功能。在生物体内存在有一类可以防御异体侵入功能的蛋白质，如各种免疫球蛋白，它能识别外源物质，如病毒、细菌和异种蛋白等，并能与之结合，使这些异体物失去活性。这样可以防御各种疾病发生。血纤蛋白原是另外一类具有保护功能的物质。它在动物体皮肤破伤时，可以迅速转变成血纤蛋白，封住伤口，防止液体大量流失和异体物质侵入。

⑥激素功能。蛋白质、多肽激素是动物体内一类重要的激素，它们对动物体的生理活动起着调节、控制作用，如胰岛素可以降低血糖；胰高血糖素是含有 29 个氨基酸残基、分子量为 3485 的多肽，它的作用恰恰与胰岛素的作用相反，可以促进糖原分解和糖异生作用，提高血糖浓度。

⑦传递信息功能。不少蛋白质具有接受和传递信息的功用，如存在于细胞膜上的蛋白质、多肽激素受体；存在于细胞内的固醇类激素受体等，它们的化学本质都是蛋白质。它们可以专一性接受某种激素的作用，并将其信息朝一定的方向传递，以控制细胞内酶的活性或酶的数量，进而达到对生理活动的调节。接受外界刺激的受体也是蛋白质，这类蛋白质可称为感觉蛋白，如视网膜上的视色素，味蕾上的味觉蛋白。这些感觉蛋白接受刺激后，可将神经冲动传导到中枢神经，就可产生视觉或味觉反应。

⑧参与能量代谢。在饥饿或长期低糖膳食时，体内糖储备会大量消耗，此时蛋白质分解加速，参与功能。一旦蛋白质完全氧化可产生约 174 千焦的能量。例如，在长时间大强度运动引起肌糖原大量消耗时，肝脏和运动肌内蛋白质分解明显加快，尤其是肝脏内保存着大约 300 克的生理上可变的储存蛋白，是运动时蛋白质氧化供能的主要来源。但是，蛋白质供能在运动过程中所占的比例不高。

（2）蛋白质的供给量及来源

①蛋白质的供给量。蛋白质的实际日供给量世界各国的标准并不一致。这与各国人群的体质特征、饮食习惯与食物构成等因素有关。我国营养界推荐的中国人群食物蛋白质日供给量为：一般占日摄入总能量的 10%～15%，其中成年人为 10%～12%，儿童为 12%～14%。若换算成质量值，成年人为每日每千克体重 1～1.2 克为宜，一般约为 70 克左右；儿童、孕妇、乳母应适当增加。

②蛋白质的来源。人类的蛋白质来源分为动物性和植物性两大类。日常的食物又可分为谷类、蔬菜水果类、肉蛋类、豆类、奶类等，都含有蛋白质。

谷类：一般含蛋白质 6%～10%，缺乏赖氨酸。

豆类：蛋白质含量较高，大豆含蛋白质 35%～40%，其他豆类蛋白质含量为 20%～30%，豆类蛋白富含赖氨酸，但其不足之处是蛋氨酸略显缺乏。

坚果类：花生、核桃、葵花子、莲子等，蛋白质含量为 15%～25%。

肉类：蛋白质含量为 10%～20%，所含必需氨基酸齐全，含量充足属优质蛋白。

禽类：蛋白质含量为 15%～20%，其氨基酸构成与人体肌肉蛋白质相似，利用率较高。

鱼类：蛋白质含量为 15%～20%，鱼类肌肉组织肌纤维较短，加之含水量丰富，容易消化吸收。

蛋类：蛋白质含量为 10%～15%。

奶类：蛋白质含量为 3.3%。

（3）蛋白质与运动能力

蛋白质与人体运动能力有密切的关系，如肌肉收缩、氧的运输与储存、各种生理机能的调节等。此外，氨基酸可为运动时肌肉耗能提供 5％～15％ 的能量。

体育运动使体内蛋白质代谢发生变化，而不同性质的运动对蛋白质代谢的影响亦有所差异。耐力性运动使蛋白质分解加强，合成速度减慢，机体氨排出量增加；力量性运动也使蛋白质分解加强，但活动肌群蛋白质的合成增加，并大于分解的速度，因而肌肉强壮，以上反应均使机体对蛋白质的需要量增加。运动实验表明：运动前后供给蛋白质，对改善肌肉的质量和肌肉的力量有良好的效果。

若蛋白质摄入量不足，不仅影响运动训练效果，而且可导致运动性贫血的发生。但是，蛋白质摄入量过多，不仅对肌肉壮大和提高肌肉功能没有良好的作用，而且对正常代谢也有不良影响。

4. 维生素

维生素是人和动物为维持正常的生理功能而必须从食物中获得的一类微量有机物质，在人体生长、代谢、发育过程中发挥着重要的作用。人体所需的维生素有十多种，按其溶解性质分为脂溶性维生素和水溶性维生素两大类。

脂溶性维生素主要有维生素 A、D、E、K，它们溶于脂肪而不溶于水，能在体内储积，与机体对脂肪的消化吸收有关；水溶性维生素主要有维生素 B_1、B_2、B_6、B_{12} 和维生素 C 等，它们溶于水而不溶于脂肪，在体内不能储积，比较容易在烹调加工过程中损失。

各种维生素在体内有其特殊的功用，总的来说都是调节物质代谢，保证生理功能，它们不是构成机体组织的原料，也不供给热能。

主要维生素的生理作用、来源及所需量等见表 4-1。

表 4-1 维生素相关知识表

维生素种类		生理作用	来源	所需量（参考值）
脂溶性维生素	维生素 A	维持正常的视觉功能，维持上皮组织结构的健全与完整，促进生长发育和防癌。如果缺乏会引起夜盲症、角膜干燥症、生长发育停止等	肝脏、蛋黄、鳗鱼、黄鳝、含有维生素 A 源的蔬菜等	15 岁以上，男 2000 国际单位/天，女 1800 国际单位/天
	维生素 D	维持骨的正常代谢所需要的物质，与 P、Ca 的吸收代谢有关。缺乏会引起的软骨病、佝偻症	肝脏、黄油、蛋黄，含有维生素 D 源的食品	0～5 岁：400 国际单位/天 6 岁以上：100 国际单位/天
	维生素 E	维持生殖机能，具有强大的抗氧化力，防止不饱和脂肪酸、维生素 A 等的氧化。缺乏症为不孕症、生理功能障碍	胚芽油、花生、豌豆、人参、鸡蛋	成人，男 10 毫克/天，女 8 毫克/天

维生素种类		生理作用	来源	所需量(参考值)
水溶性维生素	维生素 B_1	构成辅酶(TPP)参与糖代谢，维持神经系统的正常功能。抑制乙酰胆碱的分解，加强胃肠功能。缺乏会引起脚气病、食欲不振、反射低下、水肿	胚芽油、落花生、猪肉、鳗鱼等	20～39岁，男1.0毫克/天，女0.8毫克/天
	维生素 B_2	构成辅酶FMN、FAD参与生物体内氧化还原反应，参与体内蛋白质合成。如果缺乏会引起口角炎、口唇炎等皮肤炎以及生长停止	芹菜、芦苇、龙须菜、绿叶蔬菜、肝脏、鹌鹑蛋等	20～39岁，男1.4毫克/天，女1.1毫克/天
	维生素 B_6	构成辅酶磷酸吡哆醛，参与氨基酸代谢。缺乏会引起色盲、皮肤炎等	米、大豆、酵母等	19岁以上，男2.2毫克/天，女2.0毫克/天
	烟酸	构成辅酶NAD、NADP参与生物体内氧化还原反应。缺乏会引起皮肤炎、胃肠障碍、神经损害与精神紊乱	肝脏、肉类、蛋、豆类、鱼等	20～39岁，男17毫克/天，女13毫克/天
	泛酸	构成COA转运乙酰基，在糖和脂肪的代谢中起重要作用。一般不会缺乏	五谷、肝脏、蛋黄、豆类等广泛分布	成人男女8毫克/天
	叶酸	作为一碳化合物的载体参加代谢，参与核酸和蛋白质的合成。缺乏症状为恶性贫血、舌炎和胃肠疾患	绿叶蔬菜、五谷类、豆类、肝脏等	成人男女400毫克/天
	维生素 B_{12}	对维持正常生长和营养、上皮组织(包括胃肠上皮组织)细胞的正常新生、神经系统髓磷脂的正常生长和红细胞的产生等都有极其重要的作用。缺乏症状为恶性贫血、肌肉动作不协调、体位不易平衡等	肝脏、肉类、卵、贝类	成人男女3.0毫克/天
	维生素 C	与生物体内胶原生成、氨基酸代谢等有关系，促进铁的吸收，增强机体抗病能力。典型缺乏症为坏血病	柑橘类、草莓、绿叶蔬菜、绿茶等	成人男女50毫克/天

5. 无机盐

无机盐是构成机体必不可少的成分，人体内有多种元素，其中 C、H、O、N、S 作为机体有机物质的构成元素，而其他一些元素则作为无机物质存在，就是我们通常所说的矿物质或无机盐。

无机盐有参与机体组织的构成、保持机体内环境恒定、调节机体各种生理活动三个方面的作用。

(1)钙

钙是体内含量最多的元素之一，也是身体最多的一种阳离子，约占体重的 2%。它不仅是构成骨骼组织的重要矿物质成分，而且在机体各种生理学和生物化学过程中起着重要作用。

①营养功用。形成和维持骨骼、牙齿的结构。

维持细胞的正常生理状态：细胞内的钙离子是细胞对刺激发生反应的媒介。钙和受体钙调素等共同调节机体许多重要的生理功能，包括骨骼肌、心肌的收缩，平滑肌及非肌肉细胞活动及神经兴奋性的维持。正常人血清离子钙浓度为 1.12～1.23 毫摩尔/升(4.5～4.9 毫克/分升)。血清离子钙浓度降低时，神经肌肉兴奋性增强，可引起手足抽搐，而钙离子浓度过高时，则可损害肌肉收缩功能，引起心脏和呼吸衰竭。

参与血液凝固过程：已知至少有 4 种依赖维生素 K 的钙结合蛋白参与血液凝固过程，即在钙离子存在下才可能完成级联反应，最后使可溶性纤维蛋白原转变成纤维蛋白，形成凝血。

②供给量与来源。目前我国正常人钙的供给量为成人每日 600 毫克。

运动促使骨骼坚实，间接地提高了钙的需要量。大量出汗时，体内储备的钙并不迅速释放至体表，但当出汗停止几小时后，开始有钙自体表慢慢排出。以后再出汗时，汗钙浓度仍可高出正常水平。

(2)磷

磷是人体含量较多的元素之一，在体内的含量仅次于钙，是机体所有细胞中的核酸组成成分，细胞膜的必需构成物质，也是物质代谢产能反应以及骨骼、体液构成等不可缺少的成分。

①营养功用。构成骨骼和牙齿的原料：人体骨磷量为 600～900 克，是钙量的一半，占人体总磷量的 80%～85%。

细胞构成成分：细胞内磷大部分为有机磷，是核酸、蛋白质、磷脂等细胞的组成成分。

储存能量：体内产能反应中释放的能量以高能磷酸键的形式储存于三磷腺

苷及磷酸肌酸分子中，当机体需要时释放，以提高能量的有效利用率。

参与能量代谢：糖和脂肪中间代谢都需先经过磷酸化，然后继续反应。同时磷是很多辅基、辅酶的成分。

调节酸碱平衡：经尿排出不同量和不同形式的磷酸盐(磷酸氢二钠和磷酸二氢钠)，是机体调节酸碱平衡的一种机制。

② 供给量与来源。一般在膳食中热能与蛋白质供给充足时，磷不会缺乏，且含磷食物广泛，一般不规定供给量。

(3)钠和氯

①营养功能。

调节水分：钠是细胞外液的主要阳离子，氯是细胞外液中的主要阴离子，构成细胞外液渗透压。体内水量的恒定主要靠钠和氯的调节。摄入过多食盐，易发生水肿。

维持酸碱平衡：钠在肾脏重吸收后与氢离子交换，以排出体内酸性代谢产物，保持体液酸碱度恒定。

维持血压正常：钠调节细胞外液容量，维持血压正常。

钠加强神经肌肉的兴奋性：钠、钾、钙、镁等离子浓度平衡，维持神经肌肉应激性，钠能加强神经肌肉的兴奋性。

氯是胃酸的主要成分：能激活唾液淀粉酶，有利于淀粉的消化。

氯化钠有调味作用。

②供给量与来源。

食盐(氯化钠)是人体获得钠和氯的主要来源。除食盐外，味精等调味品也含钠和氯。根据中国成年人食盐平衡试验，每人每天约为 10 克，故食盐供给量以小于 10 克为宜，有高血压症状的患者宜控制在 6 克以内。

在天热、运动等大量出汗的情况下，机体从汗中失钠较多，需要额外补充。补充盐水以 0.3％为宜，即排汗 1 升，约补食盐 3 克。在大量出汗后，若大量补充水而不补充钠，易引起低血钠症，对人体机能有不良影响。

(4)铁

①生理作用。体内约 2 克，约 70％是运输氧的血红蛋白，约 30％作为肌红蛋白或其他血清铁、脏器铁存在。铁的吸收以动物性食品的 Fe^{2+} 为宜。缺乏时引起贫血。

②供给量与来源。

成人所需量：男 10 毫克/天 ；女 12 毫克/天。

来源：肝脏、肉类、蛋黄、绿色蔬菜、豆类等。

（5）氟

①生理作用。在体内，氟主要分布于骨骼和牙齿中，其主要功能是预防龋齿和老年性骨质疏松症，但过量摄入可引起中毒。

②供给量与来源。食物中含氟量较低，每日膳食中摄取氟0.8～1.6毫克，饮水中摄取1.5毫克，即每人每日氟的总摄入量为2.3～3.1毫克，此量既满足机体需要又不会出现中毒，茶是含氟量较高的饮料。

（6）锌

①生理作用。促进生长发育，参与核酸和蛋白质的合成，可促进细胞生长、分裂和分化，也是性器官发育不可缺少的微量元素。人体缺锌时，儿童生长停滞或迟缓，出现创口愈合不良，少年期性器官发育幼稚化。

②供给量与来源。成人每日需锌2.2毫克，以膳食中锌的吸收率为20%计算，每日锌供给量为15毫克，孕妇和乳母为20毫克。动物性食物是锌的可靠来源。海牡蛎含锌量丰富，其次为畜肉、禽肉、肝脏、蛋类、鱼及一般海产品。

现在对运动员的锌需要量尚缺乏研究，但估计会比正常人高。运动员宜从含锌丰富的食品，如高蛋白食物、海洋生物以及鲜肉中摄取锌，以保证良好的锌营养状态。

6. 水

（1）人体内水的含量与分布

水分占成人体重的50%～70%。一般女子体内的含水量多于男子；年龄愈小，体内含水量比例愈高。人体内的水与蛋白质、碳水化合物或脂肪相结合，形成胶体状态。

机体总水量的55%在细胞内液中，16%在细胞间液中，7.5%在血浆中，其余分布在骨骼、软骨及结缔组织之中。人体内各部分的体液渗透压相同。其中，水分可经常透过细胞膜或毛细血管壁进行自由交换，但各部分的总量保持稳定和动态平衡。

（2）水的生理功能

①构成身体组织。水是身体构造所不可缺少的材料。所有组织中都含水。例如，血液的含水量高达90%，肌肉含水70%，坚硬的骨骼中亦含水22%。

②水可作为各种物质的载体。许多物质都能溶于水，并解离为离子状态，发挥其重要的生理功能。即便是不溶于水的蛋白质和脂肪分子亦可悬浮水中形成胶体或乳浊液，便于机体消化、吸收和利用。水在体内直接参与物质代谢，并作为载体输送营养物质和排出代谢废物。

③调节体温。水的比热比其他物质高，能吸收体内分解代谢活动不断产生

的热量，以使体温保持不变。当外界温度高于 30 摄氏度或体内产热过多时，通过蒸发或出汗使体温保持恒定；环境温度降低时，则人体可通过减少蒸发量而保持人体温度。

④润滑作用。水是机体的润滑剂，如泪液、唾液、关节囊液、浆膜腔液等都能在局部组织器官工作时起到润滑作用，以减少摩擦，有助于正常做功。

(3)水的需要量

健康成年人每日需水量为 2400～4000 毫升。一般人的日需水量随年龄的不同而异。年龄越大，每千克体重需水量相对减少，成年后需水量相对稳定。

体内排出水的途径有尿、粪便、呼出气和皮肤蒸发，每天排出总量约 2500 毫升。摄入水包括饮水、食物中所含水及代谢产生的水，一般情况下，正常人每天水的出入量应保持平衡。

我国目前尚无水的推荐摄入量。美国提出的推荐摄入量为：每消耗 1 千卡能量，需要水 1.5 毫升。此量包括一般性的活动、出汗及溶质负荷等的变化。

7. 膳食纤维

1999 年 11 月 2 日，在第 84 届美国临床化学协会(AACC)年会上举行的专门会议对膳食纤维做了明确的定义：膳食纤维是指能抗人体小肠消化吸收的，而在人体大肠中能部分或全部发酵的可食用的植物性成分、碳水化合物及其相类似物质的总和，包括多糖、寡糖、木质素以及相关的植物物质。

(1)生理功能

①促进肠道蠕动。膳食纤维是不能被消化的体积较大的物质，可刺激肠道蠕动，此外可吸收水分，稀释和增加粪便体积，使粪便变软，防止便秘。

②预防结肠癌。膳食纤维可以缩短粪便在结肠中停留的时间，还可使便量增多，这样对肠中致癌物质有稀释作用，有助于预防结肠癌。

③刺激消化液分泌。膳食纤维在口腔里增加了咀嚼时间，刺激唾液分泌，减少附在牙齿上的食物残渣，有利于预防牙周病和龋齿。咀嚼时间长，还可增加胃液和胆汁分泌，胆汁可吸附胆酸。

④预防心血管病。膳食纤维在肠道中吸附胆酸，使之由粪便排出，所损失的胆酸，则由血中的胆固醇经肝转化予以补偿，从而降低了血清胆固醇，预防动脉硬化和冠心病。

⑤预防和治疗糖尿病。膳食纤维能延缓胃排空，减慢糖类的消化和吸收，有降低血糖的作用，减少糖尿病患者对口服糖尿病药物和胰岛素的需求，并使患者产生饱腹感。

⑥解毒作用。膳食纤维能对抗药物、化学物质及食物添加剂的毒害作用。

⑦控制体重。膳食纤维可延缓胃排空，增加饱腹感，防止摄入能量过多。

（2）供给量与来源

国际相关组织推荐的膳食纤维素日摄入量为：美国防癌协会推荐标准为每人每天 30～40 克。欧洲共同体食品科学委员会推荐标准为每人每天 30 克。世界粮农组织建议正常人群摄入量应为每人每天 27 克。我国营养学会在 2000 年提出，成年人适宜摄入量为每人每天 30 克。目前我国国民从日常食物中摄取的膳食纤维为每人每天 8～12 克。此外，针对"富贵病"患者，在此基础上每人每天应增加 10～15 克，2～20 岁的人，其摄入量推荐为每人每天年龄数加 5～10 克。

玉米、糙米、全麦粉、燕麦等粮食以及干豆类及各种蔬菜和水果都富含膳食纤维。蔬菜生吃可增加膳食纤维的量。

第二节　大学生生长发育与营养

一、大学生生长发育特点

1. 身体形态特征

身体形态包括体格、体型和姿态等指标。体格指标包括人体的身高、体重、胸围等；体型指标包括人体的整体指数与比例；姿态指标则是指人坐、立、行走的体态。人的生长发育是一个不停顿的、波浪式的和阶段性的发展过程。18～22 岁这个年龄阶段，学生经历了身体的两次发育高峰，还处在青春发育后期到基本发育成熟期之间，身体形态还在发展，只是速度相对慢些。男女生的身体形态存在着显著的差异。目前，我国大学男生的平均身高为 173 厘米，平均体重为 58 千克；女生的平均身高为 159 厘米，平均体重为 51 千克。这一阶段胸围、肩宽、骨盆宽度指标迅速增长，分别形成了男子上体宽粗、骨盆窄、下肢较细，女子上体窄细、骨盆宽、下肢较粗的体型。

2. 身体机能特征

（1）神经系统

大学生阶段人体神经系统的兴奋、抑制过程趋于均衡，分析与综合能力明显增强，人体第二信号系统高度发展，抽象思维能力提高。第一信号系统和第二信号系统的协调程度接近人体最高水平，使人体的高级神经系统的功能达到最佳状态，表现为注意力集中、观察力强、记忆力好、想象力丰富及创造性思维能力迅速提高。因此，大学阶段是接受教育的最佳时机，是人生发展的关键时期。

（2）心血管系统

心血管系统的发育是人体发育成熟最晚完成的系统。无论是在形态还是技能方面，大学阶段学生的心血管系统发育已经接近成人水平，心肌纤维逐步增粗，收缩力增强，脉搏输出量增加，心率逐渐减慢，血管壁弹性较好，这些为人体进行高强度、长时间运动提供了生理保证。

（3）运动系统

大学阶段，随着年龄的增长，骨骼中水分减少，无机盐增多，逐渐进入骨化过程，骨密度增厚，骨骼更为粗壮和坚固，能承受较大的压力。由于激素的作用，肌纤维增粗，肌肉的横断面明显增大，肌肉发达，肌力增大。

（4）呼吸系统

大学阶段，随着生理功能的成熟，呼吸系统的功能也增强了，表现为胸廓增大，接近个体最大值，肺的组织结构和功能进一步完善，换气效率提高，呼吸肌增强，呼吸深度加大，呼吸频率减慢。肺活量、最大吸氧量均达到成人水平。

3. 身体素质特征及营养需求

身体素质是指人体在完成动作过程中所表现出的力量、速度、耐力、灵敏、柔韧等机能。身体素质水平的高低建立在身体结构、生理机能和健康水平的基础上。大学生的各项身体素质的增长速度明显减慢，耐力、速度、爆发力等素质均已达到最高水平，并且存在明显的性别差异。男生的力量、耐力等素质优于女生，女生的柔韧与协调等素质优于男生。女生重心比男生低，平衡能力优于男生，在体育运动中还能够承受长时间、大强度的练习。大学阶段若注意坚持基本素质的训练，身体素质的高水平可保持较长时间。

（1）力量素质发育特点及营养需求

男生的力量素质在 16 岁以前随年龄增加而逐渐增加，16 岁以后增加速度开始缓慢下来，22～23 岁可达高峰，以后又随着年龄增长而降低。而女生的力量素质在 13 岁以后开始增加缓慢并有下降趋势，16 岁又回升，18～22 岁可达高峰，以后又随着年龄增加而降低。由于力量素质与肌肉的发育密切相关，故应增加肌肉合成的必需原料蛋白质的摄入量，一般不应少于 2 克/千克体重/天，饮食中可选择蛋白质含量高的食物，如鸡蛋、牛肉、鱼、豆制品以及蛋白粉制剂进行补充。另外一种能够明显提高肌肉力量的物质是肌酸。人体内肝、肾细胞能够合成肌酸，通过血液循环运输至肌肉中，再通过肌酸肌酶接受 ATP 的能量合成磷酸肌酸，以储存能量。有研究表明，口服外源性肌酸可使磷酸肌酸的储存量提高 20%，增加肌肉的爆发力。肌酸与糖、磷酸盐同时服用可促进肌酸的吸收。

（2）速度素质发育特点及营养需求

男生在 19 岁、女生在 13 岁以前速度素质随年龄的增加而有所提高。速度发展的高峰年龄，男生在 20～22 岁，23 岁后速度素质下降，呈单峰形。而女孩则呈双峰形，在 14～17 岁出现第一个缓慢的波峰，到 21～22 岁又出现第二个缓慢的波峰。速度的快慢除了与肌纤维的兴奋性和其中快肌纤维的百分比有关外，肌肉力量的大小也是一个重要的影响因素。因此速度素质的提高在营养上也需要增加蛋白质摄入量以增加肌肉的合成，并且补充肌酸以增加高能磷酸原的能量储备。

（3）耐力素质发育特点及营养需求

耐力素质发育总的趋势是随年龄的增加而逐渐提高，至 20 岁达到高峰，以后又随年龄增加而下降。在耐力性运动中，脂肪参与供能比例增加。肉碱是脂肪代谢过程中一种酶的组成成分，它是一种类似维生素的重要营养物质，能够作为脂肪酸运输的载体，以乙酰基左旋肉碱的形式将中长链脂肪酸从细胞线粒体膜外转移到膜内，在线粒体基质中氧化，产生能量。左旋肉碱在人体内能够由赖氨酸、蛋氨酸、烟酸等物质少量合成，饮食中也能摄入一些。红肉及动物产品是肉碱的主要食物来源，但一般人只能从膳食中吸收 50 毫克。为提高耐力素质，建议每日肉碱的摄入量不应少于 250～500 毫克。

二、大学生的营养需求

由于大学生活泼好动，运动量大，加上繁重的学习任务等，该时期也是一生中各种营养素需求量最大的时期。均衡合理的膳食以及良好的饮食行为是大学生身体发育以及完成繁重的大学学业的重要保证，而不合理的膳食行为则会影响身体健康。

1. 蛋白质

蛋白质是建造、修补人体的主要物质，参与转送营养、调节体液的酸碱度和传递信息等复杂的生理过程，故在膳食中应保证优质的蛋白质，如蛋类、乳品、肉类、鱼虾、豆制品等的供给，以维持正常生理活动和紧张思维活动的需要；否则可能导致发育迟钝，机体抵抗力下降，记忆力和学习效能受影响。

2. 碳水化合物

碳水化合物是人从膳食中获得热能最经济和最主要的来源。神经系统只能靠碳水化合物供给热能。碳水化合物是机体的重要组成物质，也是蛋白质和脂肪代谢的基础。大学生每人每日需 $12.6 \times 1000 \times (60\% \sim 70\%)/16.8 = 450 \sim$

525 克(相当于 584～682 克大米)。

3. 脂肪

脂肪是人体组织的重要组成成分，也是机体重要的能量储存物质(含必需脂肪酸的脂肪更重要，其中富含脂溶性维生素 A、D、E 等)。大学生每人每日需 $12.6 \times 1000 \times (20\% \sim 25\%)/37.6 = 67 \sim 83.8$ 克(相当于 73～92 克豆油)。

4. 维生素和无机盐

维生素和无机盐是构成人体、维持生命、生长发育、生殖等所必需的物质，也是调节物质代谢、构成某些辅酶的主要成分。大学生的骨骼发育虽速度减慢，但骨化仍在进行，肌肉组织的细胞呈直线增加，性器官逐渐成熟，因此，维生素和各种无机盐的供给量必须充足，并有适当的比例。大学生的一般生活除上下午课堂学习外，还有早锻炼、早自修、课外活动和晚自修，因此，三餐热能的合理分配应是：早餐 25%～30%、午餐 40%、晚餐 30%～35%。从供给热能来源看，早餐应补充一些蛋白质、脂肪性食物，以满足早锻炼和保证上午学习的需要。

5. 水和膳食纤维

水是构成体液最主要的物质，对水的需要量与代谢、机体的状况等有关，如出汗或摄入盐、蛋白质多等对水的需求量大。大学生每人每日一般需要 2000毫升水。膳食纤维能够吸收和保持肠道内水分，促进胃肠蠕动和消化液的分泌，减少有害物质对肠黏膜的刺激等作用，是久坐学习的大学生更需要的营养成分。每人每日摄入 20～30 克为宜。

6. 热量

热量的主要来源是糖和脂肪，其次是蛋白质。由于大学生以脑力劳动为主，正处在青春发育后期，体格还在发育，故食欲旺盛，热量需要量大。以中等体力劳动的 18～26 岁、体重 60 千克的男生计算，每人每日需要热能 12.6 兆焦耳，为保证大学生有旺盛的精力进行学习和参与各项活动，应保证摄入足够的热量。

三、大学生的营养补充原则

①每日进食适量的优质蛋白质。

②脂肪摄入要适当，植物性脂肪要多于动物性脂肪。

③多吃新鲜蔬菜和水果。

④少吃糖和精细糕点，吃清淡少盐的膳食，限制嗜好品的消费。

⑤经常吃适量鱼、禽、蛋、瘦肉，少吃肥肉和荤油。

⑥食量与体力活动要平衡，保持适宜体重。

⑦每日变换食物花色品种，每餐做到平衡膳食。

⑧每天吃奶类、豆类或其制品，以解决补钙问题和增添优质蛋白质。

⑨定时进餐，注意一日三餐的营养比例，改变不吃早餐的不良习惯。

⑩注意饮食卫生和文明进餐，进餐时思想要集中。

第三节 大学生体育锻炼与营养

体育锻炼与营养都是促进身体健康的重要因素。体育运动可以改善、发展与提高人体各组织器官的功能，而人们从食物中摄取的营养素，是构成和修补组织器官的原料，调节器官功能的主要物质。营养不仅与发病率及身体发育有关，而且影响运动的能力，所以体育运动与营养二者不可偏废。体育锻炼造成的能量消耗，要在运动结束后通过合理的营养膳食得到补充。如果缺乏合理营养保证，消耗得不到补充，机体处于一种"亏损"状态。久而久之，健康将会受到影响，会使锻炼者生理机能及运动能力下降，出现乏力疲劳甚至疾病状态。

一、适当的体育锻炼之后，食欲增加是正常的生理现象

因为体育运动的特点就是人体活动量大，能量消耗也大，而且不同的运动项目对身体有特殊的影响。在体育锻炼过程中，各种运动器官和系统活动量大大超过安静时的状态，新陈代谢旺盛，体内能量的消耗大为增加，为了维持身体"收支平衡"，必须进食更多的物质。合理的营养基本要求应该是饮食中的营养素齐全，发热量高，食物新鲜、多样化等。

1. 热能

人体的一切生命活动都需要热能，没有热能，任何器官都无法工作。人体的热能来源于食物。食物中被称为热源物质的糖、脂肪和蛋白质在体内氧化分解生产热能，供人体各器官系统的工作需要。人在体育锻炼时热能消耗较大，必须供给充足的热能以满足机体的需要。热能不足，会引起身体消瘦，抵抗力减弱，运动能力下降。若摄入过多，则会引起体内脂肪增多，身体发胖。要了解摄入和消耗的热量是否恰当，最简单易行的办法是经常观察体重的变化。我国普通大中学生每天的热能消耗：男生为 2500 千卡，女生为 2100 千卡。经常参加体育锻炼的男生可达 3300 千卡，女生为 2500 千卡。

食物中的蛋白质、脂肪和糖在体内氧化分解后产生热量。三者的比例对体内代谢状况和机体工作能力有一定的影响，在一般人的饮食中，蛋白质、脂肪和糖的发热量的比例应为 1∶1∶4。经常参加体育锻炼的人，脂肪量减少，三者的比例应为 1∶0.7∶(4～5)。不同性质的运动项目，能量消耗也不同，耐力项目(如长跑、游泳等)可适当提高糖与脂肪的比例，三者比例应为 1∶1∶7。

2. 蛋白质

蛋白质与运动能力有密切关系，它能提高中枢神经的兴奋性、加强条件反射活动、改善自我感觉、降低疲劳程度、提高运动能力。它又是肌肉的原料，对保证肌肉的生成和发挥更大的功能具有重大的作用。肌肉收缩主要靠肌纤维的收缩，如肌纤维增粗，肌肉收缩力量就增大，这必须依靠肌肉中蛋白质的增加。血红蛋白和肌红蛋白的增加可以改善运动时体内的物质代谢。因为蛋白质是细胞的主要组成成分，肌肉、内脏、血液、皮肤、指甲、毛发、酶和部分激素，都是由蛋白质组成的。它在构造机体、修补组织、调节人体生理功能、供给能量等方面发挥着重要的作用。蛋白质氧化时耗氧多，对运动有影响。

一个大学生，每日每千克体重约需 1.5 克的蛋白质，最好将两种以上的蛋白质食物混合使用，可以互补所缺乏或含量不足的氨基酸，提高食物的营养价值。一般认为：训练初期比训练后期更需要增加蛋白质的供给，对于经常参加体育锻炼的人来说，蛋白质的需要量为每日每千克体重 1.5～2 克；力量类的运动对蛋白质的需求量更大，为每日每千克体重 2.8 克。一般来说，运动量较大或持续时间较长的运动，随着热能消耗量增加，应尽量多吃些富含蛋白质的食物，尤其是动物性蛋白质，应占较高比例，年龄越小越应该如此。含蛋白质丰富的食物有：蛋类、瘦肉、鸡鸭及牛奶。一般来讲，植物类食物(如大米、白面)中的蛋白质含量比较低。大豆则比较特殊，由于大豆中蛋白质含量比肉、蛋、奶均高，尤其是脱脂大豆，每 1000 克含蛋白质超过 500 克，相当于 2500 克牛肉、2800 克瘦肉或鸡肉中所含蛋白质的量，因此，大豆应成为膳食中摄取蛋白质的主要来源。

3. 脂肪

一个大学生每日摄入 50 克脂肪(包括食物本身所含的脂肪在内)即可满足活动的需要。脂肪是构成人体细胞的主要成分之一，在体内起着固定内脏器官以及润滑协调作用，在体表面起着绝缘保温的作用。它是多种维生素被人体吸收的溶剂，是调节人体正常生理功能所不可缺少的重要营养物质。对于经常参加体育锻炼的大学生来讲，在长时间的运动中或在冬季运动时，由于机体能量消耗大，向外散热多和持续时间较长，应适当增加食物油脂的含量。在短时间运动或剧烈的运动中，如短跑、跳跃，由于机体处于缺氧状态，常伴有"氧债"

出现，因此饮食中油脂的比例不宜太多，由于油脂在体内氧化不充足时代谢不完全，不仅不能被充分利用，而且其代谢的中间产物——酮体可使体内酸性增加，对机体和运动有不良影响。此外，高脂肪膳食后，还能引起一时性血脂升高(食饵性高脂血症)，血液黏稠度增加，使毛细血管内血液流动缓慢，红细胞的气体交换功能减弱，使得运动的耐久力降低，容易产生疲劳。

脂肪来源于动物油和植物油等。饮食中油脂的发热量应占总热量的25%～35%，最好食用植物油、奶油和鱼油，它们容易消化吸收，还富含维生素，其中麦芽油还有增强运动耐久力的作用。

4. 糖

糖在能量代谢中的作用十分重要，对人体的运动能力有很大影响。首先糖在供给热能方面有许多优点，如比脂肪和蛋白质易于消化吸收，产热快，耗氧量少等，这些对于运动十分有利。此外，人体在竞争激烈的运动中，经常处于缺氧状态，而糖在无氧的情况下能分解产热供能，对于进行大强度运动有特殊意义。运动前可以通过多吃些主食(淀粉类食物)或喝含糖的饮料补充糖。另外，长时间运动中途喝适量饮料，也可以及时补充体内消耗的糖原，保持血糖水平，有助于提高运动能力和促进身体健康。

血糖水平正常才能发挥大脑的功能。一个大学生，每日摄入400～500克的碳水化合物，可满足每日活动的需要。当高度脑力劳动和大运动量训练时，血糖消耗得很快，应适当予以补充。

糖的主要来源是粮食(小麦、玉米、高粱等)与根茎类食物(薯类、萝卜等)中所含的淀粉，水果和瓜类中也含有糖。

5. 维生素

维生素不是人体直接能量的来源，也不参与身体结构的组成，但它是调节体内化学反应的物质，对于生长发育和维持正常生命是必不可少的，也是运动员营养中较重要的一种营养素。由于运动时机体处于应急状态，体内代谢加强，肌肉活动加速维生素代谢，使得维生素需要量增加，同时由于大量出汗，又有许多水溶性维生素流失，因此，在运动后如不注意饮食调整和及时补充，很容易造成维生素不足或缺乏。维生素不足时，机体表现为活动能力减弱、抵抗能力下降、代谢紊乱、酶活力减低。维生素不足还会导致新陈代谢的障碍，影响人的正常生理功能，运动的效率降低；同时会出现疲乏无力、食欲下降、头痛、便秘、注意力不集中、易怒等症状。

最好通过合理的选择食物来补充维生素。新鲜蔬菜、水果以及心、肝、肉中都含有丰富的维生素。其中富含维生素 A、D 的食物有奶类、鸡蛋和肝脏等动物性食品；维生素 B_1 主要存在于主食中，面包由于使用了发酵粉而含有较多的维生素；维生素 B_2 则在瘦肉、肝脏及花生、核桃中含量丰富；维生素 C 的主要来源是新鲜的水果和蔬菜。

6. 无机盐

占人体 5% 的无机盐类，亦是构成人体的一个重要组成部分，并有稳定身体内环境的作用。除小孩缺钙较多见以外，一般情况下无机盐类不会缺乏。但过分苛求，会渐渐脱离自然，反而会引起某些无机盐的缺乏。有报道说：长期的肌肉疲劳，尿中排出的无机盐类会有所增加。根据日本学者的报道：一天进行耗能 3500 千卡的劳动，持续 1 个月，钾、磷、钠、氯等的日排出量逐渐减少，而钙的排出量增加。如劳动不熟练时，钾、磷、钙的排出量增多，随着熟练程度的提高，排出量才呈下降趋势。因此可以认为，训练的效果也可以从无机盐代谢的变化上反映出来。这一机制可能与运动时肌细胞膜发生的无机盐逆向移动有关。在剧烈的肌肉运动时，机体的代谢也随之亢进，无机盐的相对不足可引起生理调节异常，从而影响疲劳状态的恢复。

7. 水

水的重要性在前面已有叙述。在通常情况下，人体通过排便、皮肤蒸发和肺呼出的水量约为每天 2500 毫升。在炎热天气和激烈运动时水分的丧失就远远超过这个数值。这给循环系统的渗透性、机体的新陈代谢均可产生不利的影响，从而影响正常的运动能力。在运动中和运动后适当地饮水，可使这些不利因素得以纠正，疲劳也随之恢复，但也应避免暴饮和过饮，否则会适得其反。

二、大学生经常进行的体育锻炼项目对营养的需求

1. 跑步项目的营养需求

短跑是以力量素质为基础、无氧代谢供能为特点，运动时间短、强度大，要求有较好的爆发力。因此，短跑膳食中要有丰富的动物性蛋白质，以增大肌肉的体积，提高肌肉的质量。蛋白质摄入量每日每千克体重需达到 3.0 克。此外，由于短跑项目在运动中高度缺氧，负有氧债，运动时能量来源依靠无氧糖酵解供能，因此膳食中应供给丰富而易于吸收的糖、维生素 C、维生素 B。

长跑是以有氧耐力素质为基础，以有氧代谢供能为特点，要求有较高的心肺功能及全身的抗疲劳工作能力，虽强度较小但时间较长，体力消耗较大。长跑要求膳食中供给充分的碳水化合物以增加机体能源物质的储备，在丰富的维生素、矿物质成分中，突出铁、钙、磷、钠，维生素 C、B_1 和 E 的含量，有利于提高有氧耐力。

2. 球类项目的营养需求

球类项目对力量、速度、耐力、灵敏、柔韧等素质有较高的要求。食物中

要含丰富的蛋白质、糖以及维生素 B_1、C、E、A。小球类项目，如乒乓球、羽毛球等，要求食物中维生素 A(与正常视力有密切关系)的含量应更高。足球活动时间较长且在室外进行，矿物质、水分丢失较多，应及时补充。

3. 棋牌类项目的营养需求

棋牌类是以脑力活动为主的体育项目，脑细胞的能源物质完全依赖血糖提供。当血糖降低时，脑耗氧量下降，工作能力下降，随之产生一系列不适症状，所以棋牌类项目对糖类有着特殊的需求，也可在下棋、打牌时随时补充。此外，膳食中增加蛋白质和维生素 B_1、E、C、A 的供给，提高卵磷脂、钙、磷、铁的含量。膳食中应减少脂肪摄入，以降低机体耗氧，保证脑组织的氧供应。

4. 操类项目的营养需求

操类项目，如健美操、竞技体操、艺术体操和技巧等，它们的特点是动作复杂而多样，要求有较强的力量与速度素质，以及良好的灵巧与协调性，对神经系统有较高的要求。其营养特点是：高蛋白质、高热量、低脂肪，维生素、矿物质应突出铁、钙、磷的含量及维生素 B_1、C 的含量。需引起注意的是，经常参加该类项目运动的学生，有时需要控制体重。

5. 游泳项目的营养需求

游泳项目在水中进行，使机体散热较多、较快，冬泳更是如此。游泳锻炼要求一定的力量与耐力素质，要求在膳食中含有丰富的蛋白质、糖和适量脂肪。

思考与练习

1. 糖、脂肪、蛋白质的生物学功能有哪些？
2. 体内水的含量与分布如何？
3. 水的生理功能有哪些？
4. 大学生的营养补充原则有哪些？

知识拓展

远离垃圾食品

世界十大垃圾食品是我们肥胖的罪魁祸首，也是造成健康问题的重大因素，为了健康与身材请大家远离垃圾食品。垃圾食品(Junk Food)，是指仅仅提供一些热量，别无其他营养素的食物，或是提供超过人体需要，变成多余成分的食品，包括冷冻甜品、饼干类食品、火腿、罐头等。

一、油炸类食品

油炸食品能量密度高，经常进食易导致肥胖；含有较高的油脂和氧化物质，是导致高脂血症和冠心病的最危险的食品；在油炸过程中，往往产生大量的致癌物质。已经有研究表明，常吃油炸食物的人群，其癌症的发病率远远高于不吃或极少进食油炸食物的人群。

二、腌制类食品

在腌制食品的过程中需要放大量盐，这导致此类食物钠盐含量超标，造成常常进食腌制食品者肾脏的负担加重，发生高血压的风险增高。还有，食品在腌制过程中可产生大量的致癌物质——亚硝酸胺，导致鼻咽癌等恶性肿瘤的发病风险大为增高。此外，由于高浓度的盐分可严重损害胃肠道黏膜，故常进食腌制食品者，胃肠炎症和溃疡的发病率较高。

三、加工类肉食品

这类食物含有一定量的亚硝酸盐，故有导致癌症的潜在风险。此外，由于添加防腐剂、增色剂和保色剂等，造成人体肝脏负担加重。还有，火腿等制品大多为高钠食品，大量进食可导致盐分摄入过多，造成血压波动及肾功能损害。

四、饼干类食品（不含低温烘烤和全麦饼干）

①食用香精和色素过多（对肝脏功能造成负担）。

②严重破坏维生素。

③热量过高、营养成分低。

五、汽水、可乐类食品

①含磷酸、碳酸，会带走体内大量的钙。

②含糖量过高，喝后有饱胀感，影响正餐。

六、方便类食品（主要指方便面和膨化食品）

方便面属于高盐、高脂、低维生素、低矿物质的一类食物。一方面，因盐分含量高增加了肾负荷，使血压升高；另一方面，含有一定量的人造脂肪（反式脂肪酸），对心血管有相当大的负面影响。加之含有防腐剂和香精，可能对肝脏等器官都有潜在的不利影响。

七、罐头类食品

不论是水果类罐头，还是肉类罐头，其中的营养素都遭到大量的破坏，特别是各类维生素几乎被破坏殆尽。另外，罐头制品中的蛋白质常常出现变性，使其消化吸收率大为降低，营养价值大幅度"缩水"。还有很多水果类罐头含有较高的糖分，并以液体为载体被摄入人体，使糖分的吸收率大为增高，可在进食后短时间内导致血糖大幅攀升，胰腺负荷大为加重。同时，由于能量较高，有导致肥胖之嫌。

八、蜜饯类食品

这类食物含有亚硝酸盐，在人体内可结合胺形成潜在的致癌物质亚硝酸胺；含有香精等添加剂可能损害肝脏等脏器；含有较高盐分可能导致血压升高和肾脏负担加重。

九、冷冻甜品类食品

奶油制品的能量密度很高，但营养素含量并不丰富，主要为脂肪和糖。常吃奶油类制品可导致体重增加，甚至出现血糖和血脂升高。饭前食用奶油蛋糕等，还会引起食欲降低。高脂肪和高糖分常常影响胃肠排空，甚至导致胃食管反流。很多人在空腹进食奶油制品后出现返酸、胃灼热等症状。

十、烧烤类食品

①含大量苯并芘(三大致癌物质之首)。

②1只烤鸡腿对应60支烟的毒性。

③导致蛋白质炭化变性(加重肾脏、肝脏负担)。

烧烤类食品含有强致癌物质苯并芘。仅此一条，就足以警示人们对烧烤类食品"退避三舍"。

第五章

运动处方与卫生保健

▣ 学习目标

掌握运动处方制定的原理及运动处方组成的基本要素；了解有关运动损伤的起因、预防、急救处理和常见运动过程中出现的不适病症等问题，科学有效地进行体育锻炼。

第一节　运动处方

不同的个体，由于身体承受负荷的能力不同，其体育锻炼的目的、手段和方法也是各不相同的。要达到理想的锻炼效果，必须因人而异，具有鲜明的针对性。这就是国内外盛行运动处方锻炼法的原因。按照运动处方锻炼，能够有效地提高锻炼的科学性和安全性，特别是那些身患疾病的人，更应按照处方的要求，进行医疗体育锻炼。

一、运动处方简介

1. 运动处方的概念

所谓处方，在医学上是指医师给病人治病所开的药方，病人凭药方就医服药。不同的病和病人，有着不同的处方，这就是"对症下药"。要科学锻炼也必须"对症下药"。运动处方是医师在身体检查的基础上，根据锻炼者的需求，运用科学的健身原理，以开处方的形式向其提供的量化的健身运动方案。运动处方科学地规定了锻炼者的运动内容、运动强度、运动时间和运动要求等，从而向锻炼者提供了合理而有效的运动方案，保证锻炼预期目标的实现。

人类应用运动治疗疾病已有 3000 多年的历史。到了 20 世纪 50 年代，人们已将冠心病的运动疗法发展成为运动处方的形式。尽管现代运动处方的研究时间不长，但其发展速度却是十分迅速的。

德国的某研究所从 1954 年起，就制定出健康人的、中老年人的、运动员的以及各类病患者的运动处方，并对城市居民进行运动指导和咨询工作。美国学者库珀毕生进行体育健身与健康关系的研究，他的"12 分钟跑体能测验"和"有氧运动"等研究成果，被世界许多国家所采用，享有盛誉。日本于 1970 年成立全国体育科学中心以后，第二年就在猪饲道夫教授的倡导下成立了"运动处方研究委员会"，在全国各地成立了 20 多个专题研究小组。通过 3 年基础理论研究，2 年实践运用研究，于 1975 年制定出用于各年龄组的运动处方，以指导广大群众和学生进行科学锻炼。

2. 运动处方的特点和作用

运动处方最大的特点是因人而异，能对锻炼者提出具体的运动负荷量度和运动方式，从而保证了身体锻炼的科学性和有效性。研究认为，运用运动处方锻炼，可收到如下明显的锻炼效果。

①有助于保证锻炼的科学系统性，克服日常锻炼中经常存在的"一曝十寒"的弊端，同时便于对整个身体锻炼过程进行反馈调节。

②有助于增进身体健康，提高身体机能。一般来说，人们参加运动处方锻炼，是为改善自身身体状况，提高健康水平，预防疾病，特别是防止现代"文明病"的侵袭。另一方面，按照运动处方锻炼，又能有效地提高身体机能，如提高机体的肌肉耐力、肌肉力量、爆发力，身体的灵敏性、平衡性和柔韧性等，这又能导致身体运动能力的提高。

③能治疗疾病和使机体康复。许多慢性病患者，常常把运动处方作为治疗疾病和康复疗法的一种手段。严格地按照处方要求锻炼，可大大提高运动中的安全性；尽可能减少意外事故的发生；有效地提高机体对疾病的抵抗力，达到治疗疾病的效果。

3. 运动处方的种类

（1）按功能分类

①锻炼性运动处方，主要用于提高身体机能，适合于青少年身体锻炼，要求有针对性地提高身体运动能力。这种处方往往带有全面锻炼的性质，并在某些方面有所侧重。

②预防性运动处方，主要用于中老年人健身防病。人过中年以后，身体就开始渐渐衰退，特别是心血管系统的衰退对人的影响更为明显。因此，中老年运动处方常常采用持续时间稍长的有氧耐力锻炼方案，以延缓和推迟机体的老化过程。

③治疗性运动处方，常用于某些疾病或外伤的治疗和康复，它使医疗体育更加定量化和更具针对性。比如，减肥锻炼和心血管疾病的康复锻炼。这种处方常与其他治疗和康复措施结合起来使用。

(2)按所锻炼的器官系统分类

①心脏体疗锻炼运动处方，以提高心肺功能为主，用于冠心病、高血压、糖尿病、肥胖症等内脏器官疾病的防治和康复。

②运动器官体疗锻炼运动处方，以改善肢体功能为主，用于因各种原因引起的运动器官功能障碍，以及畸形的矫正等。

二、运动处方的要素

一个完整的运动处方方案，其基本要素有四个，即运动项目、运动强度、运动时间和运动频度。

1. 运动项目

适用于一般健康者和慢性病锻炼者的运动项目，可以分为以下五类。

(1)耐力性锻炼项目

耐力性锻炼项目包括步行、长跑、骑自行车、长距离游泳、登山、远足等，从生理机制上看属于有氧代谢运动。

(2)力量性锻炼项目

力量性锻炼项目包括练拉力器、哑铃、杠铃、实心球，以及克服自身体重的练习(引体向上)等。这类练习在性质上往往与改善体型练习、健美运动练习相匹配。

(3)放松性锻炼项目

放松性锻炼项目包括散步、旅行、按摩、打太极拳等。

(4)一般健身性锻炼项目

一般健身性锻炼项目包括各种球类运动、游戏、广播体操、徒手或器械体操、八段锦等，属于非特异性锻炼项目。

(5)专门性体操锻炼项目

专门性体操锻炼项目包括为不同锻炼者或比赛参加者设计的医疗体操、矫正体操、健美操等。

不同的运动锻炼项目，对身体形态、机能和身体素质的发展是不相同的，其基本原则是，只有"对准"相应的身体部位和器官系统施加影响，才能有针对性地发展相关的身体形态和机能，如为增大上肢横径和改善上肢力量，就要以上肢为主要活动部位，去完成抗阻(克服阻力)练习，这时就可选择引体向上、俯卧撑、抛实心球、杠铃练习等。要有针对性地提高身体素质，要遵循提高身体素质的专门要求。

2. 运动强度

运动强度是运动处方的核心部分，反映机体运动时用力的大小和机体紧张度，它既影响机体的承受能力，又直接关系运动锻炼的效果。定出适合锻炼者特点的量化的强度指标，是制定运动处方的精髓。

运动处方研究者提出了许多种表示运动处方的运动强度的指标，如功率、能量代谢率、心率、摄氧量、代谢当量等，有的具有很强的理论意义，有的则具有运用价值，其中最为常用的有以下几种。

(1)用耗氧量控制强度

这是由于运动强度越大，则耗氧量也越大。通常是以运动时摄氧量占最大摄氧量的百分数来控制运动强度，用 VO_2max 表示。

(2)用能量消耗量控制强度

这是由于运动强度与机体能量消耗的多少成正比。能量消耗的具体派生指标有能量消耗量、能量代谢率以及代谢当量等。代谢当量的单位是梅脱。

(3)用心率控制运动强度

由于耗氧量和能量消耗情况的直接测定都比较复杂，在日常的运动处方锻炼中运用不太现实。在运动处方锻炼中常用心率指标控制运动强度。通常用计数 10 秒钟脉搏数，再乘以 6 得出运动时每分钟心率。学者们研究认为，心率与耗氧量和能量消耗量之间均存在着密切的相关关系，故用心率来控制运动强度是较为科学实用的方法(表 5-1)。

表 5-1　运动强度各指标之间的对应关系

强度	最大吸氧量/%	代谢当量	心率/(次/分)				
			20～29 岁	30～39 岁	40～49 岁	50～59 岁	60 岁以上
较大	80	10	165	160	150	145	135
	70	7	150	145	140	135	125
中等	60	6.5	135	135	130	125	120
	50	5.5	125	120	115	110	110
较小	40	4.5	110	110	105	100	100

用运动心率表示运动强度可有许多计算方法，如年龄计算法、净增心率计算法、运动量百分比分级法、靶心率法、最大心率储备计算法、心率百分比表

示法等，并推导出了各种各样的公式。

国内外科研成果表明，最适宜的锻炼强度在最大吸氧量的 65%～75%，即心率在 130～150 次/分。日本池上教授认为，运动心率在 110 次/分以下时，机体的血压、血液、尿和心电图等指标均无明显变化，健身价值不大；心率为 140 次/分时，每搏输出量接近并达到最佳状态，健身效果明显；心率为 150 次/分时，心脏每搏输出量最大，健身效果最好；心率为 160～170 次/分时，虽无不良的异常反应，但也未出现更好的健身效果；心率达到 180 次/分时，体内免疫球蛋白减少，易感染疾病，易产生疲劳或运动伤病。

我国学者刘纪清通过对国内外研究材料的综合分析后认为，运动锻炼的最佳心率范围见表 5-2。

表 5-2　运动锻炼的最佳心率范围

性别/年龄		运动心率/(次/分)
男/31～40 岁	女/26～35 岁	140～150
男/41～50 岁	女/36～45 岁	130～140
男/51～60 岁	女/46～55 岁	120～130
男/60 岁以上	女/55 岁以上	100～120

另一方面，单用年龄因素来确定运动时的强度也有失偏颇。这是因为，影响运动强度的最根本的因素，是锻炼者个体的体质水平，它决定着机体承担负荷的能力。同样年龄的锻炼者，由于体质状况的差异较大，其锻炼强度是不一样的。体质较好的锻炼者，可以并必须承担较大的运动强度，对机体才有锻炼价值，其运动时心率也应高一些；反之，体质稍差的锻炼者，需要并只能承担较小的负荷，其运动时的心率也应适当低一些。根据超量恢复原理，对后者来说，即使负荷安排较小，也能取得一定的锻炼效果。这就要求在制定运动处方时，要通过对某些年龄组锻炼者的体质指标做较大样本的数理统计和处理，分析该年龄组群体的体质总体水平和分布情况，从而评价出该个体带特异性的体质水平，据以确定运动锻炼的强度指标。

3. 运动时间

运动时间指每次运动所持续的时间，即达到处方强度后必须保持的时间。运动时间的长短要根据个人资料、医学检查情况来确定。

研究认为，运动时间阈值应不少于 3 分钟，最大持续时间一般不超过 60 分钟。有的研究认为，每次进行 20～60 分钟的耐力性运动是比较适宜的，从运动生理学的角度来说，5 分钟是全身耐力运动所需的最短时间，60 分钟是坚持正常运动的最大限度时间。库珀认为，心率达到 150 次/分以上时，持续 5 分钟即可收到效果；如果心率在 150 次/分以下时，就需要 5 分钟以上运动才有效果。

与运动时间相关的因素有：运动项目、运动强度、运动频度以及年龄和体质因素等。

(1)与运动项目有关

从事力量、速度项目锻炼，其运动持续时间应短；耐力性项目持续时间应稍长。因为要使呼吸、循环系统充分动员起来，大约需要5分钟左右，在达到恒常运动以后还要继续运动一段时间才有效果。

(2)与运动强度有关

运动时间与运动强度成反比，运动强度越大，则持续时间越短；运动强度越小，则持续时间越长(表5-3)。

表 5-3　运动时间与运动强度(VO₂max)的配合

运动时间/分		5	10	15	30	60
运动强度	小强度	70	65	60	50	40
	中强度	80	75	70	60	50
	大强度	90	85	80	70	60

(3)与运动频度有关

当运动强度固定不变时，运动时间与运动频度成反比关系。由此可见，运动频度越大，则每次运动时间越短；反之，则运动时间越长。

(4)与年龄和体质因素有关

当运动强度不变时，成年人年龄越小，体质越好，则运动持续时间越长。然而，在锻炼实践中，由于年龄和体质因素对运动强度的影响更大，因而，随着年龄的增大而对运动处方方案加以调整时，往往是通过调整运动强度以维持一定的运动时间。特别是到了老年期，由于退休和离休所带来的时间充裕，保证了运动时间的恒定或略有延长，这时就要求大幅度降低运动强度，尽可能维持恒定的运动时间来保证锻炼效果，而不致使机体过于疲劳。

4. 运动频度(每周锻炼次数)

究竟每周应活动多少次？从理论上说，只有不造成疲劳积累并能形成超量恢复效果的那种运动频度才是最理想的，然而，在实际锻炼中如何控制却是较为复杂的。

有人观察认为，当每周锻炼多于3次时，最大吸氧量的增加逐渐趋于平坦；当锻炼次数增加到5次以上时，VO₂max的提高幅度很小；而每周锻炼少于2次时，通常不引起VO₂max的改变。日本学者池上晴夫研究认为，一周运动一次时，运动效果不蓄积，肌肉痛和疲劳每次都发生，运动后1～3天身体不适，且易发生伤害事故；一周运动 2 次，疼痛和疲劳减轻，效果有蓄积，但不显著；一周运动 3 次，不仅效果可以充分蓄积，也不产生疲劳。如果增加到每周 4～5 次，效果也相应提高。美国的科学家们也证实，肌肉一旦停止锻炼，其退化速度是惊人的。一个人 3 天不运动，其肌肉最大力量会丧失 1/5。如果锻炼 2～3 天后肌肉不能再次"取得"合乎需要的物理效果，锻炼就会前功尽弃。

综上所述，可以认为，每周锻炼次数以 3～5 次较合适，基本上以隔日运动为宜；运动间隔时间一般不宜超过 3 天。如果每周运动在 2 次以下，则运动效果不明显。如果采用小的运动负荷或从事不残留疲劳的运动，则每日运动是可取的。

三、运用运动处方的注意事项

运动处方为体育锻炼的科学化开辟了广阔的前景，但在我国并不十分普及。推行和运用运动处方，是我国社会体育工作者的重要责任。运用运动处方时应注意如下几个方面。

1. 认真做好处方锻炼前的身体检查、体力测定和预备性锻炼

要通过身体检查和体力测定，把握锻炼者的身体状况和对运动负荷的承受能力，同时也能保证健身锻炼的安全性。处方锻炼前的预备性锻炼也是十分必要的，切不可心急求快，造成事倍功半。

2. 科学确定处方的负荷量度

一方面要注意运用运动生理学、运动医学的有关知识，确定出适合锻炼者需要而可行的锻炼方案；另一方面要对锻炼者的工作、生活和体力活动情况加以综合判断，保证负荷量度的科学合理性。

3. 要指出处方锻炼的某些特定要求，并督促锻炼者遵照执行

一是指出禁忌的运动项目和某些容易发生危险的动作；二是指出在处方锻炼中对负荷进行自我观察监督的指标和当指标异常时停止运动的标准；三是关于锻炼生理卫生的有关常识指导。

4. 要督促锻炼者定期进行身体状况复查和体力测定

一般来说，每锻炼 3～4 个月后，要进行一次健康检查和体力测定，以评价身体健康水平，保证锻炼的安全性，同时可及时评价身体锻炼的效果，提供锻炼反馈信息，为制定新的运动处方提供依据。

第二节　运动损伤

体育运动过程中发生的损伤，称为运动损伤。对运动损伤的发生原因、发病规律、预防措施、治疗效果和康复时间的了解，有利于改善运动条件，改进体育运动的方法，提高运动成绩，使体育锻炼更好地起到促进身心健康的效果。

一、运动损伤的分类

运动损伤可分为不同的类型，通常有以下几种分类方法。

1. 按受伤的组织结构分类

按受伤的组织结构分类包括皮肤损伤、肌肉与肌腱损伤、关节损伤、滑囊损伤、骨损伤、骨骺损伤、神经损伤和内脏器官损伤等。

2. 按伤后皮肤或黏膜的完整性分类

(1)开放性损伤

伤处皮肤或黏膜的完整性遭到破坏，有伤口与外界相通，如擦伤、刺伤、裂伤及开放性骨折等。

(2)闭合性损伤

伤处皮肤与黏膜仍保持完整，无伤口与外界相通，如挫伤、肌肉拉伤、关节扭伤、腱鞘炎与闭合性骨折等。

3. 按伤情轻重分类

(1)轻伤

轻伤伤后能按原计划进行训练。

(2)中等伤

中等伤伤后不能按原计划训练，需停止患部练习或减少患部的活动。

(3)重伤

重伤伤后完全不能训练。

4. 按损伤病程分类

(1)急性损伤

急性损伤指一瞬间遭受直接暴力或间接暴力造成的损伤。特点是发病急、病程短、症状骤起。

（2）慢性损伤

慢性损伤指局部过度负荷、多次微细损伤积累而成的劳损，或由于急性损伤处理不当转化而来的陈旧性损伤。特点是发病缓慢、症状渐起、病程较长。

二、运动损伤产生的原因

造成运动损伤的原因是多方面的，可分为直接原因和诱因。直接原因又可分为内部原因和外部原因；诱因可分为各项运动技术的特点和解剖生理学的特点。

1. 直接原因

（1）内部原因

①身体条件。

年龄。青少年时期骨骼发育尚未成熟，因此对外力的抵抗防御能力较弱。发育中的骨和软骨与成人相比也显得软弱。骨的长径生长与骨周围肌腱发育相比，前者显得较慢，所以在骨的突起部、肌肉肌腱附着部都容易发生损伤。

性别。黄种男性身体内脂肪含量平均是体重的13%，而女性高达23%。肌肉含量女性相对少于男性，所以膝关节的运动损伤发生率女性比男性高。此外，女性激素呈周期性分泌，若月经紊乱，会造成雌激素分泌低下，已知这是造成疲劳骨折的原因之一。

体格、技能。体内脂肪多、体重大的人会使肌肉发达度减小，故身体的灵活性、耐久力相应也较差，更易造成损伤。尤其在抵御造成创伤的暴力时，体重大的人处于不利地位。技术不熟练的锻炼者也更易发生损伤。

其他。在身体状况不良（慢性疲劳、贫血、感冒、痛经、睡眠不足等）的情况下，锻炼者对意外事件缺乏敏锐的判断和快速准确的保护反应，就可能导致运动损伤。

②心理素质。

从事冲撞性较强的运动（如足球）时，如果注意力不集中或集中持续时间不长，发生损伤的危险性增加。情绪不稳定、易急躁、急于求成，或在运动中因畏难、恐慌或害羞而犹豫不决的人，容易造成运动损伤。

（2）外部原因

①方法的因素。

质的因素。有些体育锻炼者由于不顾自身的条件而选择不适宜的运动项目，结果损伤的发生率提高。例如，年龄偏大的人进行足球运动，或试图采用蛙跳增强腰腿部肌肉力量，就会出现膝关节损伤；在柔韧性练习时，韧带肌肉被动训练过度会造成肌肉撕脱。所以体育锻炼要科学，并选择适合于自己身体条件的运动项目。

量的因素。运动时间过长、运动量过大、运动频度过高等极易导致过度训练，过度训练是运动损伤的主要原因之一。过度训练是由于锻炼者接受的负荷量太大，使机体未得到充分恢复所致，其症状表现为：静息心率加快、血压升高、睡眠不佳、食欲下降、体重减轻、无训练欲望、心情烦躁、易激怒、记忆力下降等。如过度训练不及时纠正，就会使人体免疫机能下降，这样增加了感染和慢性疲劳的发生率。

②环境因素。

自然环境。雨后路滑、光线不足、气温过高或过低、环境潮湿等，也会引起运动损伤。

人工环境。锻炼者使用劣质器械，锻炼服装和鞋子不合适，缺乏必要的防护器具(如护膝、护踝、护腿等)，运动场地不平坦或有小碎石或杂物，器械安装不牢固，器械的高低、大小与轻重不符合锻炼者的年龄、性别和训练水平的特点等，所有这些都能成为受伤的原因。

2. 诱因

诱因即为诱发因素，它必须在直接原因(如局部负担量过大、技术动作发生错误等)的同时作用下，才可成为致伤的因素。

(1)各项运动技术的特点

由于各项运动项目都有自己的技术特点，人体各部位的负担量不尽相同，因此，各运动项目都会导致人体的易伤部位。例如，网球运动易使锻炼者造成"网球肘"，长跑运动会导致锻炼者膝外侧疼痛，等等。

(2)解剖生理学的特点

某些组织所处的特殊解剖位置在运动中易与周围组织发生摩擦和挤压，如肩袖。运动中由于相互间力学关系的改变，可导致负荷最大的组织发生损伤，如踝背伸 60~70 度发力跖屈时，跟腱处于极度紧张状态，但胫后肌及腓骨肌则比较松弛，若突然用力踏跳，可发生跟腱断裂等。

三、运动损伤的预防

1. 运动损伤的预防重点

运动损伤的种类很多，各个运动项目对人体各部位的运动伤害各不相同。根据国内有关资料显示，运动员总的来说是小损伤多、慢性多、严重及急性者少。这些慢性的小损伤者中，有的是一次急性损伤后尚未完全康复就投入训练而变成慢性损伤，但更多的运动员是由于运动量安排不当造成局部过劳，最终导致过劳伤。因此，应注意对急性损伤做及时而正确的处理，并科学地安排运动量，以防各种组织劳损的发生。

在一般的学校体育运动中，锻炼者运动损伤的发生情况与运动员有相似之处，但也有较大差异。在体育课和课外活动中，学生急性损伤者相对较多，而劳损者较少。因此，要特别注意急性损伤的预防。但学生锻炼时也要注意合理安排运动量，以防发生劳损，其中尤以腱止装置部分的劳损和骨组织的劳损（如胫腓骨疲劳性骨膜炎、软骨炎等）较为多见。此外，学生锻炼时关节扭伤的发生率也较高，尤其以掌指关节及踝关节扭伤最为多见。因此，在从事球类和跑运动项目时应注意手指及足踝关节的扭伤。

2. 运动损伤的预防原则及基本方法

一般来说，在体育锻炼中运动损伤的预防应做好以下几个方面的工作。

(1)思想上重视

要从思想上对运动损伤的预防给予重视，并遵守体育锻炼的一般原则，同时，要加强身体的全面锻炼，提高机体对运动的适应能力。

(2)调节身体处于良好的运动状态

①锻炼前应做好充分的准备活动。准备活动不但能使基础体温升高、肌肉深部的血液循环增加、肌肉的应激性提高和关节柔软性增强等，也能减少锻炼前的紧张感和压力感，这在很大程度上可以预防损伤的发生。

②锻炼后应注意放松活动。放松活动是指在锻炼后通过放松方法使体温、心率、呼吸、肌肉的应激反应恢复到锻炼前的正常水平。从预防损伤的角度来看，这同锻炼前的准备活动一样重要。根据不同的运动项目进行针对性的放松，可以防止锻炼后出现肌肉酸痛，还有助于解除精神压力。

③加强自我保护。锻炼者除了认真做好准备活动和放松活动外，也应了解和懂得初步处理锻炼后肌肉酸痛、关节不适的方法。肌肉酸痛的早期可做温水浴、物理疗法或自然按摩。如果疼痛继续或者加重，应去医疗机构进行诊断治疗。同时，锻炼中应密切注意自己的身体反应，及早发现运动损伤的早期症状，以便于早发现、早治疗、早康复。

(3)创造锻炼的安全环境

体育器具、设备、场地等在锻炼前都应进行严格的安全检查。例如，参加网球锻炼时，球拍的重量、捏柄的粗细、网拍绳子的弹力应该适合锻炼者个人的情况；女性的项链、耳环等锐利物品在锻炼时应暂时不佩戴；锻炼者应根据运动的项目、脚的大小、足弓的高低选择一双弹性好的鞋子。

(4)注意科学锻炼

科学锻炼包括五大要素，即全面性、渐进性、个别性、反复性、意识性，前三个要素对预防损伤较为重要。

全面性是指锻炼者应对体能进行全面训练，而不是单纯针对某一特定动作的反复练习。

渐进性是指锻炼者应逐步提高运动负荷和增加锻炼时间，以防机体一时不能适应而导致运动损伤。

个别性是指锻炼必须因人而异。性别、年龄、体力、技术熟练程度不同，活动量和方法也应不同。

(5)加强易伤部位训练

加强易伤部位和相对较弱部位的训练，提高它们的功能，是预防运动损伤的一种积极手段。例如，为了预防腰部损伤，应加强腰腹肌的训练，提高腰腹肌的力量，并增强其协调性和拮抗的平衡性。

四、运动损伤的急救

1. 运动损伤的急救处理

急救(emergency treatment)是对意外或突然发生的伤病事故进行紧急的临时性处理。其目的是保护伤病员的生命安全、避免再度伤害、减轻伤病员痛苦、预防并发症，并为伤病员的转运和进一步治疗创造条件。因此，无论何种急性损伤，做好现场急救都是十分重要的。

2. 急救原则

急救时必须抓住主要矛盾，救命在先，做好休克的防治。骨折、关节脱位、严重软组织损伤或合并其他器官损伤时，伤员常因出血、疼痛而发生休克。在现场急救时，要注意预防休克，若发生休克，必须优先抢救休克者。其次，急救必须分秒必争，力求迅速、准确、有效，做到快救、快送医院处理。

急救人员必须分工明确，并要具有高度的责任感和救死扶伤的崇高品德；要临危不惧，判断正确，有条不紊地抢救；要有熟练、正确的抢救技术和丰富的临场经验。

3. 急救方法

(1)急救包扎法

①绷带包扎法。

环形包扎法。用于包扎肢体粗细均匀的部位，如手腕、小腿下部和额部等，也是其他包扎法的开始或结束时使用的包扎法。包扎时，先打开绷卷带，把带头斜放在伤肢上并用拇指压住，将卷带绕肢体一圈后，再将带头的一个小角反折，然后继续绕圈包扎，每圈都盖住第一圈，包扎 3～4 圈即可，如图 5-1 所示。

图 5-1　环形包扎法　　　　　　　图 5-2　螺旋形包扎法

螺旋形包扎法。用于包扎肢体粗细相差不大的部位，如上臂、大腿下部等。包扎时先作 2～3 圈环形包扎，然后将绷带向上斜形缠绕，每圈都盖住前一圈 1/2～2/3，如图 5-2 所示。

反折螺旋形包扎法。用于包扎肢体粗细相差较大的部位，如前臂、小腿、大腿等。包扎时，先做 2～3 圈环形包扎后，用左拇指压住绷带上缘，将绷带向下反折，向后绕并拉紧绷带，每圈反折一次，后一圈压住前一圈的 1/2～2/3，反折处不要在创口或骨突上，如图 5-3 所示。

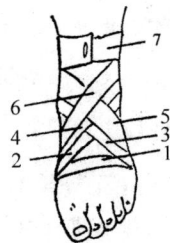

图 5-3　反折螺旋形包扎法　　　　图 5-4　"8"字形包扎法

"8"字形包扎法。多用于包扎肘、膝、踝等关节处。方法有二：一是先在关节处做几圈环形包扎后，将绷带斜形环绕，一圈在关节上方缠绕，一圈在关节下方缠绕，两圈在关节凹面相交，反复进行，逐渐离开关节，每圈压住前一圈的 1/2～2/3，最后在关节上方或下方做环形包扎结束；二是先在关节下方做几圈环形包扎后，将绷带由下而上，再由上而下地来回做"8"字形缠绕，使相交处逐渐靠拢关节，最后以环形包扎结束，如图 5-4 所示。

②三角巾包扎法。

三角巾应用方便，适用于全身各部位的包扎，主要分手、足、头部，大悬臂带和小悬臂带三种。

手部包扎法。三角巾平铺，将患者手掌向下指尖对着三角巾的顶角，手平放在三角巾的中央，底边横放于腕部，然后将三角巾的顶角向上反折，再将两底角向手腕背部交叉围绕一圈在腕背打结。足部、头部包扎法与手部包扎法基本相同，如图 5-5、图 5-6 所示。

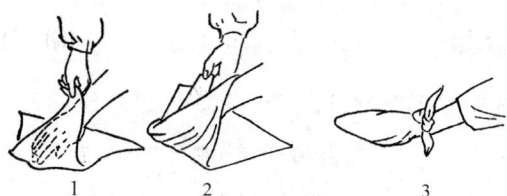

图 5-5　手部包扎法

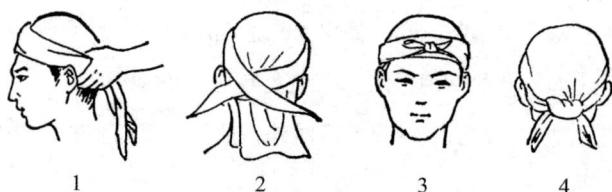

图 5-6　头部包扎法

大悬臂带。此法适用于前臂骨折等上肢损伤，但锁骨和肱骨骨折不能用。将三角巾顶角放在伤肢的肘后，一底角置于健侧的肩上，肘关节放在三角巾的中央，将下方的底角上折，包住前臂，在颈后与上方底角打结，最后把肘后的顶角折向前面，用橡皮膏或别针固定，如图 5-7 所示。

图 5-7　大悬臂带　　　　　　图 5-8　小悬臂带

小悬臂带。此法适用于锁骨和肱骨骨折。将三角巾叠成四横指宽的宽带，其中央置于伤肢前臂的下 1/3 处，两端在颈后打结，如图 5-8 所示。

(2)止血法

据研究，健康成人平均每千克体重约有血液 75 毫升，总血量可达 4000～5000 毫升。若急性大出血达到全身总血量的 20%，即可出现面色苍白、头晕乏力、口渴等急性贫血的症状；若出血量超过全身血量的 30% 时，将可能危及生命。因此，对外出血的伤员，尤其是大动脉的出血，必须立即止血；对疑有内脏或颅内出血的伤员，应尽快送医院处理。

常用的止血方法有冷敷法、抬高伤肢法、加压包扎法、指压法、止血带法，但无论用哪种方法进行临时止血后都应将伤员迅速送往医院进行处理。

①冷敷法。冷敷法可以使血管收缩，减少局部充血，降低组织温度，抑制神经感觉，从而达到止血、止痛和减轻局部肿胀的作用。

冷敷止血法常用于急性闭合性软组织损伤。最简便的方法是用冷水冲洗或用冷毛巾敷于伤处，或将冰块装入热水袋(或塑料袋)内进行外敷，用冰块在治疗部位来回移动，每次约 20～30 分钟。有条件的可使用氯乙烷喷射。

②抬高伤肢法。将伤肢抬高，使出血部位高于心脏，从而使出血部位的血压降低，减少出血。此法适用于四肢毛细血管及小静脉出血。

③加压包扎法。用无菌敷料覆盖出血处，然后用绷带包扎，适用于毛细血管和小静脉出血。

④指压法。在动脉行走中最易压住的部位称压迫点，指压止血法就是在出血部位的上方相应的压迫点上用拇指或其余四指将动脉压在邻近的骨面上，以阻断血液来源而达到止血的目的。动脉出血时这是最迅速的一种临时止血法。用指压止血法时一定要找准动脉压迫点的位置，但不要在正常人体上进行压迫(特别是颈部的动脉)，以防引起意外。

⑤止血带法。此法适用于动脉出血。用止血带止血时，止血带要绑扎在伤口的近心端，并要在肢体周周垫上软布后再进行。上肢出血时止血带要扎在上臂(但不要扎在中 1/3 处)，下肢出血时止血带扎在大腿靠近伤口的近心端。上肢每隔 30 分钟、下肢每隔 1 小时须放松一次止血带。放松时间约 2～3 分钟，并暂时改用压迫止血法，以免引起肢体缺血而发生坏死，但上止血带的最长时间不宜超过 3 小时。用止血带后要留有明显的标签，注明用止血带的时间、部位、放松止血带的时间和重用止血带的时间等。

(3)心跳、呼吸骤停的急救(心肺复苏术)

某些意外情况，如触电、溺水、一氧化碳或某些药物中毒、严重创伤和大出血引起的呼吸、心跳停止后，造成血液循环停止。脑细胞对缺氧十分敏感，一般在血液循环停止 4～6 分钟后大脑即发生严重损害，甚至不能恢复，所以必须争分夺秒进行心肺复苏术。

标准的心肺复苏术包括三部分：判断意识和畅通呼吸道、人工呼吸、人工循环。

①判断意识和畅通呼吸道。发现昏迷倒地的病人后，轻摇病人的肩部并高声喊叫："喂，你怎么了?"若无反应，立即掐压人中、合谷 5 秒钟。若病人仍未苏醒，立即向周围呼救并打急救电话，然后将患者放置成复苏体位：病人仰

卧，头、颈、躯干平直无扭曲，双手放于躯干两侧，如图5-9所示。

用仰头举颌法开放病人气道：抢救者一手置于病人前额使头部后仰，另一手的食指与中指置于下颌骨近下颌角处，抬起下颌，保持呼吸道通畅，如图5-10所示。同时进行以下步骤的判断和操作。

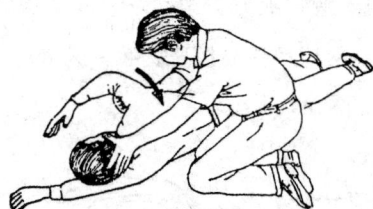

图5-9　将患者放置成复苏体位

图5-10　仰头举颌法

②人工呼吸。畅通呼吸道后要立即判断病人有无呼吸，抢救时将脸贴近病人的口鼻，感受有无气息进出，同时眼睛侧视病人胸部，观察其有无起伏，若都无反应则说明病人没有呼吸，要立即进行口对口人工呼吸。

人工呼吸要在保持病人呼吸道畅通和口部张开的情况下进行。操作时，用按于病人前额手的拇指与食指捏住病人的鼻孔，抢救者深吸一口气后，张开口紧贴病人的口(要将病人的口全部包住，若有条件可先用一块无菌纱布盖住病人的口)，快而深地向病人口内吹气，直至病人胸部上抬。一次吹气完毕后立即与病人口部脱离，放松捏鼻的手指，以便病人从鼻孔出气，轻轻抬起头部，眼视病人胸部，同时吸入新鲜空气，准备下一次人工呼吸。每次吹入的气量约为800～1200毫升，如图5-11所示。

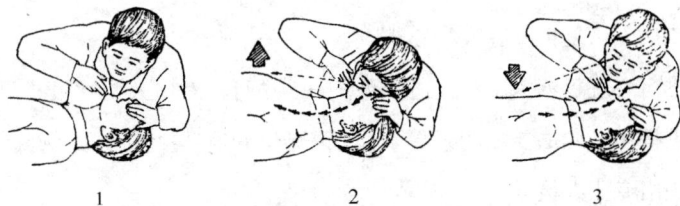

1　　　　　　2　　　　　　3

图5-11　人工呼吸

③人工循环。判断病人有无脉搏：抢救者一手置于病人前额使其头部保持后仰，另一手在靠近抢救者一侧触摸病人颈动脉，用食指及中指指尖触及气管正中部位(男子可先触及喉结)，然后向旁滑移2～3厘米，在气管旁软组织处轻轻触摸颈动脉搏动，如图5-12所示。

图5-12　触摸颈动脉

判断病人没有脉搏后应立即进行胸外心脏按压。病人应仰卧于硬板床或地上。在气道开放的位置下先进行2次人工呼吸，然后抢救者应快速找到心脏按压的部位：首先以食指、中指并拢沿病人肋弓处向中间滑移，在两侧肋弓交点处寻找胸骨下切迹（剑突处），以此作为定位标志，如图 5-13 所示。然后将食指和中指的两指横放在胸骨下切迹上方，食指上方的胸骨正中部位即为按压区。将一手掌根重叠放在另一手背上，但手指不要接触胸壁。抢救者双臂应绷直，双肩在病人胸骨上方正中，垂直向下用力按压，按压时以髋关节为支点，以肩臂用力。对成年患者按压的频率为 80～100 次/分，按压深度为 4～5 厘米，如图 5-14、图 5-15 所示。

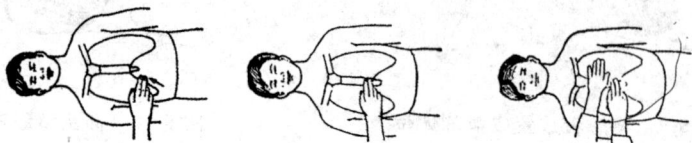

图 5-13　胸外心脏按压的定位

图 5-14　按压时的双手位置　　　　图 5-15　按压时的姿势

单人进行心肺复苏术：遵循上述步骤先进行 2 次人工呼吸，然后进行 15 次胸外心脏按压，即吹气和按压的比例是 2∶15，如此反复进行，直到专业医务人员赶到或病人恢复自主呼吸和心跳。

双人进行心脏复苏术：按上述步骤，一人进行口对口人工呼吸，另一人进行胸外心脏按压。此法要求两人必须协调配合，吹气与按压的比例为 1∶5 或 1∶4，一般由专业人员进行。

(4)溺水及急救

溺水时，水经口鼻进入肺内，造成呼吸道阻塞，或因吸水的刺激引起喉痉挛，使气体不能进出，引起窒息，时间稍长，就有生命危险。急救步骤如下。

立即将溺水者救到岸上，清除口腔中的分泌物和其他异物，并迅速进行倒水，急救者一腿跪地，另一腿屈膝而立将溺水者匍匐在膝盖上，头部下垂，按压其腹、背部，使溺水者口、嘴及气管内的水排出。

立即进行人工呼吸，若心跳已停止，应同时施行胸外挤压法。人工呼吸和心脏胸外脐压法以 1∶4 的频率进行，急救者之间应密切配合，积极而尽心地抢救，必要时立即送医院。

(5)休克及急救

运动损伤中并发的休克多见于外伤性休克，主要是损伤引起剧烈疼痛所致，多见于脑脊髓损伤、骨折、睾丸挫伤等。由于神经作用使周围血管扩张，有效血容量相对减少；另外，由于损伤引起大量出血，如腹部挫伤引起肝脾破裂时的腹腔内出血。

休克的主要症状：虚弱，表情淡漠，反应迟钝，面色苍白，四肢厥冷，脉搏细速，尿量减少和血压下降等(收缩压降至80毫米汞柱以下，脉压小于20毫米汞柱)。休克严重时可昏迷，甚至死亡。

休克应采取急救措施。使患者安静平卧或头低脚高仰卧位(呼吸困难者不宜采用)，保暖，但不要过热，以免皮肤血管扩张，影响生命器官的血液灌注量和增加氧的消耗。保持呼吸道通畅，昏迷患者头应侧偏，并将其舌牵出口外，必要时可给氧或进行人工呼吸。可针刺或按摩"人中""百会""涌泉""内关""合谷"等穴位。如有外伤出血，应及时采用适当的方法止血；疑有内脏出血者应迅速送医院抢救。疼痛剧烈时应给镇痛剂，以减轻伤员痛苦，防止加重休克。

五、常见的运动损伤与处置

1. 软组织损伤的处理

软组织的范围一般包括肌肉、肌腱、腱鞘、筋膜、韧带、神经、血管、关节囊、软骨等。发生在这些组织的损伤称为软组织损伤。这类损伤在运动损伤中所占比例较高，根据损伤后皮肤、黏膜是否有创口和外界相通，分为开放性与闭合性软组织损伤两大类。

(1)开放性软组织损伤的处理

开放性软组织损伤是指受伤部位皮肤或黏膜破裂，伤口与外界相通，常有组织液渗出或有血液自创口流出。这类损伤的处理原则是及时止血和处理创口，预防感染，先止血然后再处理伤口。体育运动中常见的开放性软组织损伤有擦伤、撕裂伤、刺伤和切伤。

(2)常见闭合性软组织损伤及其处理原则和方法

闭合性软组织损伤是指局部皮肤或黏膜完整，无裂口与外界相通，损伤时的出血积聚在组织内。这种损伤在体育运动中最为多见。

①挫伤。由钝性暴力直接作用于身体某部使该处及皮下组织或器官受损，如运动中相互冲撞、被踢打或身体某部碰击在器械上等。轻者仅是皮下组织(如肌肉、韧带等)挫伤，重者(如头、胸、腹部和睾丸挫伤)常因某些器官的损伤而休克。体育运动中较常见的是股四头肌和小腿前部挫伤。

②肌肉、肌腱拉伤。肌肉主动猛烈收缩，其收缩力超过了肌肉本身所承担的能力，或肌肉受力牵伸时超过了肌肉本身固有的伸展程度，均可引起肌肉拉伤。拉伤可发生在肌腹或肌腱交界处或腱的附着处。由于致伤力的大小和作用性质不同，可引起肌肉、肌腱纤维部分断裂、完全断裂或微细损伤的积累，除肌肉本身的拉伤外，常可同时合并肌肉周围的辅助结构，如筋膜、腱鞘和滑囊的损伤。

③关节韧带扭伤。关节韧带扭伤由间接外力所致，即在外力作用下使关节发生超常范围的活动而造成。轻者发生韧带部分纤维的断裂，重者则韧带纤维完全断裂，引起关节半脱位或完全脱位，同时可合并关节囊、滑膜和软骨组织的损伤。

④滑囊炎。滑囊是结缔组织构成的密封小囊，囊内有少量滑液，多位于关节附近，介于肌肉或肌腱附着处与骨隆起之间，可减轻肌肉、肌腱与骨之间的摩擦。滑囊炎是指因受到外力的直接撞击使囊壁受到损伤而发生急性创伤性炎症，或因局部活动过多囊壁受到反复磨损而发生慢性损伤。

闭合性软组织损伤处理原则及方法如下。

早期　指伤后24～48小时。此期病理变化的主要特点是组织撕裂或断裂后出现血肿和水肿，发生反应性炎症。临床上表现为损伤局部的红、肿、热、痛和功能障碍。因此，该期的处理原则是制动、止血、防肿、镇痛及减轻炎症。处理方法可根据具体情况选用一种或数种并用。冷敷、加压包扎并抬高伤肢，这些方法应在伤后立刻使用，有制动、止血、止痛及防止或减轻肿胀的作用。冷敷一般使用氯乙烷或冰袋，然后用适当厚度的棉花或海绵置于伤部，立即用绷带稍加压力进行包扎。24小时后拆除包扎，固定，根据伤情再做进一步处理。外敷新伤药常可达到消肿、止痛和减轻炎症的效果。此外，若伤后疼痛较剧烈可服用止痛剂。如局部红肿显著，可同时服用清热、活血、化瘀的中药。

中期　指损伤发生48小时以后至基本修复之前。此期病理变化和修复过程的主要特点是肉芽组织已经形成，凝块正在被吸收，坏死组织逐渐被清除，组织正在修复。临床上，急性炎症已逐渐消退，但仍有瘀血和肿胀。因此，该期的处理原则主要是改善局部的血液和淋巴循环，促进组织的新陈代谢，加速瘀血和渗出液的吸收及坏死组织的清除，促进再生修复，防止粘连形成。治疗方法有理疗、按摩、针灸、痛点药物注射、外贴或外敷活血、化瘀、生新的中草药等，可以选用几种方法进行综合治疗。热疗和按摩在此期间的治疗中极为重要，按摩手法应从轻到重，从损伤周围到损伤局部，损伤局部的前几次按摩必须较轻，以防发生化骨性肌炎。

晚期 损伤组织已基本修复，但可能有瘢痕和粘连形成。临床上，肿胀和疼痛已经消失，但功能尚未完全恢复，锻炼时仍感到微痛、酸胀和无力，个别严重者可能出现伤部僵硬或运动功能受限等。因此，该期的处理原则是恢复和增强肌肉、关节的功能。若有瘢痕和粘连应设法软化或分离，以促进功能的恢复。治疗方法以按摩、理疗和功能锻炼为主，配合支持带固定及中草药的熏洗等。

2. 关节脱位的处理

关节脱位是指组成关节的各骨的关节面失去正常的对合关系，也称脱臼。

(1)关节脱位的分类

根据脱位的原因可分为：创伤性脱位，即因暴力作用于正常关节引起的脱位；病理性脱位，即因关节的结构被病变破坏后发生的脱位。按脱位的程度可分为：完全脱位和半脱位。根据脱位的时间可分为：新鲜脱位，指发生脱位不到三周者；陈旧性脱位，指脱位后超过三周者。根据关节腔是否与外界相通可分为：闭合性脱位和开放性脱位。

(2)关节脱位的原因

①直接暴力。因直接暴力打击引起关节脱位的较少见。

②间接暴力。这是引起关节脱位较常见的原因，根据其作用方式和性质可分为传导力和杠杆力两种。

体育运动和日常生活中以肘关节后脱位和肩关节前脱位最为多见。髋关节后脱位较少见。

(3)关节脱位的征象

①局部疼痛与压痛。发生关节脱位后，由于局部肌肉、韧带和关节囊等软组织破损引起较剧烈的疼痛和压痛。

②局部肿胀。由于受伤关节周围的软组织内血管破裂出血及软组织损伤后的炎症反应，关节脱位发生后短时内就会出现明显的肿胀。

③关节活动功能丧失。由于正常的关节结构被破坏，关节失去枢纽作用，同时伴有软组织严重损伤、疼痛和肌肉痉挛等，使损伤的关节失去了正常的活动功能。

④畸形。与健侧相比，关节脱位处可发现明显的畸形，肢体形态异常，并可发生肢体展收、旋转或缩短等畸形。

通过 X 射线检查可进一步明确脱位的程度、方向，以及有无合并骨折、陈旧性脱位，有无骨化性肌炎或缺血性坏死等。此外，脱位还可能牵扯和压迫邻近的神经和大血管并造成损伤，检查时应引起重视。

(4)脱位的急救原则和注意事项

①抗休克。关节脱位或合并其他损伤时，伤员可能会因疼痛、失血等原因而发生休克，急救时要注意预防休克的发生，早期发现休克并及时处理。

②固定。用夹板和三角巾固定伤肢后伤员应尽快转送医院，争取尽早复位。没有整复技术和经验的救护者，不可随意做试图复位的动作，以免加重伤情影响功能的恢复。

(5)急救固定方法

①肩关节前脱位。将患肢肘关节屈曲90度，取两条三角巾，一条用大悬臂带将患肢吊于胸前，另一条折成宽带后，包绕患肢上臂后在健侧腋下打结，如图5-16所示。

②肘关节后脱位。一种方法是将一钢丝夹板弯成135度左右，置于患肘后用绷带缠绕扎紧，用小悬臂带悬于胸前。另一种方法是用两条三角巾折成宽带，一条悬挂患臂后斜拉于胸背部在健肩上打结，另一条则绕过患肢上臂后在健侧腋下打结，如图5-17所示。

图 5-16　肩关节前脱位的临时固定　　图 5-17　肘关节后脱位的临时固定

③髋关节后脱位。髋关节后脱位可参照股骨骨折的急救固定方法，固定后用担架转送医院进行整复。

3. 骨折的处理

骨折是指骨或骨小梁的连续性发生断裂，这是一种较严重的运动损伤，发病率约占运动损伤的1.5%。

(1)骨折的分类

根据骨折处是否与外界相通分闭合性骨折和开放性骨折。根据骨折的时间分新鲜骨折和陈旧性骨折。根据骨折的程度及形态分不完全骨折和完全骨折。其中不完全骨折包括裂缝骨折、青枝骨折。完全骨折包括螺旋骨折、粉碎骨折、嵌插骨折、压缩骨折和骨骺分离等。

(2)骨折的原因

①直接暴力。骨折发生在暴力直接作用的部位，如足球运动中运动员胫骨受对手猛踢而造成胫骨骨折。

②间接暴力。骨折发生在身体接触暴力较远的部位，如跌倒时用手撑地，较大的支撑反作用力可能造成尺、桡骨干或肱骨髁上或锁骨骨折等发生。这是引起骨折最常见的原因。

③肌肉牵拉力。肌肉猛烈而不协调地收缩或韧带突然紧张，引起附着部的撕脱骨折，如股四头肌猛烈收缩引起髌骨或胫骨粗隆的撕脱骨折。

④积累性劳损。多次或长期反复的直接或间接作用力造成骨骼某点骨折，也称疲劳性骨折，如反复剧烈跑跳、训练过多引起腓骨下端骨折。

(3)骨折的征象

一是全身表现。

①休克。多见于比较严重的骨折，如股骨骨折、脊椎骨折、严重的开放性骨折等，由于广泛的软组织损伤、大量失血或剧烈疼痛等引起休克。

②体温。一般骨折后体温正常，但开放性骨折的伤员体温升高时应考虑是否有感染。

部分伤员还会出现口渴、便秘等现象。

二是局部表现。

①疼痛和压痛。骨折处疼痛，一般较剧烈，在活动肢体时疼痛加剧，触诊时骨折处有局限性压痛。

②局部肿胀和瘀血。骨及附近软组织的血管破裂出血，若为闭合性骨折则在其周围形成血肿；若为开放性骨折则血液经创口流出，周围软组织肿胀，甚至可在皮肤上产生张力性水泡。若血肿表浅，经 1～2 日后可出现紫色、黄色或青色的皮下瘀斑。

③功能障碍。骨折后因疼痛、肌肉痉挛、肌肉失去骨杠杆的作用及周围软组织损伤等，使肢体丧失部分或全部活动功能。

④畸形。因暴力作用(和)或骨折后肌肉的痉挛性收缩等造成骨折断端移位引起骨折肢体的缩短、侧凸成角或旋转畸形等。

⑤异常活动和骨擦音。完全骨折后，局部出现类似关节的异常活动，移动肢体时可能会出现骨擦音，这是骨折特有的症状，但在检查时绝不能有意去寻找异常活动或骨擦音，以免加重损伤和增加伤员的痛苦。

三是 X 射线检查。

X 射线检查可了解骨折的具体情况，显示临床检查不易发现的损伤和移位等。X 射线摄片应包括正、侧位，并且要包括邻近关节，有时还要加拍特定位置或健侧相应部位对比 X 射线片。

(4)骨折急救的原则和注意事项

①救命在先、防治休克。对严重骨折要预防休克的发生，密切观察伤员情

况，早期发现休克并及时处理。

②早期就地固定。骨折的急救固定可避免骨折断端更多地损伤其周围的软组织、血管、神经或内脏等，减轻伤员的疼痛，便于伤员的转运。固定器材以夹板最好，也可就地取材，如较硬的树枝、木棍、窄木板等，若都不具备，可将受伤的上肢绑在胸部，受伤的下肢绑在健侧下肢上。对没有固定的伤员不可任意移动，在没有把握或条件不充分时，禁止做任何试图复位的动作，以免加重损伤或增加伤员的痛苦。

③先止血再包扎固定。对有伤口或开放性骨折造成的出血应根据具体情况采用适当的方法止血，然后再清理创口，预防感染。对暴露在伤口外的骨折端，未经处理不可复回伤口内，以免将污物带入创口深处，应盖上无菌敷料并包扎固定后立即转送医院处理。固定时夹板的长短、宽窄要适当，应能将骨折处上下两个关节都固定，夹板不可直接接触皮肤，要用棉花、绷带或软布包垫，在夹板的两端、骨突处及空隙处要用棉花或软布填塞，避免产生压迫性损伤。绑缚夹板的宽带应先绑在近骨折处的上下端，然后分别绑上下关节，打结打在肢体的外侧，若肢体显著畸形而妨碍夹板固定时，可将伤肢沿其纵轴稍加牵引后再固定，固定要牢固，松紧度要适宜，过松失去固定的作用，过紧则会压迫神经血管。四肢骨折固定时要露出指(趾)端，以便观察肢体的血液循环情况，若发现指(趾)端苍白、发麻、发凉、疼痛或呈青紫色时，应马上松解夹板并重新固定。上肢骨折夹板固定后要用悬臂带将伤肢挂于胸前，下肢骨折夹板固定后要与健肢绑缚在一起后再行搬运。

(5)骨折急救的临时固定

①锁骨骨折。用三条三角巾分别折成宽带，两条做成环套于双肩，另一条在背部将两环拉紧打结，腋下放置棉垫等松软物以防腋下组织受压，最后以小悬臂带将患肢挂起，如图 5-18 所示。

②肱骨干骨折。取两块合适夹板，分别置于伤肢外侧和内侧，用叠成带状的三角巾在骨折的上下两端将夹板固定，再用小悬臂带将前臂挂起，最后用三角巾把伤肢绑在躯干上加以固定，如图 5-19 所示。

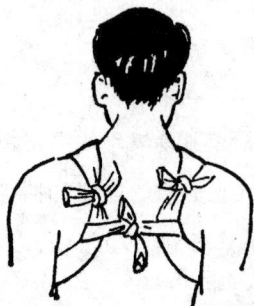

图 5-18　锁骨骨折的临时固定　　　图 5-19　肱骨干骨折的临时固定

③前臂骨折。前臂处于中间位，拇指朝上，肘关节屈曲90度，在前臂的掌侧和背侧分别用两块有垫夹板固定(夹板的长度应超过肘和手腕)，用3～4条宽带缚夹板，最后用大悬臂带将前臂挂于胸前，如图5-20所示。

④手腕部骨折。患者手握棉花团或绷带卷，将垫夹板置于前臂和手的掌侧，用绷带缠绕固定，最后用大悬臂带将患肢挂于胸前，如图5-21所示。

图 5-20　前臂骨折的临时固定　　　图 5-21　手腕部骨折的临时固定

⑤股骨骨折。用两块长夹板分别置于伤肢的内外侧，内侧夹板的长度从大腿根部至足跟，外侧夹板的长度从腋下至足跟，然后用5～8条宽带固定夹板，在外侧打结，如图5-22所示。

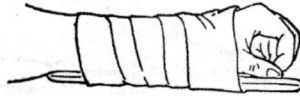

图 5-22　股骨骨折的临时固定

⑥小腿骨折。用两长夹板置于伤肢的内外侧，内侧夹板的长度从大腿中部至足跟，外侧夹板的长度从膝上至足跟，然后用4～5条宽带固定夹板，分别在膝上、膝下和踝部外侧打结，如图5-23所示。

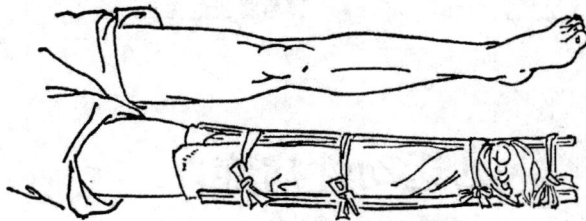

图 5-23　小腿骨折的临时固定

⑦颈椎骨折。对颈椎骨折患者应由三人共同进行处理。其中一人专门负责患者头部的牵拉固定，使患者的头处于伤后的位置，不可屈、伸、旋转，其余两人抬患者的肩、背、腰、腿，三人协力将患者仰放在硬板担架上，在患者颈下放一小垫，头部两侧用沙袋或卷起的衣服固定后用担架搬运，如图5-24、图5-25所示。

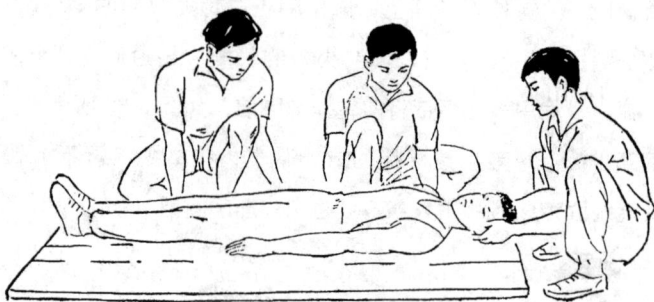

图 5-24　颈椎骨折的搬运

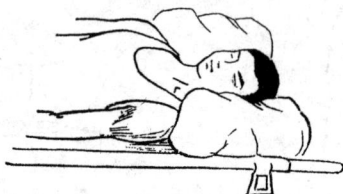

图 5-25　颈椎骨折的头部临时固定

⑧胸、腰椎骨折。对怀疑有胸、腰椎骨折的患者，必须由 3～4 人同时托住头、肩、臀和下肢，将患者的身体平托起来后放在硬板担架上，搬运者同时用力向一个方向滚动患者身体，使其成俯卧位后搬运。严禁抱头、抬脚式搬运，以免脊柱过度弯曲而加重对脊髓的损伤，如图 5-26 所示。

图 5-26　胸、腰椎骨折的搬运

第三节　常见运动性病症

运动性病症，一般是指机体运动不适应造成体内调节平衡的功能紊乱而出现的一类疾病、综合征或功能异常。常见的有肌肉酸痛、肌肉痉挛、运动中腹痛等。本节主要介绍几种常见的运动性疾病的发生原因、症状与体征、诊断、处理方法及预防措施。

一、肌肉酸痛

1. 原因和症状

不少同学有这样的体会，在一次活动量较大的锻炼以后，或是隔了较长时间未锻炼，而突然进行体育锻炼时，往往会出现肌肉酸痛。这种肌肉酸痛不是在运动结束后即刻出现的，而是发生在运动结束后 1～2 天，因此称为延迟性的肌肉酸痛。

运动后肌肉酸痛的原因是运动时肌肉活动量大，引起局部肌纤维及结缔组织的细微损伤，以及部分肌纤维的痉挛所致。由于这种肌纤维细微损伤及痉挛是局部的，因而就整块肌肉而言，仍能完成运动功能，但存在酸痛感。酸痛后，经过肌肉局部细微损伤的修复，肌肉组织变得较前强壮，以后同样负荷将不易再发生损伤(酸痛)。

2. 处置和预防

(1)预防肌肉延迟性疼痛可采取如下对策

①根据不同体质、不同健康状况，科学地安排锻炼负荷，负荷不要过大，也不宜增加过猛。

②锻炼时，尽量避免长时间集中练习某一部位，以免局部肌肉负担过重。

③准备活动中，注意对即将练习时负荷重的局部肌肉活动得更充分些，这对损伤有预防作用。

④准备活动除进行一般性放松练习外，还应重视进行肌肉的伸展牵拉练习，这种伸展性练习有助预防局部肌肉纤维痉挛，从而避免酸痛的发生。

(2)治疗肌肉延迟性疼痛可采用如下对策

①热敷。可对酸痛的局部肌肉进行热敷，促进血液循环及代谢过程，有助于损伤组织的修复及痉挛的缓解。

②伸展练习。可对酸痛局部进行静力牵张练习，保持伸展状态 2 分钟，然后休息 1 分钟，重复进行，每天做几次这种伸展练习，有助于缓解痉挛。但注意，做时不可用力过猛，以免牵拉时再使肌纤维损伤。

③按摩。按摩有使肌肉放松、促进肌肉血液循环的作用，有助损伤修复及痉挛缓解。

④口服维生素 C。维生素 C 有促进结缔组织中胶原合成的作用，有助加强受损伤结缔组织的修复，从而减轻和缓解酸痛。

⑤针灸、电疗等手段对缓解酸痛也有一定的作用。

二、肌肉痉挛

肌肉发生不由自主的强直性收缩，就是肌肉痉挛，俗称"抽筋"。在体育锻炼中，经常发生的肌肉痉挛多见于小腿三头肌、屈拇趾肌。

1. 产生原因和症状

在体育锻炼时，肌肉受到寒冷的强烈刺激，可发生肌肉痉挛，如游泳和冬季户外锻炼时准备活动不够，肌肉收缩时用力过猛，或收缩和放松不协调，均可发生肌肉痉挛；夏天运动时大量出汗，会使体内电解质平衡失调而引起肌肉痉挛。

肌肉痉挛时，局部变硬，疼痛难忍，如足趾不由自主地屈曲，难以伸直。

2. 防治

对痉挛部位的肌肉做牵引。例如，小腿三头肌痉挛时，伸直膝关节，背屈踝关节，配合按摩、揉捏、叩打以及点压委中、承山、涌泉穴等，喝糖开水或盐开水，很快就会使痉挛缓解和消失。

运动前做好准备活动，对容易发生痉挛的部位做适当按摩；游泳下水前，应用冷水沐浴；不要过久停留水中；冬季注意保暖，夏季长时间运动时，注意补充盐分和糖等。

三、运动中腹痛

1. 原因和症状

运动中腹痛多数在中长跑时产生。主要因准备活动不充分，开始时运动过于剧烈，或者跑得过快，内脏器官功能尚未达到竞赛状态，致使脏腑功能失调，引起腹痛；也有的因运动前吃得过饱，饮水过多，以及腹部受凉，引起胃的痉挛；还有因下腔静脉压力上升，引起血液回流受阻；或者因肝脾瘀血，膈肌运动异常，致使两肋部胀痛。

2. 处置和预防

(1)处置

如果没有器质性病变现象，一般可采用减慢跑速，加深呼吸，按摩疼痛部位或弯腰跑一段等方法处理，疼痛可以减轻或消失。如疼痛仍不减轻，甚至加重，就应停止运动，并口服十滴水，或普鲁苯辛(每次一片)，或揉按内关、足三里、大肠俞等穴位，如仍不见效，应送医院做进一步检查。

(2)预防

饭后一小时才能进行运动，做好充分准备运动，运动量要循序渐进并注意呼吸节奏，夏季运动要适当补充盐分。对于各种慢性疾病引起的腹痛应就医检查。病愈之前，应在医生和体育教师指导下进行锻炼。

四、运动性晕厥

1. 原因和症状

在运动中，由于脑部突然血液供给不足而发生的一时性知觉丧失现象，叫运动性晕厥。

(1)原因

由于剧烈运动或长时间运动，使大量血液积聚在下肢，回心血液减少所致，也和剧烈运动后引起的低血糖有关。

(2)症状

全身无力，头晕耳鸣，眼前发黑，面色苍白，失去知觉，突然晕倒，手脚发凉，脉搏慢而弱，血压降低，呼吸缓慢等。

2. 处置和预防

(1)处置

应立即使患者平卧，足略高于头部，并进行由小腿向大腿心脏方向推摩或拍击。同时，用手指压人中、合谷等穴位，必要时可给患者闻氨水。如有呕吐，应将患者的头部偏向一侧。如停止呼吸，应立即进行人工呼吸。轻度休克者，应由同伴搀扶慢慢走一段时间，帮助进行深呼吸，即可消除症状。

(2)预防

平时要经常坚持体育锻炼，以增强体质；久蹲后不要突然起立；不要带病参加剧烈运动；疾跑后不要立即停下来；不要在饥饿状态下参加剧烈运动。只要遵循上述要求，运动性晕厥是可以避免的。

五、运动性中暑

中暑是锻炼者在高温环境下运动，体内热量难以散出而引起的一种急性病。

1. 原因和症状

在炎热夏季或其他高温环境中进行长时间的运动，特别是在天气闷热、缺乏饮水及烈日直晒头部的情况下，易于发生。轻者有头晕头痛、全身乏力、烦躁、恶心、呕吐、口舌干渴等症状，若不及时处理，则会出现高热、皮肤灼热无汗、面色发红、呼吸急促，严重者会发生昏迷不醒、面色苍白、出冷汗、体温不变、脉细弱、血压下降、呼吸表浅、瞳孔扩大等现象，甚至有生命危险。

2. 处置与预防

(1)处置

将患者迅速撤离炎热环境，扶送到阴凉通风处休息、静卧、头稍垫高，解松衣服，扇风降温，头部可冷敷，上身用温水擦浴按摩，给患者喝些清凉的饮料、十滴水，补充生理盐水和葡萄糖等。

（2）预防

在高温炎热季节锻炼时，锻炼者应适当减少运动量和运动时间，避免在烈日下长时间锻炼；在室外锻炼时，应戴白色凉帽，穿宽敞薄衣；在室内锻炼时，应保持良好通风，并备有低糖含盐的饮料。

六、运动性贫血

循环血液的红细胞（RBC）或血红蛋白浓度（Hb）低于正常值时称为贫血。红细胞数临床检测参考值：成年男子为400万～500万/立方毫米。血红蛋白：男子为120～160克/升，女子为110～150克/升。一般血红蛋白的降低常伴有红细胞的减少或红细胞压积的减少，但有时也不一致，如个别轻型地中海贫血可仅有血红蛋白量的降低而无红细胞数量或压积的减少。贫血通常是一种症状，而不是具体的疾病。但许多原因不同的贫血常有类似的特殊临床表现和血细胞形态学方面的变化，所以也可以归纳为一种综合病症，如缺铁性贫血、再生障碍性贫血、运动性贫血等。

运动性贫血，指直接由运动训练所造成的血红蛋白量低于正常值的贫血。国内对运动员也采用世界卫生组织的贫血临界值，即男子Hb<130克/升，女子Hb<120克/升作为诊断运动性贫血的参考标准。国外的理想Hb标准为：男子Hb<160克/升，女子Hb<140克/升。国内的理想Hb标准（暂定）为：男子Hb<140克/升，女子Hb<120克/升。

1. 产生的原因和症状

血液中红细胞数与血红蛋白量低于正常值下限称为贫血。因运动引起的血红蛋白量减少，即称运动性贫血。

运动时肌肉对蛋白质和铁的需要量增加，饮食中蛋白质不足，可引起运动性贫血；运动时脾脏的溶血卵磷脂能使细胞的脆性增加，加上运动时血流加速，易引起红细胞破裂，致使红细胞的新生与衰亡之间的平衡被破坏而导致运动性贫血。

主要症状有头晕、恶心、呕吐、气喘、体力下降，以及运动后心悸、心率加快、脸色苍白等。

2. 防治

合理安排运动量和强度，必要时暂停运动，补充富含蛋白质和铁的食物，口服硫酸亚铁，要克服偏食和零食的不良习惯，合理安排生活制度和膳食制度。

七、运动性血尿

在肉眼或显微镜下见到尿中有血或血红细胞，称为血尿。单纯剧烈运动后而引起的，称为运动性血尿，在长跑、三级跳、球类和拳击项目中较多见。

1. 产生原因和症状

肾小球一时性机能障碍：主要是由于剧烈运动时血多流至下肢、肌肉，造成肾小球供血不足，使其机能一时性障碍，其过滤功能受影响，致使红细胞、蛋白等物质漏出。肾损伤：运动时腰部的猛烈屈伸或蜷缩体位可使肾脏受到挤压，肾内毛细血管损伤，从而引起肾出血。运动时膀胱损伤：在膀胱排空的情况下跑步，脚落地时的震动使膀胱后壁与膀胱底部互相触碰，而致该部损伤，引起血尿。

运动后即刻出现血尿，其明显程度与运动量和运动强度的大小有关。出现血尿后若停止运动，则血尿迅速消失，一般不超过 3 天。

2. 防治

凡出现肉眼可见血尿的患者，应立即停止运动；镜下出现可见少量红细胞而无自觉症状者，应减少运动量；对运动性血尿诊断成立之后，可以参加锻炼，但要安排好运动，加强医务监督，可服用维生素 C、维生素 K、卡巴克洛或中草药；对器质性疾病所引起的血尿，应积极治疗。

八、极点与第二次呼吸

极点与第二次呼吸是长跑运动中常见的生理现象。极点出现的早晚，与各人的体质、锻炼水平等有直接的关系。

1. 极点

人体在剧烈运动中，特别是在中长跑时，能量消耗多，由于内脏器官的活动能力落后于运动器官的需要，从而产生一种特殊的机能障碍，特别是氧债不断积累，酸性物质堆积在血中，达到一定程度时，就会引起呼吸和循环系统活动失调，使人产生一种非常难受的感觉，如呼吸困难、胸闷难忍、下肢沉重、运动迟缓，并伴随有恶心等现象，这种运动生理反应，称为"极点"。

2. 第二次呼吸

极点出现后，适当减慢运动速度，并注意加深呼吸，坚持下去，随着机能调节及内脏器官机能的重新改善，氧供应增加，运动能力提高，极点逐渐消失，生理过程出现新的平衡，运动也变得协调有力，这种现象在运动生理学上称为第二次呼吸。

九、游泳性中耳炎

1. 产生原因及症状

游泳性中耳炎产生原因包括游泳池或天然游泳的水不清洁，游泳后因耳内有水积留，使人感到不适，鼓膜已被水泡软，极易破损，使细菌趁机入侵中耳；鼓膜破裂情况下再游泳，细菌从外耳道直接入侵；因游泳时呛水，水从咽部的咽鼓管进入中耳。上呼吸道发炎、感冒时游泳也可引起游泳性中耳炎。

症状：耳内剧烈疼痛，带刺痛性质，听力减退、发烧、恶心呕吐、食欲不振、大便干燥或便秘等。若鼓膜破裂常有黄色浓液自外耳道流出，此时局部疼痛及全身症状均大大减轻。急性期治疗不及时、不彻底，可变成慢性中耳炎。

2. 防治

卧床休息，适当多喝水，吃流质食物。可口服心痛剂或止痛片，同时注射青霉素。如鼓膜已破，可用双氧水洗涤、上消毒剂，用消毒棉花塞外耳道。

游泳时注意正确呼吸，避免呛水。将棉球或橡皮耳塞塞好，防水进入耳内。上呼吸道感染或感冒者，暂不游泳。

思考与练习

1. 运动处方的制定原则有哪些？
2. 常见运动损伤的预防与治理有哪些？简要说明症状、预防和处理方法。
3. 常见运动性病症的预防与处理有哪些？简要说明症状、预防和处理方法。

知识拓展

开放性损伤与闭合性损伤

在体育锻炼中常见的开放性损伤有擦伤、裂伤、切伤和刺伤，开放性骨折也可以归在此类。对于伤口较脏的擦伤可以先用自来水冲洗伤口，然后再消毒杀菌、包扎伤口。在关节部位发生较大面积的擦伤时，注意不要用紫药水；对于大的裂伤和切伤要进行缝合处理，小的裂伤和切伤可用创可贴做简易固定；刺伤的伤口如果较深、较脏时，除了进行伤口的彻底清创、止血消炎、包扎外，还要记住去医院打破伤风抗毒素，以防破伤风；对于开放性骨折，在没有进行严格的消毒处理前，绝不能将骨折断端送回体内，防止骨髓炎。

闭合性损伤包括挫伤、肌肉筋膜拉伤、关节囊和韧带扭伤、肌腱腱鞘和滑囊损伤等，其特点是皮肤、黏膜完整。在闭合性损伤发生后，首先要注意检查有无合并伤，如腹部挫伤后是否合并有内脏破裂；头部挫伤后有无脑震荡等，先要处理合并伤，然后处理软组织损伤。在确定没有严重的合并伤后，在闭合性软组织损伤后的 24～48 小时，要进行冷敷、加压包扎、制动和抬高患肢。伤后 24～48 小时可以开始在局部做热敷、理疗、按摩等。当损伤基本恢复后，要开始适当地进行力量训练和肌肉、韧带的伸展练习。

体育运动编

第六章
乒乓球运动

学习目标

了解乒乓球运动的起源、发展、特点和健身价值；掌握乒乓球的发球、接发球、推挡、攻球和搓球等基本技战术要领；具备乒乓球基本技战术的运用和组织能力；能够运用所学乒乓球知识和技战术参与或欣赏乒乓球运动；熟悉乒乓球的基本规则。

第一节　乒乓球运动概述

一、乒乓球运动的起源和发展

乒乓球运动的起源有很多种说法，最为流行的说法是：乒乓球运动于 19世纪末起源于英国，是由网球运动派生而来的。

最初，乒乓球运动仅仅是一种宫廷游戏，名字也不叫乒乓球，球拍和球多种多样，后来一名叫海亚特的美国人发明了一种玩具空心球叫"赛璐珞"，弹性非常好。大约在 1890 年，英国人吉姆斯·吉布去美国旅行，见到了赛璐珞制的玩具球，把它带回了英国，取代了原来的实心球。当时的球拍柄长、两面贴着羊皮纸、中间是空的，用这种球拍打赛璐珞球时发出"乒"的声音，落台时发出"乓"的声音，从此，"乒乓"的名字就诞生了。1891年，英格兰人查尔斯·巴克斯特把"乒乓"一词作为商业注册名称申请了专利。

1926年，在德国柏林举行了国际乒乓球邀请赛，后被认定为第一届世界乒乓球锦标赛；同时成立了国际乒乓球联合会。从1926年到1951年，世界各国选手大都使用表面有圆柱形颗粒的胶皮拍。这一时期乒乓球运动的中心在欧洲，其中匈牙利队成绩最为突出。20世纪50年代初，奥地利人发明了海绵球拍，日本运动员在世界比赛中首次使用，并一举夺取得第十九届乒乓球世界锦标赛的四项冠军。

自20世纪末，国际乒联对乒乓球比赛规则进行了一系列改革。2000年10月，乒乓球直径由38毫米改为40毫米，重量由2.5克改为2.7克；2001年9月，乒乓球比赛由每局21分制改为11分制；2002年9月，乒乓球比赛执行发球无遮挡的规定。这些改革增加了击球板数，提高了比赛观赏性，增加了比赛胜负的偶然性，打破了由少数国家运动员包揽金牌的局面，扩大了乒乓球运动的市场。

二、乒乓球运动在我国的发展状况

20世纪初，乒乓球运动在欧洲和亚洲蓬勃开展起来。1904年，上海一家文具店的老板从日本买回10套乒乓球器材。自此，乒乓球运动传入中国。中华人民共和国成立后，中国乒乓球运动得到迅速的普及和发展。1952年，中国加入国际乒联。1959年，容国团在第25届世乒赛上夺得了中国历史上第1枚乒乓球金牌，从此中国乒乓球队跻身于世界一流行列。1971年4月10日，美国乒乓球代表团和新闻记者抵达北京，成为中华人民共和国成立以来第一批获准进入中国境内的美国人。此举对中美关系的突破产生了影响，被誉为"小球推动大球"。中美两国乒乓球队的友好往来，推动了中美两国关系正常化的进程。从1959年至今，中国乒乓球队一直雄踞世界乒坛前列，战绩辉煌，取得了大量的世界冠军。因此乒乓球也被视为我国的"国球"。

三、乒乓球运动的特点和健身价值

1. 乒乓球运动的特点

①球小、速度快、变化多。

②老少皆宜，不受年龄、性别、身体条件的限制，易普及。

③娱乐趣味性较强。

④竞技观赏性强。

2. 乒乓球运动的健身价值

(1)可有效地增强身体素质

长期参加乒乓球运动，全身的肌肉和关节组织得到活动，使肌肉发达、结实、健壮，关节更加灵活、稳固，从而提高了动作的速度和上下肢活动的能力。

（2）可调节改善神经系统的灵活性，增强中枢神经系统对其他系统与器官的调节能力，提高反应速度

打乒乓球时，球在空中飞行的速度很快，正手攻球只需 0.15 秒就可到达对方台面。在这样短暂的时间内，要求运动员对高速运动的球的来球方向、旋转、力量、落点等进行全面观察，迅速做出判断，并及时采取对策，迅速移动步法，调整击球的位置与拍面角度，进行合理的还击，而这一切活动都是在大脑指挥下进行的。经常从事乒乓球练习，可大大提高神经系统的反应速度。

（3）可改善心血管系统和呼吸系统的功能

经常参加乒乓球运动，能使心血管系统的结构和机能得到改善，心肌变得发达有力，心容量加大，每搏输出量增多，一般健康成年人，安静时，男子心率为 65～75 次/分钟，女子为 75～85 次/分钟；而受过乒乓球训练的运动员，安静时，男子心率为 55～65 次/分钟，女子为 70 次/分钟左右。心搏徐缓和血压降低，提高心脏的工作效率，有利于身体的新陈代谢，提高整个身体机能水平。

（4）可提高心理素质

乒乓球是竞技运动，由于激烈的竞争，成功和失败的条件经常转换，参赛者情绪状态也非常复杂，参赛者经受这些变幻莫测、胜负难料的比赛的锻炼，体验了种种情绪。同时，在比赛中要对对方战术意图进行揣摩，把握自己的战术应用，因此，练习者的心理素质得到了很好的锻炼。

（5）可使人心情舒畅，精神愉快

乒乓球运动是一种高尚的文化娱乐活动，能使人们在精神上得到一种乐趣和享受，具有锻炼意志、调节感情之功效。

第二节　乒乓球基本技术

一、乒乓球的常用术语

1. 比赛台面的区域

端线：球台两端与球网平行的白线称端线，宽 2 厘米。

边线：球台两侧与球网垂直的白线称边线，宽 2 厘米。

中线：球台中央与边线平行的白线称中线，宽 3 毫米。

左半台和右半台(又称1/2台)：通常是指击球范围。其左右方向是对击球者本身而言。

2/3台：是指击球范围占球台的2/3。左侧为左2/3台，右侧为右2/3台。

全台：击球时不限落点，击球范围占整个球台。

2. 站位

近台：指站位在离台50厘米以内的范围。

中台：指站位在离台70厘米以内的范围。

远台：指站位在离台一米以外的范围。

中近台：介于中台与近台之间。

中远台：介于中台与远台之间。

3. 球拍拍形

球拍拍形包括拍面角度和拍面方向。

(1)拍面角度

拍面角度是指拍面与台面所形成的角度(图6-1)。

①拍面与台面成90度为垂直。

②拍面与台面形成的角度小于90度为前倾。

③拍面与台面形成的角度大于90度为后仰。

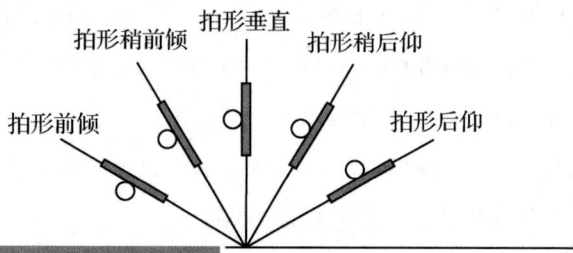

图 6-1　拍面角度

(2)拍面方向

拍面方向是指球拍左右偏转时，与球台端线所形成的角度。

4. 击球部位

击球部位(图6-2)是指击球时球拍触球的具体位置，它基本上与拍形角度相吻合。

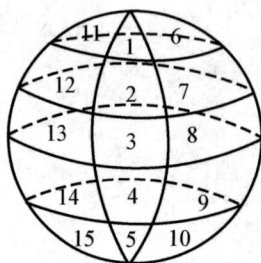

1. 正上部	6. 右上部	11. 左上部
2. 正中上部	7. 右中上部	12. 左中上部
3. 正中部	8. 右中部	13. 左中部
4. 正中下部	9. 右中下部	14. 左中下部
5. 正下部	10. 右下部	15. 左下部

图 6-2　击球部位

5. 击球时间

击球时间(图 6-3)是指来球在本方台面弹起后至回落的那段时间。

①上升前期：球从台面弹起刚上升的阶段。

②上升后期：球弹起接近最高点的阶段。

③高点期：球弹起达到最高点的阶段。

④下降前期：球从最高点开始下降的最初阶段。

⑤下降后期：球下降到接近地面之前的这一阶段。

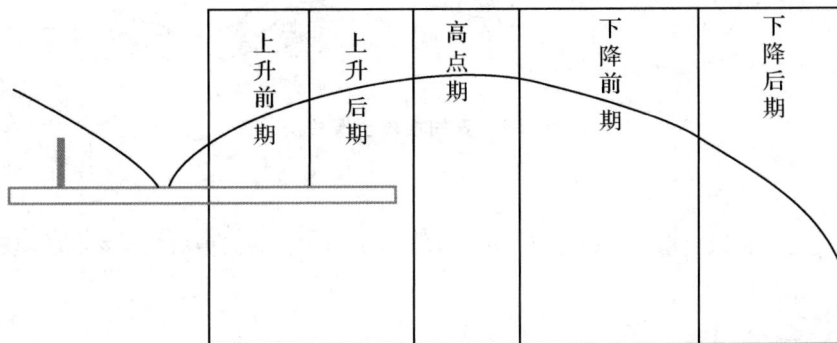

图 6-3　击球时间

6. 击球路线

击球路线(图 6-4)是指从击球点到落台点之间形成的线。

五条基本路线(以击球者为基准)为：右方直线、右方斜线、中路直线、左方斜线、左方直线。中路直线球在实际比赛中是随时以站位而定的，即追身球，也称中路追身路。

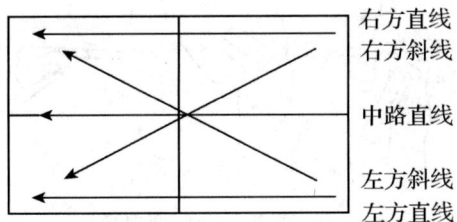

图 6-4　击球路线

7. 击球点

击球点是指击球时，球拍与球接触瞬间的那一点所属空间的位置，这是与击球者所处的相对位置而言的，包含以下三个因素：球处于身体的前后位置；球与身体的远近距离；球的高、低位置。

二、握拍法

乒乓球的握拍方法主要分为直拍握拍法和横拍握拍法两种。

1. 直拍握拍法（以右手握拍为例）

动作特点：正反手都用球拍的同一面击球，一般情况下，不需两面转换，出手较快；正手攻球快速有力，攻斜、直线球时拍形变化不大，对手不易判断，便于从速度、球路和力量上取得主动。手腕动作相对灵活，发球可做较多变化。易于学习，但进攻性不大。

（1）直拍快攻型握法（图6-5）

图6-5　直拍快攻型握拍法

动作方法：

拍前：以食指第二指关节和拇指第一指关节扣拍。拇指与食指之间的距离要适中。

拍后：其他三指自然弯曲，中指第一指节贴于拍的背面。

击球时，五指应随击球动作的需要适当移动，以保证击球的方向、旋转和力度等。

动作重点：握拍松紧适度、手腕放松。

动作难点：握拍动作力量的灵活掌握。

（2）直拍弧圈球型握拍法（图6-6）

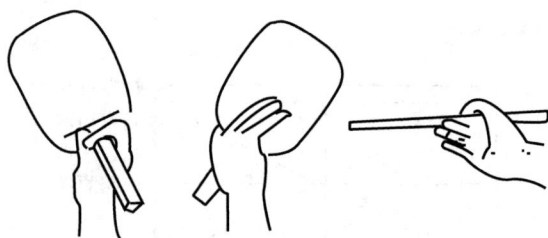

图6-6　直拍弧圈球型握拍法

动作方法：

拍前：拇指紧贴在拍柄的左侧，食指扣住拍柄，形成一个小环状，紧握拍柄。

拍后：其他三指自然弯曲，顶住球拍的中部，中指第一指节顶住球拍的背面中间。

动作重点：拍柄握紧，支撑手指自然弯曲。

动作难点：握拍动作力量的灵活掌握。

2. 横拍握拍法

横拍握拍法(图 6-7)的照顾面积比直拍大,攻球和削球时握拍的手法变化不大;反手攻球不受身体阻碍,便于发力;削球时用力方便,易于发挥手臂的力量和掌握旋转变化;但在还击左右两面来球时,需要转动拍面,动作大,影响摆臂速度;攻直线球时,动作明显,易被对方识破;台内正手攻球也较难掌握。

图 6-7 横拍握拍法

动作方法:虎口贴拍,拇指在球拍的正面,轻贴在中指旁边,食指自然伸直,斜放于球拍的背面。中指、无名指和小指自然地握住拍柄。浅握时,虎口轻微贴拍;深握时,虎口紧贴球拍。正手攻或反手攻时,拇指和食指应做适时配合移动;削球时手指的变化不太明显。

动作重点:浅握时,虎口轻贴拍柄;深握发力时,虎口贴紧球拍。

动作难点:握拍手指的灵活变化。

三、基本站位和姿势

乒乓球运动员的基本站位应当根据个人的不同类型打法来确定。基本站位与个人打法特点相适应,则有助于发挥其技术之所长。根据乒乓球项目的特性和乒乓球竞赛规则的规定,乒乓球运动员站位恰当与否,对技术特长发挥的好坏是有很大影响的。正确的站位可以较好地照顾全台,削弱对方发球的威胁;而合理的准备姿势,则有利于发挥运动员身体各部位的协调性,便于快速移动,提高反应速度。

1. 基本站位

乒乓球运动员的基本站位应根据不同类型的打法、个人技术特点和身体特点来选择。选择站位时应考虑到技术特长的发挥。因此,不同类型的运动员其基本站位也有所不同,一般情形如下(以右手持拍为例)。

①左推右攻打法的球员,其站位在近台偏左,距球台 30~40 厘米。

②两面攻打法的球员,其基本站位也在近台中间偏左,距球台 40~50 厘米。

③弧圈球打法的球员,其基本站位在中台偏左,距球台 50 厘米左右;两面拉弧圈球的运动员,其站位中间略偏左。

④横板攻削结合打法的球员,其基本站位在中台附近。

⑤削球打法的运动员，其基本站位在中远台附近。

2. 基本姿势(图 6-8)

两脚平行站立与肩同宽或稍宽，保持身体重心平稳。微微提踵，前脚掌内侧用力着地，保证快速起动移步。两膝微屈并向内扣，保持膝关节的良好弹性和使小腿处于略内旋的状态，以便动用较多的肌肉群参与脚步移动，发挥腿部力量，加快起动速度。稍稍含胸收腹，上体略向前倾，以快速移动和转腰击球。

图 6-8　基本姿势

持拍手臂自然弯曲，直握拍的肘部略向外张，手腕放松，球拍置于腹部右前侧 20～30 厘米处，以利于左右照顾，加快击球速度；横握拍的肘部向下，前臂自然平举。

四、基本步法

乒乓球运动发展迅速，上肢的技术在不断丰富创新，故对下肢的步伐移动提出了更高的要求。乒乓球竞赛双方经常运用控制落点、调动对方、出其不意、攻其不备的方式力争主动，占据优势。比赛时，来球的落点在不断变化，要想准确地进行还击，就要靠正确的步伐使自己移动到合适的击球位置，因此，乒乓球的步伐移动是乒乓球技术发挥的有效保证。

1. 单步

特点：移动简单，范围小，身体重心平稳。当来球离身体较近时才用此步伐。

动作方法：以一只脚为轴，另一只脚向前、后、左、右不同方向移动，身体重心随之落在移动脚上，挥拍击球(图 6-9)。

实际运用于：接近网小球；削追身球。

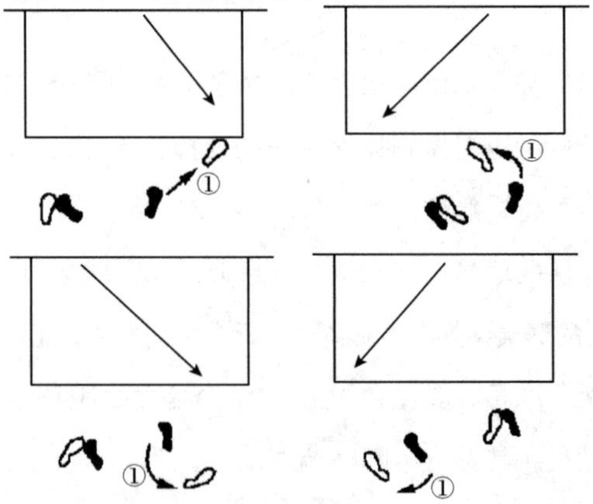

图 6-9　单步步法

2. 滑步

特点：移动范围较大，重心转换迅速。当来球离身体较远时采用。滑步后两脚距离保持不变，适合连续快速回击来球。

动作方法：两脚几乎同时向来球方向蹬地且几乎同时离地，与来球方向异侧的脚先落地，同侧脚紧随着地，挥拍击球(图 6-10)。

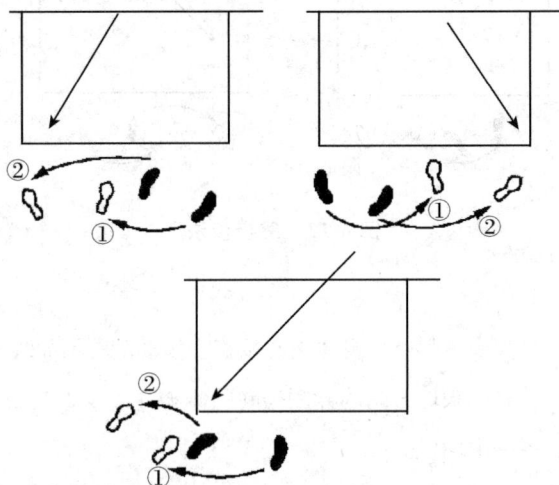

图 6-10　滑步步法

3. 跨步

特点：跨步移动范围比单步大，移动速度快，多用于借力回击。由于一脚移动幅度大，会降低身体重心，不易连续使用。

动作方法：一脚蹬地，另一脚向移动方向跨一大步，蹬地脚随后跟上半步或一小步，身体重心即移到跨步脚上(图 6-11)。

实际运用于：近台快攻打法，用来对付离身体稍远的来球；削球打法，左、右移动击球；跨步侧身攻，当来球速度较慢，但离身体稍远时，左脚向左前上方跨一大步，右脚随即跟上一小步，同时配合腰部右转动作，完成侧身移动。

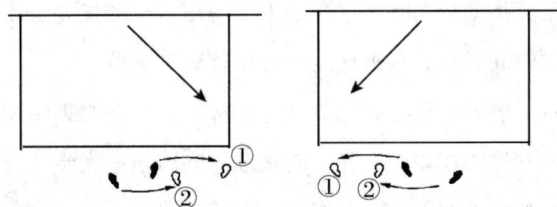

图 6-11　跨步步法

4. 跳步

特点：跳步移动范围比单步和跨步大，移动速度快。一般在来球离身体较远、较急时采用。

动作方法：以来球方向的异侧脚蹬地为主，两脚发力同时离地，异侧脚先落地，另一脚随即着地挥拍击球。跳步移动过程中，身体重心起伏不宜过大，落地要稳(图 6-12)。

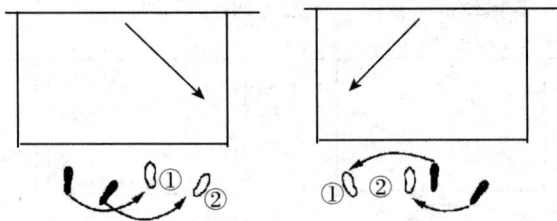

图 6-12　跳步步法

5. 并步

特点：移动时脚步不腾空，身体重心平稳，移动范围不如跳步大。

动作方法：首先由来球方向的异侧脚向同侧脚并一步，然后同侧脚再向来球方向迈一步，挥拍击球(图 6-13)。

实际运用于：快攻选手在左右移动中攻或拉球；削球选手正反手削球；并步侧身攻，多用于拉削球，右脚先向左脚后并一步，以便转体，随之左脚向侧跨一步。

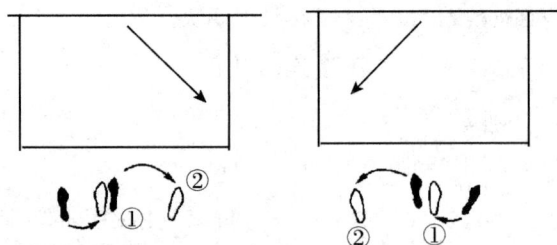

图 6-13　并步步法

6. 交叉步

特点：交叉步移动范围比其他步法大，适用于主动发力进攻。此动作对身体的协调性要求较高，一般在来球距离身体较远时采用。

动作方法：以靠近来球方向的脚作为支撑脚，该脚的脚尖调整指向移动方向，远离来球方向的脚在体前交叉，向来球方向跨出一大步，身体随之向来球方向转动，支撑脚跟着向来球方向再迈一步(图 6-14)。

实际运用于：快攻或弧圈打法在侧身攻、拉后扑打右角空档，或从右大角变反手击球；在走动中拉削球；削球打法接短球或削突击球。

图 6-14 交叉步步法

7. **基本步法的练习方法与手段**

①台前徒手模仿各种步法练习。

②假设各种击球情况，教师发出信号，学生选择适宜的步伐进行练习。

③结合挥拍动作进行各种步法练习。

④结合身体素质练习，增强下肢启动速度和爆发力。

⑤教师采用多球调动学生移动，进行各种步伐练习。

五、发球与接发球技术

乒乓球运动规定了轮换发球制，每一位运动员发两个球后交由对方发球，因此，发球与接发球技术在比赛中就显得格外重要。发球与接发球技术的优劣，会影响运动员的心理情绪状态以及技术、战术水平的发挥，有可能决定着整场比赛的胜负。

1. **发球技术**

发球是一项很主动的乒乓球技术，也可以说是先发制人的技术。发球由抛球和挥拍击球两部分组成。发球不受对方限制，只凭自己的意图去站位，凭自己的战术需要发出线路、落点、旋转各不相同的球，用以控制对方，为自己抢攻创造有利机会。

发球的方法多种多样，根据乒乓球教学目标的要求，仅介绍下列几种基本的发球技术(以右手直握球拍为例)。

(1)平击发球

平击发球一般不带旋转，速度中等。它是初学者最基本的发球方法，也是掌握其他复杂发球的基础。

①正手发平击球。

动作方法：击球前，左脚稍前，身体略向右转，左掌心托球置于身体右侧前方，右手持拍于身体右侧；左掌向上抛球的同时，右臂内旋，使拍面角度前倾成半横状，并向右后方引拍；击球时，当球下落，身体重心由右脚向左脚移动，腰腹带动上臂，上臂带动前臂挥拍；球落至稍比网高时，快速挥拍击球的中部偏上，球击出后第一落点在球台中间；击球后手臂顺势前挥并迅速还原（图 6-15）。

图 6-15　正手发平击球

动作重点：击球时身体重心由右脚迅速向左脚移动，击球后手臂顺势前挥并快速还原。

动作难点：左掌向上抛球的同时右手引拍，当球下降时找到球与球拍的最佳碰触时间，手臂顺势向前挥拍。

②反手发平击球。

动作方法：击球前右脚稍前或两脚平行站立，身体略向左转，左手掌心托球置于身体左侧前方，左手将球向上抛起，同时右臂外旋，拍面稍前倾成半横状，并向身体左侧后方引拍。球从高点下落时，持拍手臂从身体左侧后方向右前方挥动；击球时，当球下落稍高于球网，腰腹带动手臂击球，击球点在中上部并向右前方发力，球击出后的第一落点在球台中央；击球后，持拍右臂随球向右前方挥动，并迅速还原(图 6-16)。

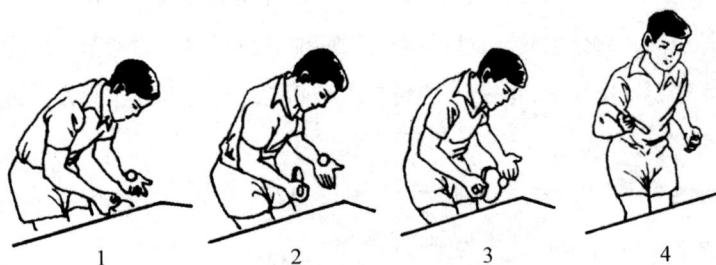

图 6-16　反手发平击球

动作重点：腰腹带动手臂击球，击球点在中上部，向前挥拍时，拍形稍前倾；击球后的第一落点应落在球台的中区，持拍右臂随球向右前方挥动，并迅速还原。

动作难点：击球时，球与球拍的碰触点应在腹部前面，击球后的第一落点应落在球台的中区。

（2）正、反手发急球

①正手发急球。

动作方法：击球前左脚稍前，身体略向右偏，左手掌心托球置于身前右侧，左手将球向上抛起，同时右臂内旋，向身体右侧后方引拍；当球下落接近网高时，腰腹带动上臂、上臂带动前臂发力，持拍手腕从右后向左前方抖动挥拍，击球的右侧中部并向中上方摩擦击球，拍触球的瞬间，拇指要压拍。球击出后第一落点接近自己的端线；击球后手臂随势前挥并迅速还原，击球动作过程中身体重心从右脚移至左脚(图 6-17)。

图 6-17　正手发急球

动作难点：抛球不易过高，击球后手臂随势前挥并迅速还原。

动作难点：击球动作过程中身体重心的转移。

②反手发急球。

动作方法：击球前右脚稍前或两脚平行站立，身体略向左偏斜，左手掌心托球置于身前偏左侧，左手将球向上抛起，同时持拍右臂外旋，向身体左后方引拍；当球落至略低于网高时，击球左侧中上部，触球瞬间前臂加速向右前上方横摆，手腕抖动使拍面摩擦球，腰部也配合向右转。球击出后第一落点接近自己一边端线；身体重心在击球动作开始时从左脚移向右脚(图 6-18)。

图 6-18　反手发急球

动作重点：击球点应在身体的左前侧与网同高或比网稍低；击球时，腰部带动持拍手臂并以肘关节为轴心，使前臂向左前横摆。

动作难点：击球动作过程中身体重心的转移。

（3）正手发下旋加转球与不转球

①正手发下旋加转球。

动作方法：击球前左脚稍前，身体略向右偏斜，左手掌心托球置于身体右前方向抛球时，右臂持拍向身体右后方引拍；击球时，球由高点下落，腰部带动右臂，从身体右后上方向左前下方做浅弧形的挥拍；当球落至约与网同高时，前臂加速向左前下方弧形发力，同时持拍手以拇指压拍，腕屈内收，用球拍的左侧偏下部位触球，击球的后中下部并向底部快速摩擦；击球后手臂继续向左前下方顺势挥动，并迅速还原(图6-19)。

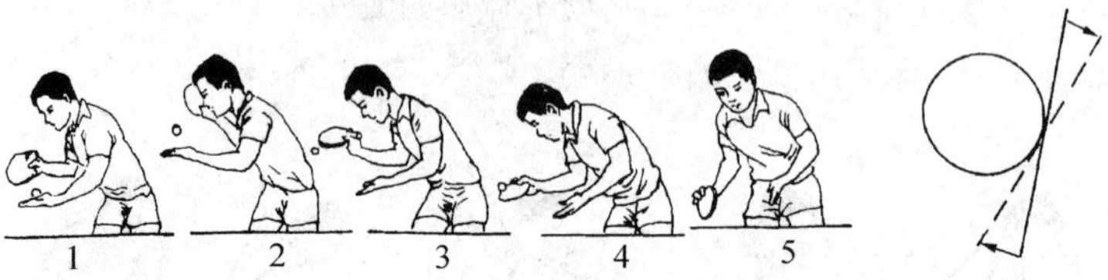

图6-19 正手发下旋加转球

动作重点：击球时，腰部带动右臂，从身体右后上方向左前下方做浅弧形的挥拍。

动作难点：击球时球拍的角度过于后仰，击球时要快速摩擦球的中下部，而不是底部。

②正手发下旋不转球。

动作方法：正手发下旋不转球的动作方法大致与发下旋加转球相同，主要区别在于，击球瞬间手臂外旋幅度小，减小拍面后仰角度；击球中部或中下部，减少向下的摩擦力；球触拍的位置在中间偏右；拍触球时稍加向前推力，尽量使作用力接近球心，形成不转球(图6-20)。

图6-20 正手发下旋不转球

动作重点：击球瞬间手臂外旋幅度小，减小拍面后仰角度。

动作难点：不转球的动作方法与发下旋加转球相同，但球拍触球时稍加向前推力，尽量使作用力接近球心，形成不转球，不能摩擦而产生旋转。

(4)反手发下旋加转球与不转球

①反手发下旋加转球。

动作方法：击球前右脚稍前或两脚平行站立，身体略向左偏斜，左手掌心托置于身体左前方，向上抛球时右臂外旋，直握球拍手腕屈，横握球拍手腕外展，使拍面后仰，向身体左后方引拍；击球时球从高点下落，持拍手臂从身体左后上方向右前下方挥动迎球，当球落至网高时，持拍手前臂加速，以前臂和手腕发力，直拍手腕外伸，横拍手腕内收，击球中下部并向底部摩擦球，球击出后第一落点在中台；击球后手臂继续向右前下方挥动，并迅速还原成准备姿势。

动作重点：向上抛球时右臂外旋，直握球拍手腕内屈，横握球拍手腕外展，使拍面后仰。

动作难点：击球时球从高点下落，持拍手臂从身体左后上方向右前下方挥动迎球，当球落至网高时，持拍手前臂加速，以前臂和手腕发力，直拍手腕外伸，横拍手腕内收，击球中下部并向底部摩擦球。

②反手发下旋不转球。

动作方法：大致与发下旋加转球相同，主要区别在于，手臂内旋幅度小，减小拍面后仰角度，拍击球中部或稍下位置，减少摩擦力，稍加向前推力，尽量使作用力接近球的中心，从而形成不转球。

动作重点：手臂内旋幅度小，减小拍面后仰角度。

动作难点：拍击球中部或稍下位置，减少摩擦力，稍加向前推力。

(5)正手发左侧上(下)旋球

①正手发左侧上旋球。

动作方法：击球前站位左半台，左脚稍前，身体略向右偏，左手掌心托球位于身体右前方，向上抛球时，右臂外旋并向身体腹部的右侧上方引拍。横握球拍腕外展，拍面方向略向左偏，并向右上方引拍，腰部略向右转；击球时球从高点下落，持拍手从右上方向左下方挥拍，当球落至网高时，持拍前臂加速挥摆，手腕发力使球拍加速向左下方挥动，此时直握球拍要屈腕，横握球拍手腕内收，拍击球的中部并向左侧上方摩擦；击球后持拍手臂随势向左上方挥动，并立即还原(图 6-21)。

图 6-21　正手发左侧上旋球

动作重点：当球落至网高时，持拍前臂加速挥摆，手腕发力使球拍加速向左下方挥动。

动作难点：球拍与球的接触点，不能过高；拍形的角度呈 90 度，手腕发力使球拍加速，摩擦球时向左上方挥动。

②正手发左侧下旋球。

动作方法：正手发左侧下旋球的动作方法与发左侧上旋球的动作方法大致相同，区别仅在于，挥拍击球时，侧上旋是屈腕垂拍，侧下旋是沉腕拇指压拍，击球中下部并向左侧下方摩擦球。横握球拍发左侧下旋球时，手指不宜紧握球拍，以免影响手腕的灵活性。

动作重难点：挥拍击球时，击球中下部并向左侧下方摩擦球。

(6)反手发右侧上(下)旋球

①反手发右侧上旋球。

动作方法：击球前站位左半台，右脚稍前或两脚平行站立，身体略向左偏，左手掌心托球位于身体左前方，向上抛球时，右臂内旋，持拍手向左后方引拍，拍面几乎垂直，拍柄略向下，腰部略向左转；击球时球从高点下落，持拍手从身体左后方向右前挥拍，当球落至与网同高时，腰部配合，前臂和手腕同时发力挥拍击球，击球点在球右中部略偏上的位置，在触球瞬间手腕快速向右上方抖动摩擦球；击球后，持拍手臂顺势向右上方挥动后迅速还原(图 6-22)。

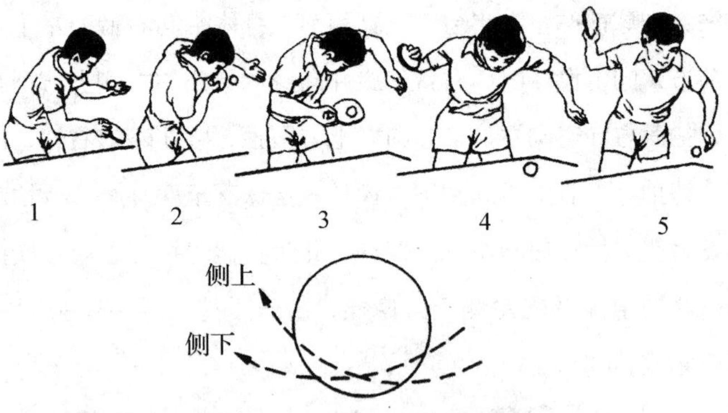

图 6-22　反手发右侧上旋球

动作重难点：前臂和手腕同时发力挥拍击球，击球点在球右中部略偏上的位置。

②反手发右侧下旋球。

动作方法：与右侧上旋球的发球方法相似，区别仅在于，挥拍击球时，球拍与手腕的位置不同，发侧上旋是屈腕垂拍，拍柄在上方；发侧下旋是手腕与前臂较平直，拇指压拍，拍面较平，击球的中下部并向右侧下方摩擦球，而横拍发反手右侧下旋球时要加大右上臂向右方挥摆的幅度。

动作重难点：击球的中下部并向右侧下方摩擦球。

2. 接发球技术

(1)接发球的重要性

在乒乓球比赛中，接发球机会与发球机会均等。在发球与接发球中，发球占有主动性，接发球则处于被动地位。接发球技术的重要性表现在：运用准确的判断、快速的反应和熟练合理的技术，将对方发来的球击回给对方，使其落在出乎意料的位置，化被动为主动。若接发球技术掌握不好，在比赛中会直接失分；反之，则能有效地调动和控制对方，扭转被动局面。

(2)接发球的站位与判断

①站位的选择。要接好对方的发球，首先必须根据对方的站位情况选择自己的正确站位。其次应根据个人特长与习惯选择接发球站位。例如，进攻型运动员略靠前，防守型运动员略靠后。总之，站位的选择，一要考虑防守的全面，二要考虑有利于自己技术特长的发挥。

②来球性能的判断。发球方占有主动性，可随意发出旋转、速度和落点不同的来球。对接发球一方来说，提高对来球的判断能力显得极为重要。只有判断准确，才能决定采取何种合理的回球方法，化被动为主动。

a. 方向的判断：来球方向取决于对方发球时的挥拍击球方向和挥臂方向两个因素。对方发来的球一般分斜线球和直线球。发斜线球时拍面向侧偏斜，手臂向斜前方挥出；发直线球时，拍面与手臂向前挥出。

b. 旋转的判断：旋转球的形成是由拍面触球的部位和球拍瞬间摩擦球的方向这两个因素构成的。改变拍面触球部位和摩擦方向，可发出各种不同旋转的球。因此，判断来球的旋转性能时，注意力一定要集中在对方球拍触球瞬间的状态上，不能被对方击球前后的假动作所迷惑。这些单一性能的来球容易判断，混合旋转的来球判断就要困难些。判断对方的旋转球，光有理论上的认识还远远不够，主要还是在实践中勤学苦练，反复摸索，达到熟练的程度，这样在实际比赛中接发球才会得心应手。

c. 落点的判断：对方来球的落点取决于对方击球的力量、方向与旋转。一般来说，击球力量大、球速快，其落点就长，反之则落点短。球拍击球后的挥摆方向也应是球的落点方向。

(3)接发球的方法

①接急球。对上旋球，左方急球不宜移动过大，可采用侧身回接，一般用反手推挡或用反手攻回接。右方急球用正手快带、快攻借力回接。

对下旋急球，用推或攻回球时，应使拍面稍后仰以增加向上发力。用弧圈球回接时，应增加向上提拉的力量。用搓球回接时，首先向后退一些，拍面角度不宜后仰太大，击球中下部向下发力以抵消来球的前进力。

②接下旋球。用搓球回接时，注意拍面后仰以增加向前上方的发力。用拉攻或弧圈球回接时，一定要增加向上提拉的力量。

③接左侧上（下）旋球。对左侧上旋球，一般用推、攻为宜。回球时，拍面要稍前倾，拍面所朝方向向左偏斜以抵消来球的左侧旋；向前下方用力要相对加大，防止球触拍时向自己右上方反弹。如用搓削回接，除注意以上要求外，还要加大向下摩擦球的力量。用弧圈球回接要加大拍面前倾角度，多向前发力，少向上提。

对左侧下旋球，一般采用搓削回击为宜。回球时，拍面要稍后仰，拍面所朝方向向左偏斜以抵消来球的左侧旋；稍向上用力，防止球触拍时向自己右下方反弹。如用推、攻回接，除注意以上要求外，还要加大向上摩擦球的力量。用弧圈球回接要注意拍面角度不宜过于前倾，多向上提拉，少向前发力。

④接右侧上（下）旋球。对右侧上旋球，一般用推、攻为宜。回球时，拍面要稍前倾，拍面所朝方向向右偏斜以抵消来球的右侧旋；向前下方用力要相对加大，防止球触拍时向自己左上方反弹。如用搓削回接，除注意以上要求外，还要加大向下摩擦球的力量。用弧圈球回接要加大拍面前倾角度，多向前发力，少向上提。

对右侧下旋球，一般采用搓削回击为宜。回球时，拍面要稍后仰，拍面所朝方向向右偏斜以抵消来球的左侧旋；稍向上用力，防止球触拍时向自己左下方反弹。如用推、攻回接，除注意以上要求外，还要加大向上摩擦球的力量。用弧圈球回接要注意拍面角度不宜过于前倾，多向上提拉，少向前发力。

⑤接短球。接短球最主要的是要注意及时上前，以获得最适合的击球位置，同时控制好身体的前冲力量。接发球后要迅速还原，准备下一次击球。要充分依靠前臂和手腕发力，同时要根据来球的旋转性能，调节拍面角度、击球部位、击球时间和用力方向。

（4）接发球练习方法与手段

①徒手做抛球、接发球的模仿动作。

②两人一组进行各种发球练习和专门接对方的各种来球，体会接发球动作，逐步掌握用不同的技术方法回接对方发来的旋转球，以提高适应能力。

③结合规则的要求进行接发球练习。

④通过理论上的讲解，了解各种旋转的性能，先徒手做接发球的模仿动作，认真体会动作要领；然后用固定的方法回接单一旋转的来球。

⑤在上述基础上，自抛自接练习，熟悉接发球的各种姿势和动作，练习接对方用近似手法发出的两种不同旋转的来球，以提高适应能力。

六、推挡球

推挡球是我国直拍快攻打法的主要技术之一，具有站位近、动作小、速度快和变化多等特点。在比赛中，常用快速推挡结合力量、落点及旋转的变化来控制和调动对方，为正手攻球和侧身抢攻创造有利的条件。在被动防守时，推挡也可以起到积极的防守作用。推挡球可分挡球、快推、减力推、加力推等技术动作。

1. 挡球

推挡球速度较慢，力量轻，动作简单，容易掌握，是初学者的入门技术。反复练习挡球，可以熟悉球性，体会击球时的拍形变化，提高控制球的能力。

(1)横拍反手推挡

动作方法：两脚开立，比肩稍宽，重心下沉；大臂微贴身体，前臂屈与台面基本平行，拍面稍前倾，将球拍引致身体前方腹部位置；击球时，当球跳至上升期时击球的后中上部；向前上方挥动，球拍顺势挥拍不宜太长，迅速还原成准备姿势，准备下一次击球。

(2)直拍推挡

动作方法：两脚平行，身体靠近球台。击球前上臂贴近身体，前臂约与台面平行，球拍置于腹前，略高于台面呈半横状。击球时，调整好拍形，在来球上升期触球中部或中上部，借来球的反弹力将球挡回。击球后迅速还原，准备下一次击球(图 6-23)。

图 6-23　直拍推挡

动作重点：推挡球时，应食指用力，拇指放松，手臂的前推或后引，动作不宜太大；肘关节应贴近身体；充分利用身体重心的移动和腰部的转动，增强击球力量。

动作难点：手臂和身体的协调用力。

2. 快推

快推站位近，动作小，速度快，变化灵活，可为争取主动和助攻创造条件，是快攻类打法中最常用的一种基本技术。

动作方法：站位近台偏左，两脚平行站立或右脚稍后，食指压拍，拇指放松，避免球拍上仰，中指的第三指节抵拍，控制拍型。上臂和肘部自然靠近右侧(左手的同学相反)上臂与前臂的夹角约为100度，肩部放松，引拍于腹前，来球时击球的后中上部，向前上方挥动，击球后，顺势挥拍，再还原至腹前，准备下次击球(图6-24)。

图6-24 快推

动作重点：注意击球时食指用力，拇指适当放松，前臂前推或后引幅度不宜过大，以免影响回收速度。

动作难点：全身的协调用力。

七、攻球

攻球具有力量大、速度快、攻击性强的特点，是比赛中争取主动、克敌制胜的重要手段，是快攻打法中最重要的技术，也是其他类型打法的选手必须掌握的重要技术。攻球技术主要分为正手攻球与反手攻球，其中包括快点、快带、拉攻、快拨、突击、扣杀和中远台对攻等各种技术。

1. 正手近台快攻

动作方法：击球前右脚稍后，站位近台偏左，身体离台约50厘米，两膝微屈，上体略前倾，两眼注意来球；击球时前臂后引拍，引至身体右侧稍后，手臂自然弯曲并做内旋，拍面稍前倾。当来球至上升期，持拍手迅速向左前方挥拍，手腕内收，拍面稍前倾，击球的中上部；击球后，球拍顺势挥至额前左侧，身体重心随击球动作从右脚移至左脚，并快速还原成准备姿势。

动作重点：看准球的落点，找准击球点，击中正确的部位。

动作难点：击球时机的把握和全身的协调用力。

2. 正手拉攻

动作方法：击球前站位和准备姿势与正手快攻相同。引拍时，应根据来球旋转的强弱决定前臂外旋使拍面垂直或稍后仰，前臂下沉引拍至身体右后下方；击球时，前臂由右后下方向左前上方挥拍迎球，当球从高点下落时，上臂带动前臂向左前上方快速挥动，以前臂发力为主，结合手腕力量，视来球旋转强弱击球的中下部或中部；击球后，球拍随势挥至额前，身体重心移到左脚后

迅速还原成准备姿势(图 6-25)。

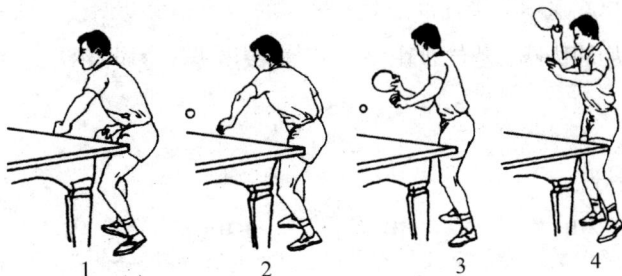

图 6-25　正手拉攻

动作重点：上臂带动前臂向左前上方快速挥动，以前臂发力为主，结合手腕力量。

动作难点：击球时机的把握和全身的协调用力。

3. 正手扣杀

动作方法：击球前两脚开立，左脚在前，重心落在右脚，站位近台；引拍时，手臂自然弯曲并内旋使拍面前倾，随腰、髋的右转向后移动，将拍引至身体右后上方；当球跳至最高点时，上臂带动前臂加速向左前下方发力挥拍，重心前移时腰、髋向左转，配合发力，拍面前倾击球的中上部；击球后，球拍顺势挥至左肩前，并迅速还原成准备姿势(图 6-26)。

图 6-26　正手扣杀

动作重点：上臂带动前臂加速向左前下方发力挥拍，重心前移时腰、髋向左转，配合发力，拍面前倾击球的中上部。

动作难点：击球时机的把握和全身的协调用力。

4. 攻球的练习方法与手段

①原地徒手及持拍模仿动作，注意身体重心的变换和腰、臂协调一致用力。

②一人发平击球，另一人练习攻球。攻一板后再重新发球。

③两人对攻斜线、直线。力量由轻到重，多打板数，体会触球时肌肉的感觉。

④发力进攻练习：根据技术掌握的程度和结合战术的需要，按以上练习方

法有意识地练习主动发力进攻。

⑤主动改变攻球节奏，根据对方来球的情况，主动调整击球时站位的远近、击球速度的快慢、击球力量的大小，借以主动改变攻球节奏，造成对方回接困难。

八、弧圈球

弧圈球技术是带强烈上旋球的进攻技术，它具有很强的攻击性和很高的稳定性。弧圈球可分为加转弧圈球、前冲弧圈球、侧旋弧圈球和侧身拉弧圈球等，在这里仅对正手拉弧圈球的技术加以分析介绍。

动作方法：击球前，两脚开立比肩稍宽，左脚稍前，根据来球选择站位的远近；引拍时，前臂内旋使拍面前倾，同时向右转腰，持拍手臂自然下垂，将球拍引至身体右后下方，身体重心移向右脚；击球时，右脚蹬地转体，球拍由后向前上迎球；当来球至最高点时，利用蹬地转体的力量，上臂带前臂快速向前、向上挥动球拍，拍面前倾，击球瞬间用最大的加速度和作用力于球拍，击球的中上部位置；击球后球拍顺势前挥，重心移至左脚，然后迅速还原成准备姿势(图6-27)。

图 6-27 弧圈球

动作重点：击球时右脚蹬地转体，球拍拍形稍微前倾或垂直于地面，由后向前上迎球，摩擦球的中部或中上部，身体顺势向左前方用力。

动作难点：上臂、前臂、手腕、腰和腿的相互协调配合，以增大击球的旋转和速度。

弧圈球的练习方法与手段：

①徒手做模仿动作，认真体会动作要领。

②一人推挡，一人拉。定点定线，开始时力量要轻，随着熟练程度的提高再增加力量和旋转。

③一人削球，另一个人连续拉弧圈球。

④两人对搓，反手斜线，其中一方侧身搓中转拉弧圈球。

第三节　乒乓球基本战术

一、发球抢攻战术

发球抢攻是我国直板快攻打法的"撒手锏"，是力争主动、先发制人的主要战术。各种类型打法的运动员都普遍采用发球抢攻来抢占每个回合的上风。发球抢攻战术运用的效果主要取决于发球的质量和第三板进攻的能力。

发球抢攻战术因打法的类型不同而有所差异，常用的发球抢攻战术主要有以下四种：正手发转与不转球、反手发右侧上(下)旋球、反手发急球或急下旋球、下蹲式发球。

二、接发球战术

接发球战术与发球抢攻战术同样重要，在某种意义上讲，接发球水平的高低可以反映出运动员的实战能力以及各项基本技术的熟练程度。事实上，接发球者只是暂时处在被控制状态，如果你破坏了发球者的抢攻意图或者为对方制造了障碍，减弱了对方抢攻的质量，也就意味着已经脱离被控制状态，变被动为主动了。

常用的接发球战术，主要有以下四种：稳健保守法；接发球抢攻；盯住对方的弱点处，寻找突破口；正手侧身接发球。

三、搓攻战术

搓攻战术是进攻型打法的辅助战术之一，主要利用搓球旋转的变化和落点的变化为抢攻创造机会。这一战术在基层比赛中被普遍采用。搓攻战术也是削球型打法争取主动的主要战术之一。

常用的搓球战术有：慢搓与快搓结合；转与不转结合；搓球变线；搓球控制落点。

四、对攻战术

对攻战术是进攻型打法在相持阶段常用的一项重要战术。快攻类打法主要依靠反手推挡(或反手攻球)和正手攻球(或正手拉弧圈球)的技术，充分发挥快速多变的特点来调动对方。常用的对攻战术有以下几种：紧逼对方反手，伺机抢攻或侧身抢攻、抢拉；压左突右；调右压左；攻两大角；攻追身球；变化击球节奏。

五、弧圈球战术

弧圈球战术把速度和旋转有效地结合起来，稳健性好，适应性强，许多著名选手已用它替代攻球或扣杀，常用的战术有：发球抢攻；接发球果断上手；相持中的战术运用。

第四节　乒乓球运动场地和竞赛规则简介

一、常用语定义

回合：球处于比赛状态的这段时间。

球处于比赛状态：指从发球时球被有意向上抛起前，静止在不执拍手掌上的一瞬间直至该回合被判得分或重发球的这段过程。

重发球：不予判分的回合。

得 1 分：判分的回合。

执拍手：握着球拍的手。

不执拍手：未握球拍的手。

击球：用握在手中的球拍或执拍手手腕以下部分触球。

阻挡：对方击中的球尚未落到本方台面也未越出球台端线即触及本方运动员或其穿戴的任何物品。

发球员：在一个回合中首先击球的运动员。

接发球员：在一个回合中第二个击球的运动员。

裁判员：被指定管理一场比赛的人。

裁判助理：被指定在某些方面协助裁判员工作的人。

运动员穿戴的任何物品：指运动员在一个回合开始时穿或戴的任何物品。

越过或绕过球网：球从横架于球台中间的球网装置之下或之外越过，或回击的球越过球网后又回弹过网，均应视作已越过或绕过球网。

球台的端线：台面边沿四周画有 2 厘米宽的白线，其中与球网平行的线称为端线。

二、合法发球

发球时，球应放在不执拍手的手掌上，手掌要张开并伸平，严格执行无遮挡发球。球应是静止的，在发球方的端线之后和比赛台面的水平面之上。

发球员必须用手把球几乎垂直地向上抛起，不得使球旋转，并使球在离开不执拍手的手掌之后上升不少于 16 厘米。

当球从抛起的最高点下降时，发球员方可击球，使球首先触及本方台区，然后越过或绕过球网，再触及接发球员的台区。在双打中，球应先后触及发球员和接发球员的右半区。

从抛球前静止的最后一瞬间到击球时，球和球拍应在比赛台面的水平之上。

击球时，球应在发球方的端线之后，但不能超过发球员身体(手臂、头或腿除外)离端线最远的部位。

当球被击中时，发球选手或他的双打队友的身体与衣服的任何部分都不能在球与网之间的范围内。

运动员发球时，有责任让裁判员或副裁判员看清他是否按照合法发球的规定发球。

如果裁判员怀疑发球员某个发球动作的正确性，并且他或者副裁判员都不能确信该发球动作不合法，一场比赛中此现象第一次出现时，裁判员可以警告发球员而不予判分。

在同一场比赛中，如果运动员发球动作的正确性再次受到怀疑，不管是否出于同样的原因，不再警告而判失 1 分。

无论是否第一次或任何时候，只要发球员明显没有按照合法发球的规定发球，将被判失 1 分，无须警告。

运动员因身体伤病而不能严格遵守合法发球的某些规定时，可由裁判员决定免予执行，但必须在赛前向裁判员说明。

三、合法还击

对方发球或还击后，本方运动员必须击球，使球直接越过或绕过球网装置，或触及球网、网柱以后，再触及对方台区。

四、比赛次序

在单打中，首先由发球员合法发球，再由接发球员合法还击，然后两者交替合法还击。

在双打中，首先由发球员合法发球，再由接发球员合法还击，然后由发球员的同伴合法还击，再由接发球员的同伴合法还击，此后，运动员按此次序轮流合法还击。

五、重发球

1. 判重发球的情况

①如果发球员发出的球在越过或绕过球网装置时，触及球网装置或触及球网装置后被接发球员或其同伴阻挡。

②如果接发球员或同伴尚未准备好时球已发出，而且接发球员或其同伴均无接球意图和动作。

③由于发生了运动员无法控制的干扰而使运动员未能合法发球、合法还击或遵守规则。

④裁判员或副裁判员暂停比赛。

⑤在双打时运动员错发、错接。

2. 暂停比赛的情况

①要纠正发球、接发球次序或方位错误。

②要实行轮换发球法。

③要警告或处罚运动员。

④比赛环境受到干扰，可能影响到该回合的结果。

六、得 1 分

除被判重发球的回合外，下列情况下运动员得 1 分：

①对方运动员未能合法发球。

②对方运动员未能合法还击。

③运动员在发球或还击后，对方运动员在击球前，球触及了除球网以外的任何东西。

④对方击球后，该球越过本方端线而没有触及本方台区。

⑤对方阻挡。

⑥对方连击。

⑦对方用不符合球拍条款规则的拍面击球。

⑧对方运动员或他穿戴的任何东西使球台移动。

⑨对方运动员或他穿戴的任何东西触及球网。

⑩对方运动员不执拍手触及比赛台面。

⑪双打时对方运动员击球次序错误。

⑫执行轮换发球时，接发球运动员或其双打同伴完成了 13 次合法还击(包括接发球一击)。

⑬裁判员判罚分。

七、一局比赛

在一局比赛中，先得 11 分的一方为胜方。10 平后，先多得 2 分的一方为胜方。

八、一场比赛

一场比赛常采用三局两胜制、五局三胜制或七局四胜制的比赛方法。

一场比赛应连续进行。但在局与局之间，任何一名运动员都有权要求不超过 1 分钟的休息时间。

九、发球、接发球和方位的选择

选择发球、接发球和球台某一方的权力应由抽签来决定。中签者可以选择先发球或先接发球，也可以选择先在球台某一方。

当一方运动员选择了先发球或先接发球，或选择了先在球台某一方后，另一方运动员只有选择另一项。

在每打完 2 个球后，接发球方即成为发球方，依此类推，直至该局比赛结束，或者直至双方比分都达到 10 分实行轮换发球时，发球和接发球次序仍然不变，但每人只轮发一次球。

在双打的第一局比赛中，先发球方确定第一发球员，再由先接发球方确定第一接发球员。在以后的各局比赛中，第一发球员确定后，第一接发球员应是前一局发球给他的运动员。

在双打中，每次换发球时，前面的接发球员应成为发球员，前面的发球员的同伴应成为接发球员。

一局中首先发球的一方，在该场下一局应首先接发球。在双打决胜局中，当一方先得 5 分时，接发球方应交换接发球次序。

一局中，在某一方位比赛的一方，在该场下一局应换到另一方位。在决胜局中，一方先得 5 分时，双方应交换方位。

十、发球、接发球次序和方位的错误

裁判员一旦发现发球、接发球次序错误，应立即暂停比赛，并参照该场比赛开始时确立的次序，按场上比分由应该发球或接发球的运动员发球或接发球；在双打中，按发现错误时那一局中首先有发球权的一方所确立的次序纠正，然后继续比赛。

裁判员一旦发现运动员应交换方位而未交换时，应立即暂停比赛，并参照该场比赛开始时确立的次序按场上比分运动员应站的正确方位纠正，再继续比赛。

在任何情况下，发现错误之前的所有得分均有效。

思考与练习

1. 乒乓球运动的特点有哪些？

2. 乒乓球运动的健身价值有哪些？

3. 乒乓球的基本技术有哪些？

4. 反手发急球的动作要领是什么？

5. 正手扣杀的动作要领是什么？

6. 发球技术与接发球技术在实战中各自起到什么作用？

7. 乒乓球竞赛规则里关于换位的规定是怎样的？

知识拓展

目前，世界乒乓球锦标赛、乒乓球世界杯赛、奥运会乒乓球赛，成为世界乒乓球三大赛事。其规格和水平各不相同。乒乓球世界杯赛属于小考，世界乒乓球锦标赛属于中考，奥运会乒乓球赛属于大考。

世界乒乓球锦标赛是国际乒乓球联合会主办的一项最高水平的世界乒乓球大赛，具有广泛的影响，国际乒联奖金高，参加比赛国家及运动员人数众多。比赛项目有男子团体、单打、双打，女子团体、单打、双打，男女混合双打七个比赛项目。

乒乓球世界杯赛是国际乒联主办的世界性高水平乒乓球比赛，次于世锦赛和奥运会。其作用是磨炼新秀及为世锦赛和奥运会练兵。比赛项目只有男子单打、女子单打、男子团体、女子团体四个比赛项目。

奥运会乒乓球赛参赛国家及运动员人数都有一定限制。虽然国际乒联没有奖励，水平也不一定比世锦赛高，但是观众最多、声望最广、最有荣誉感、国家奖金最高。1988年、1992年、1996年、2000年、2004年奥运会乒乓球赛只有男子单打、男子双打、女子单打、女子双打四个比赛项目。2008年和2012年奥运会改为男子单打、男子团体、女子单打、女子团体四个比赛项目。

如果能够在世锦赛、世界杯赛、奥运会三大赛事上都获得单打冠军，就是最高荣誉的乒乓球大满贯得主。迄今为止，国际乒坛一共有 10 位大满贯运动员，他们是瓦尔德内尔、邓亚萍、刘国梁、孔令辉、王楠、张怡宁、张继科、李晓霞、丁宁、马龙。

第七章

羽毛球运动

第一节　羽毛球运动概述

一、羽毛球运动的起源与发展

羽毛球起源于两千年前的中国和印度，中国叫打手毽，印度叫浦那。羽毛球原形出现于 14~15 世纪的日本，球拍是木制的，球用樱桃核插上羽毛制成。这种球由于球托是樱桃核，太重，球飞行速度太快，使得球的羽毛极易损坏，加之球的造价太高，所以该项运动时兴了一阵子就慢慢消失了。大约至 18 世纪时，印度的蒲那城出现了一种与早年日本的羽毛球极相似的游戏，球用直径约 6 厘米的圆形硬纸板，中间插羽毛球制成（类似我国的毽子），板是木质的，玩法是两人相对站着，手执木板来回击球。

现代羽毛球运动诞生于英国，大约在 1800 年，由网球派生而来。我们可以注意到现今的羽毛球场地和网球场地仍非常相似。1870 年，出现了用羽毛、软木做的球和穿弦的球拍。1873 年，英国公爵鲍弗特在格拉斯哥郡伯明顿镇的庄园里进行了一次羽毛球游戏表演。从此，羽毛球运动便逐渐开展起来，"伯明顿"即成了羽毛球的名字，英文的写法是"Badminton"。那时的活动场地是葫芦形，两头宽中间窄，窄处挂网，直至 1901 年才改作长方形。

二、羽毛球运动在中国的发展状况

羽毛球运动约于 1920 年传入我国，中华人民共和国成立后得到迅速发展。20 世纪 70 年代，我国羽毛球队已跻身于世界强队之列。1981 年 5 月，国际羽毛球联合会重新恢复了中国在国际羽联的合法席位，从此揭开了国际羽坛历史新的一页，进入了中国羽毛球选手称雄世界的辉煌时代。70 年代，国际羽坛是印度尼西亚与我国平分秋色。80 年代，优势已转向我国，说明我国羽毛球运动已达到世界先进水平。2012 年伦敦奥运会后，我国成立了羽毛球俱乐部超级联赛，加大对羽毛球运动的投入和宣传。2014 年，业余羽毛球俱乐部成立，羽毛球运动从社会比赛到单位组织都开展得非常火热。

三、羽毛球运动的特点和健身价值

1. 羽毛球运动的特点

(1)适合人群多样化

羽毛球运动性较强，运动量可大可小，球速可慢可快，男女老幼，老少皆宜。羽毛球的技术要领简单易行，便于上手，具有广泛的适应性。

(2)运动量可调节

运动量可根据个人年龄、体质、运动水平和场地环境的特点而定。青少年可作为促进生长发育、提高身体机能的有效手段进行锻炼，运动量宜为中强度，活动时间以 30～50 分钟为宜。适量的羽毛球运动能促进青少年增加身高，能培养青少年自信、勇敢、果断等优良的心理素质。老年人和体弱者可作为保健康复的方法进行锻炼，运动量宜较小，活动时间以 15～20 分钟为宜，达到出出汗、弯弯腰、舒展关节的目的，从而增强心血管和神经系统的功能，预防和治疗老年心血管、颈椎等方面的疾病。儿童可作为活动性游戏方法来进行锻炼，加强体质，培养兴趣爱好，磨炼不怕吃苦、不甘落后的品质。

(3)观赏性强

羽毛球运动在比赛中技术千变万化，攻防转换频率较高，动作舒展，技术细腻，节奏感强，打法变化多端。比赛场面激烈，运动员情绪高昂，球不落地不放弃，双方斗智斗勇，使得该项运动充满乐趣和观赏性。

(4)娱乐性强

作为一种娱乐活动，羽毛球可进行多人对打，最多人数可达到6人。在对击过程中通过不停地奔跑和击球的变化，每当击球者在打出一个质量高的球或赢得一个球时，都会使人兴奋不已，会有一种成功的喜悦感。

(5)不受场地限制

羽毛球活动对场地的要求比较简单，它不仅可以在正规的室内运动场进行，也可以在公园、社区等处广泛地开展。平时进行羽毛球活动，只要有平整的空地就可以了。在风不大的情况下，可以在户外进行活动。

2. 羽毛球运动的健身价值

羽毛球运动可以加强体质，消除疲劳，改善精神面貌。羽毛球运动可以锻炼提高人们的爆发力、耐力、速度、力量、灵敏、柔韧和协调等反应能力，能够促进各项生理功能的正常进行，培养体力等。

羽毛球运动在比赛中具有较强的对抗性、竞争激烈，能使运动者的心理素质得到较大的锻炼，可使人的智、勇、技在对抗与竞争中得到升华。因此，长期坚持此项运动不仅能够锻炼身体，还能够培养不服输、积极向上的坚定信念。

羽毛球运动可以陶冶情操，丰富生活；优雅的技术动作能让人舒缓身心。当然，紧张的比拼可使人在心理素质上得到锻炼。

第二节　羽毛球运动基本技术

一、握拍法与接球、发球技术

1. 正手握拍

动作方法：以右手持拍为例(左手和右手动作相同、方向相反)，要求手指手腕灵活，手腕小臂放松，握拍之前先用左手拿住球拍，使拍杆与地面垂直。再张开右手，使手掌下部靠在球拍的握柄底托部，虎口对着球拍框。食指在上，拇指在下，与中指稍稍分开，自然贴在拍柄上(图7-1)。

动作重点：持拍手虎口对准拍柄窄面内侧斜棱，尽量放松手指，击球瞬间握紧球拍。

动作难点：握拍力度要适宜，恰似握着一个鸡蛋，重则破损轻则滑落。

练习方法与手段：

①讲解羽毛球正确握拍的重要性，特别是初学者如果没有把握拍学好，将来再想提高羽毛球技术的空间就很小。

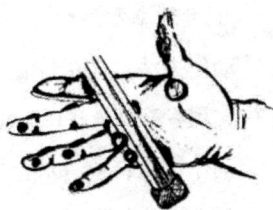

图 7-1　正手握拍

②提高学习者的兴趣爱好。

③以游戏的方式加强学习者对握拍的认识和习惯。

④通过手腕、垫球练习加强手腕灵活性。

常见问题及纠正方法：

①手指不灵活，食指和大拇指分不开，出现一把抓拍的现象。

②握拍过于紧张，手腕、小臂僵硬。

③加强手腕灵活性。

2. 反手握拍

动作方法：在正手握拍的基础上，拇指和食指将拍柄旋转，拇指顶点在拍柄的宽面上或内侧棱上，中指、无名指和小指并拢握住拍柄，柄端靠近小指根部(图 7-2)。

图 7-2　反手握拍

动作重点：反手握拍时，大拇指顶住拍柄宽面的动作。

动作难点：拍形转换。

练习方法与手段：

①首先讲解并说明握拍在羽毛球项目中的作用和重要性，正手和反手的运动功能。

②分别在不同的角度进行示范教学，组织学生一起模仿、体会、分析正确握拍与错误握拍的利与弊。

③组织学生成体操队形进行手腕练习。

④体会手指变换练习和手指手腕松紧发力的感觉。

常见问题及纠正方法：

①容易出现一把抓拍的现象，分不清楚正、反手。

②手腕僵硬不灵活，找不到发力点。

③重复练习。

3. 发球基本站位

动作方法：在单打发球站位时，应该站在球场中心线的附近，站在规定场区内，离发球线1～1.5米处；双打发球站位应站在前发球线处。

动作重点：单、双打接发球站位的区别与战术意识。

练习方法与手段：

①讲解单打与双打站位特点与差别。

②教师正面示范并讲解单打站位的特点及要求。

③教师组织四名学生有效讲解双打站位的要求和特点。

④组织学生视频教学，从直观的角度观看单打、双打高水平运动员的站位并讲解。

常见问题及纠正方法：

①单打发球站位：对于羽毛球场上的距离感不强，不能准确地找到羽毛球场上的中心点。

②双打发球站位：单打和双打发球时脚步容易混淆，单打发球是左脚在前，右脚在后；而双打发球是右脚在前，左脚在后。

③通过课后巩固、练习来加深对站位的理解。

4. 正手发高远球技术

动作方法：正手发高远球由准备动作、引拍动作、击球动作、击球后随拍动作4个部分组成。要求击球时球拍面要正，脚步成丁字步，右手持拍，左手拿羽毛球的球托并高于右手，大臂带动小臂，腰部随击球转动，击球瞬间把拍子抓紧，击球后身体正视前方(图7-3)。

图7-3　正手发高远球技术

动作重点：手臂内旋和手腕外展；击球部位的准确把握。

动作难点：击球落点的准确把握。

练习方法与手段：

①首先分解羽毛球发球的四个动作，了解正手发高远球的运动轨迹。

②边分解边讲解正手发高远球的每一个动作环节。

③分小组进行徒手练习并连贯动作挥拍，在熟练动作后进行单个技术的发正手高远球练习。

④教师巡视观察发现问题后及时纠正。

常见问题：

①球拍面的运动轨迹不正确，左手放球右手击打球时的击球时间对不上，容易出现挥空拍的现象。

②击球时球拍面"横扫"不能合理运用手腕的发力，准备发球姿势不能始终保持左手高于右手。

③高远球没有弧度，弧线太低。

5. 反手发小球技术

动作方法：正手发球与反手发球不同的技术要点是，两脚与肩同宽，右脚在前，左脚在后，羽毛球头对准击球时的拍面，拍头向下，小臂和大拇指推挡击球，发球时动作稳定，不能切球、正面击球(图7-4)。

图7-4 反手发小球技术

动作重点：手腕由外展至内收捻动发力，靠手腕和手指控制力量，用斜拍面向前轻推送切击球托。

动作难点：击球时拍面角度、击球部位与挥拍路线的准确把握。

练习方法与手段：

①首先讲解羽毛球反手发小球的实际意义及目的。

②组织学生进行反手动作分解练习，熟练后再连贯练习。

③两人一组，每人2～3个羽毛球，在正规羽毛球场上隔网相互练习。

④组织学生发球比赛，学会从比赛中自己找问题。

常见问题：

①发球准备时不习惯右脚在前，肩关节抬得过高，比赛时容易出现违例情况。

②手腕、手指紧张，不够放松。

③击球瞬间容易用拍面切球而不是推挡击球。

6. 接发球基本站位

动作方法：单打和双打接发球第一拍都是右脚在前，左脚在后，当接完第一发球后应当右脚在前；单打站位，为了预防对方发各种后场球、平快球和网前球，避免从第一拍开始被动则应该在中位；双打站位，比赛中发网前球通常多于发后场球，因此，一般站在离双打发球线最近的部位。

动作重点：站位时重心要稳但不能站死，重心稍微偏前。

练习方法与手段：

①讲解羽毛球运动单、双打接发球站位的实际意义。

②组织一名学生和教师进行示范教学，其他学生观看。

③根据学生的实际人数，安排一对一的接发球练习。

④教师巡视，有错误的地方及时纠正。

常见问题：

①接发球时注意力不够集中。

②对第一拍接发球时左脚在前的站位还不能很快地适应。

③准备时动作松散。

二、击球技术

在掌握羽毛球握拍的基础上的进一步学习就是击球技术。羽毛球运动技术有三类：第一类是后场上手击球（高远球、吊球、杀球、劈吊、劈杀等）；第二类是网前技术（搓球、推球、勾球、扑球等）；第三类是中场击球（接杀、平抽等）。熟练了这些技术后可根据战术需求，既可以击打直线又可以击打斜线。

1. 高远球

动作方法：此项技术是羽毛球运动当中最为重要，也是最基本的。击球前应提前找到最佳的击球点。击高远球由 4 个部分组成：准备姿势、引拍、击球、随拍动作。击球时侧身左肩对球网，重心落在右脚上，蹬地击球，挥拍击球，整个手臂伸直，右手大臂尽量靠近自己的耳朵，动作一次性完成（图 7-5）。

动作重点：手臂伸直在最高点击球。

动作难点：右手大臂尽量靠近自己的耳朵，动作一次性完成。

练习方法与手段：

图 7-5　高远球

①将击高远球的准备姿势、引拍、击打、随拍动作 4 个部分进行分解动作练习，教师在前排做示范并喊口令，学生在后排成体操队形跟教师一起做动作。

②熟练 4 个动作后再把 2、3 的动作连接起来；再把 2、3、4 的动作衔接熟练；最后把 4 个动作全部连贯起来，徒手挥拍。

③熟练动作后把学生分为若干组，两人一组，一个发球，一个接发球，培养球感。

④找最高目标点进行挥拍练习。

常见问题：

①当接对方来球时准备姿势不够充分，还来不及反应球已经落地了。

②判断不了对方的来球时间，不知道什么时候击球。

③击球点偏后不能够发力。

2. 吊球

动作方法：在高水平运动中，吊球可分为两种——正手吊球、头顶吊球。现阶段主要介绍正手吊球。这项技术动作和高远球动作保持一致性，直到最后击球的瞬间力量减小，拍面正对来球，击球瞬间利用手指、手腕和小臂向前推动击球(图 7-6、图 7-7)。

图 7-6　正手吊球

图 7-7 头顶吊球

动作重点：击球点比高远球击球点稍微偏前。

动作难点：击球时间、落点以及拍面的控制。

练习方法与手段：

①组织学生后场挥拍体会吊球动作练习。

②多球练习，两人一组，10 个球一组交换练习。

③在场地中设置击球落点，击球要有目的性。

常见问题：

①击球时拍面过于切，击球点不稳定。

②容易打不到球，不能感觉羽毛球紧贴球拍面的感觉。

3. 杀球

动作方法：羽毛球杀球的特点就是力量大、速度快，当有机会时主动进攻是得分的主要手段。杀球技术的击球点比击高远球击球点靠前大概 10 厘米的距离，在身体的右肩前上方位置，击球时，从脚—腰—手臂—手腕部依次发力（图 7-8）。

图 7-8 杀球

动作重点：击球点比击高远球击球点靠前大概 10 厘米的距离。

动作难点：大臂带动小臂，小臂控制手腕的击球方法。

练习方法与手段：

①体会鞭打动作，加强手臂的力量练习。

②分小组进行挥拍练习后再把每个小组进行对比分析。

③教师示范杀球技术，强调杀球技术要点。

④讲解在杀球过程中会遇到的问题，如何解决问题。

常见问题：

①杀球时手腕过于压腕造成直接杀到地面。

②击球时动作不够完整，不能借助腰部力量。

③杀球发力瞬间挥臂速度不够快，因判断球的位置不准确，造成步法移动慢不能找到击球最佳点。

4. 劈吊

动作方法：劈吊(快吊)击球前期动作同正手击高远球。劈吊和吊球的主要差异是：吊球速度相对慢，带有防守和调动对方位置的目的；劈吊带有攻击性、球速快，甚至具有得分手段的目的。击球时，拍面正面向内倾斜，手腕快速切削下压，动作果断。若劈吊斜线球，则球拍切削球托的右侧，并向左下方发力；若劈吊直线，则拍面正对前方，向前下方切削(图7-9)。

图 7-9　劈吊

动作重点：击球落点和击球速度的把握。

动作难点：手腕瞬间发力的感觉，发力时间短、快。

练习方法与手段：

①讲解劈吊与吊球技术的共同点，体会手腕发力。

②通过辅助器材，组织学生加强手腕、爆发力练习。

③教师示范，学生模仿。

④通过辅助器械，加强小肌肉群的练习。

常见问题：

①瞬间击球发力的时候抓不住球拍。

②动作变形、找不准击球点造成主动失误较多。

③不会手腕发力。

5. 正、反手挑球

动作方法：挑球可分为正手挑球和反手挑球。

正手挑球正手握拍，手臂自然向前方伸出，小臂外旋压腕，击球时大臂带动小臂，小臂带动手腕，在右前下方击球并动作回收挑直线时拍面向前，挑对角时拍面向左前方击打(图 7-10)。

图 7-10　正手挑球

反手挑球在正手握拍的基础上，拇指和食指将拍柄向外转，拇指顶点在拍柄内侧的宽面上或内侧棱上，中指、无名指和小指并拢握住拍柄，柄端靠近小指根部，使掌心有空隙(图 7-11)。

图 7-11　反手挑球

动作重点：击球瞬间，大拇指顶住球拍柄宽的一面。

动作难点：手和脚同步击球，一致性强。

练习方法与手段：

①徒手挥拍，正手挑球，反手挑球分解动作练习。

②熟练挥拍练习后把分解的四个部分连贯起来。

③利用多球进行单项技术练习。

④正、反手交叉挥拍，加强手腕灵活性和正、反手挑球变拍能力。

常见问题及纠正方法：

①正手挑球转换到反手挑球时手指变拍过慢，特别是反手等对方来球到击球时，拍面还没有来得及换。

②无论正手或者反手初学者击球瞬间不能够正面击球，击球线路不稳定。

③灌输学生打球击打落点的习惯，反复练习，规范技术动作。

6. 击反手高远球

动作方法：与反手挑后场高球动作相同，击球时，尽可能地提高击球点，利用拇指的顶力，拍面与地面呈近似于 90 度角迅速向前推进，击球瞬间注意手脚配合，借助身体力量发力，要求每击完一拍球后，回中心后再接下一接拍球(图 7-12)。

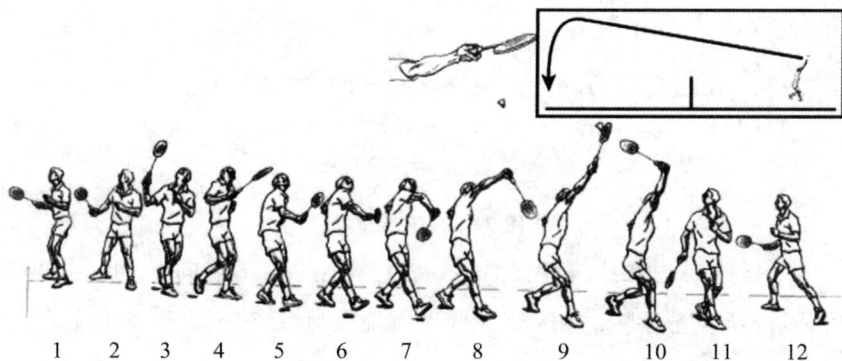

图 7-12　击反手高远球

动作重点：击球点高，动作连贯、完整。

动作难点：快速移动找到有利的击球点，动作小、发力短。

练习方法与手段：

①体会反手挑球的发力动作，教师示范并讲解反手击打高远球在实战中的运用。

②先练习反手分解动作，熟练后再连贯动作。

③组织学生一对一反手后场高远球单项技术练习。

④让学生体会不单只是手上的发力动作，还要学会利用腰部发力。

常见问题：

①击球时动作太大，体会不到手腕、手指发力的感觉。

②正手握拍变反手握拍换拍动作迟缓。

③大部分因为脚步不到位而导致击球点偏后，击球无力。

7. 搓球

动作方法：有两种击球方法，第一种是收搓，即击球时手腕由展腕至收腕发力，由右向左以斜拍切击球托的右后侧部位，使球呈下旋翻滚，并旋转过网；第二种是放网，这种击球方法是在对方回球质量不高，离球网远的情况下使用，完毕后迅速地将自己的位置回到中心，击球手臂收回至胸前，呈正手放松握拍姿势，并准备回击下一个来球。

正手搓球：正手搓球与正手放网动作一致。前臂随步法移动伸向前上方，并有外旋、手腕稍后伸的动作。两脚左右分开，右脚在前，左脚在后，两脚间距比肩略宽，右手握拍，置于体前，身体稍向前倾，收腹（图7-13）。

图 7-13　正手搓球

反手搓球：握拍要从正手握拍转换成反放松握拍，掌心向下，拍头不能低于手腕，击球时靠手腕、手指发力，但力量需控制(图7-14)。

图 7-14　反手搓球

动作重点：击球点要高，不能低于球网中部。

动作难点：击球时球贴拍的感觉和击球落点的把握。

练习方法与手段：

①正手搓球体会向外展腕的感觉，徒手手腕练习。

②培养学生每次击打网前球后要还原到准备姿势。

③击球瞬间动作柔，放松处理每一个球。

④提醒学生反手搓球手腕不能高于球网。

常见问题：

①手腕、手指动作僵硬控制不住球。

②击球动作生硬，击球后不能及时地准备，跟不上节奏。

③击球点过低，搓球离球网过高，拍面过于平而造成击球失误。

8. 勾球

动作方法：网前勾球可分为正手和反手勾球。

正勾球准备姿势、引拍动作以及击球的回收动作与正手搓球相同，以肘关节为中心，手腕、手指发力，手指、手腕、小臂不能低于肘部，手腕由伸腕至收腕发力切击球托的右后侧部位，击球力量不宜太大（图7-15）。

反手勾球准备姿势、引拍动作以及击球的回收动作与反手搓球相同，击球时上臂外旋，手腕手指捻动，击球点在球托的左后侧部位，击球力量需控制（图7-16）。

图 7-15　正手勾球　　　　　　　　图 7-16　反手勾球

动作重点：手腕、手指动作不能摆动太大，动作轻盈、灵巧。

动作难点：控制击球的高度。

练习方法与手段：

①首先成体操队形，教师边示范边讲解。

②找到手指捻动的感觉，10次一组，组数根据学习者的掌握情况而定。

③加强挥拍练习，学会控制肘关节，击球时不要上下摆动。

常见问题：

①对于初学者，短时间很难体会到捻动动作，必须通过不断的练习、积累才能很好地掌握。

②勾球时挥臂动作太大。

③控制不了球的方向。

9. 推球

(1)正手推直线球技术

动作方法：推球是在网前，击球点比较高，有充分的时间才能运用此技术，击球前手腕向后伸，目的是为发力留出足够的时间和角度，击球瞬间对准击球拍面，依靠食指前推发力，击球后控制住小臂力量，动作幅度小、快(图 7-17)。

图 7-17　正手推直线球技术

(2)反手推直线球技术

动作方法：首先将身体的中心控制在中心位置，大拇指和食指捻动向内旋转，击球瞬间小臂向后伸，大拇指充分前顶，手腕发力球沿球场边线推出。

动作重点：大拇指充分前顶，手腕发力。

动作难点：大拇指和食指捻动向内旋转。

练习方法与手段：

①利用哑铃，选择自己能承受的力量范围，针对手腕、手指和前臂的力量进行练习。

②把每个技术环节要剖析清楚，使初学者易懂。

③找出技术掌握比较好的学习者和掌握较差的学习者，二者进行技术对比，并指出对与错。

④因为正手推球技术对手腕的要求相对高，在掌握正手推球技术后再学习反手推球。

常见问题：

①推球技术的击球点一定要抢到高点，当球刚刚过网的一瞬间球头还没有向下时击球。

②初学者总是等待球头向下的时候击球，容易打到网上。

③准备动作不充分，判断不了来球的时间和距离，击球点过低。

10. 网前扑球

动作方法：网前扑球是当接触球的一瞬间，身体向斜方跃起，前臂迅速内旋将球扑压过去的一种球，是一项具有杀伤力的技术(图 7-18)。

图 7-18　网前扑球技术

动作重点：接触球的一瞬间身体向斜方跃起，前臂迅速内旋将球扑压过去。

动作难点：找到最佳击球点果断击球，击球后保持重心稳定。

练习方法与手段：

①这项技术对步法的要求很高，眼疾手快，通过蹬跳步法才能有效地击打。

②先把手上动作熟练后再学习步法。

③手脚动作分别练习好后，再配合练习。

常见问题：

①很多情况都是手脚配合不默契，要不先出手要不先出脚而导致出球的力量不够集中。

②击球点抢得不够高造成击球下网。

第三节　羽毛球基本战术

一、单打战术种类及特点

1. 拉中突击的战术

这种打法类型对体能要求特别高，以高吊为主；强调变速进攻、手法一致性和突变性，尤其是后场突击扣杀的动作小而爆发力强，击球点抢得高，落点精准。

战术特点：进行多拍调动争取突击进攻的机会，通过快速高、吊结合，或者是平推和网前找机会，一旦出现回球质量不高的情况，加速突击。

2. 下压控网战术

这种战术在羽毛球的比赛中出手快，击球点高，快速凶狠；要求进攻速度快而准；通过后场吊、劈、杀来得到控制网前的机会，有效地限制对方、控制对方，并从战术中得到更好的得分机会。

战术特点：这种战术以发球抢攻为主，特别以发小球为主，迫使对方接球向上，然后通过劈杀、点杀、大力扣杀或吊球的配合，抢网前搓球或者勾球再创造机会使球下压。

3. 守中反击战术

这种战术一般适用于个子矮小，进攻威胁不大，在场上步法灵活的队员，在防守的同时，有目的性地出球来充分调动对方，使自己瞬间转被动为主动，同时创造进攻的机会，把握合理的反击时机和线路。

战术特点：以控制对方两边底线、高吊技术为主，这类打法要求防守能力强，消耗对方体力，利用对方急躁的心理迫使对方主动失误。在防守过程中找机会，当对方出现出球质量不高时便及时给对方以致命打击。

4. 快速高、吊突击战术

这种打法类型要求积极、主动、合理地利用高、吊、杀、搓、推、勾来充分调动对手，使对方在场上失去防守位置的时候利用突然的进攻得分。此战术要求队员技术全面，跑动能力、对抗能力要强。在充分拉开了对手的情况下，突击的时候将对方打死，要求运动员有耐心。

战术特点：运用快速准确的平高球或吊球的配合，控制落点，多拍调动，当对方回球质量不高时突击扣杀或劈杀。

二、双打战术种类及特点

双打不仅仅体现个人技术，更多的是体现二人的配合默契、思想统一、战术目的的统一。因此，双打运动员在技术上要能攻能守、反应快、身体素质强、力量强大、不亚于单打的运动强度。下面介绍双打比赛中经常出现的几项战术。

1. 轮转战术

当选手在后场杀球或者吊球时，前场出现漏洞时，同伴迅速随球向前场区域跟进、补位。此时，在前场抢高点主动推压或是挑高球时，同伴则相应的换至平行站位或是退后场形成轮转位置，准备在对方起高球或回球不到位时发起进攻。

战术特点：配合默契，在进攻时两人相互轮转扣杀，防守出现漏洞时可以及时补位，从被动转主动能力强。

2. 前半场组攻战术

这种打法一般非常强调前半场的作用，通过控制前半场来组织进攻。前半场出手快，通过前半场出球平推、压的方式使对方受限制，落点精准，力争利用前半场掌握场上的节奏。

战术特点：通过发球、接发球和前半场的快打，软打控制组织进攻，强调前场出球快、质量高。

3. 后攻前封战术

当本方处于主动进攻的前后站位时，站在后场的队员见高球可杀或吊网前球，迫使对方接球挡网前，为前场同伴创造封网扑杀机会。前场队员要积极封锁网前，迫使对方被动挑高球。一旦对手挑高球达不到后场，就为本方创造了再攻击的机会。

战术特点：后场进攻凶猛，通过网前组织球路迫使对方起高球，让同伴有机会进攻，给对手造成心理压力。

4. 防守反攻战术

防守中寻找反攻的机会，以便摆脱困境，转被动为主动。例如，在对方杀球质量不高时，我方便可快速挡网或是平抽球来扭转被动局面；当我方可预判到对方来球时，便主动抓球，可在被动中寻找进攻的机会。

战术特点：以拉开后场两边底线为主，通过防守控制节奏，以软打抢网结合的方式，在被动中寻找机会限制对方。

第四节　羽毛球运动场地和竞赛规则简介

一、羽毛球场地

羽毛球竞赛场地应是长方形，场地线为 40 毫米，分别用黄色、白色等容易辨别的颜色区分；场地分为单打场地和双打场地，不论是单打还是双打，网柱都应放置在双打的边线上。场区前有前发球线，此线中点与端线中点连成的一条中线将场地分为左半区和右半区(此区域主要起发球和接发球的作用)。

单打场地：长 13.40 米，宽 5.18 米，球网两端网高 1.55 米，网中央离地面高为 1.524 米。

　　双打场地：对角线长 14.723 米，宽 6.10 米，离端线前 0.76 米处有一条横线叫作后发球线，场地规格如图 7-19 所示。

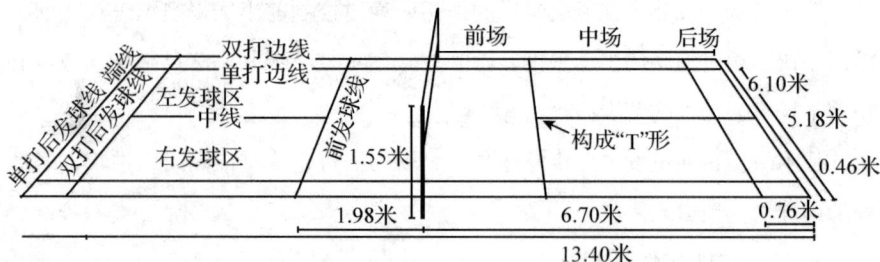

图 7-19

二、羽毛球

　　真正的羽毛球是由鸭毛制成，随着时代的变化与发展现在是由天然材料和人造材料混合制成。球应由 16 根羽毛插在球托上，羽毛球端围成圆形，直径为 58～68 毫米；球托底部成球形，直径为 25～28 毫米；球重 4.74～5.50 克。

三、挑边

　　在比赛开始前通过挑边器，双方对发球或选边做出选择，挑边器指向的一方可以任意选择发球或者是场区；另一方只能在余下的一项中选择。

四、计分方法

　　一场比赛采用三局两胜制，一方先胜两局即结束比赛。比赛不受时间限制，先得 21 分的一方胜一局，然后交换场区继续第二局比赛。如在第三局(决胜局)中，某方先得 11 分时也要交换场区。如果双方比分打成 20∶20，获胜一方需超过对手 2 分才算取胜；如果双方比分打成 29∶29，则率先得到 30 分的一方取胜；首局获胜一方在接下来的一局比赛中率先发球。

五、交换场区

　　第一局比赛结束；第二局比赛结束；在第三局比赛中一方先得 11 分时交换场地。

六、比赛中常见的违例

　　①违例：发球时，在击球的瞬间，整个球和拍面应低于发球方的腰部和手部，否则将判违例(图 7-20)。

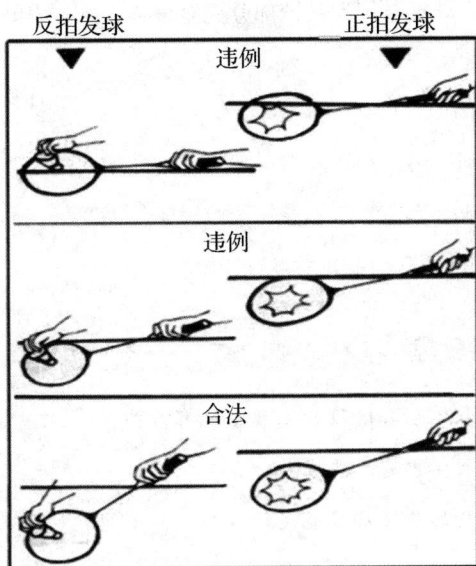

图 7-20

②站位错误：发球时，发球队员未站在应该站的发球区内，发球或接发球不符合比分的站位，将判违例。

③脚移动、触线：在比赛中两脚不能踩到发球线，发球未过网带时不能提前移动脚部。

④比赛中球触及天花板、四周墙壁或其他物体或人，将判违例。

⑤运动员的球拍从网上、网下侵入对方场区导致妨碍对方或分散对方注意力或妨碍对方、阻挡对方靠近球网的合法击球，将判触网违例。

⑥同一运动员在发球过程中连续 2 次挥拍击球，或连续 2 次击球时，将判连击违例。

⑦球停在球拍上紧接着被拖带抛出，或球已经落在地面上再继续回击，将判持球违例。

⑧运动员故意延误时间、改变球速影响球的飞行速度，如擅自离开比赛场地喝水、擦汗、换球拍、接受场外指导并不接受裁判意见等，故意改变球形、破坏羽毛球或举止无礼等将判违例。

七、重发球

①裁判员还未宣布比赛开始，运动员自行开始比赛时将重发球。

②发球员在接发球员未做好准备时发球。

③发球时双方运动员同时被判违例，将重发球。

④在对打过程中球停在网顶或球挂在网袋上。

⑤球在飞行时，球托与球的其他部分完全分离，判重发球。

八、死球

①当球撞网或网柱后，开始向击球者网这方的地面落下。

②球触及地面或者因在空间不高的球馆里触及天花板。

③裁判员宣布"违例"或者"重发球"。

思考与练习

1. 初学者学习基本动作阶段的心理特征有哪些？

2. 启蒙阶段的教学内容及要求是什么？

3. 基本运动损伤的原理及技能是什么？

4. 学习羽毛球运动的目的是什么？

5. 如何提高初学者的兴趣爱好？有哪些方法？

6. 羽毛球运动的基本步法有哪些？

知识拓展

羽毛球运动对身体各项肌肉、关节的要求都很高。同时，对身体的损耗较大。特别是对于习惯锻炼的人、专业运动员、羽毛球爱好者及从事羽毛球事业相关的工作者，都必须掌握羽毛球运动损伤的发生规律、处理、预防与训练康复。

1. 膝关节

从专业的角度看，膝关节是羽毛球运动中常见的一种伤病。因为长时间的负荷身体力量、移动中的冲击力、急停急转的负荷面较大以及动作的不规范而导致运动损伤。从业余的角度看，损伤多半是没有能够充分地做准备活动和膝盖受力点不正确造成的。

2. 网球肘

网球肘是由网球运动而得名的。在羽毛球技术动作中，肘关节发力过猛，屈腕、旋前臂的动作比较多，如反手击球动作，它是靠上肢的屈腕肌和旋前肌来完成的。当肘关节在130～180度时，伸肌群的合力最集中，而外侧韧带也拉得最紧，此时如果用最大的力去做投掷动作，就可能发生损伤。

3. 肌肉拉伤

准备活动不充分，训练水平不够、疲劳或过度负荷、错误的技术动作或姿势、注意力不集中、动作过猛或粗暴、气候或场地器材不良等情况容易造成肌肉拉伤，一般发生在肌肉的起止点、肌腹、肌腹与肌腱的交界处。

4. 重力性休克

休克是人体遭受体内外各种强烈刺激后而导致的，大运动量后突然停止而引起的晕厥。重力性休克发生前有些人会感到全身无力、头昏、眼花、眼前发黑、面色苍白、出冷汗，继而突然晕倒，意识丧失，脉率快而细弱，一般经休息处理后很快恢复。清醒后患者仍感虚弱、头昏、头痛，多数人记忆力能很快恢复。

5. 肌肉痉挛

痉挛俗称肌肉抽筋，是通过大运动量的训练刺激后产生的肌肉疲劳，由肌肉不由自主的强直收缩所致。运动中最容易发生痉挛的肌肉为小腿三头肌，其次是足底的屈拇肌和曲直肌。产生此现象的原因是未做准备活动，肌肉在寒冷的情况下兴奋状态增高；肌肉连续收缩过快与放松不能协调地交替；在放松的状态下肌肉突然收缩也容易造成痉挛。

第八章

网球运动

学习目标

了解网球运动的起源、发展、特点和健身价值；掌握网球的发球、正反手击球、截击球和高压球等基本技战术；具备网球基本技战术的运用和组织能力；能够运用所学网球知识和技战术参与或欣赏网球运动；熟悉网球最新的基本规则。

第一节　网球运动概述

一、网球运动的起源与发展

网球运动被称为世界四大绅士运动之一。它的起源可以追溯到 12～13 世纪的法国，当时在传教士中流行着一种用手掌击球的游戏，这就是网球运动的雏形。1873 年，有从事古式网球运动经验的英国少校 M. 温菲尔德，设计了一种适用于户外、男女都可以从事的网球运动，当时叫司法泰克（Sphairistike）运动，同时也被称为草地网球。当时，爱好网球运动的人士绝大多数是富裕的资产阶级。他们有条件在自家的草坪上随时设置网球场，作为他们社交活动的场所。在 19 世纪 90 年代中期，网球运动进入了初步发展的阶段，许多国家和地区组织了网球协会，并定期举行比赛。1877 年，英国温布尔顿举办了第一届网球锦标赛，即现在的温布尔顿网球公开赛。1913 年 3 月 1 日，法国巴黎成立了世界网球的最高组织——国际网球联合会。它的成立为网球运动的进一步发展开辟了一条更加广阔的道路。

二、网球运动在中国的发展状况

19 世纪末，网球运动由外国商人、传教士带入了中国，从那时起，在我国的部分城市中就不同程度地开始了这项运动。随着改革开放，国民经济快速发展，人们生活水平提高，越来越多的人开始重视这项运动。近年来，中国女子网球选手的实力在国际网坛中已不可小觑。2004 年，在雅典奥运会上，李婷、孙甜甜获得女子双打冠军。2006 年，在澳大利亚和温布尔顿网球公开赛上，郑洁、晏紫连续拿下大满贯双打冠军，此次夺冠也是中国选手第一次夺得网球大满贯成年组冠军。这也是中国人第一次参加 WTA 年终总决赛。2011 年，在法国网球公开赛上，李娜历史性地获得这项大满贯赛事的女子单打冠军，成了中国乃至整个亚洲第一个获得大满贯单打冠军的运动员。2014 年，在澳大利亚网球公开赛中，李娜再次创造奇迹，夺得冠军，同时世界排名也上升到第二位。通过近几年的快速发展，我国网球运动力求与世界网球接轨，积极举办高级别赛事，使得我国的网球运动水平渐渐踏入顶尖水平的舞台，国内也掀起了网球运动风潮。

三、网球运动的特点与健身价值

1. 网球运动的特点

(1)时尚性

网球运动被誉为球场上的芭蕾舞，是世界上最流行的贵族运动项目之一。它对场地、器材、服装、观看礼仪都有具体的要求，参与者需要具有健康的身体、高超的技术及高雅的气质。随着我国经济的发展，网球已成为当下最流行的时尚运动项目之一。

(2)广泛性

网球运动具有深厚的文化内涵，它针对的参与人群更为广泛。从竞技体育到休闲体育，从学校体育到社会体育，从儿童到中老年人，从工薪阶层到高层人群，从健身到养生，网球运动与整个社会需求融为一体，拥有广泛的参与人群。

(3)规则的特殊性

网球比赛中运动员获得的第 1 分，计为 15，第 2 分，计为 30，第 3 分计为

40 等。比赛中先取得 6 局并领先对手 2 局即赢得一盘,如果是 6 平,要进行"抢七"局。

(4)观赏性

网球运动是一项技巧性很强的隔网对抗运动项目。比赛中的各种技战术的变化,以及运动员高雅的比赛风度和比赛的激烈程度,使网球运动具有独特的观赏性,令人叫绝,叹为观止。

2. 网球运动的健身价值

(1)增强身体素质

网球的飞行速度快、落点范围大、比赛持续时间长,对运动员的力量、速度、耐力、灵敏、协调等身体素质条件要求较高,同样,经常参加网球运动,可以增强人的身体素质。

(2)塑造人体美

长期坚持网球运动,能够使人体肌肉发达、力量增强,身体曲线优美,保持青春活力和完美的体型。

(3)愉悦身心,增进健康

网球运动可以使人放松精神、调节身心、抒发情绪,同时也可以使人保持旺盛的精力、增进健康、延缓衰老。

第二节 网球运动基本技术

网球运动基本技术由握拍法、底线正手击球技术、底线反手双手击球技术、底线反手单击球技术、网前截击球等组成。在实践中,以上内容是经常运用也是最基本的技术环节。本节为重点学习章节,通过学习,普及学生对网球运动的认识,提高学习效率。

一、握拍法

握拍是初学网球的第一步,也是十分重要的技术。正确的握拍会使技术动作掌握和提高得更快、更好。首先介绍拍柄各部位的名称和手形(图 8-1、图 8-2)。

网球基本握拍方法有大陆式、东方式、西方式等六种。每种握拍法都有各自的优点和缺点,初学者需要依据自己的舒适感觉选择合适的握拍方法。

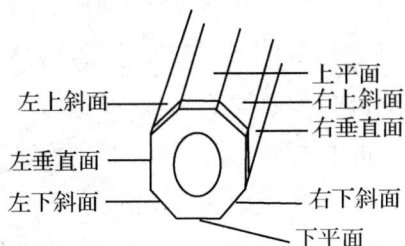

图 8-1　拍柄部位

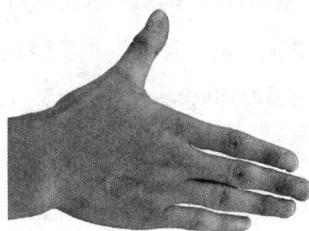

图 8-2　手形

1. 大陆式握拍法

动作方法："V"字形虎口对准拍柄上平面处，食指和其他手指稍离开，虎口压住上平面与左上斜面的交线，拇指包绕左平面，反手击球时拇指可直伸紧贴左平面。

2. 东方式握拍法

动作方法："V"字形虎口对准拍柄右上斜面，拇指与绕环球拍拍柄的中指接触，手掌与食指下关节压住拍柄右垂直面，食指稍离开中指，拍柄底部与手掌根部齐平。

3. 西方式握拍法

动作方法：右手掌根贴住右下斜面，"V"字形虎口对准拍柄的右垂直面，食指微曲与中指分开约 2～3 厘米，正反手用同一拍面击球。

4. 半西方式握拍法

动作方法：右手掌根贴住右下斜面，"V"字形虎口对准拍柄的右上斜面。食指微曲与中指分开约 2～3 厘米。

5. 反手握拍法

动作方法："V"字形虎口对准拍柄左上斜面处，手掌根部贴住拍柄的左上斜面，与拍柄底部齐平。拇指末节贴住左下斜面，食指与其他手指稍微离开，食指下关节压在右上斜面上。右手是东方式反手握拍法，而左手是东方式正手握拍法，握在拍柄的前方。

6. 反手单手握拍法

动作方法："V"字形虎口对准拍柄左上斜面处，手掌根部贴住拍柄的左上斜面，与拍柄底部齐平。拇指末节贴住左下斜面，食指与其他手指稍微离开，食指下关节压在右上斜面上。

二、底线正手击球技术

1. 基本动作

正手击球是完成进攻性击球常用的技术之一，是高质量击球的基础。

动作方法：两脚开立比肩略宽，双膝微屈呈半蹲状，身体前倾，重心落在前脚掌上，右手握拍，左手轻托拍颈，拍面垂直地面并指向前方。转动双肩，左手放开拍颈摆向身体侧前方，右手自然向后引拍，同时，左脚向身体侧前方迈步，下肢呈半弓步腿型，击球时左脚蹬地，腰部转动带动拍子从后向前方挥动，在左脚侧前方进行击球。最后，拍头沿着球飞行的方向继续向前、向上挥动，至左肩上方，左手接住拍颈，动作结束(图8-3)。

图 8-3　正手击球

动作重点：击球时拍面垂直于地面，击球的中下部。

动作难点：脚下步伐移动准确，调整到最舒适的击球距离，击球时充分利用转体的力量。

2. 练习方法与手段

①无球状态下进行挥拍练习。

②对墙击球练习。

③在场地上进行多球练习，即一人供球，练习者利用正手击球技术连续击球。

④双人隔网击球练习，即两人隔网站在中场线上，进行小场地来回击球练习。

3. 易犯错误及纠正方法

①向后引拍时身体没有转动侧身，动作紧张等错误，可徒手放松体会身体转动的感觉，再加上拍子体会身体放松转动并带动手臂引拍的方法进行纠正，形成前肩侧对球网。

②不能准确击到来球，可把左手举起来，放在身体的侧前方与左肩指向同一方向，在来球时左手指向来球，或者反复对墙练习等方法进行纠正。

③击球时距离判断不准确，可采用专项的步伐练习，击球时保持拍面垂直地面，肘关节适当弯曲，缩紧手腕等方法纠正。

④击球时发不出力量，可采用击球前左脚主动上步，左手指向来球，球拍向前主动碰撞击球等纠正方法。

⑤随球动作不充分，可采用随挥动作结束时保持拍头朝上，肘关节顺势挥到左肩上方的方法进行纠正。

三、底线反手双手击球技术

底线反手击球技术包括底线反手双手击球技术和底线反手单手击球技术，以反手双手击球技术运用得较为普遍。反手双手击球具有击球力量大、较容易掌握等特点。

握拍方式："V"字形虎口对准拍柄左上斜面处，手掌根部贴住拍柄的左上斜面，与拍柄底部齐平。拇指末节贴住左下斜面，食指与其他手指稍微离开，食指下关节压在右上斜面上。右手为东方式反手握拍法，而左手是东方式正手握拍法，握在拍柄的前方。

1. 基本技术

动作方法：两脚开立与肩同宽，双膝微屈呈半蹲状，身体前倾，重心落在前脚掌，双手握拍，拍面垂直地面并指向前方。判断来球后，看准来球路线，根据球反弹的情况，右脚上步同时扭转腰、髋进行引拍，配合转腰，手臂带动球拍从球后方一直向前上方挥拍，在右髋稍前处击球。击球后，拍头沿着球飞行的方向前上随挥，挥拍在右肩上方结束(图 8-4)。

图 8-4　反手双手击球

动作重点：身体保持放松，利用腿部与腰部转动的力量带动拍头击球中下部位。

动作难点：正确掌握击球距离，击球时，大腿、腰、腹协调配合发力。

2. 练习方法与手段

①进行左手徒手挥拍。

②无球状态下进行模仿练习。

③对墙击球练习。

④在场地上进行多球练习，即一人供球，练习者利用正手击球技术连续击球。

⑤双人隔网击球练习，即两人隔网站在中场线上，进行小场地地来回击球练习。

3. 易犯错误及纠正方法

①肩部没有向后转动，引拍幅度太高。采用一同伴用手拉住拍头，练习者用力做击球动作，以体会发力感觉；持拍手的前臂贴着腹部引拍，引拍动作结束时，球拍柄底部对向球网的方法进行纠正。

②姿势不正确造成击球无力。徒手挥拍，体会腿部与腰部转动发力的协调配合，让身体与球拍融为一体同时转动发力。

四、底线反手单手击球技术

反手单手击球动作是回击身体左侧来球的击球技术，也是较为多见的击球动作之一。

握拍方式："V"字形虎口对准拍柄左上斜面处，手掌根部贴住拍柄的左上斜面，与拍柄底部齐平。拇指末节贴住左下斜面，食指与其他手指稍微分开，食指下关节压在右上斜面上。

1. 基本动作

动作方法：两脚开立与肩同宽，双膝微屈呈半蹲状，身体前倾，重心落在前脚掌上，右手握拍，左手轻托拍颈，拍面垂直地面并指向前方。引拍时，右脚向前迈出，由转肩带动球拍后引，重心落在前脚。击球时，前脚蹬地并转腰，球拍由后向前方挥出击球，在右脚左侧前方击球。击球后，握拍手臂做扩胸动作，右手手臂继续向上向前伸展(图8-5)。

1　　　　2　　　　3　　　　4

图 8-5　反手单手击球

动作重点：击球前，身体躯干充分转动，击球时，持拍手腕向前推，击球的中下部位。

动作难点：保持击球点在身体前方，大臂带动小臂发力。

2. 练习方法与手段

①徒手进行挥拍练习。

②持拍无球挥拍练习。

③对墙击球练习。

④在场地上进行多球练习，即一人供球，练习者利用正手击球技术连续的进行击球。

3. 易犯错误及纠正方法

①击球点过前或过后，要对来球做出正确的判断，步伐积极主动地调整，不能过多依赖于前臂力量，造成击球点距离太远或太近；还可以提前向后引拍做好转肩动作，击球时上体保持住平衡，膝关节弯曲，降低重心，保持身体平衡。

②击球时肩部过早打开，造成击球方向不稳定。挥拍练习时，可采用非持拍手手提重物，限制身体全部打开的方法进行纠正。

五、网前截击球

截击技术是单、双打比赛中网前取得成功的关键之一，是一项不可缺少的得分技术。

1. 基本技术

(1)网前正手截击球

握拍方式：大陆式握拍。

动作方法：双膝弯曲，重心稍前，球拍在身前，击球前必须转动上体和肩部，带动球拍稍向后打开；拍头朝上；击球时，手腕紧张，在身体前 15～50 厘米处迎击球；击球时，握紧球拍、绷紧手腕向前下方推送来球，击球后有微微的向下随球动作(图 8-6)。

1   2   3   4

图 8-6　网前正手截击球

动作重点：击球时手腕紧张向前推送来球，拍面保持展开状态，击球的中上部位。

动作难点：抢在回球过网最高点击球，充分利用身体向前的力量击球，靠身体重心向前压的爆发力来带动手臂进行击球。

（2）网前反手截击球

握拍方式：大陆式握拍。

动作方法：击球前转肩转体，使上身和球飞来的路线成平行方向，同时球拍后摆至肩部，拍头向上；击球时，球拍向前做简短的撞击动作，在身体左侧前上方击球；击球瞬间，手腕绷紧，握紧球拍拍面略后仰，左手控制在身体左侧方，以保持平衡(图 8-7)。

图 8-7　网前反手截击球

动作重点：击球时手腕紧张，重心降低，击球的中上部位。

动作难点：抢在回球过网最高点击球，充分利用身体向前的力量击球，保持击球点在身体前方。

2. 练习方法与手段

①正、反拍截击球挥拍练习。

②多球练习，一人供球，一人练习。

③两人一组，隔网截击球对练。

六、发球

发球是网球比赛很有特色的环节，是比赛中唯一由自己掌握，不受对方影响的重要技术。好的发球即可直接得分，又可为发球后的进攻创造条件。

握拍方式：大陆式握拍法或东方式反手握法。

1. 基本技术

（1）发平击球技术

动作方法：两脚分开与肩同宽，侧身对场地，重心落在前脚上，手心托住球，利用手臂向上的惯性使球平稳、垂直地向上抛出；抛球的同时，持拍手臂以肩关节为轴由前方开始从下向后上方摆起，同时做屈膝、停顿、转体、展肩动作，后摆完成时拍头指向天；当球落到击球点的瞬间，迅速击球后上部，手臂与身体充分伸展，眼睛盯住球，击球后，继续保持完整的向前下方的随挥动作，结束在身体的左下方，左脚跨过端线进入场区以准备回击对方来球，动作结束后身体面对球网(图 8-8)。

1 2 3 4 5

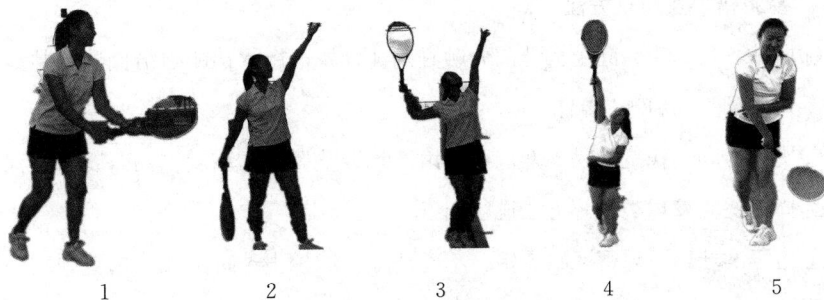

图 8-8 发平击球技术

动作重点：发球时，重心由前向后做瞬间的停顿，靠腰腿的蹬转向上前方发力，击球时大臂带动小臂向前方做鞭打动作将球击出。

动作难点：全身协调用力，跳至最高点击球，手臂充分地伸展开，在头顶的斜上方击球。

(2)发上旋球技术

握拍方式：大陆式握拍法或东方式反手握法。

动作方法：发上旋球技术动作与发平击球动作一样，区别在于抛球位置略靠后，击球的侧下方，击球时的拍面向上打开，触球的同时拍头向右前方挥动(图 8-9)。

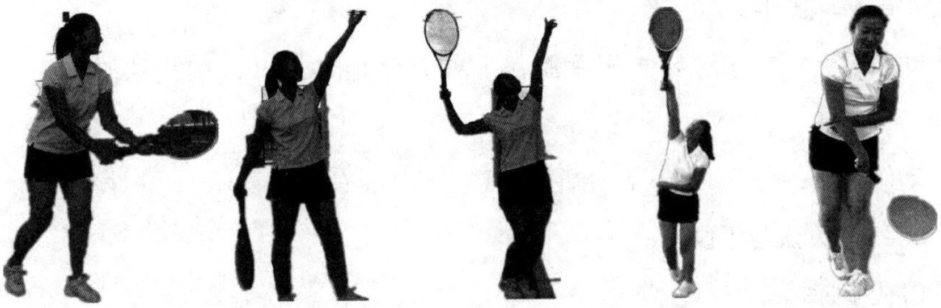

1 2 3 4 5

图 8-9 发上旋球技术

动作重点：发球时击球的侧下方。

动作难点：全身协调用力，跳至最高点击球，手臂充分地伸展开，在头顶的偏斜后方击球。

2. 练习方法与手段

①双脚前后开立，侧身对网，将拍子紧贴前脚尖放置，抛球手臂持球，将球抛到前方拍子的拍面上进行抛球练习。

②用羽毛球拍或是柳条进行鞭打动作的练习。

③在墙上画一条与网齐高的线，并在墙上画出 1.5 米高的横线，发出的球

高过横线进行发球练习。

3. 易犯错误及纠正方法

①抛球不稳。手臂向上抛球前先触碰前腿，找一个平稳的点给抛球手并能借助手臂的反弹力将球抛起。

②发球方向不稳定，易下网。可采用不断调整抛球的高度和拍面展开的程度，选择合适的发球类型等方法进行纠正。

③击不准球。可采用双眼要始终不离开球，球拍击球时头部抬起看到球拍触球到球，随球动作时保持头部直立，双眼平视前方等方法纠正。

七、高压球

高压球是指在头顶的前上方将小臂和拍头"甩"出去的动作，基本动作与发球相似。根据对方挑过来的球高低程度不同，高压球分为落地高压和凌空高压两种。高压球杀伤力大，更容易得分。

握拍方式：大陆式握拍。

1. 基本技术

动作方法：当对方挑出的球较高时，快速侧身，眼睛盯球，脚下积极移动，前手指球，后手引拍准备，当球到击球高度时，以最快的速度转肩，整个手臂伸直，当球拍接近球时，做收腹、挥臂、扣腕动作，使球拍前挥，通过手腕的扣击将球击出。

动作重点：击球时要扣压手腕，手臂充分地伸展开，在头顶的斜上方击球。

动作难点：脚下步伐积极调整，判断好球下落的时间。

2. 练习方法与手段

①徒手挥拍练习。

②对墙反弹高压击球练习。

③一人挑高球，另一人练习压高球。

八、挑上旋球

挑上旋球技术主要是对付网前进攻，是指还击的球越过网前对手的头顶落入对方场区。挑上旋球技术分为防守型和进攻型两种。

1. 基本技术

动作方法：准备时，将球拍做好充分的后摆；击球时，大臂带动小臂手腕放松，快速向前上方挥拍，击球的下部，使球获得充分旋转。

动作重点：击球的中下部位，击球瞬间小臂向前向上快速挥拍。

动作难点：充分利用大臂的力量带动小臂。

2. 练习方法与手段

①徒手挥拍练习。

②自抛球挑高球练习。

③两人对挑高球练习。

④一人挑高球，一人高压球或抽球练习。

第三节　网球运动基本战术

一、战术的指导思想

1. "稳"字当头

网球练习或比赛要有耐心，击球要稳，减少失误。不要滥用自己还不熟悉的打法，一般击球落点在距边线 60 厘米以内的区域。

2. 底线相持

无论进攻型或防守型的选手，都遵循把球回到对手场地的深区原则。球的落点应在离端线 60～90 厘米处，有充分的旋转，以便自己有充足的时间对回击球做出反应，又能阻止对方提前展开进攻。

3. 网前截击

网前截击可以使回球的速度更快，有效范围增大，让对方回位调整的时间变短，同时提高战术的完成质量，使场上局势更为主动。

二、单打战术

1. 发球上网

发出质量较高的球，压制对方回球质量，判断准确回球方向，找准时机果断上网；移动到发球线与网之间，有利于技术的发挥，形成直接发球上网得分或迫使对方回球失误。

2. 底线打法

底线打法首先要将球打深，落在端线前，同时利用落点调动对方或寻找对方弱点作为突破，寻找战机，上网截击。

3. 综合打法

针对对手的技术特点，采用灵活多变的打法。若对手习惯上网击球，可采用挑高球技术迫使对手后退；若对手底线技术很好，可适当放些小球诱使对手上前，再用力将球打深来调动对手。综合打法就是将底线和上网两种打法结合起来，根据场上情况，随机应变。

三、双打战术

网球双打对技术的要求很细腻，它的战术较多元化，在场上的运动更为灵活，但对体力要求较低，有很强的趣味性，适合各年龄层次的人参加。

1. 双打站位

双打时一般让技术水平较高的选手站在左区，或者由正拍技术较好的选手站在右区，反拍技术较好的选手站在左区。发球和接发球时一般是由发球员站在中点与单打线中间，发球员的同伴站在发球线和球网之间，并稍偏向单打边线；接球员站在右区端线靠近单打线处，同伴站在发球线前边，略靠近中线与前半场。

2. 双打配合

网球双打比赛，一般要求两人一前一后站位，相互之间的技术水平相当，配合默契。当同伴移动出有限区域内击球时，自己应迅速地保护空当区域；当同伴退到底线接高球时，自己不应继续留在网前，而应后退一步到中场或后场，使两人处于最佳防守位置；当对手上网时，自己可以挑进攻性高球，迫使对方退回后场。双打的战术更灵活，更需要两人的默契配合。

第四节　网球运动场地和竞赛规则简介

一、网球场地

国际网联和国家体育总局颁布的《网球竞赛规则》中规定，标准网球场地的占地面积不小于36.60米(长)×18.30米(宽)。有效双打场地标准尺寸为23.77米(长)×10.97米(宽)，有效单打场地标准尺寸为23.77米(长)×8.23米(宽)。网柱中心距单打边线外沿0.914米，网柱顶端距地平面为1.07米，球网中央高为0.914米(图8-10)。

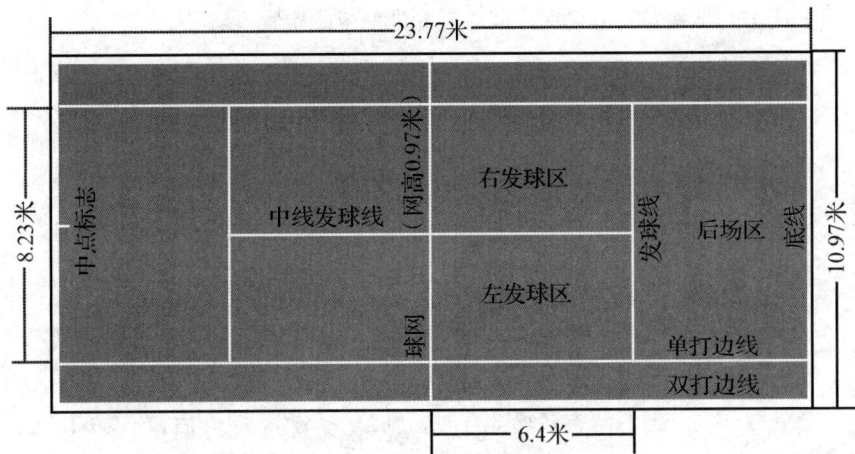

图 8-10　网球场地

二、比赛规则

1. 选择权

①第一局比赛开始前以掷钱币的方法来决定选择权。

②选择发球或接发球，对方选择场区。

③选择场区，对方选择发球或接发球。

2. 发球员的站位

发球员在发球前，应先从右区端线后发球，不得踩线。得(失)1 分后，应换到左区发球。这样每得(失)1 分就轮流交换发球位置。如发球位置错误而未察觉，比分仍然有效，一旦察觉，应立即纠正。发出的球在对方还击前，应从网上越过落到对角的对方发球区内或其周围的线上。发球员有 2 次发球机会，如第一次发球失误后，应在原位置进行第二次发球，第二次发球失误算失 1 分。

3. 有效还击

①球触球网、网柱、单打支柱、网绳或中心带后，从网上越过落入对方场区内。

②对方发出的或还击的球，落在本方有效场区内又反弹回对方场区上空时，本方运动员挥拍过网击球，球落到对方场区内，其身体、衣服或球拍并未触及球网、网柱等场内固定物。

③球从网柱或单打支柱以外还击至对方场区。

④合法击球后，球拍随球过网。

⑤对方发出或击出的球，碰到本方场区内的另一球，而还击的运动员仍能将球回到对方场区。

4. 失分

①击球不过网。

②在球第二次落地前未能将球还击过网。

③还击的球触及对方场区界线以外的地面或固定物。

④故意用球拍拖带或接住球。

⑤"活球"期间运动员的身体、球拍或穿戴物触及任何固定物。

⑥过网击球。

⑦除握在手中的球拍外，运动员其他部位触球。

⑧抛拍击球。

5. 胜一局

第1分为"15"，第2分为"30"，第3分为"40"，第4分为"一局结束"。赢得4分者胜一局。但遇双方各得3分时，则为"平分"。平分后，一方须净胜2分，便胜该局。

6. 胜一盘

先胜6局并且领先对方2局(6:0，6:1，6:2，6:3，6:4)的运动员或队，才能赢得该盘。如果局数为6平，则第13局采用"抢七"局的办法。

7. "抢七"局

先获得7分并且领先对手2分(7:0，7:1，7:2，7:3，7:4，7:5)的运动员或队赢得该"局"和该"盘"。否则，该局继续进行直到一方领先2分为止。

思考与练习

1. 网球运动是什么时候传入我国的？近年来我国网球发展如何？

2. 底线正手技术的重点有哪些？

3. 网球运动的发展前景如何？

知识拓展

进入网球场须知

①禁止在网球场内吸烟，嚼、吐口香糖，乱扔果皮、纸屑。

②禁止穿硬底皮质鞋子进入场地内活动。

③在网球场内活动人员不得故意用球向球网上打，不得随意挪动球架等设备。

④儿童无监护人陪同不得单独在网球场上活动，否则后果自负。

⑤网球场内未经允许禁止开展其他任何活动。

⑥活动人员进入网球场范围内应服从管理人员的管理，若出现违规现象，管理人员有权要求其离开网球场。

第九章

篮球运动

学习目标

　　了解篮球运动的起源与发展、特点和健身价值；基本掌握篮球的运球、传球、投篮的基本技术要领；学习篮球运动的基本战术和竞赛规则；能够运用所学的篮球知识和技术参与或欣赏篮球运动。

第一节　篮球运动概述

一、篮球运动的起源与发展

　　篮球运动起源于美国马萨诸塞州斯普林菲尔德市的基督教青年会训练学校，由该校体育教师詹姆斯·奈史密斯于 1891 年发明。最早的篮球竞赛规则，也是奈史密斯先生制定的。1892 年，奈史密斯编写了《青年会篮球规则》，内容归纳为五项原则、十三条规则。

　　1891 年，初创期的篮球运动，没有明确的竞赛规则，场地大小不等，活动人数不限，仅在室内一块狭长的空地两端各放一个桃筐，竞赛时把参加者分成人数相等的两队，分别以横排站在场地两端界限外，当主持竞赛者在边线中心点把近似现代足球大小的球，向场地中心抛起后，两队便集体向球落地点奔跑抢球，随即展开攻守对抗。每次投进桃筐后都从中间抛球重新开始比赛，竞赛中主要以单兵作战为主要形式，布阵的战术配合还在朦胧阶段。

进入 20 世纪 30 年代以后，篮球运动迅速向世界各国推广发展，技术水平不断提高，单兵作战的基本形式逐渐被掩护、协防、策应、突破等几个人的相互配合所充实。为了适应并推动世界各国篮球运动的普及与发展，1932 年在瑞士的日内瓦，由葡萄牙、罗马尼亚、瑞士、意大利、希腊、拉脱维亚、捷克斯洛伐克、阿根廷 8 国组织成立了国际业余篮球联合会，到了 20 世纪 40 年代末，进攻中的快攻、掩护、策应战术，防守中的人盯人防守、区域联防等战术阵形和配合，已被各国篮球队所采用。20 世纪 50 年代，第二次世界大战结束后，世界进入了和平发展时期，篮球运动在世界范围内广泛普及，国际篮联的会员国迅速增加，国际大型运动会都将篮球列为正式比赛项目。篮球运动技术战术的创新发展，规则与技战术之间的不断制约和相互促进，促使篮球运动员身高加速增高，由此，一种利用高大队员强攻篮下的中锋打法风行一时，篮球运动进入了一个向"高大"发展的新时期。至 20 世纪 60 年代，世界篮球运动开始形成以美国为代表的高度和技巧结合的美洲型打法；以苏联为代表的高度与力量结合的欧洲型打法；以韩国、中国为代表的小、快、灵、准相结合的亚洲型打法，篮球运动跨入普及、发展与提高的新时期。20 世纪 70 年代以后，现代篮球运动进入全面提高时期，运动员身高迅速增长，逐渐形成组合技术和综合战术，攻守对抗日趋激烈，并向着既重力量又重技巧、既有高度又有速度的方向发展。进攻中，全面的对抗技术、快速技术、高空技术在结合运用中进入技巧化。1990 年，国际业余篮球联合会更名为国际篮球联合会，并取消了对职业篮球运动员参加国际篮球比赛的限制，众多优秀职业篮球运动员给国际篮坛带来了新观念、新技术和新战术。特别是在 1992 年巴塞罗那举行的第 25 届奥运会，美国"梦之队"以及 1994 年第 12 届世界男篮锦标赛"梦二队"的篮球技巧表演，把这项运动技艺表现得更加充实完美，战术打法更为简练实用，世界篮球运动发展跨入寓竞技化、智谋化和艺术化于一体的新时期。

二、篮球运动在我国的发展状况

篮球运动是 1895 年由美国基督教青年会传教士、青年会第一任总干事来会理传入我国天津的。1895 年 12 月 8 日，天津基督教青年会举行了我国第一次篮球游戏表演，此后，篮球运动逐步由天津向全国传播、推广。多年来，篮球运动逐渐成为我国广大人民群众喜闻乐见的体育运动项目。

篮球运动在我国的传播、普及、发展、提高受不同时期政治、经济、文化、教育等各方面因素的影响。1914 年，在第二届全运会上，篮球被列为男子正式竞赛项目；1924年，在第三届全运会上被列为女子正式竞赛项目。此后，篮球运动逐渐在社会上活跃起来，如在华北等地区性的运动上，篮球也最先被列为正式的比赛项目，这对推动我国篮球运动的发展起到了积极作用。在中华人民共和国成立前夕的1949年8月，京津两地大学生组队参加了匈牙利布达佩斯举行的第10届世界大学生夏季运动会篮球赛，获第6名。1952年，中华全国体育总会成立，此后，我国篮球运动进入了空前的普及、发展和提高时期。经过多年的实践，逐步形成了群众性篮球活动、学校篮球活动、篮球竞赛与篮球理论研究为一体的中国篮球运动体系。1972年12月，体育总会在全国篮球训练工作会议上总结经验，把握篮球运动规律和发展趋势，从中国实际出发，确定了"积极主动""勇猛顽强""快速灵活""全面准确"的篮球运动训练指导思想和贯彻"三从一大"的科学训练原则，篮球运动得到了迅速恢复与发展。我国男、女篮球队开始重新活跃在国际篮坛上。1974年，我国第一次参加亚洲运动会篮球比赛。1975年，中国篮球协会在亚洲业余篮球联合会合法席位得以恢复。1976年，国际业余篮球联合会通过决议，恢复中国篮球协会在该会中的合法席位，并承认中华人民共和国篮球协会是中国在国际业余篮球联合会中唯一合法组织。1978年，男篮参加第八届世界锦标赛获得第11名。1983年，女篮在第九届世界女子篮球锦标赛中荣获第3名，取得了历史性突破。1979年，国家实行改革开放政策，我国篮球界不孚众望，深化改革，严格训练，严格管理，对外加强了交流，篮球运动进入最佳发展时期，在世界和洲际性竞赛中不断获得优异成绩。

随着我国社会主义市场经济的建立，体育战线进一步深化改革，我国篮球运动更新观念、转变思想、大胆改革、勇于创新。从1995年底开始，中国篮球联赛的赛制改为了跨年度的主客场联赛。这一改革举措促使中国的篮球运动又进入了一个新的发展时期。

三、篮球运动的特点和健身价值

篮球运动是由两队队员在规定的场地内，在一定规则的约束下，通过个人技术和团队战术来进行进攻和防守转换，以把球投入对方篮框内得分，并且最终以得分多少来判定胜负结果的运动项目。

1. 篮球运动的特点

(1)集体协同性特点

篮球运动是以两队成员相互协同攻守对抗的形式进行的。竞赛过程，只有集整体的智慧和技能，发挥团队精神，协同配合，才能获得最佳成效。

（2）全方位立体对抗性特点

①地面对抗。由于篮球运动攻守对抗竞争是在狭小的场地范围内快速、凶悍的近身进行的，获球与反获球的追击、抢夺与限制、反限制，其拼智、拼技、拼体、拼力，不仅需要有聪颖的智慧，还需要特殊的体能、剽悍的作风、顽强的意志与必胜的决心。篮球运动竞争的过程，即陶冶这种作风、精神的过程。

②高空对抗。篮筐悬空 3.05 米，通过进攻与防守向对方篮筐投篮或防止对方向我方篮筐投篮是其特殊的特点。因此，篮球运动要求运动员具有特殊的制球与制空能力。

（3）教育性特点

从社会学的角度说，篮球运动是一项有着广泛群众基础和巨大社会影响的体育项目，篮球比赛和各种篮球活动过程中充满着教育因素。现代篮球运动与科学技术的进一步有机融合，加上自身整体的特殊活动形式产生的功效，已成为社会文明进步和人们喜闻乐见的人文景观，它引发种种有趣的竞技史事和人物故事，给人以观赏赞誉，增智教育，可以成为在不同人群中进行社会性人本教育的直观课程。

（4）增智性特点

现代篮球运动竞技拼争日趋凶悍激烈的基础是智慧、技艺、体能和默契的组合，所以篮球运动具有特殊的观赏性。如何扬长避短，克敌制胜，除需自身的身材条件、体能素质水平、技能、意志作风等保障外，更需人文修养、智慧、计谋和精湛的技艺作保障，用此调动对方。因此，从事篮球活动需要技艺上精益求精，使自己达到"艺高人胆大，胆大艺更高"的境地，同时还需要在实践中刻苦磨炼，博览群书，充实自己的智能结构，使自己更聪明。所以，篮球运动使从事者更加聪慧、健魄。

2. 篮球运动的健身价值

篮球运动是一项娱乐性较强的全身性健身运动，不受年龄、性别限制，现已非常普及，成为丰富大学生业余文化生活的重要内容。

篮球运动是要求参加者在场上既要不断地快速奔跑，又能急起急停。经常参加篮球运动的人，通过跑、跳、投的锻炼，就可以使人体的协调性、灵活性和应变能力得到很大的提高。

篮球运动员在场上完成许多复杂的动作时，要做得十分准确才能起到应有的效果，而这在很大程度上要依靠人体运动分析器对肌肉感觉做精确分析才能实现。长期进行篮球运动，就可以提高人体运动分析器对肌肉感觉的精确分析度。

篮球运动不仅可以使参加者肌肉变得更加结实有力，而且也可以使他们的心血管机能得到明显的提高。正常人安静时心率为 75 次/分钟左右，每次心跳只能输出 50～60 毫升血液。而篮球运动员安静时心率为 50～60 次/分钟，每次心跳输出血液可达 80～100 毫升。这是篮球运动员心脏肌肉强壮有力、机能良好的一种表现。

第二节 篮球基本技术

篮球技术是篮球比赛中为了达到一定目的而专门采用各种动作方法的总称，也是篮球运动进攻和防守技术体系的总称。

一、移动技术

移动是篮球比赛中队员为了改变位置、方向、速度和争取高度等所采用的各种脚步动作方法的通称。

根据技术的特点，移动可分为平动的技术动作、转动的技术动作、跳动的技术动作。

1. 移动技术动作方法

（1）起动

起动是队员在场上由静止状态变为跑动状态的一种脚步动作。

（2）跑动

场上队员的跑动包括变向跑、变速跑和侧身跑。变向跑是队员在跑动中突然改变方向并加快速度来摆脱防守的一种方法。变速跑是队员在比赛中利用速度变换来完成攻守任务的跑动方法。比赛时，队员在跑动中为了更好地摆脱或超越对手，同时观察场上变化以接应队员，经常采用侧身跑。

（3）急停

急停的动作有以下两种。

①跨步急停（两步急停）。队员快速跑动到最后两步时，先向前迈出一步，用脚后跟着地并过渡到全脚掌抵住地面，迅速屈膝，同时身体稍向后仰，转移重心，减缓向前的冲力。第二步着地时，身体侧转，脚尖稍向内转，用前脚掌内侧蹬地，两膝弯曲，重心落在两脚之间（图 9-1）。

图 9-1　跨步急停

②跳步急停(一步急停)。队员在近距离慢跑中,用单脚或双脚起跳(离地不高),上体稍后仰,两脚同时落地。落地时用前脚掌内侧着地,两膝弯曲,下降重心,保持身体平衡(图 9-2)。

图 9-2　跳步急停

(4)滑步

滑步是防守移动中的一种主要方法,它易于保持身体平衡,可向任何方向移动。

①前滑步。由前后站立姿势开始,向前滑步时,前脚向前跨一小步,与此同时,后脚用力蹬地向前滑一步,保持开立姿势。注意屈膝降低重心(图 9-3)。

图 9-3　前滑步

②侧滑步。由两脚平行站立姿势开始,向左侧滑步时,左脚向左跨出,落地的同时,右脚蹬地滑动,跟随左脚移动,保持屈膝低重心的姿势。身体不要上下起伏,两脚不要交叉,重心要落在两脚之间。向右侧滑步时动作相反(图 9-4)。

图 9-4　侧滑步

2. 练习方法与手段

①基本站立姿势(面向、背面、侧面),听或看信号起动跑的练习(图 9-5)。

图 9-5　基本站立姿势

②自抛或别人抛球后,迅速起动快跑,把球接住。

③成一路纵队,采用全场"之"字形急停急起。练习时,一名队员急停变向后,第二名接上再做,依次进行。

④看手势做前、后、侧滑步以及后撤步练习,全场"之"字形滑步练习。

⑤两人一组,一攻一守练习。

⑥两人一组,一人运球做各种变向、变速运球,另一人根据对方运球做相应的防守动作。

3. 易犯错误与纠正方法

①移动时低头,不注意观察。纠正方法:可采用看教师手势进行移动练习或组织竞赛性练习,以提高观察判断能力。

②起动时,上体不能快速前倾,两臂摆动与脚蹬地无力。纠正方法:讲解示范,强调起动蹬地、摆臂的用力方法,采用由原地慢跑变快速碎步跑、追逐跑练习或自抛自接球起动练习等,以提高起动时蹬地的协调配合。

③侧身跑时,头和上体未转向有球方向或边跑边回头,脚尖没朝向跑的方向,而形成交叉步跑、滑跳步跑。纠正方法:强调动作要领,正误对比示范,在练习中教练及时提醒"侧身看球""脚尖向前"等,还可围绕中圈、罚球圈做侧身跑练习。

④急停不稳,重心前移,甚至走步违例。纠正方法:强调动作要领,通过示范建立正确的技术动作概念,可做走动中急停练习,体会急停时脚用力制动的方法,也可做跑动中急停练习,掌握前脚掌用力蹬地,屈膝降低重心,保持身体平衡和全身的协调配合。

二、传、接球技术

传、接球是篮球比赛中队员之间有目的地转移球的方法，是队员在场上相互联系和组织进攻的纽带，是实现战术配合的具体手段。

1. 传球技术

(1)持球

正确的持球姿势是一切传球动作的前提。持球时，双手自然分开，拇指相对成"八"字形，用指根以上部位握住球的两侧后下方，手心空出，两臂弯曲，肘关节下垂，持球于胸前。

(2)双手胸前传球

双手胸前传球是一种最基本、最常用的传球方法。

动作要领：以基本姿势站立，双手持球胸前，传球时后脚蹬地，重心前移，同时两臂前伸，手腕由下向上翻转，拇指用力下压，食指、中指用力弹拨将球传出。出球后手心和拇指向下(图 9-6)。

图 9-6　双手胸前传球

动作要点：手臂前伸与手腕后屈的协调，伸臂与拨腕指的衔接。

(3)双手头上传球

双手头上传球出手点高，适合高大队员使用。

动作要领：双手持球于头上，前臂前摆，手腕前扣并外翻，同时拇指、食指、中指用力向前拨球传出(图 9-7)。

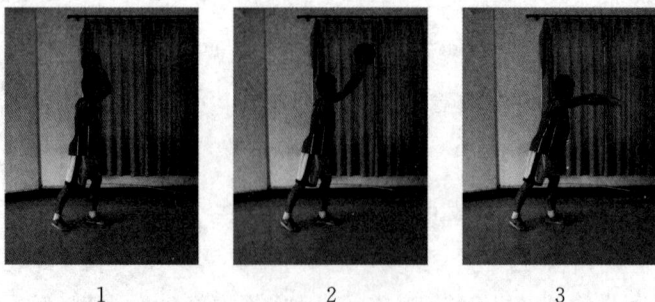

图 9-7　双手头上传球

动作要点：摆臂与拨腕指的衔接。

(4)单手肩上传球

单手肩上传球是篮球运动中经常运用的一种最基本的远距离传球方法。

动作要领：以右手传球为例。传球前，左脚向前跨半步，向右转体将球引至右肩侧上方，到达合适传球位置后，以肘关节为轴，借助下肢蹬转或腰腹转动的力量，顺势带动前臂的挥动，手腕、手指前屈，球通过指端旋转传出(图9-8)。

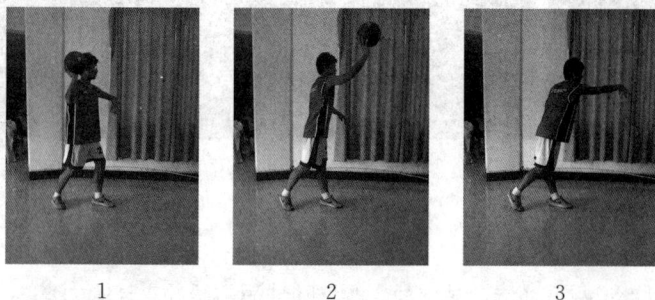

图 9-8　单手肩上传球

动作要点：转体挥臂、蹬腿与身体重心前移协调连贯。

(5)反弹传球

反弹传球是最常用的一种近距离隐蔽传球方式，是小个子队员对付高大防守者或中锋传给往球篮方向切入的同伴的有效方法。

动作要领：双手掌心向下，置球于胸腹之间。用手指、手腕弹拨球传出。反弹点落于离接球队员三分之一处。反弹高度在接球队员腰膝之间(图9-9)。

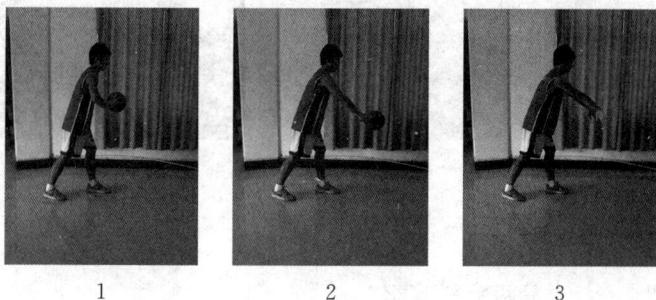

图 9-9　反弹传球

动作要点：球速要快，击点准确。

2. 接球技术

(1)双手接球

双手接球是最基本的接球方法，也是比赛中运用最多的动作技术之一。

动作要领：双手接球时，两眼注视来球，两臂伸出迎球，手指自然分开，两拇指成"八"字形，手指向前上方，两手成一个半圆形。当手指触球后，两臂随球后引缓冲来球的力量，两手握球于胸腹之间。接球后保持身体平衡，做好传球、投篮或突破的准备。在传来的球高度不同时，两臂伸出迎球的高低也有所不同(图9-10)。

图 9-10　双手接球

动作要点：两臂迎球，触球后，两臂随球后引缓冲来球的力量。

(2)单手接球

单手接球控制的范围大，能接来自不同方向的球。但是单手接球不如双手接球牢稳，因此，在一般情况下尽量用双手接球。

动作要领：接球时，手掌成勺形，手指自然分开，右臂向来球的方向伸去。当手指接触球时，手臂顺势将球向后下引，左手立即握球，双手将球握于胸腹之间，保持基本持球姿势(图9-11)。

图 9-11　单手接球

动作要点：触球后两手配合握球。

3. **练习方法与手段**

①原地对墙做各种传接球练习。

②两人一组做各种传接球练习。

③迎面传接球。

④行进间两人传接球：把人数分成相等的两组站在端线后，两人一组传接球上篮后交给对面的另一组做同样的练习。

⑤行进间三人传接球：练习方法同上，要求三人传球时，中间队员稍后与左右两名同伴成三角队形，每次传球必须通过中间队员。

⑥三人"8"字围绕传接球：传球人始终从接球者身后绕切至前面接球。

4. 易犯错误和纠正方法

①持球手形不正确，掌心触球，传球无力。纠正方法：队员观察教练员、图片或录像上的正确持球手形。可采用两人持一球相互推传练习方法，使队员体会正确的出手用力方法。

②双手持球，两肘外张，传球时形成挤球动作。纠正方法：教练员讲明正确持球手形，分析肘外张多是手指朝上握球，两臂与肩、手腕、手指紧张所造成。练习时，要求队员握球手形正确，上肢各部位肌肉放松。

③双手传球时用力不均匀，传出的球侧旋。纠正方法：保持正确的基本站立姿势和持球手法。两人一组先做持球和不持球的传球模仿练习，体会传接动作的连贯性和上下肢的协调配合；然后由慢到快、由近到远的两人传接球练习，体会两手翻腕、拨指动作。

④接球时手形不正确，手臂未伸向来球方向，无缓冲动作。纠正方法：要求以正确的接球姿势迎球，臂、肘放松，手臂伸向来球方向，接球后顺势后引。两人练习传、接球，掌握接球时机和接球后的缓冲动作。移动中练习接球，提高判断来球方向及速度的能力，加强接球手法与步法的协调配合。

⑤行进间双手胸前传、接球时，手与脚步动作配合不协调，腾空较高，出现交叉步、跳步等。纠正方法：在走动、慢跑中做行进间模仿练习，练习时要求自然跑动。可采用在慢跑中先接、传固定球的练习，再进行跑动中传、接球练习，体会正确动作，逐渐增加练习。

三、运球技术

运球是持球队员在原地或行进中，用单手连续按拍由地面反弹起来的球的一种动作方法。运球的种类很多，有高运球、低运球、运球急停急起、体前换手变向运球、背后运球、转身运球、胯下运球等，不同运球动作的交替组合与变化，能使运球更具有突然性、攻击性和实效性。

1. 基本技术

(1)原地运球(高运球和低运球)

动作要领：右手五指自然张开，以前臂及手腕来带动运球，并且用五指接触球并控制球的方向，运球于身旁的位置(图9-12)。

图 9-12　原地运球

　　动作要点：高运球的高度在胸腰之间，低运球的高度在腰膝之间，非运球手肘抬高以保护球。

　　(2)体前换手变向运球

　　动作要领：以从左手运球到右手运球为例。左手按球的左外侧上方，把球运向右侧，上体由左向右转体，以肩背挡住防守者。右手将球接运于右脚外侧，并快速向前推球疾跑，从防守队员左侧突破(图 9-13)。

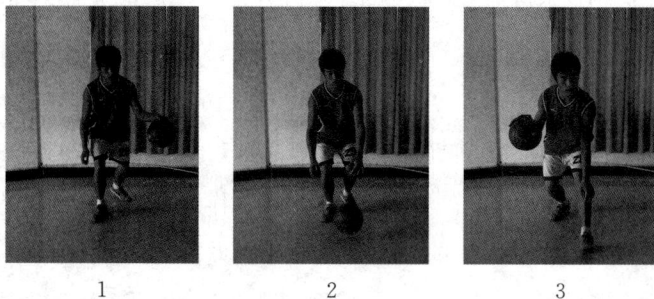

图 9-13　体前换手变向运球

　　动作要点：运球高度要控制恰当，转体迅速。

　　2. **练习方法与手段**

　　①原地运球。听哨音或看手势，做各种运球练习，体会运球动作，增强手感，逐步提高控球能力。

　　②直线运球。分两组或多组，成横队站于端线处。第一组持球行进间高运球至另一端线，返回时换左手运球，然后将球交给下一组，轮流进行。

　　③换手变向运球。每人一球，从球场一边行进间"之"字形运球到另一边后以同样的方法返回。

　　④对抗练习运球。两人一球，全场一攻一防，进攻者采用各种运球方法，从一端进攻到另一端后攻防交换。

　　3. **易犯错误与纠正方法**

　　①运球时低头，不能观察场上情况，易失去进攻机会。纠正方法：可采用

看固定目标或教练手势运球练习。然后可采用甲、乙两人一组，每人一球，甲做各种运球练习，乙观察并跟着甲做各种运球练习。

②运球时，用手打球，而不是用手腕、手指的动作按拍球。纠正方法：教练员讲解并示范运球时是以肩关节为轴，用前臂、手腕、手指力量柔和地随球上、下按拍的动作要领，然后在教练员指导下，队员做原地练习，逐步过渡到行进间运球练习。

③运球时，不能合理地用身体保护球，易被对方打掉。纠正方法：教练员讲解并示范运球时的身体姿势，手臂协调配合方法与防守的位置、距离，使队员能体会保护球的技巧。可组织队员边做运球，边打掉对方球的练习，以提高运球中保护球的能力。

四、投篮技术

投篮是队员将球投入篮筐的一种专门动作，它是篮球比赛中唯一的得分手段，是一切进攻技术、战术的最终目的和全部攻守矛盾的焦点。

1. 基本技术

(1)原地单手肩上投篮

原地单手肩上投篮是各种投篮方法的基础，具有出手点高，便于结合其他技术动作和不易被防守的特点，是应用较广泛的投篮方法。

动作要领：以右手投篮为例，手指自然分开，掌心空出，用指根以上的部位持球，大拇指与小拇指控制球体，左手扶在球的左侧，右臂屈肘，肘关节自然下垂，置球于右肩上方，目视球篮。两脚前后站立，两膝微屈，重心落在两脚掌上。投篮时，下肢蹬地发力，右臂向前上方抬肘伸臂，手腕前屈，食指、中指用力拨球，通过指端将球柔和地投出。球出手的瞬间，身体随投篮动作向上伸展，脚跟微提起(图 9-14)。

图 9-14 原地单手肩上投篮

动作要点：上下肢协调用力，抬肘伸臂充分，用手腕前屈和手指柔和的拨球将球投出，食指、中指控制方向。

（2）原地双手胸前投篮

原地双手胸前投篮是双手投篮中最基本的动作方法。它的优点是投篮的力量大、距离远，便于与传球、运球突破相结合；缺点是投篮时持球和出手点较低，容易被防守队员干扰。

动作要领：双手持球于胸前，肘关节自然下垂，两脚前后或左右开立，两膝微屈，重心落在两脚之间，目视瞄准点。投篮时，上肢随着脚蹬地两臂向前上方伸出，同时两腕内旋，拇指下压，手腕前屈，食指、中指用力拨球，通过指端将球投出。球出手后，两手心自然向下向外翻，脚跟提起，身体随投篮出手方向自然伸展(图9-15)。

1　　　　2　　　　3　　　　4

图 9-15　原地双手胸前投篮

动作要点：自然屈肘下垂，投篮时两臂用力均衡，前臂内旋，手指拨球用力与下肢动作要协调一致。

（3）行进间单手肩上高手投篮

行进间单手肩上高手投篮是比赛时切入到篮下常用的一种投篮方法。

动作要领：以右手投篮为例，右脚向前跨一大步的同时接球，接着迅速上左脚蹬地起跳，右脚屈膝上抬，双手举球于右肩前上方，腾空后，上体稍后仰，当身体跳到最高点时，右臂向前上方伸展，手腕前屈，食指、中指用力拨球，通过指端将球投出。球出手后掌心朝下，球向后旋转(图9-16)。

1　　　2　　　3　　　4　　　5

图 9-16　行进间单手肩上高手投篮

动作要点：节奏清楚，起跳充分，举球、伸臂、屈腕、拨球动作连贯，用力适度。

(4)行进间单手肩上低手投篮

行进间单手肩上低手投篮是在快速跑动中超越对手后在篮下最常用的一种快速投篮方法。它具有伸展距离远，动作速度快，出手平稳的优点，多在快攻中或强行突破时应用。

动作要领：以右手投篮为例，步法与行进间单手肩上高手投篮基本相同，但在接球后第二步要继续加快速度，向前上方起跳，腾空时间要短。右手将球引至右肩侧前上方，持球手五指自然分开，掌心向上，托住球的下部。投篮时，借助身体上升的惯性，手臂向前上方伸展，用屈腕、挑指的动作，使球由食指、中指端向前柔和地投出。出手后掌心向上对篮，球向前旋转(图9-17)。

图9-17　行进间单手肩上低手投篮

动作要点：腾空时身体向前上方充分伸展，保持托球的稳定性，腕指上挑动作要柔和、协调。

(5)原地跳起单手肩上投篮

原地跳起单手肩上投篮是在原地单手肩上投篮基础上的一种投篮方式，也是现代篮球运动普遍应用的主要投篮方式。它具有突然性强、出手点高而快和不易防守的优点，动作方法与原地投篮相同，只是在空中完成投篮动作。

动作要领：以右手投篮为例，两手持球于胸前，两脚前后开立。两膝微屈，重心落在两脚之间。起跳时，迅速屈膝，脚掌用力蹬地向上起跳，同时双手举球到右肩上方，右手持球，左手扶球的左侧方，当身体接近最高点时，右臂向前上方伸展，手腕前屈，食指、中指拨球，通过指端将球投出。落地时屈膝缓冲(图9-18)。

图9-18　原地跳起单手肩上投篮

动作要点：起跳垂直向上，起跳与举球、出手动作应协调一致，在起跳的最高点出手。

2. 练习方法与手段

①持球模仿投篮练习：成广播操队形，体会原地或跳起投篮的手法和用力过程。

②接球急停跳投练习：两人一组一球，相距 5 米左右。一人跳起做投篮练习，另一人接球急停后跳起模仿投篮练习。体会动作的衔接过程。

③五点定位投篮。三人一个球篮，用一个或两个球，篮下有人捡球，按五点顺序投篮或跳投，每个点投中三个球才能换下一个点。离篮 3～4 米逐渐放远到 5～6 米，并逐渐加快速度，依次练习。

④罚球投篮练习：持球站在罚球线后，原地或跳起投篮。进一步体会投篮手法，协调用力和投篮出手角度。

⑤在三分线区域内做一分钟投篮练习：一人一球自投自抢，先 3 米左右投篮，再把距离拉远投篮练习。

⑥行进间运球投篮练习：把队员分成两组，从中场开始做运球上篮。

⑦行进间全场传接球投篮：三人直线传接球投篮，三人围绕跑动中传接球投篮练习。

3. 易犯错误与纠正方法

①持球手法不正确，五指没有自然分开，用手心托球。纠正方法：重复讲解和示范投篮的动作要点，使学生了解投篮动作的基本结构，建立明确概念。

②肘关节外展，致使上肢各关节运动方向不一致。纠正方法：借助外部条件限制、信号刺激等手段，纠正学生的错误动作。例如，让学生以投篮手臂靠近墙壁做徒手或持球的投篮模仿练习，纠正肘部外展。用信号刺激，如"抬肘""伸臂""压腕"等词语纠正肘关节过早前伸、伸臂不充分以及屈腕、拨指不够或球不旋转等错误。

③行进间急停时第一步过小，第二步又未能缓冲造成身体前冲，控制球能力差。纠正方法：用"跨步""二步小""提膝""出手"等语言信号提醒学生跨步接球、起跳、出手时机等。

④跳起投篮时身体前冲，投篮出手时间或早或晚，上下肢配合不协调。纠正方法：多做徒手练习，使学生体会协调用力和掌握动作节奏。

五、持球突破技术

持球突破是持球队员运用脚步动作和运球技术快速超越对方的一项进攻性很强的技术。

1. 基本技术

(1)交叉步持球突破

动作要领：以右脚作中枢脚为例。突破时左脚先向左跨出一小步(假动作)，而后，左脚前脚掌内侧用力蹬地，同时上体向左侧转，左肩下压，使身体向右前方跨出，将球引向右侧并运球，中枢脚蹬地上步继续运球超越对手(图9-19)。

图 9-19　交叉步持球突破

动作要点：蹬跨积极，转体探肩保护球。

(2)同侧步持球突破

动作要领：准备姿势和突破前的动作要求与交叉步相同。突破时，右脚向右前方跨出一步，向右转体探肩，重心前移，右手运球，左脚前脚掌迅速蹬地，向右前方跨出，突破防守(图9-20)。

图 9-20　同侧步持球突破

动作要点：蹬跨积极，转体探肩保护球，第二次加速蹬地积极。

2. 练习方法与手段

①原地模仿练习。

②运用假动作：做不同的突破技术练习，提高运用动作的变化能力和动作的变换速度。

③半场或全场一对一对抗比赛：两人一组一球，先由一方持球开始进攻，进攻时可以运用交叉步或同侧步突破上篮。如突破成功或投篮命中，进攻者继续进攻，反之则交换。

六、抢篮板球技术

篮球比赛中，抢得篮板球是获得控球权的重要手段，是攻守矛盾转化和比赛胜负的关键，也是衡量运动员个人和全队整体实力的标志。

1. 基本技术

(1)抢进攻篮板球

根据自己场上所处的位置，及时判断出球的反弹方向，快速起动，摆脱防守，抢占有利的位置。采用单脚或双脚起跳，腾空后身体和手臂充分伸展，及时调整重心，用单手或双手迅速将球抢下，落地后进行投篮或将球传出。

(2)抢防守篮板球

攻方投篮时，防守队员应根据自己与进攻队员之间的不同距离，采用不同的挡人方法。然后根据球反弹的方向，及时转身，抢占有利位置，跳起用单手或双手迅速将球抢下来。落地后持球远离对手，便于及时传球或运球。

2. 练习方法与手段

①原地起跳抢球练习，向上自己抛球，然后用双脚起跳，在最高点处将球抢下来。落地屈膝缓冲。体会起跳、空中抢球和落地动作。

②两人一组一球，一人站在罚球线处，传球给篮下的队员。篮下队员接球后把球向篮板上抛出碰板。罚球线处的队员上步用双脚或单脚起跳抢从篮板上反弹起来的球，抢下后把球投进篮圈；数次后交换。

③抢罚球篮板，双方按照比赛中罚球方法进行站位。确定甲方其中一人执行罚球，甲方另外四人和乙方分别站在分位线后。当投球碰板或碰圈弹起瞬间，双方即冲抢篮板球。如投篮命中，则换由甲方的另一名队员罚球；如投篮不中，由抢得篮板球的队罚球。

第三节　篮球基本战术

篮球战术是指在比赛中队员之间有策略、有组织、有意识地协同运用战术进行攻守对抗的布阵行动，是以篮球技术为基础，在战术指导思想和战术意识支配下的集体攻守方法。

一、进攻战术基础配合

1. 传切配合

传切配合是指利用传球和切入技术组成的简单配合(图 9-21)。

图 9-21　传切配合

传切配合的基本要求：

①须有一定的配合空间及合理的切入路线。

②切入队员抓住防守队员选位不及时或注意力分散的空隙，快速起动，或利用假动作摆脱对手。

③传球队员动作隐蔽、及时、准确。

2. 突分配合

突分配合是指进攻队员持球突破防守队员向篮下切入，遇到防守方队员补防时，将球传给因对方补防而漏防的同伴，或传给转移到指定的配合位置上的接应同伴的简单配合方法（图9-22）。

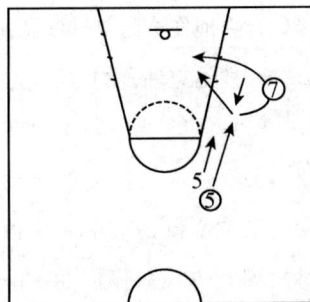

图 9-22　突分配合

突分配合的基本要求：

①队员在突破中动作须快速、突然，在准备投篮时，注意观察攻守队员位置的变化，及时、准确地将球传给进攻机会更好的同伴。

②当持球队员突破后，其他的进攻队员都要摆脱对手，离开原先位置，切向空隙区域，准备接球进攻或抢篮板球。

3. 掩护配合

掩护配合是指进攻队员以自己的身体采取合理的动作挡住同伴防守者的移动路线，使同伴借以摆脱防守的一种方法。根据被掩护者的不同方位而分为侧掩护、前掩护和后掩护（图9-23）。

图 9-23 掩护配合

掩护配合的基本要求：

①掩护者应选择正确的掩护位置和动作，掩护一刹那掩护队员身体是静止的，并与对方队员保持适当的距离，两脚平行站立，两膝微屈，上体微向前倾，两臂屈肘放于体侧或交叉放于胸前，有利于攻守对抗。

②被掩护队员应选择最佳的摆脱角度，以各种进攻动作吸引对方的注意力，隐蔽掩护意图。

③掩护时同伴之间应掌握好配合时机，根据防守变化，组织中投、突破或内线进攻。

4. 策应配合

一般是指处于内线的队员背对或侧对球篮接球，由他作枢纽与外线队员的突切相配合而形成的一种里应外合的方法(图 9-24)。

图 9-24 策应配合

(1)策应配合的基本要求

①策应队员要突然起动摆脱对手，占据有利的策应位置，采用绕步抢前接球动作，接球时两脚开立，两膝弯曲，两肘外展，用身体保护球。

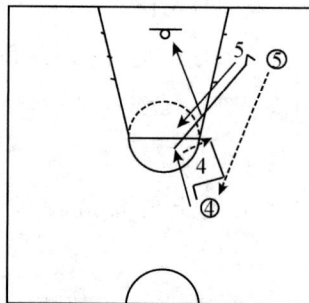

②外线的队员传球后，利用起动速度、绕切的弧度或假动作摆脱防守，接到策应队员的传球后迅速做出投篮、突破、传球的最佳选择。

(2)进攻战术基础配合教学与训练建议

①进攻战术基础配合的教学内容应安排在基本技术教学之后，防守战术基础配合之前进行。首先让队员了解该战术的配合方法、作用、运用时机和特点等。

②教学中应抓住重点教材中的重点部分，以点带面。传切配合重点掌握突破分球的时机、传球方法及切入队员的路线，掩护配合重点强调掩护动作、距离、位置和掩护后的转身及移动方向。策应配合重点强调策应技术动作的运用、绕切的路线及传球的方法。

③在掌握基本的配合方法之后，增加对抗性的练习，以巩固提高配合质量，掌握配合变化规律。

④加强教学、训练组织管理，以及严格要求每个重要教学环节，提高战术意识，为学习整体战术配合打好基础。

二、防守战术基础配合

1. 挤过配合

挤过配合是在对方进行掩护配合时，防守者为了破坏对方的掩护，在掩护者临近一刹那，主动靠近自己的对手，并从两个进攻队员之间侧身挤过去，继续防住自己的对手(图9-25)。

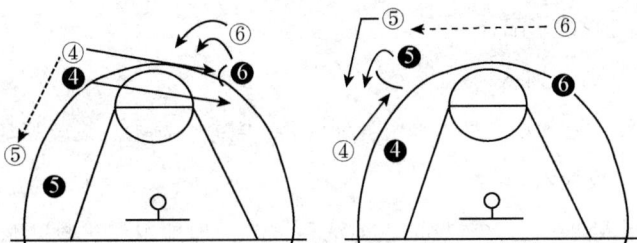

图9-25 挤过配合

2. 穿过配合

对方进行掩护配合时，防守掩护的队员主动后撤一步，让同伴从自己和掩护队员之间穿过去，以便继续防守自己的对手(图9-26)。

3. 交换防守配合

交换防守配合是为了破坏进攻队员掩护配合，防守队员及时交换所防对手的一种配合方法(图9-27)。

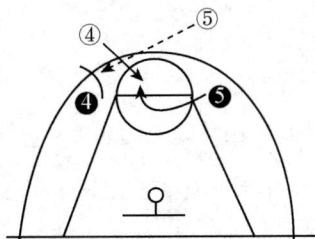

图9-26 穿过配合

图9-27 交换防守配合

4."关门"配合

"关门"配合是临近的两个防守队员协同防守突破的配合方法(图9-28)。

防守战术基础配合教学与训练建议：

①在复习提高进攻战术基础配合的过程中渗透防守战术基础配合的教学内容，使攻守战术配合有机结合。

②在教学中应以挤过、穿过、交换为重点内容，首先让队员建立配合的概念，掌握基本配合方法，并在实战对抗中提高战术意识和配合质量。

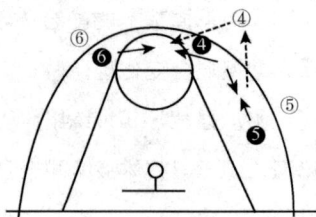

图 9-28 "关门"配合

三、全队战术配合

1. 全队进攻战术配合

(1)进攻半场人盯人

进攻半场人盯人防守战术是由各种传切、突分、掩护、策应等基础配合而组成的全队进攻战术。

进攻基本要求：由守转攻进入前场后，应合理地组织进攻队形，迅速落位。要充分利用基础配合及其变化来创造攻击机会，扩大攻击面，增多攻击点，加强进攻的攻击性。根据对手的防守情况，攻击薄弱环节，造成防守的漏洞，注意配合的位置和时机，加强进攻的针对性和灵活性。组织拼抢篮板球，注意攻守平衡，保证攻守转换的速度。常采用的队形有："2—1—2"(单中锋进攻法)、"1—2—2"(双中锋进攻法)、"8"字掩护进攻法、移动进攻法等。

(2)进攻区域联防

进攻区域联防的方法有很多，可根据本队的具体情况和对方联防的形式确定阵势和配合方法。其目的在于攻击对方区域联防的薄弱环节。例如，"1—3—1"进攻队形布局是针对"2—1—2"和"2—3"区域联防而组成的，"2—1—2"进攻队形布局是针对"1—3—1"区域联防组成的等。

2. 全队防守战术配合

(1)半场人盯人防守战术配合

半场人盯人防守是防守战术中最基本的战术形式。从运用的角度看，它能有效地控制对手，制约对手的特长，并能根据对方的配合范围和攻击的侧重点，进行及时调整防守位置和配备防守力量。因此，它是一种攻击性较强的防守战术。

防守基本要求：由攻转守时，每个队员都要快速退回自己的后场，找到对手，组成集体防守。根据对手、球、球篮，选择有利位置，有球紧，无球松；近球紧，远球松；积极移动，控制对手。要做到球、人、区兼顾，与同伴协同防守，破坏对方进攻配合，加强防守的集体性。

（2）全场人盯人防守战术配合

全场人盯人防守是一种积极主动、富有攻击性的防守战术。在进攻转入防守后，立即在全场积极地阻挠对手移动、接球和投篮。这种战术不但能破坏对方有组织、有计划的战术配合，提高比赛速度，而且能促使对方失误。目前，常用的全场紧逼人盯人防守队形有"1—2—1—1""2—1—2""2—2—1"等。

（3）区域联防

防守基本要求：每个队员必须认真负责自己的防区，积极阻挠进入该区的进攻队员的行动，并联合进行防守。要以球为重点，随球的移动而经常调整位置，做到人球兼顾，不让持球队员突破和传球给内线防区。对进入罚球区附近和罚球区的进攻队员，必须严防，切断其接球路线，不让其轻易接球、传球或投篮。每个队员彼此要相互呼应，随时准备协防、换位、"护送"等，相互帮助，加强防守的集体性。

优点：防守队员所处的位置较为固定，分工明确，有利于组织抢后场篮板球和发动快攻。

缺点：受区域分工的限制，各种区域联防都存在一定的薄弱地区，容易被对方在局部区域以多打少。

防守方法：

①"2—1—2"区域联防。

优点：队员的分布比较均衡，移动距离近，便于相互协作，控制篮下，有利于抢篮板球和发动快攻。

缺点：三分线的正面、场上两个30～45度区间及篮下是防守的薄弱区域。

②"3—2"区域联防。

优点：这种防守队形加强了外围防守，有利于防守外围中、远距离投篮和抢断球发动快攻。

缺点：两个场角及限制区是防守的薄弱区域。

③"2—3"区域联防。

优点：这种区域联防的优点是加强了篮下和底线的防守，有利于抢篮板球。

缺点：正面及场上两个35～45度区间是防守的薄弱区域。

④"1—3—1"区域联防。

优点：这种防守队形加强了正面、罚球区和两侧的防守，有利于分割进攻队员前、后、左、右之间的练习，造成进攻队员之间传球的困难，有利于防守正面、罚球区和两侧的投篮及抢篮板球发动快攻。

缺点：场上两个50～70度区域、底线及两个场角是防守的薄弱区域。

(4)防守快攻

防守快攻是由攻转守的刹那间，快速度抢占有利的防守位置，利用强有力的个人防守行动和配合，达到限制对手的速度、破坏对方攻防守快攻击，使对方转入阵地进攻的一种防守战术。

①防快攻的发动与接应。首先，要提高进攻的成功率，减少失误；积极争抢篮板球。其次，封堵对方的一传和接应，破坏和干扰其传球或突破。

②防快攻的推进。在封堵一传和接应的同时，其他队员应快速退守并保持有利的防守队形，控制对手快速推进，阻挠其传球与运球，达到减慢推进速度的防守目的。

③防快攻的结束。经常出现以少防多的局面，只要防守队员积极退守，里外兼顾，左右照应，准确判断出击断球和打球时机，也能造成对方失误或延误进攻速度，争取同伴们回防。

④配合要点。合理地运用封、夹、抢、断球等手段，尽最大的努力破坏、减少对方发动快攻，后线防守队员退守速度要快，前线防守队员在控制对方发动快攻后也要快速退守，同时提高以少防多的能力。

第四节　篮球运动场地和竞赛规则简介

一、场地及器材

1. 场地

国际篮球联合会规定场地标准为：长 28 米，宽 15 米。球场的丈量是从界线的内沿量起，界线线宽为 5 厘米。罚球线的外沿距离端线的内沿 5.8 米，3分投篮线的外延距离篮圈中心投影点 6.75 米，篮下设立合理冲撞区（以篮圈中心的投影为圆心，半径为 1.25 米画一个半圆形区域），在这个区域内没有进攻犯规。

2. 篮板及篮圈

篮板横宽 1.80 米，竖高 1.05 米，篮板的下沿距离地面 2.90 米。篮板的垂直面距离端线内沿 1.20 米；篮圈的内径为 45 厘米，篮圈安装在篮板上，其水平面距离地面 3.05 米。

二、一般规则

1. 球队的组成

每支球队可由不超过 12 名有参赛资格的球员组成,其中一人任队长;每支球队可有一名教练员和一名副教练员;每支球队最多可有 5 名有专门职责(领队、医生、理疗师、统计员、译员)的随机人员,他们可坐在球队席上。

2. 比赛与休息时间

比赛应由 4 节组成,每节 10 分钟,第 1、2 节(为上半时)之间,第 3、4 节(为下半时)之间,以及每一决胜期之间应有 2 分钟的休息时间,1、2 节(上半时)至 3、4 节(下半时)之间休息 15 分钟。每个决胜期为 5 分钟,决胜期应被视为第四节比赛的延伸。在比赛开始时某一球队场上队员不足 5 人时,比赛不能开始。

3. 选择球篮和球队席

主队(或位于比赛队前面的队)应在记录台左面的球队席,客队则在记录台右面的球队席;赛前练球,主队应在记录台的右面球篮练球,客队则在左面练球;比赛开始时,则主队进攻右面球篮,客队进攻左面球篮。

4. 跳球

第一节开始时,在中圈由任何两名互为对手的球员之间进行跳球。除第一节外,所有其他节开始时,实行交替拥有的方法,即以掷球入界而不是以跳球来使球成活球。在所有跳球情况中,双方球队将交替拥有在最近发生跳球情况的地点掷球入界权。

5. 控制球

当一名队员正持着、运着或可处理一个活球时为队员控制球。当某对的队员控制一个活球时或球在同队队员之间传递时为球队控制球。

6. 队员正在做投篮动作

队员将球投、扣或拍向对方球篮已开始得分尝试时为投篮动作的开始,此动作继续到球离开队员的手为止,就腾在空中的投篮队员而言,投篮动作继续到该队员双脚落回地面并允许他(她)完成连续动作。

7. 暂停

一次暂停的时间为 1 分钟,在 1、2 节比赛中,每队允许要两次暂停;在 3、4 节,允许要三次暂停,每一决胜期允许要一次暂停,未用过的暂停不得遗留给下一个半时或决胜期。暂停的机会为球成为死球且比赛计时停止或某队在对方队投篮得分时。

8. 替换

在替换机会期间球队可以替换队员,当球成死球,比赛计时停止,在第四节的最后 2 分钟或任一决胜期的最后 2 分钟内，投篮得分时，对于非得分队，可提出替换。

9. 比赛因弃权或缺少队员告负

当球队在主裁判通知后拒绝比赛，它的行为阻碍比赛继续进行、迟到 15 分钟以上或不能使五名队员入场准备比赛时，该队将被判为弃权，对方球队以 20∶0 获胜；在比赛中，如果球队在球场上的队员人数少于两名，该球队将由于缺少队员告负，如对方队比分领先，应有效，如不领先则比分应计写为 2∶0。

三、常见的违例

违例是违犯规则的行为。其罚则是：由对方队在发球区线外掷球入界重新开始比赛。

1. 队员出界与球出界

当队员的身体的任何部分接触界线以及界线上方或界线外的除队员以外的地面或任何物体时，即是队员出界。当球触及了在界外的队员或任何其他人员、界线、界线上方或界线外的地面或任何物体、篮板支架、篮板背面或比赛场地上的任何物体，即球出界。在球出界前，最后触及球及被球触及的队员是使球出界的队员。如果球出界是球触及了在界线上或界外的队员或被他所触及，即该队员使球出界。

2. 带球走

当队员在场上持着一个活球，其一脚或双脚超出规则的限制向任何方向非法移动时，即带球走。判断带球走的关键是：确定和观察持球队员的中枢脚。

3. 时间上的违例

(1)3 秒违例

当某队在前场控制活球，并且比赛计时正在运行时，其同队队员在对方的限制区内停留持续超过 3 秒钟，将被视为 3 秒违例。

(2)5 秒违例

一名队员在球场上正持着活球，这时对方队员处于积极的防守位置，距离不超过 1 米，该队员必须在 5 秒内传、投或运。同时场上队员在发界外球时也必须在 5 秒钟内把球发出，否则就判违例，对方获得球权。

(3)8 秒违例

当一名队员在他的后场获得控制活球时，他的队必须在 8 秒内使球进入前场。

(4)24 秒违例

当一名队员在球场获得控制活球时，他的队应在 24 秒内投篮，并触及篮圈或进入球篮。

4. 球回后场

球回后场应满足以下三个条件：

①在前场控制球。

②该队队员在他的前场最后触及球。

③该队队员在他的后场首先触及球。

球员从后场推进运球，必须双脚以及篮球都通过中场线，才算进入前场。球员从前场跳起，在空中接到球或是拦截到球之后，落在自己的后场界内，将视为合法。

四、常见的犯规

犯规是对规则的违犯，含有与对方队员的非法身体接触或违犯体育道德的举止，犯规的类型如下。

1. 侵人犯规

队员犯规，含有与对方队员非法的身体接触，无论球是否是活球或死球。

①阻挡，是阻碍对方队员行进或移动到对方队员躯干上的身体接触。

②撞人，是有球或无球队员推进或移动到对方队员躯干上的身体接触。

③背后非法防守，是防守队员从对方队员的背后与其发生的身体接触。

④拉人，是干扰对方队员移动自由的非法身体接触。

⑤非法掩护，是非法地试图拖拉或阻止不控制球的对方队员在球场上的移动。

⑥非法用手，是发生在防守队员处于防守状态，并且手或手臂放置在对方队员身上并保持有接触，以阻止其行进。

⑦推人，是队员用身体的任何部位强行推动或试图移动对方队员时发生的非法身体接触。

在比赛中，队员们必须保持自己的合法位置，过分地伸展手、肘、膝或髋，并使对方队员处于不利位置的身体接触，将被判侵人犯规。在实际运用过程中，如果此种犯规未使对方队员处于不利位置，且可继续完成动作，裁判员应根据当时情况判断，视其为有利球，让比赛继续进行。

2. 双方犯规

双方犯规是两名互为对手的队员在大约同时相互发生接触犯规的情况。如果当时哪一个队员都没有控制球，也没有球权，则判定双方进行跳球。

3. 技术犯规

技术犯规分为队员技术犯规和教练员技术犯规。

队员技术犯规是不包含与对方队员接触的队员犯规，此犯规将由对方获得两罚一掷。

教练员技术犯规是指教练员及球员席的其他人员在比赛期间进入球场（暂停时除外），或对裁判员和辅助教练员有不礼貌的举止，此种犯规将使对方获得两次罚球和在中场掷球的权利。

4. 违反体育道德的犯规

根据裁判员的判断，一名队员不是在规则的精神和意图的范围内合法地试图去直接抢球，发生的接触犯规是违反体育道德的犯规，反复出现此种犯规的队员将被取消比赛资格。

五、犯规的罚则

每一次犯规都应被登记，记入记录表并判给相应的罚则。如某队员累计侵人犯规或技术犯规已达 5 次，则必须在 30 秒钟内被替换出场。在一节中某队全队累计犯规已达 4 次，随后发生的犯规，应判给对方 2 次罚球，代替掷球入界。如果随后是控制球队的队员发生了侵人犯规，则判给对方队在就近地点掷球入界。

罚球：一次罚球是给予一名队员在罚球线后的半圆内，在无争抢的情况下得 1 分的机会。对一起侵人犯规，应由被犯规的队员执行罚球，而一起技术犯规，可由被犯规队的任一队员执行罚球。在限制区两侧的位置区内应最多有 5 名队员（3 名防守和 2 名进攻队员）占据，并不得在球离开罚球队员的手之前进入限制区；罚球队员和其余队员应在球触及球篮之后进入限制区。

思考与练习

1. 简述篮球运动的特点。
2. 篮球移动技术练习中易犯的错误动作有哪些？如何纠正？
3. 双手胸前传、接球的技术要领是什么？
4. 传切配合的基本要求是什么？
5. 篮球比赛中时间上的违例有哪些？
6. 一般犯规的罚则是什么？

知识拓展

篮球场上的 3 秒区

3 秒区是一个为了限制进攻方球员在有利进攻位置滞留时间过长而从球场地面划出的区域，在这个区域内，当进攻方控球时开始计算，任何一名进攻方球员滞留的时间不应该超过 3 秒，否则将会被认定对于防守方不公正的进攻行为而吹罚，具体的罚则为攻防转换，滞留 3 秒区内超过时间的进攻方球员计失误，不计犯规。

3 秒区只是一个人为设定的区域，在这个区域内，进攻方球员更容易获得将球送入篮筐的成功机会，而对于防守方而言，在这个区域内如果缺少限制进攻球员的规则的话，非常容易将整体篮球的得分全部都挂定在内线球员的强弱身上。从另一个方面分析，正是由于 3 秒区规则这一限制内线进攻球员威力的规则与 3 分线规则这一强化外线球员得分优势的规则相辅相成才会有现代篮球的内外层次感；更深层次的分析，就是距离篮筐越近命中率越高的原则导致规则制定方不得不从篮球发展的技术全面性出发，限制内线球员的得分机会，不然的话，可想而知，内线有 8 名球员或者 8 名以上球员的现象将会是非常丑陋的，也会由于观赏性的差异限制篮球运动的整体发展。

最初的 3 秒区和现在大家看到的截然不同，最初的 3 秒区为 6 英尺（约 1.83 米），对于球员而言，在这个区域边缘的得分还是相当容易，可是由于该规则是针对所有的 NBA 球员，也还算公平，甲方、乙方都可以在这个区域边缘完成轻松异常的投篮得分（这也是造就 1951—1952 赛季以前 NBA 平均每场得分几乎恐怖的原因之一）。可是乔治·麦肯对于这个规则的颠覆的确是应该负全责。这是 NBA 历史上的首位真正意义上的天皇巨星，除了领军湖人队包揽 1948—1954 年这 7 年中的 6 次总冠军和名人堂第一位成员以外，或许所有人印象最深的就是他作为首位迫使联盟更改规则的伟大球员的历史性震撼效果。由于原来的 6 英尺 3 秒区几乎完全构不成乔治·麦肯威胁，于是，联盟宣布，为了限制乔治·麦肯内线统治力，3 秒区域扩大为 12 英尺（约 3.66 米）。或许是出乎联盟的意外，新的 3 秒规则限制乔治·麦肯进攻能力的同时，对于其他锋线球员的限制更大，更大程度地造就乔治·麦肯的篮板成就，使其顺利的获得当时赛季的篮板王称号。

第二个由于本身内线统治力过强迫使联盟对于内线禁区规则进行修改的球员是威尔斯·张伯伦。除了单场 100 分、单场 55 板和连续 18 投命中等不太像人类做得出的成就以外，威尔斯·张伯伦迫使联盟 1964—1965 赛季开始将 3 秒禁区扩张到了 16 英尺（约 4.88 米）。

第十章

排球运动

学习目标

了解排球运动的起源与发展、特点与健身价值；掌握排球的发球、传球、垫球和扣球等基本技战术；具备排球基本技战术的运用和组织能力；能够运用所学排球知识和技战术参与或欣赏排球运动；熟悉排球最新的基本规则。

第一节　排球运动概述

一、排球运动的起源与发展

排球运动于 1895 年起源于美国，由美国马萨诸塞州霍利奥克市基督教青年会干事威廉·莫根发明。起初是用篮球胆在网球网的两边拍来拍去，使球不落地的一种游戏，称为"volleyball"，意即"空中飞球"。排球运动问世后，由美国的传教士和驻外国的军官和士兵首先传入欧洲才逐渐发展成竞赛项目。20 世纪初，欧美国家就采用目前的 6 人制排球，于 1912 年采用了发球轮换制，1917 年定局为 15 分，1918 年限定场上人数为 6 人，1922 年规定了一方击球次数不得超过 3

次，并禁止后排队员越过限制线进攻，特别是 1947 年国际排球联合会成立，决定世界排球比赛采用美式 6 人制排球，使排球运动得到了更大的发展。

目前，国际排联已有 200 多个会员国。世界性的排球大赛主要有世界锦标赛、世界杯赛、奥运会排球赛、世界沙滩排球锦标巡回赛、残疾人奥运会排球赛。1947 年国际排球联合会成立后，1949 年举办了首届男子排球世界锦标赛，1952 年举办了首届女子排球世界锦标赛。1964 年，在第 18 届奥运会上，排球被列为正式比赛项目。1965 年又成功举办第 1 届男子排球世界杯赛，1973 年举办了第 1 届女子排球世界杯赛。一般情况下，以上所述赛事都是每四年举行一次，比赛的顺序为：奥运会的第二年是世界杯赛，再下一年度为世界锦标赛。规模最大的赛事为世界锦标赛。

二、排球运动在我国的发展状况

我国排球也经历了从 16 人制—12 人制—9 人制—6 人制的演变过程。排球传入初期，均以 16 人制和 12 人制为主。

排球运动于 1905 年传入我国，先是在广州、香港等地的几所中学里开展，然后陆续传至上海、北京等地。当时的排球运动主要作为聚会、娱乐之用，与比赛联系不多。

中华人民共和国成立后，排球被作为重点运动项目加以推广，逐渐成为全国上下喜闻乐见并发展迅速的运动项目之一。1950 年 7 月，全国体育工作者暑期学习会上，中华全国体育总会引进了 6 人制排球竞赛规则和方法，并于 8 月组建了第一支男子排球队——中国学生代表队，赴布拉格参加了世界学生第二次代表大会的排球比赛。6 人制排球正式在我国落地生根。

20 世纪 50 年代，处于世界排坛领先地位的是苏联和东欧各国，为此，抱着虚心学习的态度，1954 年，中国男女排球队先后出访苏联等国，并邀请了多支东欧强队来华交流比赛，排球战术和意识均获得了显著进步。

1995 年，排球赛制改革，1996 年，我国推出了第一届全国排球联赛。改革和排球职业化为我国排球注入了新的发展动力。我国女排在 1995 年获得亚锦赛冠军和世界杯第 3 名，1996 年勇夺亚特兰大奥运会亚军，年底的超霸 6 强赛又摘得冠军。男排也在 1997 年重夺亚锦赛冠军，并与女排一起双双获得 1998 年亚运会冠军。

三、排球运动的特点与健身价值

1. 排球运动的特点

①排球运动场地设备简单，基本技术具有简单易学的特性。

②排球运动集娱乐、健身、竞技功能于一体，有很强的观赏性、娱乐性和群众性。

③排球运动量可大可小，受场地、器材等条件的局限性很小，具有广泛的适应性。

2. 排球运动的健身价值

①排球运动不拘形式，可隔网相斗，亦可围圈嬉戏，只要有一块空间，沙滩或草地，便可享受击球的乐趣。排球比赛隔网进行，双方斗技，没有身体接触，与其他对抗性很强的运动比较起来，既安全、儒雅，陶冶情操，又能使人愉悦，所以是一种休闲体育的活动方式。

②参加排球运动，通过场上的跑动、接球、起跳、扣球等技术动作的运用，能够提高人体的速度、力量、耐力、灵敏、协调等身体素质，改善机体机能状况，提高健康水平。

③排球比赛场上的技术运用和双方队员的斗智斗勇，需要队员之间相互默契配合，以此可以培养运动员团结协作的团队精神。

第二节　排球运动基本技术

排球技术是指在排球规则允许的条件下，运动员采用的各种合理的击球动作和为完成击球动作所必不可少的与其他配合动作的总称。合理的击球动作指各种直接触球的动作，如发球、垫球、传球、扣球、拦网等技术，这些技术又称为有球技术；而各种准备姿势、移动、助跑、起跳、倒地等没有直接触及球的配合动作，又称为无球技术。

一、准备姿势与移动技术

准备姿势与移动技术是排球运动技术的基础，任何一项排球技术在比赛中运用的效果很大程度上取决于准备姿势和移动技术。

1. 准备姿势

准备姿势是进行移动、垫球、传球、扣球的前提，是排球运动的基础，准备姿势包括稍蹲、半蹲、低蹲三种。动作方法如下。

(1)两脚支撑的位置

两脚左右开立略比肩宽，站左半场的队员，左脚在前(约一只脚的距离)，

左脚跟提起，站右半场的队员，右脚在前，左脚在后，动作要领与左半场队员相同。站在场中央的队员，采用两脚左右平行开立的站法，两脚之间的距离要比肩稍宽，这样便于压低姿势，两脚要保持"静中待动"的状态。

（2）身体基本姿势

上体自然前倾，可稍蹲、半蹲或低蹲，双目注视来球，注意力高度集中，两膝弯曲并内扣，膝部的垂直面超出脚尖，脚跟提起，身体重心的着力点在前脚掌拇趾根部。

（3）手的位置

两臂自然弯曲，并置于胸腹之间，两手心相对，手指自然张开(图 10-1)。

动作重点：两脚左右开立，两脚前后应当保持一只脚的距离以便于快速启动。

动作难点：根据来球的力度、方向、高度选择稍蹲、半蹲或低蹲等身体姿势。

图 10-1　准备姿势

2. 移动技术

移动是人体由静止状态迅速转变为运动状态的过程，正确而快速地移动能够使队员确定好自身与球的位置关系，为完成高质量的传球、垫球、发球、扣球提供良好的条件。移动是完成各项技术动作的重要因素，同时也是连接攻防技术的重要环节。动作方法如下。

（1）并步法

两脚前后站立与肩同宽，两膝微屈，上体稍前倾，两手自然放松置于腰腹。并步时，前脚向来球方向跨出一步，后脚迅速蹬地跟上，并做好击球前的姿势。并步的特点是容易保持身体平衡，便于做击球动作。并步可向前、后、左、右各方向移动(图 10-2)。

1　　　　　2　　　　　3　　　　　4

图 10-2　并步法

（2）滑步法

移动时，两膝弯曲，两前脚掌用力蹬地，人体重心向侧移动，移动方向一侧的脚向侧方迈出一步，另一脚迅速滑动跟上成准备姿势(图 10-3)。

1　　　　　2　　　　　3　　　　　4　　　　　5

图 10-3　滑步法

（3）跨步法

移动时，一脚支撑并蹬地，另一脚向来球方向跨出一大步，跨出脚的同侧膝部要深蹲，重心移至跨出的腿上，上体前倾，臀部下降，后腿自然伸直或重心前移而跟着上步成接球的准备姿势(图 10-4)。

图 10-4　跨步法

（4）交叉步法

若须向右移动时，身体稍后转，左脚从右脚前面向右交叉迈出一大步，然后右脚向右边跨出一步，落在左脚的侧面，同时身体转向来球方向，保持出球前的准备姿势。向左移动，动作相同，方向相反(图 10-5)。

1　　　　　　2　　　　　　3

图 10-5　交叉步法

（5）跑步法

两腿用力蹬地，迅速起动，两臂用力摆动，加快步子，争取跑到球的落点位置，并逐步降低身体重心，保持好击球的准备姿势(图10-6)。

图 10-6　跑步法

动作重点：在移动的过程中，身体要保持半蹲状态以加快移动的速度。

动作难点：根据赛场情况合理运用各种移动步伐。

3. 练习方法

①两人一组，相互观察准备姿势是否正确。

②10 米区域内连续往返做并步移动练习。

③10 米区域内连续往返做滑步移动练习。

④两人一组做左右跨步移动练习。

4. 易犯错误与纠正方法

①准备姿势中双脚与间同宽或稍宽，过大或过小都会影响启动的效果。

②双脚前后站立，间距约一只脚的距离，过大或过小都会影响快速启动的效果。

③移动过程中，要降低重心，重心过高会导致移动速度降低。

④移动过程中，小步幅快频率的方式移动能够使身体快速摆脱静止状态，反之，则移动速度较慢。

二、启动与制动技术

启动与制动技术是使运动员从静止状态到运动状态和从运动状态到静止状态的基本技术动作。科学、合理、有效的启动与制动技术能够使运动员快速抢占有利位置，为赢得比赛提供保障。

1. 起动的过程

以向前起动为例，在正确准备姿势的基础上，迅速抬起前腿，收腹使上体向前探出，同时后腿迅速用力蹬地，使整个身体急速向前起动。起动的快慢是移动的关键，起动的速度取决于反应能力和腰腿部的速度力量。

2. 制动的过程

制动是移动的结束，也是击球动作的开始。制动的方法有一步制动法和两步制动法。

(1)一步制动法

在移动的最后跨出一大步，降低身体重心，膝部和脚尖适当内转，全脚掌横向蹬地，以抵住身体重心继续的惯性力。同时以腰腹力量控制上体，使身体重心的垂直线停落在脚的支撑面以内。

(2)两步制动法

两步制动时，以倒数第二步开始做第一次制动，紧接着跨出最后一步做第二次制动，同时身体后倾，两膝弯曲，重心下降，双脚用力蹬地，使身体处于有利做下一个动作的状态。

动作重点：制动最后跨大步，上体后倾减速度；两膝弯曲降低重心，两臂配合要自如。

动作难点：启动时要降低重心，蹬地迅速，以快频率、小步幅快速移动。

3. 练习方法

①教师喊口令，学生听到口令后做快速启动练习。

②学生集中注意力，看教师的动作做快速启动练习。

③行进间，教师喊口令，学生做制动练习。

④教师左右挥动手臂，让学生做向左或向右的快速启动与制动练习。

4. 易犯错误与纠正方法

①重心过高，导致启动速度缓慢，可以降低重心以加快启动速度。

②重心过高，导致制动效果差，降低重心并用脚内侧制动，可以达到快速制动的效果。

③两脚的前后距离过大，导致启动缓慢，可通过缩小两脚间距达到快速启动的效果。

④启动时蹬地无力导致启动缓慢，可以通过练习腿部力量来加大蹬地力量从而达到快速启动的效果。

三、发球技术

发球在比赛中是进攻的手段之一，发球的目的在于直接得分或破坏对方的进攻战术，减轻本方的防守负担，创造反攻的有利条件。

1. 正面下手发球

正面下手发球具有简单、易学等特点，较适合初学者。动作方法如下。

(1)准备姿势

面对球网两脚前后开立，左脚在前，两膝弯曲，上体前倾，左手持球于腹前。

(2)抛球

左手将球垂直上抛在右肩前上方，离手约20厘米。

(3)击球

在抛球的同时，右臂伸直后摆，身体重心适当后移，以肩为轴，手臂由后经下方向前摆动，在右肩的前下方腹前高度，用掌根或虎口击球下方，击球后，随着身体重心前移之势迅速跨步入场(图10-7)。

动作重点：击球部位应当平整，一般用掌根或虎口击球。

动作难点：手臂摆动应当在一个平面上，以免造成击球部位偏移导致发球质量下降。

图 10-7　正面下手发球

2. 侧面下手发球

侧面下手发球比正面下手发球的力量大，落点准确，是初学者常用的发球方式之一。动作方法如下。

(1)准备姿势

左肩面对球网站立，两脚左右开立，与肩同宽，两膝微屈，上体稍前倾，身体重心落在两脚间或稍偏右脚，左手置球于腹前。

(2)抛球

左手将球抛至腹前，约离身体一臂之远。

(3)击球

在抛球的同时，右臂摆至右侧后下方，手指微屈而绷紧，利用右脚蹬地和向左转体的力量，带动右臂向前摆动，在腹前用全掌击球的后中下部，将球击出；击球时，手臂要伸直，眼睛要看着球(图10-8)。

动作重点：发球时身体要侧对球网。

动作难点：抛球高度及位置合适，以腰部的转动带动手臂从下往上运动，

击球点应当正对球网。

图 10-8　侧面下手发球

3. 正面上手发球

正面上手发球力量大，给接发球者增加了接球难度，男性选手中运用较多，是最常见的发球方式之一。动作方法如下。

(1)准备姿势

面对球网站立，左脚在前，右脚在后，相距约一脚，两膝微屈，上体前倾，重心落在后脚上，右手持球于胸前。

(2)抛球

左手或双手将球垂直平稳地抛起于右肩的前上方。

(3)击球

在抛球的同时，右臂抬起，肘关节弯曲，约与肩平齐，前臂后引，手掌置于头的右后方，上体稍向右转，保持挺胸展腹之势，身体重心稍后移至右脚。击球时，身体重心前移，利用收腹动作，带动右臂迅速向前上挥动，伸直手臂在最高点用全手掌击球的后中部，当手触球时，手腕有推压动作，击球后迅速入场，做好比赛的准备(图 10-9)。

图 10-9　正面上手发球

动作重点：以腰部的转动带动上肢进行击球。

动作难点：抛球时，要将球充分抛起，击球部位在球的后中部。

4. 勾手发球

勾手发球亦称勾手大力发球，是指队员侧对球网站立，利用蹬地转体带动手臂由体侧下方经头前上方做轮摆式挥臂击球的一种发球方法(图 10-10)。动作方法如下。

1　　2　　3　　4

图 10-10　勾手发球

(1)准备姿势

左肩对球网，两脚开立，两膝弯曲，上体前倾，左手(或双手)持球于胸前。

(2)抛球与摆臂

左手(或双手)将球平稳抛在左肩前上方或额的前上方，离手 1 米左右。抛球同时，两腿弯曲，上体向右转动倾斜，重心移至右脚，右臂向身体右侧后下方摆动，同时抬头挺胸，两眼注视球体。

(3)挥臂击球

利用右脚蹬地开始发力，随即以挺胸转体的动作带动右臂向上做弧形挥摆，同时身体重心由右脚移至左脚。手臂伸直在右肩前上方最高点处，用全掌击球的后中下部。击球一瞬间，手腕和手掌要有向前迅速推压动作，使球产生强力上旋。击球后，身体应顺势转为面向球网，并迅速入场。

动作重点：抛球平稳离手 1 米。

动作难点：蹬腿转体带动挥臂；弧形挥摆手臂加速，高点击球手腕推压。

5. 跳发球

跳发球是指发球队员在端线后，利用助跑跳起，像扣球似的将球击入对方区域的一种发球方法。跳发球的动作同远网扣球相似，它可运用一步、两步或多步助跑起跳的方法，可正对网助跑或斜对网助跑(图 10-11)。动作方法如下。

图 10-11　跳发球

(1)准备姿势

队员面对球网，站在离端线 3~4 米处，以右手或双手持球置于体侧或腹前。

(2)抛球

用右手或双手将球抛至右肩前上方，抛球高度一般为肩上方 2 米左右，落点在端线附近。

(3)助跑起跳

随着抛球动作，队员迅速向前做 2~3 步助跑起跳。起跳时，两臂要协调而积极地摆动，摆幅要大。

(4)挥臂击球

挥臂击球动作似正面扣球。

(5)落地

击球后，尽量使双脚同时落地，两膝顺势弯曲缓冲，迅速入场。

动作重点：抛球前上步助跑，两臂摆动两脚蹬；腰腹带动手臂甩，满掌击球落地稳。

动作难点：上步起跳位置点的确定。

6. 练习方法

①徒手模仿练习。

②结合抛球、击球的模仿进行专门练习，要求平稳上抛，球不旋转。

③对墙、对网发球，体会动作要领。

④在端线附近发球。

7. 易犯错误与纠正方法

①发球时抛球不够垂直。可以用双手托球以肩为轴进行抛球，让球与地面垂直。

②下手发球时击球点不正确。要击球的后下部，且手臂的击球部位与球网平行。

③上手正面发球时击球无力。击球前要充分展腰引臂，击球时要以腰部带动上肢进行发力。

④击球下网。要把握好击球点，一般击球的后下部。

四、传球技术

传球是排球运动中的一项基本的技术动作，是进行比赛与组织战术的基础。

1. 正面上手传球

上手传球便于控制球，准确性高，是排球技术中运用较广泛的技术之一。动作方法如下。

(1)传球前的准备姿势

正面对准来球方向，两脚左右开立，约同肩宽，上体稍前倾，两膝半屈，重心在两脚之间，两臂弯曲置于胸前，两肘自然下垂，两手成传球手形，眼睛注视来球方向，全身放松，准备传球。

(2)击球点

一般在额前上方约一个球左右距离时，便要做击球动作，一般来球较平，击球点可稍低一些；来球弧度高或向上、向后传球，击球点可稍高一些。

(3)传球手形

当手触球时，其手形应该是手腕稍后仰，两手张开，手指微屈成半球状，小手指在前，拇指相对成接近"一"字形。

(4)出球的用力

传球时，要利用蹬地伸膝向上展体和伸臂的动作，协调用力击球，并以拇指、食指、中指负担球的压力，无名指和小拇指帮助控制球。球触手的瞬间，手指和手腕应保持一定的紧张程度，用手指的弹力和手腕、手臂与身体协调的力量将球传出(图10-12)。

动作重点：正面上手传球时，手形要正确，用力要均匀。

动作难点：力量由下肢顺身体向上传递到手部将球传出。

1   2   3   4

图 10-12　正面上手传球

2. 双手侧传球

双手侧传球能够控制球的方向，迷惑对手，对于来不及转身采用正面上手传球的情况，该动作能够起到很好的调整作用。

动作方法：身体不转动，靠双臂向侧方的传球动作，称为"侧传"。动作要领、移动取位、迎球动作与正传相同，但击球点应稍偏向传出方向一侧，双臂要向传出方向一侧伸，异侧手臂的动作幅度应大些，伸展的速度也应快些，同时伴随上体侧屈的动作将球传出(图 10-13)。

动作重点：侧传时，异侧手臂的动作幅度应大些。

动作难点：传球的方向为身体的侧边，双手用力要协调。

图 10-13　双手侧传球

3. 双手背传球

双手背传技术具有较大的隐蔽性和迷惑性，有利于提高进攻扣球成功率。

动作方法：上体比正传时稍直立，击球点保持在额上方，手腕适当后仰，掌心向上，手指击球的下部，依靠蹬腿、展腹、抬臂、伸肘、向后翻腕及手指、手腕的弹力将球传向后上方(图 10-14)。

图 10-14　双手背传球

动作重点：全身协调发力，球的弧线向后。

动作难点：传球时要后翻手腕及手指，传球方向斜向上，传球要有一定的高度。

4. 跳传球

跳传既可加快进攻的节奏还具有较强的隐蔽性，在现代排球比赛中，运用越来越广泛。

动作方法：跳传的起跳可以原地跳、助跑跳、双脚跳或单脚跳，应尽量做到向上起跳。跳传的关键之一是掌握好起跳时间。起跳过早，会造成身体下落时传球，不便用力；过晚则降低了击球点的高度。双臂向上摆动帮助起跳后，双手顺势举在脸前，身体在空中保持平衡。当身体上升到最高点时，用迅速伸臂的动作，并适当加强主动屈指、屈腕的动作将球传出。由于人在空中，传球时用不上蹬地的力量，因此如需要传高远球时，击球点比原来传球要略低些，加大伸臂动作的幅度和速度。跳传有时也可用单手传球(图10-15)。

动作重点：把握好起跳点，起跳力度和球的位置关系。

动作难点：起跳时要把握好时机，避免起跳过早或过晚。

图 10-15　跳传球

5. 练习方法

①原地徒手模仿传球练习。

②两人一组，隔网对传。

③自传练习和对墙传球练习。

④三人一组，三角传球。

6. 易犯错误与纠正方法

①传球方向偏差。主要是由于双手用力不协调所致，传球时双手要同时发力。

②传球高度不够。主要是发力部位不正确，正确顺序是从脚踝到髋部到肩部到手腕依次发力。

③传球弧度偏低。主要是由于出手角度偏小所致，应当根据情况适时调整球的出手角度。

④传球易伤手指。主要是由于缺乏缓冲所致，球在下落过程中手臂应当随球的下降而下降，进行适当的缓冲后再将球传出，但在缓冲过程中不要接触或短暂接触球，以免造成持球犯规。

五、垫球技术

垫球是指队员用双手前臂或单手手掌(或手背、虎口)，以腕关节低于肘部，将球由低向高处垫起的一种方法，是排球的基本技术之一，同时也是接发球和接扣球的主要技术动作。垫球技术掌握得好坏，直接影响着进攻和防反的战术组成，对争取主动、摆脱被动和比赛胜负有着重要的作用。

1. 正面双手垫球

正面双手垫球具有易学、易用，准确性高等特点。该技术是排球运动中运用较多的技术之一。动作方法如下。

(1)垫球动作

在一般准备姿势基础上，身体正对来球后，手臂迅速插入球下，两臂相交，含胸收肩，压腕抬臂，将球准确地垫在小臂上(图10-16)。

图10-16　正面双手垫球

(2)垫球手形

击球手形分为叠掌式、抱拳式、互靠式三种，两拇指平行向前，两臂自然伸直，小臂稍外展靠拢，手腕下压，手腕关节以上的前臂形成一个垫击平面(图10-17)。

(3)垫球点和触球部位

击球点一般保持在腰腹前的一臂距离，用前臂腕关节以上10厘米左右桡骨内侧平面触球为宜(图10-18)。

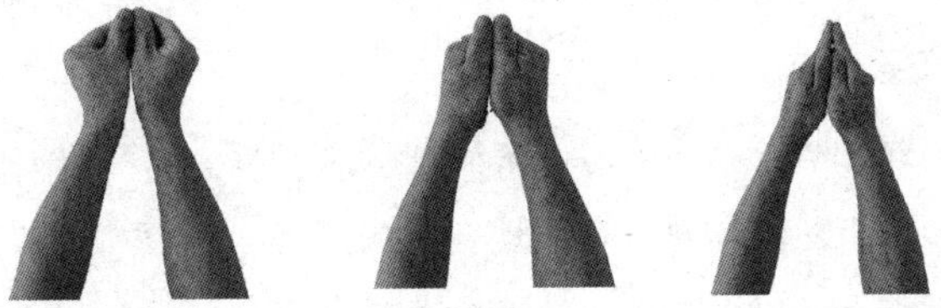

叠掌式　　　　　　抱拳式　　　　　　互靠式

图 10-17 垫球手形

图 10-18　垫球点和

触球部位

(4)垫球用力

一般来说，垫球用力大小与来球的力量成反比，与垫击球的距离成正比。

动作重点：正面双手垫球时要保证触球面的平整，尽量扩大手臂与球的接触面积。

动作难点：找准垫球的部位。

2. 单手垫球

单手垫球是以身体的协调力，用单手前臂(或手掌、手背、虎口)将球向上垫起的一种击球方法。这种垫球，一般在跨步、跨跳、跑动、移动后及倒地、滚动和鱼跃中抢救险球时运用较多。

动作方法：准备姿势同双手垫球，击球时先向来球的方向跨出一大部屈膝并降低重心，重心移至跨出脚上。击球手背由侧下方向前上方挥动击球，击球时手臂伸直，手腕绷紧，用单手前臂(或手掌、手背、虎口)击球的后下方(图 10-19)。

1　　　　　　　2　　　　　　　3

图 10-19　单手垫球

动作重点：击球一刹那手腕要绷紧，以免受伤。

动作难点：单手垫球时要充分把握人与球的位置关系。

3. 背垫球

背对垫球目标，从身前向背后双手垫球称为背垫球。在接应同伴起球后，

球飞得较远而又无法进行正面垫球时,以及须将球处理过网时运用较多。其特点是垫击点较高,准确性较差。

动作方法:背垫球时,要判断好来球的方向,快速移动到球的落点处,背对垫出球的方向,两臂夹紧伸直。击球时,用蹬地、抬头挺胸、展腹和上体后仰的动作带动两臂向后上方摆动抬送,以前臂触球的前下方,将球向后上方击出。背垫球的击球点一般应在肩前上方(图 10-20)。

动作重点:击球时,用蹬地、抬头挺胸、展腹和上体后仰的动作带动两臂向后上方摆动抬送。

动作难点:背垫球时要首先确立好垫球的方向,把握好垫球力度,全身协调用力。

图 10-20　背垫球

4. **练习方法**

①徒手模仿练习,以体会身体协调用力。

②一人持球,另一人垫球,以体会击球部位和动作。

③一人抛球,另一人垫球(先原地,后移动)。

④对墙连续垫球。

5. **易犯错误与纠正方法**

①垫球后,球向下运动。主要是由于垫球部位不正确所致,应当以前臂位置进行垫球。

②垫球后,球向侧向运动。主要是由于垫球部位不平整所致,应尽量使垫球部位平整。

③垫不着来球。主要是由于移动不到位所致,垫球前首先要观察球的落点,快速移动抢位。

④垫球过程中屈肘。垫球时应当保持肘部平直,可以通过垫固定球和自垫发力练习进行解决。

六、扣球技术

扣球是完成进攻、取得比分的基本技术，正确的扣球技术对于完成高质量的比赛至关重要(图 10-21)。

图 10-21　扣球

1. 跳起扣球

动作方法如下。

(1)准备姿势

两脚左右自然开立，两膝稍屈，上体自然前倾，眼睛注视来球。

(2)判断

首先是对一传或二传的方向以及球的落点、弧度、速度来选择起跳点和决定起跳时间。

(3)助跑

扣球的助跑，一般有一步、二步、多步几种，无论采取哪种步伐，其助跑原则是，步速由慢到快，步幅由小到大，整个助跑要有节奏，尽量做到把助跑的水平速度变成垂直速度。以两步助跑为例，左脚先放松地迈出第一步(决定方向)，紧接着右脚跨出一大步，支撑点在身体重心之前，并以脚跟先着地过渡到全脚掌着地，同时左脚随即在右脚稍前的地方着地，身体重心降低，两膝弯曲并内扣，身体稍向右转，两臂经体侧摆至体后下方，准备起跳。

(4)起跳

起跳时，两膝弯曲内扣，上体前倾，两脚迅速有力地蹬地踏跳，两臂由体后下方继续向体前上方挥摆，同时快速展腹，带动全身腾空而起。

(5)空中击球

起跳后，上体稍后仰，并稍向右侧扭转，挺胸展腹，左手自然置于体前，右臂屈肘举起，肘关节指向侧方，并高于肩部，手置于头的右侧方，前臂、手腕、手指放松，五指微屈，手掌成勺形。击球时，手臂要伸直，用全掌击球的后中上部，手腕快速下甩(图 10-22)。

（6）落地

落地时，应由前脚掌过渡到全脚掌，同时顺势屈膝，收腹，以缓冲下落的力量，并立即准备下一动作。

动作重点：扣球时，要尽量垂直向上跳，空中要充分展腹，击球部位要准确。

图 10-22　击球手形

动作难点：确定好空中人与球的位置关系。

2. 练习方法

①集体进行一步助跑起跳练习。

②集体进行二步助跑起跳练习。

③网前助跑起跳的练习。

④两人对地扣球练习。

3. 易犯错误与纠正方法

①助跑起跳前冲。可以进一步讲解，并多做助跑起跳练习。

②击球点保持不好。可以做扣固定球、接抛球、一步起跳扣球练习。

③上步时间过早，起跳早。可采用口令、信号限制启动、起跳时间进行练习。

④击球手法不正确。可采用击固定球、对墙扣球等方法进行练习。

七、拦网技术

拦网是比赛中第一道防线，它不仅有力地阻击对方的扣球路线，而且还能同本队防守战术配合，封锁住后排的薄弱区域从而减轻后排防守的负担，而且拦网成功已成为得分的重要手段。

1. 单人拦网

动作方法如下。

（1）准备姿势

拦网前，近网站立距网约 20 厘米，两脚平行开立，约同肩宽，两膝深蹲，两臂自然屈肘置于胸前，密切观察对方二传和进攻队员行动。

（2）移动

当判断好对方二传的方位后，迅速移动对准传球落点，准备起跳。

（3）起跳

起跳时，两膝深蹲用力蹬地，同时两臂在胸前划小弧上摆，并往对方扣球空间伸出，身体在空中收腹并保持平衡，起跳时刻一般来说是扣球人挥臂击球时。

(4)空中击球

起跳后稍收腹，以便控制平衡和延长腾空时间，腾空后，两臂由胸前向头上方伸出，提肩举手，两手间距离小于球体，手指、手腕紧张弯曲，拦球时提肩压腕用力盖住球的上方(图10-23)。

动作重点：拦网时五指要张开，两手之间的距离不要超过球的直径，双手在接触球时要压腕，在边线旁拦网时要注意转动身体，以防打手出界犯规。

动作难点：起跳时机的把握要恰当。

图 10-23　单人拦网

2. 双人拦网

动作方法：起跳时应避免互相干扰或冲撞，两人应保持在同一时间和同一空间拦网。起跳后，两人手臂之间的距离以不得超过球的直径为原则(图10-24)。

动作重点：合理控制两人手臂之间的距离。

动作难点：两人之间要相互协调一致。

图 10-24　双人拦网

3. 三人拦网

动作方法：三人拦网的动作方法与双人拦网相同，关键在于移动迅速、取位恰当、配合密切。无论对方从哪个位置进行扣球，一般都以3号位队员为主挡队员，2、4号位队员为配合队员。由于三人拦网对配合的要求高，加之减弱了防守、保护的力量，故要在很有必要的情况下才采用(图10-25)。

动作重点：三人起跳时机要统一。

动作难点：三人之间配合要密切，不能留有空当。

图 10-25　三人拦网

4. 练习方法

①原地网前做徒手拦网练习。

②教师站于网对面高台上持球，球员轮流做起跳拦网练习。

③两人一组隔网站立，同时做两侧移动一步起跳拦网动作。

④一组从对方 4 号或 2 号位扣球，两人一组对扣球进行双人拦网练习。

5. **易犯错误与纠正方法**

①起跳过早或过晚。可采用给予起跳信号、反复练习起跳时机的方法进行练习。

②拦网时两臂有向前扑打动作。可采取在网边反复做原地提肩压腕动作练习。

③两手臂之间距离过大。采用示范两臂夹紧头部的动作或多做拦固定球的练习。

④双人拦网相互踩脚或空中碰撞。采用多练习移动最后一步的制动动作，多练两人移动后并拦的起跳配合。

第三节　排球运动基本战术

一、排球战术种类

1. 个人战术

(1)发球个人战术的运用

发球主要运用变换发球方法、力量、落点和飞行幅度的战术；对方正处于进攻较弱的轮次时，应注意发球的稳定性；找人发球时，发给连连失误、信心不足、情绪急躁或刚上场的队员；得分困难或比分落后较多的情况下，采取攻击性较强的发球。

（2）扣球个人战术的运用

避强打弱，避重就轻，从对方身体矮、弹跳力差或拦网能力差的队员的拦网区域进行突破。扣球落点尽量找人、找点，向防守技术差的队员或对方空当扣球。

2. 进攻战术

（1）"中一二"进攻战术

由站在 3 号位的人担任二传手，其他五人接球，将球垫至 3 号位，由 3 号位的二传手将球传至两边，由 4 号位、2 号位的人进行扣球，它的特点易于掌握，但战术掩护变化少，对方容易组织集体拦网(图 10-26)。

（2）"边一二"进攻战术

二传手站于 2 号位，将球传给 3、4 号位人进攻。它的特点是攻击手位置相邻，便于掩护配合，战术变化多端(图 10-27)。

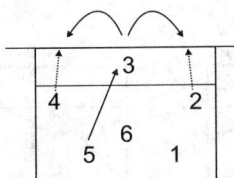

图 10-26　"中一二"进攻战术　　　　图 10-27　"边一二"进攻战术

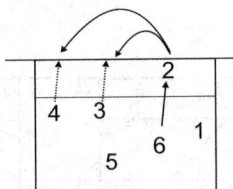

（3）"插上"进攻战术

可使前排始终有三个进攻手，它的特点是进攻点多，可利用网长，更有利于进行战术的变化，但这种形式需要全面精细的各项基本技术和良好的战术意识(图 10-28)。

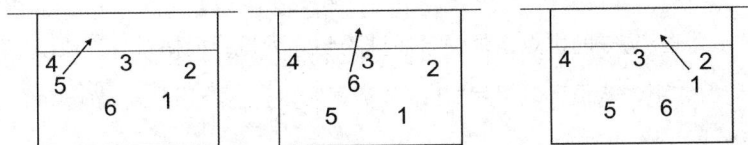

图 10-28　"插上"进攻战术

3. 防守战术

（1）接发球站位阵形

除站在网前 1 名二传队员或由后排"插上"二传不接发球外，其余 5 名队员都按接发球的阵形站住。

①"W"形站位：前面 3 名队员接前场区的球，后排 2 名队员接后场区的球，

也称"一三二"站位(图10-29)。

②"M"形站位：前面2名队员接前区球，中间队员负责接中区的球，后面2名队员接后区球，也称"一二一二"站位(图10-30)。

③"一字"形站位：5名队员"一字"形排开，左右距离较近(图10-31)。

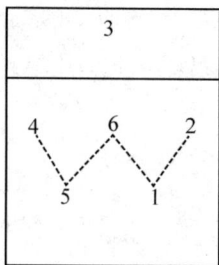

图 10-29 "W"形站位　　图 10-30 "M"形站位　　图 10-31 "一"字形站位

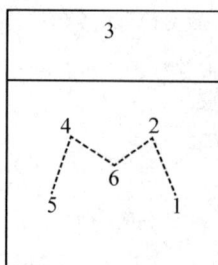

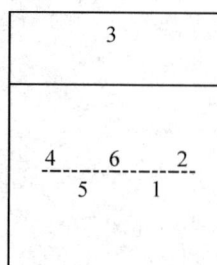

(2)单人拦网防守阵形

如果对方扣球较少，吊球较多，可以主动采用单人拦网的防守阵形，由不拦网人后撤防前区，后排队员防后场(图10-32)。

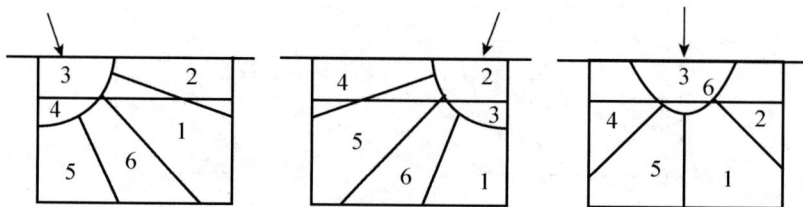

图 10-32 单人拦网防守阵形

(3)双人拦网防守阵形

双人拦网防守是最常见的一种防守阵形。根据后排跟进的情况分为"心跟进""边跟进"。

①"心跟进"防守的优点是加强了前排拦网保护和防吊能力，弱点是后场较空(图10-33)。

②"边跟进"防守的优点是加强了后排的防守力量，根据对方进攻战略或者吊球等情况，跟进队员可以采用"死跟""活跟"等方法灵活地变化布局，缺点是中场较空(图10-34、图10-35)。

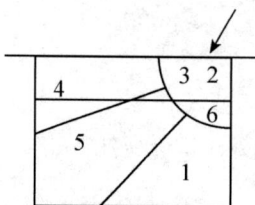

图 10-33 "心跟进"阵形　　图 10-34 "边跟进"阵形(一)　　图 10-35 "边跟进"阵形(二)

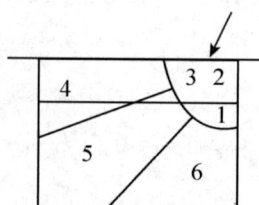

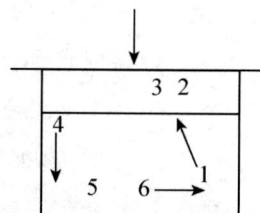

4. 进攻战术的各种打法

(1)平快掩护

2、4号位平拉开进攻，3号位中间短平快进攻的战术形式(图 10-36)。

(2)交叉进攻

两名队员用交叉跑动路线换位进攻的形式，目的在于扰乱对方盯人拦网的布置(图 10-37)。

(3)重叠进攻

两名队员几乎在同一点上进行不同时间的进攻，成重叠之势，使拦网人难以判断真假(图 10-38)。

图 10-36　平快掩护　　　图 10-37　交叉进攻　　　图 10-38　重叠进攻

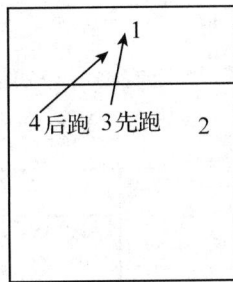

(4)"夹塞"进攻与串平进攻

短平快为掩护，另一队员跑动"夹"在传球手与快攻手之间的进攻，称"夹塞"进攻。扣球队员在短平快掩护队员的背后打平拉开快球的进攻，称为串平进攻(图 10-39)。

(5)双快一跑的进攻

两名队员进行快球进攻，第三名队员进行大范围跑动进攻(图 10-40)。

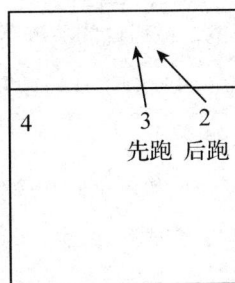

图 10-39　"夹塞"进攻与串平进攻　　　图 10-40　双快一跑的进攻

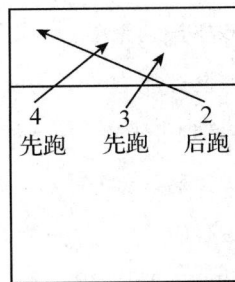

二、排球战术的重要环节

1. 阵容配备

阵容配备是根据学习者技术水平和特长，充分发挥比赛者的优势，有效地组织进攻和防守战术而制定的主攻、副攻和二传手的位置和人数。比赛中常见的阵容配备是"四二"配备和"五一"配备。

"四二"配备是指把四名攻手和两名二传手分别安排在相对称的位置上。这种配备可以使每个轮次都有不同类型的攻手，而且二传手在前排攻守均衡，也可让后排二传手插上传球，形成每轮前排都能保证三点进攻(图 10-41)。

"五一"配备是由五名攻手和一名二传手组成，进攻战术的变化更丰富，二传手是场上的核心，在他对称位置上的队员称为"接应二传"，在二传手由于防守或其他原因不能组织进攻的情况下，充当二传角色(图 10-42)。

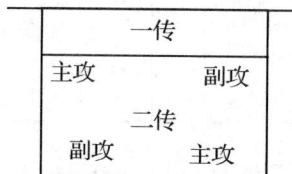

一传
主攻　　　　副攻
二传
副攻　　　　主攻

一传　　二传
主攻　副攻
攻手
(接应二传)
副攻　主攻

图 10-41　"四二"配备　　　　图 10-42　"五一"配备

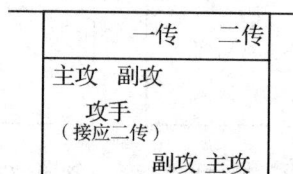

2. 位置交换

位置交换的目的是为了调动攻防力量，弥补阵容配备上的不足和比赛队员技术的限制，充分发挥每个人的身体条件和技术特长，在规则许可的情况下进行的位置变动。

换位的规律是把前排的主攻手换到 4 号位，拦网好，移动快，连续起跳能力强的副攻手换到 3 号位，二传手换到 2 号位，在后排的主攻手换到 5 号位，防守灵活且防守能力较好的队员换到 6 号位(一般由防守自由队员在此位置上)，二传换到 1 号位，便于插上。

当本方发球队员击球后，应迅速地换到预定的位置上做好接球的准备。

对方发球时，应打完一攻后，再迅速换位，在成死球后立即回到原位。

3. 排球基本战术的练习方法

6 名球员在场上站好位置，教师讲解站位方式，球员按教师的讲解站好具体的防守位置，并轮转 6 轮，使队员明确每一轮、每一位置的具体站位方式及职责分配。

教师向对方场内发球，球员接一传，了解每个位置的站位方式和进攻战术形式，熟悉"中一二""边一二"等进攻战术。

分两组，一组发球，另一组接发球，组织进攻练习。

分两组，一组扣球，另一组防守，尽量做到两人拦网和后排的"心跟进"或"边跟进"防守阵形。

组织教学比赛，攻与防的练习。

第四节　排球运动场地和竞赛规则简介

一、场地及器材

1. 比赛场地

比赛场区为长 18 米、宽 9 米的长方形。

2. 无限延长的区与线

每个场区各画一条距离中心 3 米的进攻线，它与中线之间区域称为前场区，两条端线外各画两条长 15 厘米，距离端线 20 厘米的短线，它们各自画在边线的延长线上，两条短线之间为发球区。比赛过程中，中线、进攻线、发球区、短线和标志杆是无限延长的(图 10-43)。

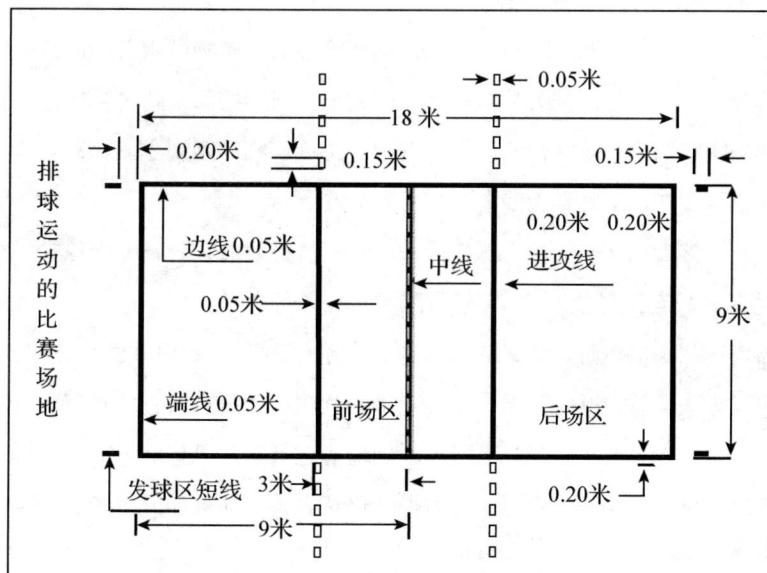

图 10-43　排球比赛场地

3. 球网高度和球的标准

球网高度男子为 2.43 米，女子为 2.24 米，球为三色(黄、蓝、白)，圆周长为 65～67 厘米，重量为 260～280 克。

二、排球运动规则简介

1. 界内、界外球的判别

球接触比赛场区的地面包括界线，为界内球。界外球的判别为：球接触地面的整个部分落在界线以外；球触及场外物体，天花板或非比赛成员等；球触及标志杆、网绳、网柱或球网标志杆以外部分；球的整体或部分从非过网区完全越过球网的垂直面。

2. 现代排球比赛的基本方法

比赛采用五局三胜制和每球得分制。比赛时，双方各上场 6 人，分前后排站立，由获得发球权一方的后排 1 号队员在端线后宽 9 米区域内发球，发球方胜一球后，由该队同一发球队员继续发球，接发球队胜一球后，按预先登记的发球顺序，换由下一名队员发球。前四局先得 25 分并超出对方 2 分的队胜一局。当比分 24∶24 时，比赛继续进行至某队领先 2 分为止，第五局则为先得 15 分并同时超出对方 2 分的队获胜；当比分 14∶14 时，比赛继续进行至某队领先 2 分止，比分无最高限制。局间进行交换场区，决胜局中某队领先获得 8 分时，两队交换场区，不休息，队员在原来的位置继续比赛。

3. 队员的场上位置和轮转

在队员击球时，双方队员(发球队员除外)必须在本场区内各站两排，每排三名队员，一个队前后排关系为三个同列关系。同列的前排队员必须有一只脚的一部分比其同列后排队员的双脚距离中线更近，相等距离也不可以。球发出后，队员可以在本场区和无障碍区的任何位置上。

轮转是接发球队获得接发球权后，该队队员必须按顺时针方向轮转一个位置(2 号队员转至 1 号位发球，1 号位队员转至 6 号位等)。

当发球队员击球时，如果队员不在其正确位置上，就构成位置错误犯规，则判错误方失一分，并把队员恢复到正确的位置，如没有按规定进行轮转，应立即纠正其错误并判失分，记录员应准确地确定其错误从何时发生，从而取消该队自错误发生以后的新得分。对方得分仍然有效，如不能确定轮转错误中所得的分数，则仅给予失一分的判罚。

4. 队员的替换

每一局每队最多可替换六人，可以同时替换一人或多人。自由防守队员的替换不在此列，自由防守人应身着与本队不同颜色的服装，他在后排位置上可以替换任何一名队员(正在进行发球的队员除外),他可以不经过裁判员的允许就可进行替换,并且不受换人次数的影响,但自由防守队员不能参加本队的进攻。

每局开始上场阵容的队员在同一局中可以退出比赛和再次上场各一次,而且只能回到原阵容的位置上。替补队员每局只能上场比赛一次,替补开始上场阵容的队员,他只能由被他替换下场的队员来替换。换人还有特殊替换、被判罚出场的替换、不合法的替换等。

5. 自由防守队员

自由防守队员是国际排联于1996年世界女排大奖赛中试行的一项新规则,自由防守队员的功能在于加强防守达到平衡攻守的效果。自由防守队员的规则如下。

①球队可以没有自由防守队员,但最多只登记两人。

②一队在比赛时只能有一位自由防守队员在场上。

③自由防守队员必须身着与其他同队球员颜色明显不同的球衣。

④自由防守队员的替换不计入普通球员的替换次数。

⑤自由防守队员不得列于轮转表上,但可于比赛前替换上场。

⑥自由防守队员的轮转只限于后排,不得发球,并不得拦网或企图拦网。

⑦如球的位置高于网高,自由防守队员不得于场上任何位置将球处理过网至对方场地。

6. 暂停的有关规定

每局比赛每个队有两次暂停机会,还有两次技术暂停(分别在比分8分和16分时)。暂停时间为30秒,技术暂停时间为1分钟。暂停时双方运动员必须退出比赛场地接受教练的指导和安排。

7. 持球与连击的定义

持球的判断可依据三个方面的因素来考虑:一是击球时停留时间过长;二是击球不清晰;三是几种击球的动作,如携带球、捞球和推搡等。连击是指一名队员连续击球两次或连续触及身体的不同部位(但拦网后接球,接一传除外)。如发生持球或连击违例,则判对方得分。

8. 进攻性击球

除发球的拦网以外,所有直接向对方的击球都是进攻性击球。当球的整体通过球网垂直面或触及对方队员,则算完成进攻性击球。前排队员可以对任何高度的球完成进攻性击球。但触球时必须在本场地空间,后排队员可以在后场区对任何高度的球完成进攻性击球,但不能在进攻线上或线前将整体高于球网的球直接攻入对方场区。

9. 拦网的要求

拦网是队员靠近球网，将手伸向高于球网处阻挡对方来球的行动。只有前排队员允许拦网。两名或三名队员彼此靠近进行拦网为集体拦网，其中一人触球则完成拦网，在一个动作中，球可以迅速而连续触及一名或更多拦网队员，拦网后可由任何一名队员进行第一次击球，包括拦网时已经触球的队员。挡网时，队员可以将手或手臂伸过球网，但不得影响对方击球。

10. 过中线犯规

队员的一只脚或双脚超过中线触及对方场区的同时，脚的一部分还触及中线或置于中线上空是允许的。脚的整体或身体其他部位接触对方场区为犯规。

11. 发球犯规和发球失误

(1)发球犯规

①击球前球未抛起或未撤离托球的手。

②发球队员在发球区外发球。

③发球次序错误。

④第一裁判员鸣哨后，8秒未将球发出。

(2)发球失误

①球未发过网。

②发球后球触网。

③球从网下过网。

④球触及标志杆，球从标志杆外或从标志杆的延长高度上空过网。

⑤球触及任何障碍物，或在进入对方场区前触及本队队员。

⑥球落在界外。

思考与练习

1. 简述排球运动的起源与发展。

2. 排球的基本技术有哪些？

3. 排球垫球动作要领是什么？

4. 排球基本战术中的"中一二"战术原理是什么？

5. 排球比赛中的"自由防守队员"是怎样规定的？

6. 排球比赛中的"发球轮换"是什么意思？

知识拓展

中国排球女将——郎平

郎平出生时，正是寒冻大地的冬日。由于自然灾害等诸多因素的影响，

"大家"与"小家"的经济条件都很差。襁褓时期的郎平，身体虚弱，母亲常用小米粥来补充她的营养需求，没有给过她特别的优待。7岁那年，郎平迈进了小学的门槛儿，在北京市朝阳区东光路小学，开始了她少年时代的读书生涯。郎平的性格，既有生长在北方的父亲那种豪爽和奔放，又有来自南方的母亲那种恬静和细腻。这种优良性格使她"动"起来像个男孩子一样勇敢顽强，"静"下来又能比一般女孩子更为文静。郎平的父亲是个体育迷，一有机会，他就带着女儿到住家附近的北京工人体育馆去看比赛。父亲对体育的酷爱，影响着郎平。在郎平少年时代的记忆里，排球给她留下了美好的印象。随着岁月的改变，郎平越长越高。站在同龄人当中，她犹如"鹤立鸡群"，非常突出。

1973年4月，郎平被选入北京工人体育场业余体校。枯燥、乏味、艰苦的训练，也曾使她产生过动摇，可每当此时，父母就叮嘱她："平平，吃点苦算什么，你既然喜欢打排球，就不能半途而废。"郎平始终不忘父母的鼓励，顽强地坚持下来了，并且凭着自身良好的条件和素质，凭着突飞猛进的球技，从短训班到了长训班，成了北京工人体育场业余体校排球班的一名正式队员。1978年入选国家集训队；1978年随中国队获第八届亚洲运动会女排比赛银牌；1979年获第二届亚洲女子排球锦标赛冠军；1981年获德国不来梅国际排球邀请赛冠军，个人获得"最佳攻球手奖"；同年获得第3届世界杯女排赛冠军，个人获"优秀运动员奖"；1982年获第9届世界女排锦标赛冠军、第9届亚运会女排比赛金牌；1983年在世界超级女排赛上获得冠军；1984年获第23届洛杉矶奥运会女排比赛金牌；1985年获上海"新民晚报杯"国际邀请赛、"海鸥杯"国际女排邀请赛和第四届世界杯女排赛冠军，并获"优秀运动员"奖和"最佳运动员"奖；1985年退役进入北京师范大学外语系攻读英语专业；1987年赴美国新墨西哥大学留学，并取得体育管理系现代化专业硕士研究生学位，后赴国外打球；1989年带领意大利摩迪那俱乐部女子排球队获意大利杯赛冠军；1990年回到国家队，带领中国女子排球队获第11届女子排球锦标赛亚军；1991年率新墨西哥州大学女子排球队获美国东部地区女子排球赛冠军；1995年开始执教中国女排。

1995年之后，素有"铁榔头"之称的郎平进入教练生涯，20多年间曾分别出任过新墨西哥州大学女子排球队、八佰伴全明星队、世界超级明星联队、美国排球协会全美训练中心、中国女子排球队、意大利摩迪那队、美国国家女子排球队、广东恒大女排等队伍的主教练并取得优异成绩。

■□ 学习目标

了解足球运动的起源与发展、特点和健身价值；掌握足球的运球、传球、停球和守门等基本技战术；具备足球基本技战术的运用和组织能力；能够运用所学足球知识和技战术参与或欣赏足球运动；熟悉足球最新的基本规则。

第一节　足球运动概述

一、足球运动的起源与发展

足球是一项古老的体育活动，源远流长，最早起源于我国古代的一种球类游戏"蹴鞠"，后来经过阿拉伯人传到欧洲，发展成现代足球。据史书记载，早在公元前475年至公元前221年，中国就出现了"蹴鞠"或"蹋鞠"活动，那时仅仅是一项娱乐性的健身游戏，还称不上是一项竞技足球运动。汉代蹴鞠是训练士兵的手段，制定了较为完备的体制。例如，专门设置了球场，规定为东西方向的长方形，两端各设六个对称的"鞠域"也称"鞠室"，各由一人把守，场地四周设有围墙。比赛分为两队，互有攻守，以踢进对方鞠室的次数决定胜负。经过汉代的初步流行，唐宋时期蹴鞠活动达到高潮，甚至出现了按照场上位置分工的踢法。唐代蹴鞠已有多种方式，有比赛颠球次数的"打鞠"，有场地中间挂网，类似网式足球的"白打"，有多人参与拼抢的"跃鞠"，还有了设立球门的比赛，这种方式每队有一定人数和固定位置，规定队员只能在自己的位置上踢，不能移动。到了宋期，蹴鞠活动已十分盛行，成为宫廷之中的高雅活动。国际足联前主席阿维兰热博士1958年7月来中国时也曾表示：足球起源于中国。后来，由于封建社会的局限，中国古代的蹴鞠活动最终没有发展成为现代意义上的足球运动。

现代足球运动起源于15世纪末的英国。1848年，足球运动的第一个文字形式的规则《剑桥规则》诞生了。所谓的《剑桥规则》，是在19世纪早期的英国伦敦，牛津和剑桥之间进行比赛时制定的一些规则。当时每队有11个人进行比赛。因为当时在学校里每套宿舍住有十个学生和一位教师，因此他们就每队11人进行宿舍与宿舍之间的比赛，现在的11人足球比赛就是从那时开始的。1835年，在英国谢菲尔德成立了世界上第一个足球俱乐部。1863年10月26日，由伦敦11个最主要的俱乐部和学校，在伦敦举行会议创立了英格兰足球协会，与此同时也产生了世界上第一个统一的足球规则，共14条。这一日被公认为现代足球的诞生日，世界各国也公认现代足球起源于英国。第一届足球杯比赛在1871年举行。随后几年的时间里，足球运动迅速发展到其他国家。由于足球运动在世界各地迅速发展，国际足球协会于1904年正式成立。为推广国际足球运动，1908年，足球被正式列入奥林匹克运动会的比赛项目，1930年举办了第一届世界杯足球赛。从此，足球运动在全世界范围内得到迅速普及和发展，成为一项深受人民群众拥护和喜爱的运动。

二、足球运动在中国的发展状况

现代足球运动传入我国是在19世纪末至20世纪初，最初是由英国人带入香港，1908年在香港成立了中国现代足球运动的第一个组织——南华足球会。1910—1948年，我国举行的7届全国运动会，足球均被列为正式比赛项目。1913—1934年，我国共参加过10届远东运动会，获得8次足球比赛的冠军。1931年，我国加入国际足球联合会，1936年和1948年，我国足球队还参加了第8届、第14届奥运会的足球比赛。1952年，国际足联继续承认中华全国体育总会为会员。但到了1954年，当时的国际足联公然违背章程，接受所谓"中华民国足球协会"为会员。为了表示严正抗议，中华全国体育总会在1958年宣布退出国际足联。在1978年阿根廷世界杯期间，国际足联在布宜诺斯艾丽斯举行大会，亚足联再次提出了要求接纳中国为国际足联成员的决议。由于中国的支持者与日俱增，国际足联最终通过决议：根据一国一个协会的原则，确认只有中华人民共和国足球协会有资格代表中国，并授权执委会贯彻执行这一决议。1979 年 10 月 13 日，国际足联执委会通过决议，重新接纳中华人民共和国足球协会为会员，要求台湾的足球协会改名为"中国台北足球协会"，并不得使用前"中华民国"的任何标志。这一决议于 1980 年 7 月 7 日国际足联四十二届代表大会上得到批准。中国足球从此跻身世界足坛，开始了冲击世界杯的漫漫征程！

三、足球运动的特点和健身价值

1. 足球运动的特点

(1)整体性

足球参赛队由 11 人上场比赛。场上的 11 人整体配合，攻则全动，守则全防，整体参战意识很强。只有形成整体的攻守，才能取得比赛的主动权。

(2)对抗性

足球运动是竞争很激烈的对抗性项目，比赛中将球攻进对方的球门且展开短兵相接的抢截，尤其是在两个罚球区的区域，争夺更是凶猛。一场高水平的比赛，争夺和冲撞倒地次数多达 200 次。

(3)多变性

足球运动在技术上、战术上变幻莫测，胜负结局难以预测，在比赛中运用的技战术受对方直接的干扰、限制和抵抗。

(4)耐久性

足球比赛中，运动员要在 7000 多平方米的场上奔跑 90 分钟，距离约 6000 米，多则 8000 米以上，一场比赛下来，若平局需决定胜负的比赛则要加时赛 30 分钟，如仍无胜负结果，点球决定胜负。

(5)易行性

足球竞赛规则比较简练，器材设备要求也不高。一般性足球比赛的时间、参赛人数、场地和器材也不受严格限制，因此足球项目是一项十分受人们喜爱的体育运动项目。

2. 足球运动的健身价值

(1)健体价值

足球运动是一项能全面锻炼和健全体魄的运动。在全民健身活动中，足球运动可以增强人们的体质，提高运动的力量、速度及灵敏度，提高弹跳、耐力、柔韧性等素质。特别是对增强心血管系统、呼吸系统和消化系统等人体器官的功能非常有益，能使人体的高级神经活动得到改善。据测定，一名优秀足球运动员的肺活量比正常人要多 2000～3500 毫升；安静时的心率要比正常人低 15～22 次/分。

(2)健心价值

经常参加足球运动可以培养人勇敢顽强、机智果断、勇于克服困难的优秀品质和敢于斗争、敢于胜利的战斗作风，以及发扬团结协作、密切配合的集体主义精神。观赏高水平的足球赛事，能给人带来斗志和快乐。拼劲实足、力量型的北欧及英格兰足球和以巴西桑巴舞足球为代表的艺术足球，会使足球场上充满活力，使人从中品味到无穷的哲理。这对形成良好的性格、品质、心态，营造健康的氛围都有积极的影响。

第二节　足球运动基本技术

足球基本技术是运动员在足球运动中所采用的合理动作的总称。它是在运动实践中逐步形成、发展和完善起来的。

一、无球技术

无球技术是指比赛中运动员在不控球的情况下所采用的合理动作的总称，主要包括起动、跑动、急停、转身、移位和假动作。

二、球性、球感练习

球性、球感练习在足球技术训练中是不可缺少的一个环节，较好的球性、球感对练习者掌握足球技术有事半功倍的效果。球性、球感练习有脚内侧颠球、脚背颠球、大腿颠球和脚底拉球等(图 11-1 至图 11-4)。

1　　　　　2　　　　　3

图 11-1　脚内侧颠球

图 11-2　脚背颠球

图 11-3　大腿颠球

图 11-4　脚底拉球

三、有球技术

有球技术是指运动员在足球运动中，为达到进攻和防守的目的所采用的各种技术。有球技术主要有传球技术、停球技术、头顶球技术、运球技术、抢截球技术、守门员技术、掷界外球技术。

1. 传球

传球是指足球运动者有目的地用脚将球击向预定目标的动作，是足球运动的主要技术手段，其用途是传球和射门等。

传球技术动作按触击球时脚的部位分为脚内侧、脚背正面、脚背内侧、脚背外侧、脚尖和脚跟传球等几种方法。传球技术由助跑、支撑脚站位、踢球腿的摆动、脚触球、踢球后的随前动作组成。

(1)基本技术

①脚内侧传球。

动作方法：直线助跑，支撑脚踏在球的侧方 15 厘米左右，膝关节微屈，在支撑脚着地的同时踢球腿以膝关节为轴由后向前摆，在前摆过程中屈膝外展，踢球脚的脚内侧正对出球方向，小腿急速前摆，脚尖翘起，脚底与地面平行，击球的后中部，踢球脚随球前摆落地(图 11-5)。

图 11-5　脚内侧传球

动作重点：直线助跑，支撑脚取位正确。

动作难点：摆动腿的大腿和小腿的协调用力。

②脚背正面传球。

动作方法：直线助跑，最后一步稍大并要积极着地，支撑脚站在球的侧方10 厘米左右，脚尖正对出球方向，膝关节微屈；摆动腿要在准备做支撑的脚前跨和助跑的最后一步蹬离地面时，顺势向后摆动，小腿微屈。在支撑脚着地的同时，以髋关节为轴，大腿带动小腿由后向前摆，当膝关节摆至接近球的正上方的一刹那，小腿做爆发式前摆，以髋关节为轴，大腿带动小腿由后向前摆，脚背绷直，脚趾扣紧，以脚背正面击球的后中部，踢球腿提膝随球继续前摆(图 11-6)。

图 11-6　脚背正面传球

动作重点：摆动腿触球时绷紧脚背，扣紧脚趾，后摆充分。

动作难点：身体对击球点的控制。

③脚背内侧传球。

动作方法：斜线助跑(助跑方向与出球方向约成45度角)，支撑脚是以脚掌外沿积极着地，踏在球的侧后方20～25厘米处，膝关节微屈，脚尖指向出球方向，身体稍向支撑脚倾斜。在支撑脚着地的同时踢球腿以髋关节为轴，大腿带动小腿由后向前摆。当身体转向出球方向，膝盖摆至接近球的内侧上方时，小腿做爆发式前摆，脚尖稍外转，脚背绷直，脚趾扣紧，脚尖指向斜下方，以脚背内侧踢球的后中部(图11-7)。

图 11-7 脚背内侧传球

动作重点：斜线助跑，踢球时脚尖指向出球方向，身体稍向支撑脚倾斜。

动作难点：身体对击球点的控制。

④脚背外侧传球。

动作方法：助跑、支撑脚的站位和踢球腿的摆动，基本上与脚背正面踢球相同，但是踢球腿的膝盖摆至球的正上方的一刹那，小腿做爆发式前摆，膝盖、脚尖内转，脚趾扣紧，以脚背外侧踢球的后中部，踢球腿提膝随球继续前摆(图11-8)。

图 11-8 脚背外侧传球

动作重点：踢球腿的膝盖摆至球的正上方的一刹那，小腿做爆发式前摆，膝盖、脚尖内转，脚趾扣紧。

动作难点：身体对击球点的控制。

(2)练习方法与手段(以脚背内侧传球为例)

①摆腿模仿练习。重点强调小腿的加速摆动和摆腿时的转体动作。

②两人一组，一人踩球，一人原地做踢固定球练习。重点强调踢球脚的脚尖斜下指，用脚背内侧踢球的后下部，把球往上"铲"起。

③两人一组，相距 10～15 米(技术提高后两人相距 20～30 米)，踢定位球。要求动作协调、思想放松，按模仿练习的感觉进行练习，防止动作"走形"。

④学生熟练掌握脚背内侧踢固定球后，可练习踢活球。停球后向两侧拨球，然后用脚背内侧将球踢出。提醒学生注意支撑脚的提前量。

⑤踢准练习。可采用踢画有标志的足球墙等方式，先由 8 米左右的近距离开始，熟悉后距离可稍远些。

⑥两人一组，相距 10～15 米，配合熟练后相距 15～20 米，并向前跑动，进行长传球练习。

(3)易犯错误与纠正方法

①直腿摆动，动作僵硬。纠正方法：反复摆腿模仿练习。

②脚触球部位不正确。纠正方法：踢球前注视一下球及来球方向，踢球时不要勾脚尖，支撑脚距离球不要太远，踢球脚的前脚掌轻蹭一下地面。

③踢球腿摆动时，没有相应地转动身体，影响正确的部位触球。纠正方法：身体重心移至支撑脚，踢球的一刹那，以支撑脚的前脚掌支撑地面，身体向出球方向转动。

2. 停球

停球技术有脚内侧、脚底、脚背正面、脚背外侧、胸部和大腿停球等。停球是为下一个动作所用，停球质量的好坏，直接影响下一个动作的完成。

(1)基本技术

①脚内侧停地滚球。

动作方法：根据来球路线选择停球位置并及时移动到位。支撑脚正对来球，膝关节微屈。接球腿屈膝外展并前迎，脚尖翘起，脚与球接触前的刹那开始后撤，在后撤过程中用脚内侧触球，把球控制在衔接下一个动作需要的位置上(图 11-9)。

1   2   3   4

图 11-9　脚内侧停地滚球

动作重点：脚与球接触前的刹那开始后撤，在后撤过程中用脚内侧触球，把球控制在衔接下一个动作需要的位置上。

动作难点：脚内侧触球瞬间对球卸力的掌控。

②脚内侧停反弹球。

动作方法：支撑脚踏在球的落点的侧前方，膝关节微屈，上体稍前倾并向停球方向微转，同时停球脚提起，踝关节放松，脚内侧对准球的反弹路线，当球落地反弹时，用脚内侧挡压球的后中部。

动作重点：停球脚提起，踝关节放松，脚内侧对准球的反弹路线。

动作难点：脚触球瞬间对球卸力的掌控。

③大腿停球。

动作方法：大腿停高球时，接球腿屈膝抬起，以大腿中部对准落下的球，肌肉适当放松。当大腿与球接触的一刹那，快速后撤，将球挡落在体前衔接下一个动作需要的位置上。大腿停低平球时，接球腿以大腿中部对准来球，屈膝前迎，肌肉适当放松。当大腿与球接触的一刹那，快速后撤，将球挡落在衔接下一个动作需要的位置上(图 11-10)。

图 11-10　大腿停球

动作重点：大腿与球接触的一刹那，快速后撤。

动作难点：大腿触球瞬间对球卸力的掌控。

④胸部停球。

动作方法：胸部停球时，人身体正面迎球，两脚前后开立，两臂自然张开，身体向后成反弓，重心前移，挺胸迎球。当球运行到与胸部接触前刹那，重心迅速后移，收胸、收腹挡住球，以缓冲来球力量，把球停在身前。如果要把球停在左(右)侧时，则应在接触球前的刹那向左(右)侧转体，并用同侧胸部触球(图 11-11)。

图 11-11　胸部停球

动作重点：停球时，正确判断球在空中的落点，用胸部触球。

动作难点：停球时，收胸和收腹时机的把握，以缓冲来球的力量。

（2）练习方法与手段（以脚内侧停球为例）

①两人一组，一人手抛或轻踢地滚球，一人做脚内侧停地滚球，主要体会接球部位，一人也可用足球墙练习各种方法。

②增加踢球力量，主要掌握好接球脚回撤或下切的时机。

③两人一组，迎面向前跑动，然后用脚内侧向内、向外或向后转身接球。

（3）易犯错误与纠正方法

①球从脚下漏过。纠正方法：掌握好脚的触球部位距离地面的高度。

②动作僵硬。纠正方法：强调膝、踝关节放松，身体重心放在支撑脚上。

③回撤或切挡的时机掌握不好。纠正方法：多做模仿动作，提高触球缓冲的灵敏反应能力。

④接球后身体不能及时跟上影响控制球。纠正方法：多做调整身体重心和衔接球的练习。

3. 头顶球

头顶球是指队员有目的地用前额击向预定的位置，同时也要处理各种空中球。头顶球分为前额正面顶球和前额侧面顶球，这两个部位都可以做原地、起跳和鱼跃顶球。

（1）基本技术

①原地前额正面头顶球。

动作方法：身体正对来球方向，眼睛注视运动中的球，两脚前后或左右开立，膝关节微屈，上体稍后仰，重心放在后脚上，两臂微屈自然张开。当球运行到地面的垂直线上时，后脚用力蹬地，迅速向前摆体收下颌，颈部紧张，快速甩头，用前额正面顶球的中部，上体随球前摆（图 11-12）。

图 11-12 原地前额正面头顶球

动作重点：上体稍后仰，重心放在后脚上，触球瞬间颈部保持紧张。

动作难点：掌握运用下肢蹬地和腰腹的力量。

②原地跳起前额正面头顶球。

动作方法：这种动作技术在本方或对方传来高球时运用。准备起跳时，两腿屈膝，重心下降，然后两脚同时蹬地，同时两臂屈肘上摆向上跳起。在跳起上升过程中挺胸展腹，两臂自然张开，眼睛注视来球。在跳起到达最高点准备顶球时，身体成背弓。当球运行到身体的垂直面前的刹那，快速收胸折体前屈并甩头，用前额正面将球顶出。顶球后两腿同时屈膝落地(图 11-13)。

图 11-13 原地跳起前额正面头顶球

动作重点：跳起到达最高点准备顶球，身体成背弓，触球瞬间颈部保持紧张。

动作难点：掌握运用下肢蹬地和腰腹的力量。

(2)练习方法与手段

①以原地前额正面头顶球为例。

a. 练习头顶颠球，体会头触球部位。

b. 原地模仿头顶球动作，体会腰部的摆动，同时两臂自然张开，协助身体向前摆动。

c. 一人持球至对方前额高度，另一个人用前额正面击球，体会顶球部位及摆动动作。

d. 两人一组，相距 5 米左右，抛向对方前额上方，练习头顶球。

e. 两人顶球熟练后，可连续头顶球。要求顶准，且抛球者要控制好抛球力量，做练习时减少落地次数。

②以移动挑起头顶球为例。

a. 练习头顶球时，体会头触球部位。

b. 做各种头顶球模仿动作练习。

c. 用吊球架体会适合自己的高度进行各种顶球练习。

d. 两人一组，相距 5 米左右，顶球熟练后，可做连续头顶球，练习时减少球落地次数。

（3）易犯错误与纠正方法

①头顶球的部位不正确。纠正方法：两眼要特别注视来球，积极主动用前额迎击来球，调整好脚步，对准来球的方向将球顶出。

②不能正确运用摆体动作顶球。纠正方法：多做起跳摆体模仿动作，强调蹬后腿，腰部发力，两臂同时协助用力，上体积极前摆。

4. 运球

运球技术指队员在跑动中用脚连续推拨球，使球处于自己控制范围内的一种动作技术。

（1）基本技术

①脚背内侧运球。

动作方法：身体自然放松，步幅要小，上体前倾稍向运球方向转动；运球脚提起时，支撑脚膝关节稍微弯曲，重心放在支撑腿上，另一条腿提起屈膝，用脚内侧推球前进，然后运球脚着地(图 11-14)。

图 11-14　脚背内侧运球

动作重点：身体自然放松，步幅要小，重心放在支撑腿上。

动作难点：运球过程中人球合一，眼睛观察四周。

②脚背外侧运球。

动作方法：身体保持正常跑动姿势，支撑腿向前跨出一步，落在球的侧前

方，膝关节微屈，重心落在支撑脚上，上体向带球方向前倾，运球脚脚背外侧正对运球方向，运球脚落地前用脚背外侧推拨球的后中部(图11-15)。

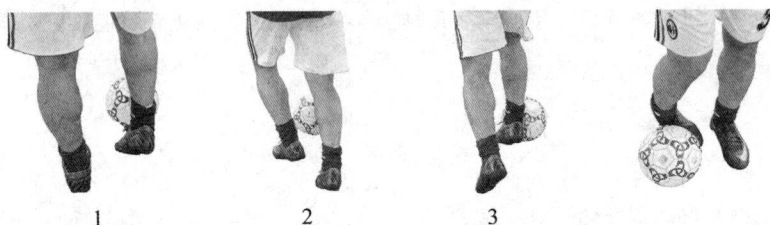

图11-15　脚背外侧运球

动作重点：上体向带球方向前倾，运球脚脚背外侧正对运球方向。

动作难点：运球过程中人球合一，眼睛观察四周。

③正脚背运球。

动作方法：上体前倾，步幅放大，运球脚提起时，膝关节弯曲，脚尖向下，以脚背正面推拨球前进(图11-16)。

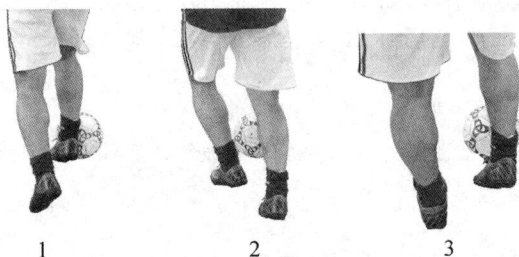

图11-16　正脚背运球

动作重点：以脚背正面推拨球前进。

动作难点：运球过程中人球合一，眼睛观察四周。

(2)运球过人方法

①利用速度强行过人。持球队员突然的快速拨球(力量较大)要与快速的奔跑相结合越过对手的防守。

②利用身体的掩护强行过人。当持球队员接近对手时双手速度减慢，持球者侧身用身体靠住对手，以另一侧脚将球拨出，同时转身将对手倚在身后并随球越过防守。

③利用变速运球过人。对手在持球者侧面，持球队员用另一侧脚运球，利用运球的速度变化达到甩掉对手或越过对手的目的。这种方法主要利用防守者是被动的，容易被运球队员甩掉的弱点，以达到过人的目的。

(3)练习方法与手段

①用各种脚法，每人一球，每组6～8人，熟悉后再采用相距20～30米的两根标志物，依次进行，前后两人相距6米左右。

②直线穿梭运球练习。5～6人一组一球，在距离10～15米之间进行练习。

③蛇形推进运球练习。每人一球，每组6～8人，在距离20～30米的两根标志物之间进行。

④侧身左右脚交替往返变向运球练习。每人一球，每组6～8人，在相距20～30米的4～6根标志物之间进行。

⑤20米曲线运球绕杆(6根杆)。每隔4～5米插一根标志物，起点与终点以标志物代替或画一直线。练习者一人一球，依次进行。

⑥两人一组，在积极或消极的防守下，反复做一对一的运球过人练习。

(4)易犯错误与纠正方法

①低头运球过人，眼睛只盯着球。纠正方法：教师应时刻提醒学生抬头观察周围情况，在学生做各种运球动作时，教师做各种手势，让学生对手势做出积极反应。

②身体僵硬影响了动作的协调自如。纠正方法：僵硬的主要原因是技术生疏、思想紧张。教师要不断向学生强调动作的协调性。

③技术动作不到位。纠正方法：提醒支撑脚要靠近球并多做髋关节灵活性练习。

④支撑脚距球过近或过远。纠正方法：练习中支撑脚落地时要注意体前球的距离。

5. 抢截球

抢截球技术是指队员在规则允许的范围内，使用身体的合理部位将对手的控球权抢过来或破坏掉，是转守为攻的积极手段。抢截球包括抢球和截球两个内容。

(1)基本技术

①正面跨步堵抢。

动作方法：抢球者面对对手两脚前后开立，两膝微屈，身体重心下降，在对手运球脚触球后即将着地或刚着地时，支撑脚立即用力后蹬，抢球脚以脚内侧对着球跨出，膝关节弯曲，上体前倾，身体重心移至抢球脚上，另一脚立即前跨；如果双方同时触球，抢球脚则要顺势向上提拉，使球从对方脚背滚过，同时身体重心要迅速跟上，并将球控制好(图11-17)。

| 1 | 2 | 3 | 4 |

图 11-17　正面跨步堵抢

动作重点：双方同时触球，抢球脚要顺势向上提拉，使球从对方脚背滚过。

动作难点：时机的把握，动作干净利落，避免犯规。

②侧面冲撞抢截。

动作方法：当与对方平行并肩跑动争球时，防守身体重心要稍下降，两臂紧贴身体，当对方近侧脚着地时，可用肩和上臂做合理冲撞动作，使对方失去平衡，从而乘机将球控制住(图 11-18)。

图 11-18　侧面冲撞抢截

动作重点：用肩和上臂做合理冲撞动作，使对方失去平衡。

动作难点：时机的把握，动作干净利落，避免犯规。

③侧后铲球。

动作方法：防守者追到距运球人侧后 1 米左右，采用脚掌或脚背外侧进行铲球。当运球人将球拨动时，防守者先蹬腿，随后抢球腿跨出，用脚掌或脚掌外侧在地面滑行将球踢出。小腿、大腿、臀部上方依次着地(图 11-19)。

图 11-19　侧后铲球

动作重点：先蹬腿，随后抢球腿跨出，用脚掌或脚掌外侧在地面滑行将球踢出。

动作难点：时机的把握，动作干净利落，避免犯规。

(2)练习方法与手段

①两人并肩走步中练习冲撞，慢跑和快跑中进行冲撞，体会合理冲撞的方法，两人做练习时学会保护自己以免犯规和受伤。

②一人慢速运球，另一人练习侧面用肩冲撞抢球。

③一对一抢截，正面抢截后相互交换，以抢到球为准。

④一对一抢截，正面、侧面抢截，以触到球为准，相互交换练习。

⑤原地练习铲球，一人站在固定球的后面佯做接球，一人从侧后方跑上来练习铲球倒地动作。

⑥助跑练习铲球，一人带球前进，一人在带球人身后，待球推出后铲球。

（3）易犯错误与纠正方法

①冲撞时，用手或肘推对手，造成犯规。纠正方法：讲解规则。

②侧面抢球时，合理冲撞的时机掌握不好。纠正方法：讲解规则，指出在对手同侧脚离地的一刹那，合理冲撞对手，才能使对手失去平衡，向外侧倒，以便使自己抢到球。

③铲球时，出脚的时机掌握不准。纠正方法：讲明应该在对手拨出球的一刹那铲球，这样才能既铲到球又不易犯规。

④铲球动作不连贯，容易造成自己摔伤。纠正方法：多做模仿练习，掌握自我保护的动作。

6. 守门员技术

（1）无球技术练习

①练习的目的与作用：使学生了解守门员技术的基本动作方法和正确的接球准备姿势。

②练习的方法与手段。

a. 准备姿势练习：练习者按动作要求重复做练习。

b. 做倒地动作练习：练习者进行侧倒、后倒、蹲跪、前扑以及团身滚动练习。

c. 移动练习：两个练习者面对面进行镜面练习，一方跟随另一方做各种弧线的滑步或交叉步移动。

d. 选位练习：守门员根据球的位置选择好合理角度的防守位置。

（2）接球技术练习

①练习目的与作用：使学生了解和掌握守门员技术的基本动作和方法。

②练习方法与手段。

a. 守门员交替采用各种姿势接地滚球、低平球和高球（图 11-20 至图 11-22）。

图 11-20　接地滚球

图 11-21　接低平球

图 11-22　接高球

b. 守门员在前、后、左、右移动中做接球练习。

c. 守门员向前接低平球后回传同伴，然后向后移动跳起接高球，反复进行练习。

d. 守门员向左、右侧交替移动跳起接反弹球或高抛球。

e. 守门员出击接底线 45 度的传中球。

f. 守门员接不同角度的射门。

目的：培养守门员接各种球的正确方法。

要求：练习时注意力要高度集中，接球时应控制好手形，上手接球手形要空，下手接球手形要平。主动伸臂迎球和接球，不被动等球。

(3)扑接球练习

①练习目的与作用：使学生了解守门员技术的基本动作和方法，以正确的姿势准备接球、扑球。保持好准备姿势，能快速地移动到合理的位置上，移动

时重心要平稳。

②练习方法与手段。

a. 守门员成坐姿或跪姿向两侧倒地扑接同伴的抛球。

b. 守门员成半蹲姿势依次向两侧扑接同伴的抛球。

c. 守门员在球门前扑接同伴射向两侧门柱附近的球。

d. 一人运球，守门员伺机扑运球者的脚下球，体会出击时机和扑球动作。

目的：使学生掌握扑接球的基本动作和方法。

要求：接扑球时，手臂要伸展，眼睛始终看着球，加强对球的方向和路线的判断，及时选位。

7. 掷界外球

(1)动作方法

掷球时，后腿用力，上体带动两臂急速前摆。当球摆至头上时，用力甩腕。

(2)练习方法与手段

①持球做原地和助跑掷界外球的模仿动作。

②原地或助跑掷球练习。距离由近至远，并在准确性上提出一定要求。

(3)易犯错误与纠正方法

①掷球违例。纠正方法：讲清掷界外球规则，分析违例原因，多练原地持球或助跑掷界外球的模仿动作。

②掷球不远。纠正方法：发展肩的柔韧性和腰腹肌力量，提高腿、腰、臂的协调配合能力。

第三节 足球运动基本战术

足球运动攻守过程中采取的个人行动和集体配合，称为基本战术。

足球技术可分为进攻战术和防守战术两类。在进攻战术和防守战术中都包含着个人和集体的战术。

一、比赛阵型

比赛阵型是指比赛场上队员的基本位置排列，是本队攻守力量搭配和分工的形式。选择阵型要以本队队员的特长、体能、技术水平与对手的特点为依据。

根据队员的职责和排列的层次，阵型分为后卫线、前卫线和前锋线。阵型的人数排列原则是从后卫数向前锋，守门员不计算在内。

目前，世界上普遍采取的阵型有"4－3－3"（图11-23）、"4－4－2"（图11-24）、"3－5－2"（图11-25）、"1－3－3－3"（图11-26）等。在以上阵型中，除"4－4－2"阵型以防守为主、反击为辅外，其他阵型均以进攻为主，尤以"3－5－2"阵型更为突出。

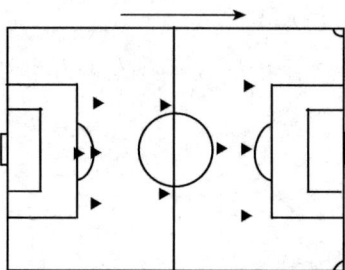

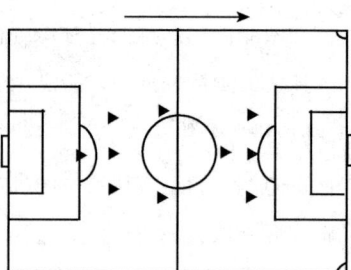

图 11-23　"4－3－3"阵型图　　　　图 11-24　"4－4－2"阵型图

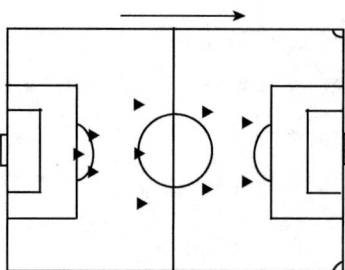

图 11-25　"3－5－2"阵型图　　　　图 11-26　"1－3－3－3"阵型图

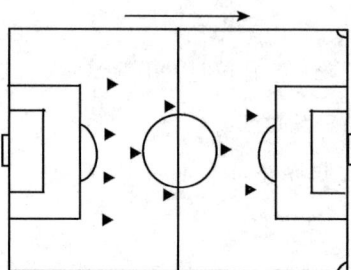

二、进攻基础战术

1. 个人进攻战术

个人进攻战术包括摆脱、跑位、运球过人等。这是在对方紧逼防守的情况下采取有效措施，摆脱自己的对手，跑到有利的位置，接应控制球的同伴巧妙地传球配合以达到进攻的目的。

2. 局部进攻战术

局部进攻战术是指两人以上的战术配合行动。此战术可以丰富和完善全队的进攻战术，是实施全队战术的基础。一般常用的有斜传直插二过一、踢墙式二过一和三过二进攻配合等。两人的局部配合是集体配合的基础（图11-27、图11-28）。

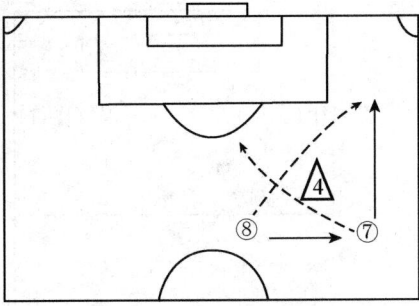

图 11-27　局部进攻战术图(一)

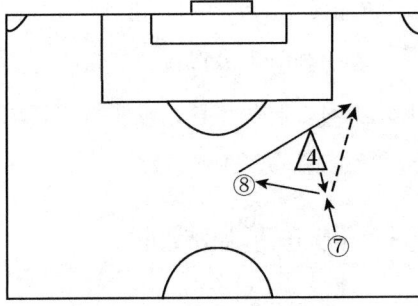

图 11-28　局部进攻战术图(二)

3. 整体进攻战术

(1)边路进攻

边路进攻主要是通过边锋或交叉到边上的中锋，直接插上的前卫、边后卫，运用个人带球突破或传球配合突破对方防线传中(外围传中、下底传中、切底传中、切底迂回传中)，由中锋在另一侧包抄射门(图 11-29)。

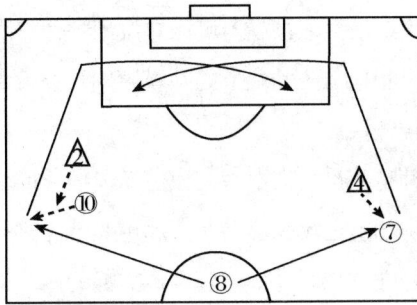

图 11-29　边路进攻战术图

(2)中路进攻

中路进攻能直接威胁球门，但中间防守队员密集，不易突破，因此通过中锋、内切的边锋或插上的前卫间的配合或个人运球过人等方法突破对方防线(图 11-30)。

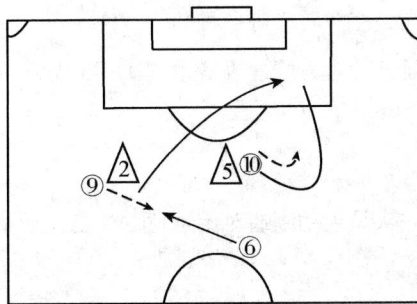

图 11-30　中路进攻战术图

(3)快速反击

在防御中积极拼抢，一旦得球，趁对方立足未稳时，快速传球，以多打少，达到射门得分取胜的目的(图 11-31)。

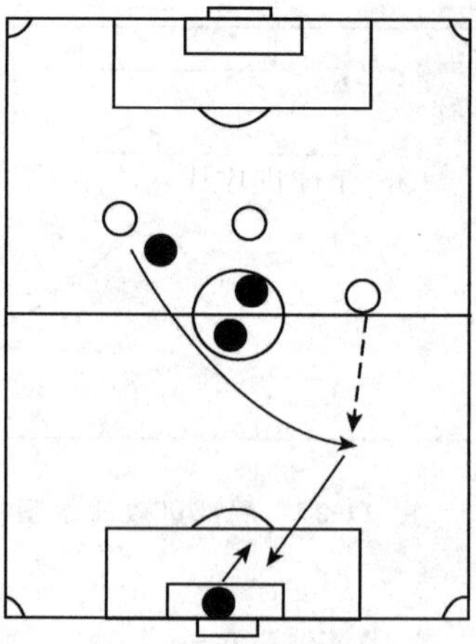

图 11-31　快速反击战术图

三、防守基础战术

1. 选位与盯人

选位与盯人既是防守战术，也是重要的个人技术。选位时，防守队员一般应处于球门中心与对手之间的直线上。盯人时应采用"有球紧、无球松"和"远松近紧"的方法，即对有球的、接近球和球门的对手采用紧逼的战术；对无球的、远离球和球门的对手采用松动盯人的战术。

2. 保护与补位

保护是补位的前提，没有保护就不可能有效地补位，队员之间适当的斜线站位是保护的选位要求和后卫防守站位的基本原则。补位是防守队员之间协同配合、相互帮助的一种方法。

补位有两种：一种是队员去补空当，如边后卫插上助攻时，就由另一队员暂时补他的位置，以防插上进攻失误后对方利用此空当进行反击；二是队员间的相互补位，即交换防守。相互补位一般应是临近的两个同伴之间的换位，这样出现漏洞的可能性就小。

3. 个人防守战术

个人防守战术是局部和集体防守的基础，包括堵(迎面堵、贴身堵)，抢(迎面抢、侧面抢、侧后抢)，断等技术在防守中的运用。

4. 集体防守战术

集体防守战术有全攻全守的全场防守、半场防守、紧逼防守、区域防守，也有盯人结合区域防守、密集防守等多种防守战术。不论采用哪种战术都要考虑到本队的特长，更要针对对方的进攻战术，采用有效的防守战术，阻止对方的进攻。

5. 造越位战术

造越位战术是防守队员主动制造对手越位的配合，以破坏对方的进攻节奏和攻势，是由守转攻的一种手段。

四、定位球战术

1. 角球进攻战术

角球进攻有两种战术：一种是直接将球踢至球门前，由头球能力强的同伴争抢头球射门；另一种是短传配合，它是在己方头球能力较差或碰到较大逆风时运用的。

2. 球门球

发球门球的原则是及时、快速、准确、有效地发起进攻。发球门球时守门员与后卫做一次配合，也可踢远球给进攻的一线队员。

3. 任意球

任意球分直接任意球和间接任意球两种。罚直接任意球可采用穿墙和弧线球直接踢入，或者采用过顶吊人传切配合；罚间接任意球时，传球次数要少，运用假动作声东击西，传球要及时，以免越位(图11-32、图11-33)。

图 11-32　任意球战术图(一)　　　　图 11-33　任意球战术图(二)

4. 点球

主罚队员要沉着、机智，有高度自信心及熟练的假动作技术和过硬的脚法。

第四节　足球运动场地和竞赛规则简介

一、足球比赛场地介绍

1. 足球场

足球场(图11-34)面积必须符合中国足协的规定。国际足联曾规定世界杯决赛阶段比赛场地为长105米、宽68米的长方形。国内基层比赛的场地可因地制宜，但在任何情况下，边线的长度必须长于球门线的长度，场内各区域的面积不得变更。

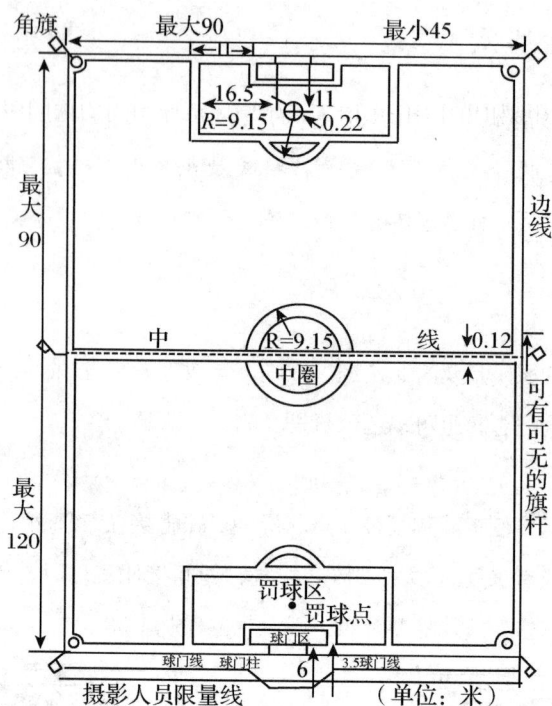

图 11-34 足球场

国内职业比赛可以在天然或人造草坪上进行。一般学校比赛地面必须平坦，硬度合适，以不伤害运动员和不影响球的正常运行为原则。国际足联世界杯赛组织委员会曾指令世界杯足球赛不得在人造草皮球场上进行。

2. 界线

球场各线须与地面平齐，不得做成 V 形凹槽或高出地面的凸线。线的颜色须清晰。土地球场最好用白灰粉或灰浆画线，天然草皮球场宜用熟石灰粉画线，不要用生石灰粉或灰浆浇画。为了防止雨水冲刷，亦可用白色涂料画线，但不得用木条、砖石或碎瓦等物填平的沟槽作界线。

场地各线的宽度不超过 12 厘米(一般以 12 厘米为宜)。边线与球门线的宽度应包括在场地面积之内，其他各线宽度亦应包括在该区域面积之内。球门区和罚球区的丈量都应从球门柱内侧和球门线外沿量起。球门线的宽度必须与球门柱的宽度相等。

3. 边线与球门线

边线与球门线划定的足球场是足球比赛时队员的基本活动区域。比赛开始后，未经裁判员许可，队员及其他人员不得擅自进场。

当球的整体从地面或空中越过边线或球门外的球门线时，即为球出界而成死球，分别以掷界外球、踢球门球或角球恢复比赛。

球门间的球门线是判断球是否进门的标准线，只有当球的整体从地面或空中越过球门内的这条线时方可算球进门。

执行罚点球时，防守方守门员应站在球门间的球门线上。

在对方罚球区内踢间接任意球时，如果球距球门间的球门线不足 9.15 米，则允许防守方队员站在球门线上。

4. 中线

中线把全场划分为两个相等的半场，中线的宽度应包括在每个半场的面积之内。

开球时，双方队员必须站在本方半场内（且守方队员不得进入中圈）。当裁判员鸣哨后，球被踢并向前移动时，比赛方为开始。

队员在本方半场无越位犯规。

5. 球门区

队员可以在球门区内的任何一点踢球门球及本方的任意球。

当球在球门区内时，裁判员令比赛停止，若以坠球恢复比赛时，应在停止比赛时球所在地点最近的、与球门线平行的球门区线上坠球。

凡在对方球门区内踢间接任意球时，应在离犯规地点最近的、与球门线平等的球门区线上执行。

6. 罚球区

守门员在本方罚球区内可以用手触球。

队员在本方罚球区内违犯规则第十二章可判为直接任意球的十种犯规中的任何一种时，都应判罚点球。

踢球门球或在本方罚球区内踢任意球时，对方应退出罚球区；必须把球直接踢出罚球区，比赛才能恢复。

罚点球时，除主罚队员与对方守门员外，其他队员均须在罚球区及罚球弧外的场内、罚球点的后面；当球被踢并向前移动时，比赛即为恢复，此时队员方可进入罚球区。

7. 角球弧

踢角球时，球必须放定在角球弧内。

8. 罚球点

罚点球时，球必须放定在罚球点上。因大雨冲刷，罚球点模糊不清时，由裁判员确定罚球点的位置。

9. 足球的材料及标准

球是圆形的，以皮革或其他合适的材料制成。球体的圆周为 68～71 厘米。在比赛开始时，球的重量为 410～445 克，球的气压为 0.6～1.1 个标准大气压。如果在比赛中，球破裂或不合标准则停止比赛。

二、队员、替补队员

每一场比赛由两队参加，每队上场的队员应为11人。其中必须有1名为守门员，如果某一队少于7人，则比赛不能开始。

被替补出场的队员不得再上场比赛。比赛中，队员被裁判罚出场后，不得由其他队员替补。

场上队员可以和守门员相互换位置，但须事先通知裁判员，并应在比赛成死球时进行。

三、球出界和球入门

球的整体在地面或空中越出边线或端线，才算球出界。

球的整体从两门柱及横木下越过球门线外沿的垂直面时，判为对方胜一球。

四、越位

1. 越位的概念

当队员踢球(顶球、触球)时，同队队员在对方半场内所处的位置在球的前面，并在他与对方端线之间，对方队员不足2人时，该队员即为越位。

根据上述概念，越位是由下面两个因素构成：

①时间因素——当同队队员向他传球时。

②位置因素——该队员在对方半场内，在球的前面，并且对方队员不足2人。

2. 如何判罚越位

①当处于越位位置的队员与同队正在踢球的队员构成传接关系时，即应判罚该队员为越位。

②当裁判员认为，处于越位位置的队员在其同队队员踢球的一刹那，该队员从越位位置取得利益时，应判罚该队员越位。

五、直接任意球和点球

在比赛进行中，队员故意违反判罚直接任意球的九款规定中的任何一款者，应由对方队员在犯规地点罚直接任意球。

如果守方队员在本方罚球区内故意违犯九款中的任何一款者，不论当时球在任何位置，均应被判罚点球。

六、合理冲撞

双方队员的目的是为了争得球，而球又在该队员控制范围之内，并以肩以下、肘关节以上的部位去冲撞对方的相应部位，冲撞的力量适当，冲撞时臂不得张开。

七、手球判罚

如果守方队员在本方罚球区故意用手触及球，均应被判罚点球。

八、守门员违例

守门员在本方罚球区内违反"四步规定""第二次用手触球"及故意延误时间判为犯规。

守门员允许行走的"四步"可连续使用或分开使用，但应累计计算。有时守门员快速跑动中跳起接球，落地后为了保持身体平衡而向后或向前走了几步，不应计算在四步之内。

守门员用手控制球时，一旦将球置于地上或传出，即为进入比赛状态，这种情况不论出现在行走四步之前、之中或之后。当处于罚球区外的同队另一名队员触球后，守门员如接同队队员回传球，应判罚间接任意球。

九、裁判员

1. 裁判员权利

每场比赛由一名裁判员控制，他具有全部权利去执行与比赛有关的竞赛规则。

2. 权限和职责

裁判员执行竞赛规则并与助理裁判员及当有第四官员时，和他们一起控制比赛。裁判员负责记录比赛时间和比赛成绩，如违反规则或受到外界干扰应停止、推迟或终止比赛。

3. 裁判员决定

裁判员根据比赛相关的事实所做出的决定是最终的决定。只有在比赛未重新开始或未终止前，裁判员可以根据自己的判断或助理裁判员的意见而改变确实不正确的决定。

4. 助理裁判员

助理裁判员还应依据竞赛规则协助裁判员控制比赛，在特殊环境下，助理裁判员可以进入场内协助裁判员控制好 9.15 米的距离。

助理裁判员如有过分干预或不合适的表现时，裁判员可以解除其职责。

十、足球比赛排列名次的方法

在循环赛中，球队的名次按球队在同一循环比赛中的积分多少排序。胜一场得 3 分、平一场得 1 分、负一场得 0 分，积分多者名次列前。若遇两队或两个以上的队积分相同，则依照以下顺序排列名次：

①积分相同的队相互之间比赛的积分多者名次列前。

②积分相同的队相互之间比赛的净胜球数多者名次列前。

③积分相同的队相互之间比赛的进球数多者名次列前。

④积分相同的队在同一循环全部比赛中净胜球数多者名次列前。

⑤积分相同的队在同一循环全部比赛中进球数多者名次列前。

⑥仍相同，则以抽签的方法决定名次。

思考与练习

1. 简述足球运动的特点。

2. 简述足球运动蕴含的经济价值。

3. 有球技术包括哪些内容？

4. 简述正脚背运球的技术要领。

5. 如何判罚越位？

6. 简述 5 人制足球运动的特点。

知识拓展

5 人制足球

一、5 人制足球的起源与发展

5 人制足球起源于南美，1930 年，一个乌拉圭人在社区内带领自己的球队训练。某日，适逢大雨，训练受阻，这名教练便领着队员们来到附近的一座空旷的大房子内摆上小门，踢起了室内足球。由此，人们发现，在室内踢球是一件很有意思的活动。逐渐地，室内踢足球被更多的人所接受并在南美等地区普及开来。

最早开展的室内足球在人数上并不统一，7 人制、6 人制、5 人制、4 人制等形式的比赛都有。后来，国际足联把全世界的室内足球人数统一规定为 5 人制。这也是为什么室内足球也叫 5 人制足球的原因。

室内足球从南美逐渐流传至北美、欧洲、大洋洲、澳大利亚等地。到了 1989 年，国际足联才正式将室内足球定为国际足联的正式比赛项目。1989 年，国际足联在荷兰正式举办了第一届5人制世界杯，巴西队夺得冠军。

我国从2003年开始举办5人制甲级队的比赛，当时只有六支甲级队，分别是北京、上海、广州、武汉、成都和大连。2005年，国家体育总局正式批准5人制足球为正式的体育比赛项目。2006年，5人制足球在全国范围内得到了广泛的普及和开展。世界著名体育运动品牌"茵宝"冠名赞助了全国5人制足球甲级联赛，这是5人制足球第一次引入社会资金参与赛事的举办，使5人制足球在我国的发展呈现出新的局面。2007年，国家体育总局将5人制足球正式列入全国体育大会的正式比赛项目。

二、5人制足球竞赛规则

球场：比赛场地为长方形，其长度为50米，宽度为25米。以球门柱内侧为圆心，以6米为半径画一个半圆的区域为罚球区。

球员人数：每队上场队员为5名，其中有1名守门员。每队每场可有2名替补队员。

比赛时间：上下半场各25分钟，中场休息10分钟。

规则：没有越位，不可铲球。

边线球：用脚主罚，防守队员规定退出5米的距离，边线球不能直接进球得分。开（罚）球时，有5秒规定。

门将规则：守门员在罚球区内将球掷出罚球区外，但不能直接在空中越过中线，否则将由对方在中线的边线处踢间接任意球。守门员用手接本队队员回传球，则由对方在中线上罚间接任意球。

任意球：防守队员离球最近5米。后场任意球直接进球视为无效。

角球：在球场角主罚，防守队员离球3米以上，直接进球有效。

点球：防守方在罚球区内犯规判罚点球，罚球点在两条球门线中点垂直向场内6米处。

红牌：受罚球队两分钟或被进球后，可以补充队员。

替补：换人区、替补次数和时间不限制，但要先下后上。

第十二章

民族传统体

学习目标

了解武术运动的起源与发展、特点和健身价值；基本掌握初级长拳、24 式太极拳的动作技术；学习八段锦、五禽戏的练习方法；运用所学的民族传统体育运动知识和方法强身健体，传承民族文化，弘扬民族精神。

第一节　武术运动概述

一、武术运动的起源与发展

武术运动萌芽于原始社会时期。氏族公社时代，经常发生部落战争，因此在战场上搏斗的经验也不断得到总结，比较成功的一击、一刺、一拳、一腿，被模仿、传授、习练着，促进了武术的萌芽。武术成形于奴隶社会时期。夏朝建立，经过连绵不断的战火，武术为了适应实战需要进一步向实用化、规范化发展，夏朝时期的武术活动主要在两个方面发展：军队的武术活动和以武术为主的学校教育。

武术发展于封建社会时期。秦汉以来，盛行角力、击剑。随着"宴乐兴舞"

的习俗，手持器械的舞练时常在乐饮酒酣时出现，如《史记·项羽本纪》记载的"鸿门宴"中"项庄舞剑，意在沛公"，便是这一形式的反映。此外，还有"刀舞""力舞"等，虽具娱乐性，但从技术上更近于今天套路形式的运动。

明清时期是武术大发展时期，流派林立，拳种纷显。拳术有长拳、猴拳、少林拳、内家拳等几十家之多；同时形成了太极拳、形意拳、八卦拳等主要的拳种体系。到了近代，武术适应时代的变化，逐步成为中国近代体育的有机组成部分。民国时期，民间出现了许多拳社、武士会等武术组织。1927年，在南京成立了中央国术馆。1936年，中国武术队赴柏林奥运会参加表演。1987年，在横滨举行了第一届亚洲武术锦标赛，标志武术走进亚运会。1990年，武术首次被列入第十一届亚运会竞赛项目。1999年，国际武联被吸收为国际奥委会的正式国际体育单项联合成员，这是武术发展中的又一历史性突破。

二、武术运动在我国的发展状况

中华人民共和国成立后，武术得到了蓬勃发展。武术被作为优秀文化遗产加以继承、整理和提高，国家成立了各级武术协会，设有专门机构负责开展武术运动，将武术列为正式比赛项目。1953年，我国举行了第一届全国民族形式体育表演竞赛大会，接着又举行多次全国性武术比赛和表演大会。1956年，中国武术协会建立了武术协会、武术队等，形成了空前广泛的群众性武术活动网，为武术的发展开拓了广阔的道路。1985年，在西安举行了首届国际武术邀请赛，并成立了国际武术联合会筹委会，这是武术发展过程中历史性的突破。

三、武术运动的特点和健身价值

1. 武术运动的特点

(1)寓技击于体育之中

武术作为体育运动，技术上具有攻防技击的特性，将技击寓于搏斗与套路运动之中，搏斗运动集中体现了武术攻防格斗的特点，在技术上与实用技击基本上是一致的。

(2)内外合一，形神兼备的民族风格

武术运动既讲究形体规范，又追求精神传意、内外合一的整体观，是中国武术的一大特色。所谓内，指心、神、意等心志活动和气息的运行；所谓外，即手、眼、身、步等形体活动。内与外、形与神是相互联系统一的整体。比如，五禽戏就是一种模仿虎、鹿、熊、猿、鸟五种动物的奇妙功夫，其精髓就是：外动内静、动中求静、刚柔并济、内外兼练。

(3)广泛的适应性

武术的练习形式、内容丰富多样，有竞技对抗性的散手、推手、短兵，有适合演练的各种拳术、器械对练，还有与其相适应的各种练功方法。不同的拳种和器械有不同的动作结构、技术要求、运动风格和运动量，分别适合不同年龄、性别、体质健康状况的人群，人们可以根据自身的条件和兴趣爱好选择练习。练习者可以根据场地的大小变化练习内容和方式，即使一时没有器械也可以徒手练习。

2. 武术运动的健身价值

(1)增强素质，健体防身

武术套路动作包含屈伸、回环、平衡、跳跃、翻腾、跌扑等，人体各部位、各器官系统几乎都要参与运动，从而改善和提高其功能。

(2)锻炼意志，培养品德

练习武术对练习者意志品质的考验是多方面的。武术练习可以培养练习者勤奋、刻苦、果敢、顽强、好学、勇于进取、坚忍不屈的良好习性和意志品德。

(3)保健康复，防治疾病

经常参加武术练习可以矫正练习者的身体姿态，提高大脑兴奋性和灵活性，治疗慢性病，促进疾病康复。

(4)竞技观赏，丰富生活

武术具有很高的观赏价值。无论是套路表演，还是散手比赛，历来为人们喜闻乐见，也可以丰富人们的文化生活。

四、武术运动分类

中国武术分为传统武术和竞技武术。竞技武术是由传统武术演化而来的体育运动，而传统武术则是由古代战争和街头打架所发展出来的徒手和器械格斗术，其内容有踢、打、摔、拿等。按照武术大师郑雨东的观念，传统武术不能算作一种体育运动。当然，目前流行的竞技武术是一种体育运动，因为国标武术是竞技和表演性质的，本质上接近于体育。传统武术具有极其广泛的群众基础，是中华民族在长期的社会实践中不断积累和丰富起来的一项宝贵的文化遗产。竞技武术则划分为散打和套路，散打又叫散手，是武术的擂台形式，套路则为武术的表演形式。目前，武术经常被表述为：以技击动作为主要内容，以套路和格斗为运动形式，注重内外兼修的中国传统体育项目。

五、武术运动——散打

散打也叫散手，古时称之为相搏、手搏、技击等。简单而言就是两人徒手面对面地打斗。散打是国标武术一个主要的表现形式，以踢、打、摔、拿四大技法为主要进攻手段。另外，还有防守、步法等技术。散打也是现代体育运动项目之一，双方按照规则，利用踢、打、摔等攻防战术进行徒手搏击、对抗，是中国传统武术的擂台形式，也是中国武协为了使武术能够与现代体育运动相适应所整理而成。

现在的散打是两人按照一定的规则，运用武术中的踢、打、摔和防守等方法，进行徒手对抗的现代体育竞技项目，它是中国武术的重要组成部分。中国武术有两种表现形式，一种是套路演练形式，一种是格斗对抗形式，散打就是格斗对抗形式的一种。选手比赛的场地为长8米、宽8米、高80厘米的擂台。运动员分体重、穿护具在相同的条件下平等竞争，允许运动员使用踢、打、摔等各种武术流派中的技法，不允许使用擒拿，不许攻击喉、裆等要害部位。在对敌斗争中这些界限就没有了，军警对敌斗争就专寻对手的要害部位击打，使用的招法也比较凶狠，杀伤力较大。散打的出现让中国武林(格斗界)兴起搏击热。

第二节　初级长拳和 24 式太极拳

长拳是由许多动作有机地衔接组成的，无论是动态还是静态，对身体各部分的姿势要求都有一定的规格，拳谚上要求做到"式正招圆"。长拳是一种拳术流派的总称。中华人民共和国成立后，国家体委(现国家体育总局)把群众中流传广泛的查、华、炮、洪、弹腿、少林等拳种，根据其风格特点，综合整理创编了长拳。长拳是以套路为主的拳术，既适合基础武术训练，又适合于进行竞赛和技术水平的提高。这类拳术的共同特点是：姿势舒展、动作灵活、快速有力、节奏鲜明，并多起伏转折、蹿蹦跳跃、跌扑滚翻等动作和技术。

初级三路长拳编创于 1957 年。全套除了预备式和结束动作，分为四段，来回练习四趟，每段八个动作，合计三十六个动作。套路内容充实，包括了拳、掌、勾三种手形；弓、马、虚、仆、歇五种步型；冲、劈、抡、砸、栽等拳法；推、挑、穿、摆、亮等掌法；盘、顶等肘法；弹、踹、踢、拍等腿法；还有跳跃和平衡等动作。套路编排合理，由简入繁，由易到难，有利于循序渐进地进行练习；套路布局和路线变化前后呼应，左右兼顾，均匀合理；在强调动作规格化、注重功力的同时，还较好地体现了攻防意识，增强了学习的情趣。

一、初级三路长拳动作名称及要领

1. 预备式

两脚并步站立(图 12-1)。

2. 起势

右脚撤步，左掌经胸前由右臂向前穿出，两手弧形摆动，重心继续后移，右手上架，左手体后抓勾，成虚步亮掌，提膝站立，左脚落步，两掌相对，右脚上步，两掌弧形下摆上举，成并步对拳(图 12-2)。

图 12-1　预备式

图 12-2　起势

3. 第一段

(1)弓步冲拳

左手向左格挡，右拳自腰间立拳向前冲出(图 12-3)。

图 12-3　弓步冲拳

(2)弹腿冲拳

右腿屈膝提起，脚尖绷直，猛力向前弹出伸直，同时冲拳(图 12-4)。

图 12-4　弹腿冲拳

（3）马步冲拳

右脚向前落步，身体左转，两腿下蹲成马步，左拳收至腰侧，目视右拳，右拳向前冲出（图12-5）。

1   2

图 12-5　马步冲拳

（4）弓步冲拳

右臂屈肘向右格挡，拳眼向后，目视右拳，左腿蹬直成右弓步，右拳收至腰侧，左拳向前冲出，目视左拳（图12-6）。

（5）弹腿冲拳

左腿屈膝提起，脚面绷直，猛力向前弹出伸直，左拳收到腰侧，右拳前冲，目视前方（图12-7）。

图 12-6　弓步冲拳　　　　**图 12-7　弹腿冲拳**

（6）大跃步前穿

左腿屈膝，两臂下划式，左膝外侧，左脚落步，击掌向前跃出，两掌弧形上摆，右掌变拳抱于腰间，左掌立掌平于右胸前（图12-8）。

1   2   3

图 12-8　大跃步前穿

（7）弓步击掌

左掌弧形经左脚面向后搂手成勾手，右掌由腰间并掌前推（图12-9）。

（8）马步架掌

右掌收至左胸前，左掌从右臂内向前上穿出，屈左肘腕亮掌于头顶左上方（图12-10）。

图 12-9　弓步击掌　　　　　　　　图 12-10　马步架掌

4．第二段

（1）虚步栽拳

右后转体，右手经右腿外侧向后划弧，曲肘架于头上，左拳栽放于左膝上（图12-11）。

（2）提膝穿掌

左掌向上弧形抡摆，盖压于头上方，右掌从腰间经左掌上向右前上方穿出，掌心向上，左掌收至右胸前（图12-12）。

图 12-11　虚步栽拳　　　　　　　图 12-12　提膝穿掌

（3）仆步穿掌

左掌翻转下穿，左脚下落成仆步（图12-13）。

图 12-13　仆步穿掌　　　　　　　图 12-14　虚步挑掌

（4）虚步挑掌

左掌弧形向上向后摆，右掌从右腿外侧向上挑起(图 12-14)。

（5）马步击掌

右掌外旋搂手变拳收至腰间，左掌从右臂上成立掌向左侧击出(图 12-15)。

（6）叉步双摆掌

右脚后叉步，两掌逆时针摆动，立掌高于肩平(图 12-16)。

图 12-15　马步击掌　　　　　　　图 12-16　叉步双摆掌

（7）弓步击掌

左脚后撤步，右掌弧形搂手于身后成勾，左掌向前推出(图 12-17)。

（8）转身踢腿马步盘肘

后转体两臂立圆抡摆，左手成亮掌，右手成勾手，右腿正踢腿，左掌弧形平落收至腰间，右臂直臂平摆至体侧，转体时向前屈肘击打，肘尖向前(图 12-18)。

图 12-17　弓步击掌　　　　　　　图 12-18　转身踢腿马步盘肘

5. 第三段

（1）歇步抡砸拳

右臂由胸前划弧抡直，左拳由腰间划弧抡直，向右转体，目视右拳，左臂随身体下蹲向下平砸，拳心向上，左臂微屈(图 12-19)。

图 12-19　歇步抡砸拳

（2）仆步亮掌

左脚前上步，右掌平击，右腿提起，左掌从右掌上抽出，右掌收至左肘下，右脚落步成仆步，左掌划弧成反勾手，右掌划弧肘腕亮掌架于头上（图 12-20）。

图 12-20　仆步亮掌

（3）弓步劈拳

左腿向左前方上步，左掌弧形搂手，右腿上步，右臂伸直弧形向前抡劈拳，左掌贴附于右小臂（图 12-21）。

图 12-21　弓步劈拳

（4）换跳步弓步冲拳

右臂向下划弧，划至右膝内侧，左掌向右腋下叉，两臂交叉，两臂顺时针抡摆，右脚向下跺，左脚抬起，右手搂盖，左掌屈肘下按，落步冲拳（图 12-22）。

图 12-22　换跳步弓步冲拳

（5）马步冲拳

变马步，左手向左冲拳（图 12-23）。

图 12-23　马步冲拳

图 12-24　弓步下冲拳

（6）弓步下冲拳

左掌向下划弧上架于头左上方，右拳向左前斜下方冲出（图 12-24）。

（7）叉步亮掌侧踹腿

右脚后叉步，左手下落于右手腕上，交叉成十字，左掌划弧成反勾手，右掌划弧亮掌，左腿向左上方猛力蹬出（图 12-25）。

（8）虚步挑掌

右脚上步，右拳向前微屈，臂挑出，拳眼向内（图 12-26）。

1　　　　　　2

图 12-25　叉步亮掌侧踹腿

图 12-26　虚步挑掌

6. 第四段

（1）弓步顶肘

左脚起跳，两臂弧形后摆，右掌推左拳，左肘尖顶出（图 12-27）。

1　　　　　　2

图 12-27　弓步顶肘

（2）转身左拍脚

两臂弧形顺时针抡摆，右手拍左脚（图 12-28）。

图 12-28　转身左拍脚　　　　　　图 12-29　右拍脚

（3）右拍脚

左手拍右脚（图 12-29）。

（4）腾空飞脚

左腿上摆，右脚蹬地跳起摆腿，左掌拍击右掌背，右手拍右脚，左手体后抓勾（图 12-30）。

（5）歇步下冲拳

右脚尖外展，全蹲成歇步，左拳由腰间左前下方冲出（图 12-31）。

图 12-30　腾空飞脚　　　　　　图 12-31　歇步下冲拳

（6）扑步抡劈拳

左提膝左转 360 度，后落成右仆步，同时左拳向上、右拳向下划立圆一周至左拳侧上举，右拳下劈（图 12-32）。

（7）提膝挑掌

右脚前弓蹬起右提膝，同时右臂向上、左臂向下划立圆一周至上挑右掌，后手成左勾手（图 12-33）。

图 12-32　扑步抡劈拳

图 12-33　提膝挑掌

（8）提膝劈掌、弓步冲拳

右掌向下猛劈，停于右小腿内侧，左臂向前停于右上臂内侧，右脚向右后落步，右转90度，右臂向外，弧形搂手(图12-34)。

图 12-34　提膝劈掌、弓步冲拳

7. 收势

右脚扣于左膝弯处，两腕相交叉，两手上下弧形摆换，右脚后撤，左脚回带，右臂伸直划弧，肘腕亮掌至头上，左臂弧形后摆成反勾手，虚步亮掌，左腿后撤一步，两掌从腰间向前穿出，右腿后撤一步，两臂弧形后摆，左脚并步，两臂屈臂下按成并步对拳(图12-35)。

图 12-35　收势

8. 还原(图12-36)

动作重点：初级三路长拳动作路线。

动作难点：动作路线、动作力度、动作连贯性，以及手眼身法步相随的问题。

练习方法与手段：

①通过冲拳练习，加强拳法力量。

②弓步练习，加强弓步力量，蹬腿与腰部相互配合。

③分解练习法，分解每个长拳动作，单个动作进行练

图 12-36　还原

习，加强记忆。

④重复练习法，每段分解成1～4个动作，进行重复练习，巩固练习。

易犯错误与纠正方法：

①冲拳手臂易弯曲，注意要伸直。

②摆掌架，手臂不要弯曲。

③弓步后腿易弯曲，一定要转腰蹬腿，身体协调。

二、24 式太极拳

24 式太极拳(简称太极拳)起源于中国，又称三段太极拳。其动作刚柔相济，既可防身，又能增强体质。太极拳历史悠久，流派众多，传播广泛，深受人们的喜爱。太极拳虽然在套路、推手架势、气动功力等方面各派有异，但都具有疏经活络、调和气血、营养腑脏、强筋壮骨的功效。太极拳作为拳术之一，早期曾称为"长拳""绵拳""十三势""软手"。至清朝乾隆年间，山西武术家王宗岳著《太极拳论》，才确定了太极拳的名称。

太极拳套路简易，是一种健身拳术。1956 年，国家体委(现国家体育总局)组织部分专家，在传统太极拳的基础上，按由简入繁、循序渐进、易学易记的原则，去其繁难和重复动作，选取了 24 式，编成《简化太极拳》。

1. 动作名称及方法

(1)起势

两脚开立，两臂前举，屈膝按掌(图 12-37)。

图 12-37　起势

(2)野马分鬃(3 次)(图 12-38)

第一次，收脚抱球，左转出步，弓步分手。

第二次，后坐撇脚，跟步抱球，右转出步，弓步分手。

第三次，后坐撇脚，跟步抱球，左转出步，弓步分手。

图 12-38　野马分鬃

(3)白鹤亮翅

跟半步胸前抱球，后坐举臂，虚步分手(图 12-39)。

图 12-39　白鹤亮翅

(4)搂膝拗步（3次）(图 12-40)

第一次，左转落手，右转收脚举臂，出步屈肘，弓步搂推。

第二次，后坐撇脚，跟步举臂，出步屈肘，弓步搂推。

第三次，后坐撇脚，跟步举臂，出步屈肘，弓步搂推。

图 12-40　搂膝拗步

(5)手挥琵琶

跟步展手，后坐挑掌，虚步合臂(图 12-41)。

图 12-41　手挥琵琶

(6)倒卷肱（4次）

两手展开，提膝屈肘，撤步错手，后坐推掌(图 12-42)。

图 12-42　倒卷肱

(7)左揽雀尾

右转收脚抱球，左转出步，弓步棚臂，左转随臂展掌，后坐右转下捋，左转出步搭腕，弓步前挤，后坐分手屈肘收掌，弓步按掌(图 12-43)。

图 12-43　左揽雀尾

(8)右揽雀尾

后坐扣脚，右转分手，回体重收脚抱球，右转出步，弓步棚臂，右转随臂展掌，后坐左转下捋，右转出步搭手，弓步前挤，后坐分手屈肘收掌，弓步推掌(图 12-44)。

图 12-44　右揽雀尾

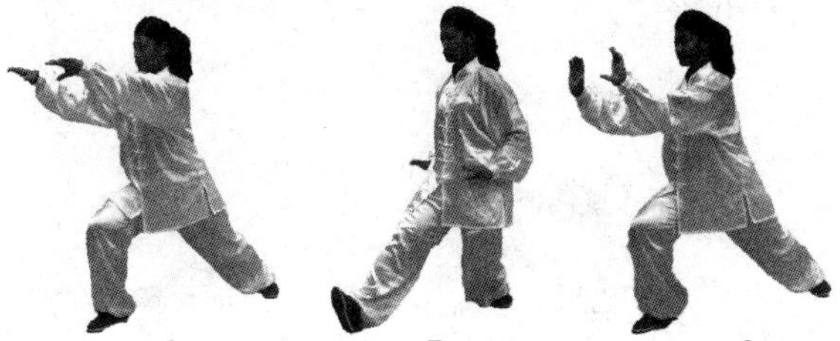

6　　7　　8

图 12-44　右揽雀尾(续)

(9)单鞭

左转扣脚，右转收脚展臂，出步勾手，弓步推举(图 12-45)。

1　　2　　3　　4

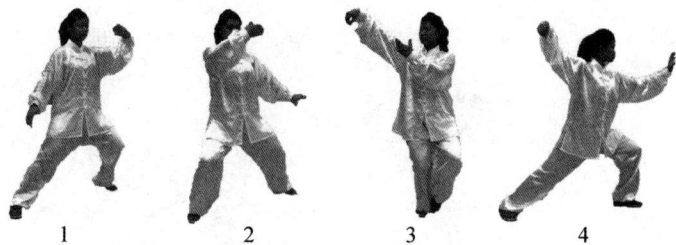

图 12-45　单鞭

(10)云手 (3 次)

右转落手，左转云手，并步按掌，右转云手，出步按掌(图 12-46)。

1　　2　　3　　4　　5

图 12-46　云手

(11)单鞭

斜落步右转举臂，出步勾手，弓步按掌(图 12-47)。

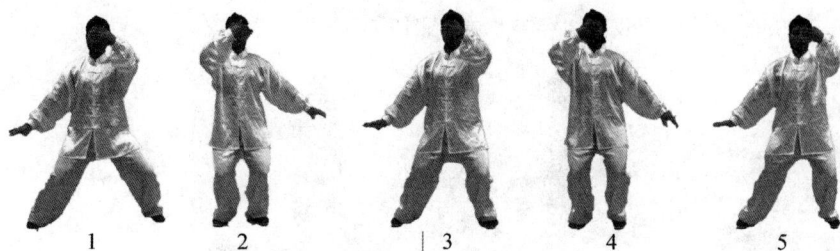

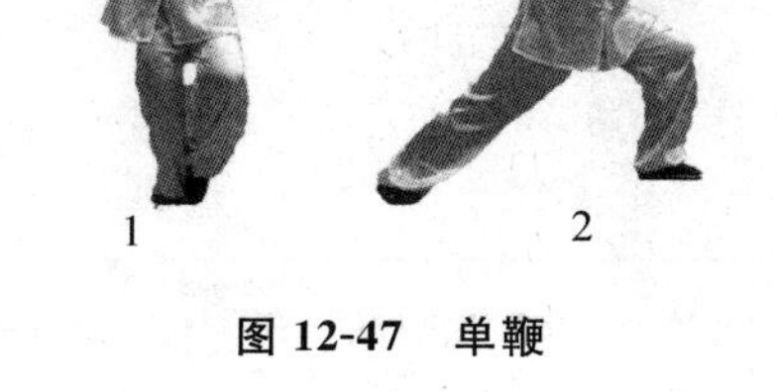

1　　2

图 12-47　单鞭

(12)高探马

跟步后坐展手，虚步推掌(图 12-48)。

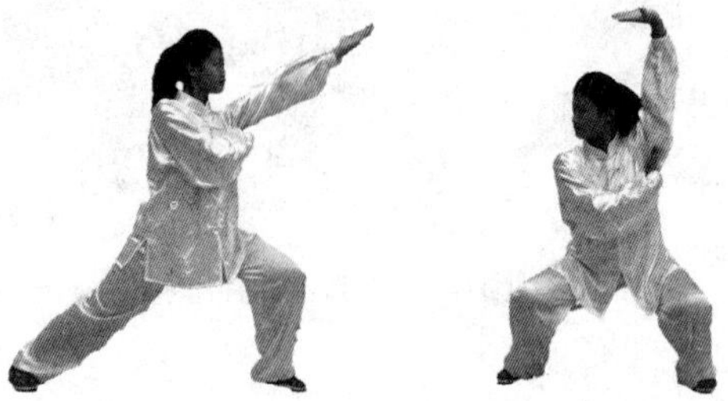

1　　2

图 12-48　高探马

(13)右蹬脚

收脚收手，左转出步，弓步划弧，合抱提膝，分手蹬脚(图 12-49)。

1　　2

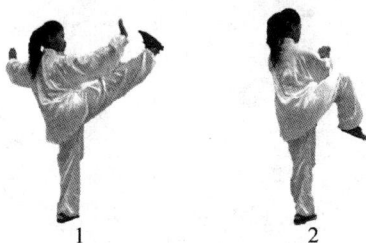

图 12-49　右蹬脚

(14)双峰贯耳

收脚落手，出步收手，弓步贯拳(图 12-50)。

1　　2

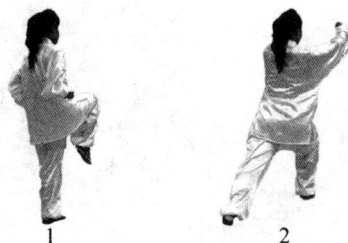

图 12-50　双峰贯耳

(15)转身左蹬脚

后坐扣脚，左转展手，回体重合抱提膝，分手蹬脚(图 12-51)。

1　　2

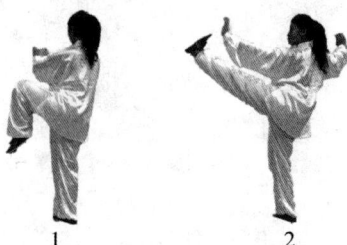

图 12-51　转身左蹬脚

(16)左下势独立

收脚勾手，蹲身仆步，穿掌下势，撇脚弓腿，扣脚转身，提膝挑掌(图 12-52)。

图 12-52　左下势独立

(17)右下势独立

落脚左转勾手，蹲身仆步，穿掌下势，撇脚弓腿，扣脚转身，提膝挑掌
(图 12-53)。

图 12-53　右下势独立

(18)右玉女穿梭

落步落手，跟步抱球，右转出步，弓步推架(图 12-54)。

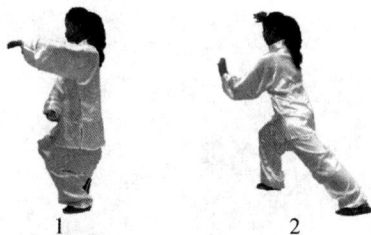

图 12-54　右玉女穿梭

(19)左玉女穿梭

后坐落手，跟步抱球，左转出步，弓步推架(图 12-55)。

图 12-55　左玉女穿梭

(20)海底针

跟步落手，后坐提手，虚步插掌(图 12-56)。

(21)闪通臂

收脚举臂，出步翻掌，弓步推架(图 12-57)。

图 12-56 海底针　　　　**图 12-57 闪通臂**

(22)搬拦捶

后坐扣脚，右转摆掌，收脚握拳，垫步搬捶，跟步旋臂，出步裹拳拦掌，弓步打拳(图 12-58)。

1　　　　　　2　　　　　　3

图 12-58 搬拦捶

(23)如封似闭

穿臂翻掌，后坐收掌，弓步推掌(图 12-59)。

1　　　　　　2　　　　　　3

图 12-59 如封似闭

(24)十字手(收势)

后坐扣脚，右转撇脚分手，移重心扣脚划弧，收脚合抱，旋臂分手，下落收势(图 12-60)。

图 12-60　十字手（收势）

2. **动作重难点**

(1)动作重点

24 式太极拳动作路线。

(2)动作难点

动作路线清晰，动作力度适宜，动作连贯，以及手眼身法步相随的问题。

3. **练习方法与手段**

①通过站桩练习，进行身形巩固。

②步法练习，加强步法力量，蹬腿与腰部相互配合。

③分解练习法，分解每个太极拳动作，单个动作进行练习，加强记忆。

④重复练习法，以每段分解成 1～4 个动作，进行重复练习，巩固练习。

4. **易犯错误与纠正方法**

①身体不可前倾后仰，始终保持中正，自然呼吸。

②重心不可高低起伏，双腿微屈，保持气沉丹田，匀速运动。

③弓步后腿易弯曲，一定要转腰蹬腿，身体协调。

④五指微屈，手指自然分开。

⑤手臂不可伸直，始终保持微屈，做到沉肩坠肘，手脚相互协调配合。

第三节　健身气功

　　健身气功是以自身形体活动、呼吸吐纳、心理调节相结合为主要运动形式的民族传统体育项目，是中华悠久文化的重要组成部分。目前大众喜爱的健身气功主要有八段锦、五禽戏等。

一、八段锦

　　八段锦在宋代就已流传，是一种站式武术导引功法。此后衍生成多种流派。大约在明代初年，出现了"坐式八段锦"，于是将"站式八段锦"称为"武八段锦"或"外八段锦"，而将"坐式八段锦"称为"文八段锦"或"内八段锦"。八段锦对人体具有舒筋活血、调理气血、促进新陈代谢、健壮体质等作用。

1. 预备势

直立垂臂，全身放松，舌抵上腭，两目平视(图12-61)。

2. 第一段　两手托天理三焦

动作要领：自然站立，两足平开，与肩同宽，含胸收腹，腰脊放松。宁神调息，气沉丹田。两手心朝上，两臂从体侧缓缓上举至头顶上方，手指相交叉，内旋翻掌朝上撑起。用力向上托举，足跟亦随双手的托举而起落。同时两脚跟尽量上提，仰头，眼看手背。然后，两掌外旋翻转手心向

图 12-61　预备势

下，屈肘松肩，分手垂臂。同时脚跟下落着地。还原成直立预备势(图12-62)。

动作要点：上撑动作要有"托天"之意，两手向上相交叉时吸气，翻拿上托时呼气；叉手下降至头顶时吸气，分手下垂还原时呼气。

图 12-62　两手托天理三焦

3. 第二段　左右开弓似射雕

动作要领：左脚向左松开一步，屈膝呈马步，同时两臂屈肘抬起，右外左内在胸前交叉，眼看左手。左手拇食二指撑开呈八字，其余三指屈曲扣回，内旋塌腕成掌心向外，向左侧平推。同时右手松握拳，向右平拉，势如开弓。眼仍注视左手，此为"左开弓"。然后，两手回复于胸前交叉，左手在外右手在内，眼看右手，再做"右开弓"，动作同"左开弓"，唯左右方向相反(图12-63)。

图 12-63　左右开弓似射雕

动作要点：要模仿拉弓射箭的姿势，开弓时两手用力缓缓撑拉，回收时亦似撑着弓弦缓缓放松。以吸气配合开弓，以呼气配合收回，如此左右反复数遍，回复至预备势。

4. 第三段　调理脾胃单举手

动作要领：并步直立，两手屈肘抬至胸前，手心向下，左手内旋上举至头顶上方，手心向上；同时右手下按至右胯侧，手心向下，此谓"左举手"。然后，左手落下，右手抬起，双手平至胸前，再右手上举至头顶上方，左手下按至左胯侧，做"右举手"（图12-64）。

动作要点：以呼气配合上举下按，以吸气配合两手平至胸前，如此反复数遍，回复至预备势。

图 12-64　调理脾胃单举手

5. 第四段　五劳七伤往后瞧

动作要领：身体站立不动，唯头部慢慢向左、向后转动，眼看左后方，称谓"左后瞧"。然后，收回至原位，稍停片刻，再慢慢向右、向后转动，眼看右后方，称为"右后瞧"（图12-65）。

动作要点：头部转动时，保持两足趾抓地，头微上顶，肢体正直不动。以呼气配合转头后瞧，以吸气配合转头复原，如此左右转动往后瞧，反复数遍。

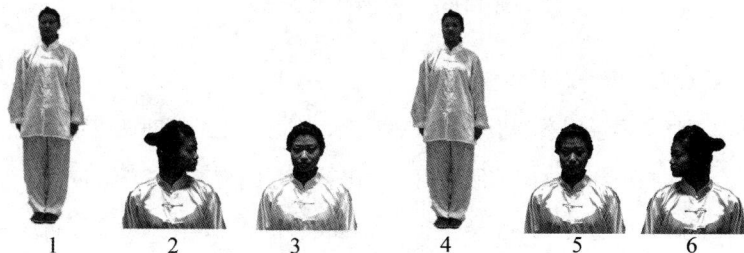

图 12-65　五劳七伤往后瞧

6. 第五段　摇头摆尾去心火

动作要领：左脚向左横开一步成马步，两手扶按于膝上，拇指向后外。头部向左下方摆，臀部向右上方摆，两臂随之左屈右伸，此为"左摆"；然后，头再向右下方摆，臀部向左上方摆，两臂随之右屈左伸，称为"右摆"。最后，俯身使头和躯干由右向前、向左、向后成弧形摇动一圈，此为"左摇"；再使头和躯干由左向前、向右、向后成弧形摇动一圈，称为"右摇"(图12-66)。

动作要点：摆摇之时，两足趾抓地，脚掌踏实，勿上下起伏。初学或老年体弱者摆摇幅度可小些，速度可慢些。以呼气配合摆动，以吸气配合直身过渡动作；前俯摇动时呼气，后仰摇动时吸气。先做左右摆动各数遍，接做左右摇动各数遍，再回收至预备势。

图 12-66　摇头摆尾去心火

7. 第六段　两手攀足固肾腰

动作要领：上身后仰，同时两手手心自然贴身后移。上身再慢慢前屈弯腰，同时两手虎口张开朝下，手心贴大腿后侧随弯腰动作而下移至足跟(或移至本人所能达到的极限)，抓握住保持片刻，再起身直立垂臂(图12-67)。

动作要点：动作要缓慢，全身要放松，攀足时必须要直膝，以吸气配合后仰，以呼气配合前屈弯腰，反复数遍，回复至预备势。

图 12-67　两手攀足固肾腰

8. 第七段　攒拳怒目增气力

动作要领：两手握拳抱于腰间腹部两例，掌心向上。同时两脚蹬地跳开成马步。两目向前怒视。左拳向前缓缓用力冲出，同时内旋小臂成拳心向下，呼吸七次，每呼气时，用意紧拳。左拳变掌，外旋成掌心向上，抓提成拳，再缓缓收抱于腰间腹侧，此谓"左前冲拳"。然后，换右掌向前缓缓用劲冲出，做"右前冲拳"，同于"左前冲拳"，唯左右方向相反。再交替做左右侧冲拳，动作同于前冲拳，唯向左右侧方冲出。再做双冲拳，即两拳同时向前和向左右两侧同时冲出。最后，两脚蹬地跳起，落成并步，同时两拳变掌垂下，还原成预备势(图12-68)。

动作要点：练习时做到头、肩、臂、膝、脚平正，动作刚劲矫健。

图 12-68 攒拳怒目增气力

9. 第八段 背后七颠百病消

动作要领：两手左里右外，交叠置于背后，手心向后。两足跟尽量上提，头上顶，足跟轻轻落下，接近地面而不着地，如此连续起落多次(图 12-69)。

动作要点：以吸气配合提脚跟，以呼气配合落脚跟，颠动身体，使全身放松，最后脚跟落地，直立垂臂收功。

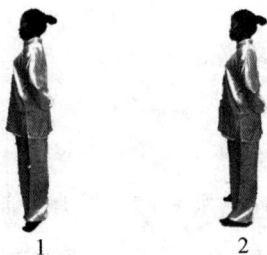

图 12-69 背后七颠百病消

二、五禽戏

五禽戏是一种中国传统的健身方法，是由东汉名医华佗创编，由五种模仿动物的动作所组成。五禽戏又称"五禽操""五禽气功""百步汗戏"等。五禽戏是中国民间广泛流传时间较长的健身方法之一。2003 年，国家体育总局把重新编排后的五禽戏等健身法作为"健身气功"的内容向全国推广。

五禽戏分为虎戏、鹿戏、熊戏、猿戏和鸟戏，每个动作都模仿了相应的动物动作。传统的五禽戏共有 54 个动作。国家体育总局新编的简化五禽戏，每戏分两个动作，分别为：虎举、虎扑；鹿抵、鹿奔；熊运、熊晃；猿提、猿摘；鸟伸、鸟飞。每个动作都是左右对称各做一次，并配合气息调理。

1. 虎戏

动作一：两手握空拳，沿身体两侧上提至肩前上方。

动作二：两手向上、向前划弧，十指弯曲成"虎爪"，掌心向下；同时上体前俯，挺胸塌腰；目视前方。

动作三：两腿屈膝下蹲，收腹含胸；同时，两手向下划弧至两膝侧，掌心向下；目视前下方。随后，两腿伸膝，送髋，挺腹，后仰；同时，两掌握空拳，沿体侧向上提至胸侧；目视前上方。

动作四：左腿屈膝提起，两手上举。左脚向前迈出一步，脚跟着地，右腿屈膝下蹲，成左虚步；同时上体前倾，两拳变"虎爪"向前、向下扑至膝前两侧，掌心向下；目视前下方。随后上体抬起，左脚收回，开步站立；两手自然下落于体侧；目视前方。

动作五至动作八：同动作一至动作四，唯左右相反。

重复一遍动作一至八后，两掌向身体侧前方举起，与胸同高，掌心向上；目视前方。两臂屈肘，两掌内合下按，自然垂于体侧；目视前方。

虎扑动作形成了脊柱的前后伸展折叠运动，能增强腰部肌肉力量，对常见的腰部疾病，如腰肌劳损、习惯性腰扭伤等有防治作用。同时，脊柱的前后伸展折叠，牵动任、督两脉，起到调理阴阳、疏通经络、活跃气血的作用。

2. 鹿戏

动作一：两腿微屈，身体重心移至右腿，左脚经右脚内侧向左前方迈步，脚跟着地；同时，身体稍右转；两掌握空拳，向右侧摆起，拳心向下，高与肩平；目随手动，视右拳。

动作二：身体重心前移；左腿屈膝，脚尖外展踏实；右腿伸直蹬实；同时，身体左转，两掌成"鹿角"，向上、向左、向后画弧，掌心向外，指尖朝后，左臂弯曲外展平伸，肘抵靠左腰侧；右臂举至头前，向左后方伸抵，掌心向外，指尖朝后；目视右脚跟。随后，身体右转，左脚收回，开步站立；同时两手向上、向右、向下画弧，两掌握空拳下落于体前；目视前下方。

动作三、四：同动作一、二，唯左右相反。

动作五至动作八：同动作一至动作四。

中医认为："腰为肾之府。"尾闾运转，可起到强腰补肾、强筋健骨的功效。另外，鹿抵对于腰部的锻炼，还能增强腰部的肌肉力量，防治腰部的脂肪沉积，防治腰椎小关节紊乱等症。

3. 熊戏

动作一：两掌握空拳成"熊掌"，拳眼相对，垂于下腹部；目视两拳。

动作二：以腰、腹为轴，上体做顺时针摇晃；同时，两拳随之沿右肋部、上腹部、左肋部、下腹部画圆；目随上体摇晃环视。

动作三、四：同动作一、二。

动作五至动作八：同动作一至动作四，唯左右相反，上体做逆时针摇晃，两拳随之画圆。

做完最后一个动作，两拳变掌下落，自然垂于体侧；目视前方。

活动腰部关节和肌肉，可防治腰肌劳损及软组织损伤。腰腹转动，两掌画圆，引导内气运行，可加强脾、胃的运化功能。运用腰、腹摇晃，对消化器官进行体内按摩，可防治消化不良、腹胀纳呆、便秘腹泻等症。

4. 猿戏

动作一：两掌在体前，手指伸直分开，再屈腕撮拢捏紧成"猿钩"。

动作二：两掌上提至胸，两肩上耸，收腹提肛；同时，脚跟提起，头向左转；目随头动，视身体左侧。

动作三：头转正，两肩下沉，松腹落肛，脚跟着地；"猿钩"变掌，掌心向下；目视前方。

动作四：两掌沿体前下按落于体侧；目视前方。

动作五至动作八：同动作一至动作四，唯头向右转。

习练"猿戏"时，"猿钩"的快速变化，意在增强神经－肌肉反应的灵敏性。两掌上提下按，扩大胸腔体积，可增强呼吸，按摩心脏，改善脑部供血。

5. 鸟戏

动作一：两腿微屈下蹲，两掌在腹前相叠。

动作二：两掌向上举至头前上方，掌心向下，指尖向前；身体微前倾，提肩，缩项，挺胸，塌腰；目视前下方。

动作三：两腿微屈下蹲；同时，两掌相叠下按至腹前；目视两掌。

动作四：身体重心右移；右腿蹬直，左腿伸直向后抬起；同时，两掌左右分开，掌成"鸟翅"，向体侧后方摆起，掌心向上；抬头，伸颈，挺胸，塌腰；目视前方。

动作五至动作八：同动作一至动作四，唯左右相反。

重复一遍动作一至八后，左脚下落，两脚开步站立，两手自然垂于体侧；目视前方。

这套动作可加强肺的吐故纳新功能，增加肺活量。

第四节　武术竞赛规则简介

一、武术竞赛规则

1. 竞赛的一般常识

(1)执行裁判人员组成

总裁判长 1 人、副总裁判长 1～2 人。裁判组设裁判长 1 人、副裁判长 2

人；A组评分裁判员2～3人；B组评分裁判员3人；C组评分裁判员2～3人。编排记录长1人、检录长1人。

（2）竞赛分类

按类型可分为：个人赛、团体赛、个人及团体赛。

按年龄可分为：成年赛、青少年赛、儿童赛。

（3）竞赛项目

长拳、太极拳、南拳、剑术、刀术、枪术、棍术、太极剑、南刀、南棍、传统拳术、传统器械、对练项目和集体项目。

（4）比赛顺序

在竞赛监督委员会和总裁判长的监督下，由编排记录组抽签决定比赛顺序。

（5）检录

运动员须在赛前40分钟到达指定地点报到，参加检录，并检查服装和器械。

（6）礼仪

运动员听到上场点名时和完成比赛套路后，应向裁判长行抱拳礼。

（7）得分相同的处理

个人分别以难度分高者、以完成高等级难度数量多者、以演练水平分高者、以演练水平扣分少者、以动作质量扣分少者的顺序排列名次。全能或团体以比赛中获单项第一名多者列前，依次类推。

（8）竞赛有关规定

①难度填报。参赛的运动员必须根据竞赛规则和规程要求选择难度和必选主要动作，于赛前20天在规定网站填报"武术自选套路难度及必选动作申报表"，并确认打印，签字、盖章后寄往赛会(以到达邮戳为准)。

②套路完成时间。长拳、南拳、剑术、刀术、枪术、棍术、南刀、南棍套路：成年不少于1分20秒；青少年(含儿童)不少于1分10秒。太极拳、太极剑自选套路为3～4分钟；太极拳规定套路为5～6分钟。对练不得少于50秒。集体项目为3～4分钟。传统项目，单练不得少于1分钟。

③比赛音乐。规程规定的配乐项目必须在音乐(不带歌词)伴奏下进行，音乐可以根据套路的编排自行选择。

④比赛服装。裁判员应穿统一的服装，佩戴裁判等级标志；运动员应穿武术比赛服装。

⑤竞赛场地。个人项目的场地长14米、宽8米。集体项目的场地长16米、宽14米。场地四周内沿应标明5厘米宽的白色边线。场地的地面空间高度不少

于 8 米。两个比赛场地之间的距离在 6 米以上。

⑥比赛器械。国家体育总局武术运动管理中心指定的器械。

⑦比赛设备。大型比赛必须配备摄像机 4 台、放像设备 3 台、电视机 3 台，以及全套电子评分系统和音响系统。

2. 评分标准与办法

武术套路各项目评分均为 10 分制。自选项目动作质量分为 5 分(A 组)，演练水平分为 3 分(B 组)，难度分为 2 分(C 组)。传统项目或无难度的自选项目动作质量分为 5 分(A 组)，演练水平分为 5 分(B 组)。

(1)动作质量的评定与动作质量应得分的确定

A 组裁判员根据运动员现场完成动作的质量，按照"动作规格常见错误内容及扣分标准"的要求，用动作质量的分值减去各种动作规格错误和其他错误的扣分，即为运动员的动作质量分。

(2)演练水平的评定与演练水平应得分的确定

①自选项目。B 组中由 1 名裁判员加裁判长按照套路动作劲力、节奏及音乐的要求整体评判后确定的等级平均分数减去另外 2 名裁判员对套路编排错误的扣分，即为运动员的演练水平分。

②传统项目。B 组裁判员根据运动员整套的现场演练，按照劲力、节奏、编排以及音乐的要求整体评判后确定分数，即为运动员的演练水平分。取 3 个分数的平均数或去掉高低分取中间 2 个分数的平均值为运动员的演练水平应得分。

(3)难度的评定与难度应得分的确定

C 组裁判员根据运动员现场整套难度完成的情况，按照各项目动作难度和连接难度的加分标准，确定运动员现场完成动作难度、连接难度的累计分，即为运动员的难度分。

(4)运动员实际应得分数的确定

①自选项目。动作质量应得分、演练水平应得分和难度应得分之和即为运动员的应得分数。

②传统项目。动作质量应得分和演练水平应得分之和即为运动员(队)的应得分数。

(5)运动员最后得分的确定

裁判长从运动员的应得分中减去"裁判长的扣分"，加上创新难度的加分即为运动员的最后得分。

(6)裁判长的加分与扣分

裁判长执行对比赛中被确认完成的创新难度的加分，执行对比赛中套路时间不足或超出规定的扣分。

二、武术套路竞赛裁判法

武术套路竞赛的裁判评分，是以规则为准绳，以运动员现场技术发挥为依据，采用减分、给分和加分的办法进行的。由于武术套路的评判内容多，要求裁判员在短时间内完成快速、准确的评判工作。但是，任何事物都有其内在的基本规律，只要我们在熟悉规则的基础上，进一步总结经验，有层次地对武术套路内容认真进行观察和比较，评判工作是完全可以做好的。

1. 对动作质量分的评判

武术套路由诸多武术单个动作所组成，每一个完整的武术动作又是由"型"和"法"所构成。套路演练中，定势动作主要看其"型"正确与否。对"法"的评判，着重要看方法是否正确，运行路线是否合理、清楚，力点是否准确等。

套路演练中的各种"型"与"法"，在规则中都分别有相应规格的表述，因此，熟记和灵活运用规则中"动作规格常见错误内容及扣分标准"是评好动作质量分的基础。

对于动作质量的评分，原则是出现一次错误扣一次分，累计扣分，具体实扣。比赛场上，运动员的演练速度很快，裁判员应在边看边记的过程中，切实把动作规格方面的扣分点——清楚地表示出来，以便达到快速而准确的评判目的。

2. 对整套演练水平的评判

整套演练分的评分属抽象部分评分，不像动作质量分的评判那样，扣分依据较为明显，能够具体实扣，它是通过比较法得出的结果。因此，它不但要求裁判员全面熟悉规则精神，而且还需对所评项目熟悉了解，通过观看运动员的现场发挥水平，在全面把握的基础上，具体分析，认清档次，使评分趋于合理。

3. 对难度动作的评分

难度动作是竞技武术套路发展的必然产物，设置目的在于增加竞技武术套路的可比性和裁判员评分的区分度。比赛过程中，运动员对难度（包括连接难度）动作完成的成功与否，直接影响比赛成绩和名次。因此，评判难度动作首先要熟练难度动作的规格要求，熟悉完成难度动作过程中常见的毛病与扣分要点；善于总结评判经验，要眼明手快地对难度动作进行准确评分。

4. 对其他错误的扣分

其他错误扣分是指裁判员对比赛中运动员完成动作技术时失误的扣分。自选套路、其他拳术、器械、对练项目、集体项目都有相应的"其他错误内容及扣分标准"。裁判员应对规则定的扣分内容和相应的扣分分值熟记在心；评分过程中做到熟练执行。按其他错误出现一次扣一次，将扣分点及时记入评分表中。一个动作同时出现两种以上错误时，应累计扣分。

思考与练习

1. 简述武术的概念。
2. 简述武术运动的特点与价值。
3. 简述 24 式太极拳动作名称及要领。
4. 简述八段锦动作名称及要领。
5. 简述五禽戏动作名称及要领。

知识拓展

武德之武术礼仪——抱拳礼

中国武术讲究"未曾学艺先学礼，未曾习武先习德"，武术第一课并非学习武术，而是要学习抱拳礼。中国武术抱拳礼的含义：左掌四指并拢伸直表示德、智、体、美"四育"齐备，象征高尚情操。左手大拇指屈曲内扣表示不自大，不骄傲。

右手握拳表示勇猛习武。左掌掩右拳相抱，表示"勇不滋乱""武不犯禁"，以此来约束、节制勇武的意思。左掌右拳拢屈，两臂屈圆，表示五湖四海，天下武林是一家，谦虚团结，以武会友。左掌为文，右拳为武，表示文武兼学，恭候师友、前辈指教。

中国武术抱拳礼的行礼方法：并步站立。左掌四指并拢伸直，大拇指屈曲内扣于虎口处。右手五指握拳，大拇指压于中指、食指之上。左掌右拳在胸前相抱(左手四指根线与右拳四指第二指关节相对)，两臂撑圆，拳、掌与胸间距离为 20~30 厘米。头正，身直，目视受礼者，面容举止自然大方。武术散手在戴拳套练习和比赛时，可模拟行抱拳礼，两拳套合抱于胸前即可。

第十三章

健美操运动

学习目标

了解健美操的起源与发展、分类和特点；掌握健美操基础的技术动作；具备健美操基本技术的运用和组织能力；能够运用所学健美操知识和技术参与或欣赏健美操运动；熟悉健美操最新的基本规则。

第一节　健美操运动概述

一、健美操运动的起源与发展

古希腊人对人体美的崇尚举世闻名，他们喜爱采用跑跳、投掷、柔软体操和健美舞蹈等各种体育项目进行人体美的锻炼。而古印度很早就有瑜伽术，其中的一些姿势与当前流行的健美操所常用的基本姿势是一致的。由此可见，古人对健身健美的追求是现代健美操形成与发展的基础。

19世纪末20世纪初，欧洲出现了许多体操流派，他们在理论和实践上的创新对健美操的发展起到了推波助澜的作用。而20世纪80年代初，随着遍及全球的健身热和娱乐体育的发展，健美操以其强大的生命力风靡世界。美国对健美操的发展有着重要影响，其代表人——影视明星简·方达，根据自己的健身体会和经验，撰写了《简·方达健美术》一书。该书自出版后，引起了世界的轰动。她现身说法，促进了健美操在世界范围内的推广。与此同时，自 1985 年开始，美国正式举办一年一度的健美操锦标赛，并确定了竞赛项目和规则，使健美操发展成为竞技性运动项目。

健美操不仅在美、英、法等国家迅速发展，而且在一些发展中国家和地区也得到不同程度的开展。苏联早已把健美操列入大、中、小学的体育教学大纲。在亚洲地区，日本、菲律宾、新加坡等国家也建有许多健美操活动中心及健身俱乐部，人们都开始将健美操作为自己的主要健身方式，由此形成了世界范围内的"健美操热"。

二、健美操运动在我国的发展状况

健美操传入我国是在 20 世纪 70 年代末 80 年代初。当时北京、上海、广州等地相继举办了各种健美操培训班。随后，各种新闻媒介对国外各种健美操的介绍，推动了健美操在我国的广泛开展。1984 年，原北京体育学院成立了健美操研究组，接着上海体育学院成立了健美操教研室，他们率先开设了健美操课程。同时，其他大专院校也根据国家对高校体育教学的要求，逐步开设了健美操普修或选修课，从而把我的健美操从社会引入了学校。随着我国教育制度改革的不断深入，美育逐渐在学校教育中占有一席之地，而健美操的引进与兴起，则为我国美育提供了一个重要手段。1986—1988 年，健身健美操和竞技健美操在我国得到了长足的发展。继 1986 年 4 月在广州举行了我国首届"全国女子健美操邀请赛"后，1987 年 5 月，我国又成功举办了首届正式的竞技健美操比赛——"长城杯"健美操邀请赛。为了有组织、有计划地推动全国大学生健美操运动的发展，1992 年 2 月，我国成立了中国大学生健美操、艺术体操协会。1992 年 9 月，中国健美操协会在北京正式成立，标志着我国健美操运动进入一个崭新的发展阶段。

近年来，随着健美操运动的迅猛发展，健美操领域已形成各种流派，也得到了社会的认可。未来健美操的发展趋势可以用以下三点来概括：练习形式多样化、练习内容规范化、练习效果科学化。

三、健美操运动的分类和特点

1. 健美操运动的分类

目前，健美操种类繁多，分类方法也各不相同。根据健美操运动的发展状况和未来的发展趋势，按照不同的目的和任务，健美操运动可分为健身健美操和竞技健美操两大类(表 13-1)。

表 13-1 健美操运动的分类

健身健美操			竞技健美操
徒手健美操	器械健美操	特殊场地健美操	男子单人
有氧健美操	踏板操	水中健美操	女子单人
搏击健美操	哑铃操	垫上健美操	混合双人
拉丁健美操	杠铃操	功率自行车	三人(混合或同性别)
健身街舞	小球操	固定器械健美操	六人(混合或同性别)
爵士健美操	大球操		
瑜伽/普拉提	健身秧歌		

(1)健身健美操

健身健美操又称"大众健美操",是集健身、娱乐、防病为一体的群众性、普及性健身运动。其主要目的在于锻炼身体,保持健康。健身健美操动作简单,实用性强,音乐速度也较慢,为了保证一定的运动负荷和锻炼的全面性,动作多有重复,并均以对称的形式出现。健身健美操的练习时间可长可短,在练习的要求上也可以根据个体情况而变化,严格遵循健康、安全的原则,防止运动损伤的出现,以达到锻炼身体的目的。

健身健美操按练习形式可分为徒手健美操、器械健美操和特殊场地健美操三大类。徒手健美操包括传统的有氧健美操和各种不同风格的健美操;器械健美操是利用器械进行健美操锻炼,既增强了健身效果,又增添了锻炼的乐趣,是最受欢迎、发展最快的健身项目;特殊场地健美操以其特殊的功效也受到不少不同年龄层次人群的喜爱,如水中健美操可以减轻运动中地面对膝、踝关节的冲击力,有效减轻关节的负荷,并利用水的阻力以及水传导热能快的原理提高练习效果,达到锻炼身体和减肥的目的,因此深受中老年人、康复病人和减肥者的喜爱。

(2)竞技健美操

竞技健美操是在健身性健美操的基础上发展而产生的,其主要目的是"竞赛"。目前国际上规模较大的竞技健美操比赛有国际体操联合会组织的"健美操世界锦标赛"、国际健美操冠军联合会组织的"国际健美操冠军赛"、国际健美操联合会组织的"健美操世界杯赛"。我国正式的竞技健美操比赛有"全国健美操锦标赛""全国健美操冠军赛""全国大学生健美操比赛"等。竞技健美操比赛的项目有男单、女单、混双、三人操和六人操。

目前世界上公认的竞技健美操的定义是:竞技健美操是在音乐伴奏下,完成连续复杂的和高强度动作的能力,该项目起源于传统的有氧健身舞。竞技健美操以成套动作为表现形式,在成套动作中必须展示连续的动作组合、柔韧性、力量与七种基本步法的综合使用并结合难度动作完美地完成。竞技健美操在参赛人、比赛场地和成套动作的时间等方面都必须严格按照规则进行。规则对成套的编排、动作的完成、难度动作的数量等也都有严格的规定。

由于竞赛的主要目的就是取胜，因此在动作的设计上更加多样化，并严格避免重复动作和对称动作。近年来，运动员为争取好的成绩，均在比赛的成套动作中加入了大量的难度动作，如各种大跳成俯撑、空中转体成俯撑等，这对运动员的体能、技术水平和表现力等方面都提出了更高的要求。

2. 健美操运动的特点

(1)高度的艺术性

健美操是以健身为基础，集健美和健身于一体，根据人体解剖学、运动生理学、体育美学等多学科理论，为使人体健康健美地发展而编排的。健美操动作讲究健美大方，强调力度和弹性，练习内容讲求针对性和实效性，不仅能使身体各部位的关节、韧带、肌肉得到充分锻炼，使人体匀称和谐地发展，而且还能增强体质，培养健美的体形和风度，塑造健美的自我。因此，健美操是一项既注重外在美锻炼，又强调内在美培养的人体运动方式，对人的身心影响较为全面。

(2)鲜明的节奏感和韵律感

健美操是一种在音乐伴奏下进行的身体练习，音乐是健美操的灵魂。与艺术体操相比，健美操更强调动作的力度。因此，健美操的音乐节奏趋于鲜明强劲，风格更趋于热烈奔放。健美操音乐多取材于爵士、摇滚等现代音乐和具有上述特点的民族乐曲，而正是音乐中的高低、长短、强弱、快慢等有节奏的变化，使健美操更富有一种鲜明的现代韵律感。此外，旋律清晰、活泼轻快、情绪激奋的音乐，不仅能振奋练习者的精神，使人产生跃跃欲试的动感，而且还能使人在练习过程中忘却疲劳，产生一种轻松愉快的心情。

(3)动作的多变性和协调性

健美操成套动作的多变性，不仅表现在动作的节奏和力度上，而且还表现在动作的复合性方面。每节操很少是单个关节的局部动作，大多为多关节的同步运动。例如，在完成大幅度的上肢动作时，常伴有腰、膝、髋、踝和头部等的动作。这不仅可使身体各关节的活动次数成倍增长，而且还能有效地改善和提高人们身体的协调性。

(4)广泛的群众性

健美操是一项富有趣味性的运动，它能给人们带来热情奔放的情感体验，符合现代人追求健美、自娱自乐的需要，因此深受广大群众的喜爱。同时由于健美操，尤其是健身健美操，其练习形式多样，运动负荷和难度可以自我调节，不同年龄、性别、形体、素质、个性、气质的练习者都可酌情择项参加锻炼，各种人群都能从健美操练习中找到适合自己的练习方式，并通过训练增强体质，弥补自身的某些不足，并且还可从健美操中获得乐趣。因而，健美操是男女老幼都青睐的一项运动。此外，由于健美操不受气候的影响，对场地、器材条件的要求不高，练习起来简便安全，适合不同地区、不同条件的单位和部门开展。因此，这项运动具有广泛的群众性。

第二节　健美操运动基本技术

一、健美操常用手形

健美操中的手形有多种，大多是从芭蕾舞、现代舞、武术等中吸收和发展来的。手形是手臂动作的延伸和表现，运用得好会使健美操动作更加丰富多彩，生动活泼，更具有感染力。

并拢式：五指伸直，相互并拢。大拇指微屈，指关节贴于食指旁。

分开式：五指用力伸直，充分张开。

芭蕾式：五指微屈，后三指并拢、稍内收，拇指内扣。

拳式：握拳，拇指在外，指关节弯曲，紧贴于食指和中指。

立掌式：五指伸直，手掌用力上翘。

西班牙舞式：五指用力，小指、无名指、中指自掌指关节处依次屈，拇指稍内扣。

花式：在分开式的基础上小指伸直向掌心回弯到最大限度，无名指会随小指回弯。

二、健美操术语

术语是指各门学科的专门用语。健美操术语即描述健美操动作的专门用语，是用来表达健美操动作名称以及描述动作、技术过程的专门用语和专用词汇。健美操动作名称是由方向方位和移动术语＋基本步伐术语＋肢体关系术语＋上肢动作术语构成。例如，左腿跑跳步同时两臂胸前平屈。"左"为方向术语，"跑跳步"为基本步伐术语，"同时"为肢体关系术语，"两臂胸前平屈"为上肢动作术语。

1. 健美操基本术语

(1)场地的基本方向方位术语

为了表明人的身体在场地上所处的方位,把开始确定的某一面(主席台、裁判席)定为基本方位的第 1 点,按顺时针方向,每转 45 度为一个基本方位,将场地划分为 8 个基本方位,即 1 点、2 点、3 点、4 点、5 点、6 点、7 点、8 点(图 13-1)。

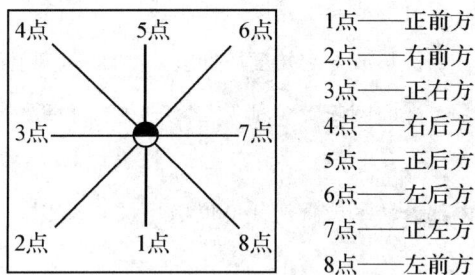

4点	5点	6点
3点	●	7点
2点	1点	8点

1点——正前方
2点——右前方
3点——正右方
4点——右后方
5点——正后方
6点——左后方
7点——正左方
8点——左前方

图 13-1　场地的基本方向方位术语

(2)移动术语

移动术语指身体各部位运动的方向,运动方向一般根据人体直立时的基本方位来确定。

移动:身体向着相应的方向参考点运动的方式。

原地:无移动,或在 4 拍之内回到原来的地方。

向前:向胸部所对的方向做动作。

向后:向背部所对的方向做动作。

向侧:向肩侧所对的方向做动作,必须指明左侧或右侧。

向上:向头顶所对的方向做动作。

向下:向脚底所对的方向做动作。

中间方向和斜方向:指两个基本方向之间 45 度的方向。例如,侧上方、侧下方、前上方等。

顺时针:转动过程与时针运动方向相同。

逆时针:转动过程与时针运动方向相反。

(3)肢体关系术语

向内:指肢体由两侧向身体中线的运动。

向外:指肢体由身体正中线向两侧的运动。

同向:指不同肢体向同一方向运动。

异同:指两个肢体向相反方向运动。

同时:不同部位动作要在同一时间内完成。

依次：肢体不同部位相继做相同性质的动作。

交替：不同肢体或不同动作反复进行。

对称：左、右肢体做相同的动作，但方向相反。

不对称：左、右肢体做不同方向的动作。

(4)运动方向术语

举：指手臂或腿向上抬起，停在一定位置，如手臂上举、举腿。

屈：指身体某一部位形成一定角度，如屈腿。

伸：指身体某一部位形成一定角度后伸直，如伸臂、侧伸。

摆：臂或腿在某一平面内由一个部位运动到另一个部位动作，不超过180度，如后摆、前摆。

绕(绕环)：身体部分转动或摆过180度以上(360度以上称绕环)，如肩绕环、绕臂。

振：臂或上体做大幅度的加速摆动动作。

坐：以臀部着地的姿势。

踢：腿由低向高做加速有力的摆动动作，如踢腿、弹踢。

撑：指手和身体某部分同时着地的姿势，如支撑、俯卧撑。

卧：身体躺在地上的姿势，如仰卧、侧卧。

跪：屈膝并以膝盖着地的姿势，如跪撑、跪立。

蹲：两腿屈膝站立的姿势，有半蹲和全蹲，如并腿半蹲、分腿半蹲。

控：身体或肢体等抬在一定的高度上，并保持一定的时间，如控腿。

交叉：肢体前后或上下交叠成一定角度，如手臂交叉、交叉步。

转体：绕身体纵轴转体的动作，如单脚转体。

水平：身体保持和地面平行的一种静止动作，如分腿水平。

波浪：指身体某部分邻近的关节按顺序做柔和屈伸的动作，如身体波浪、手臂波浪。

跳跃：双脚离地，身体腾空并保持一定的姿势，如开合跳、并腿跳。

劈叉：两腿分开成直线着地的姿势，如横叉、纵叉。

(5)动作中连接过程术语

在描述一个连续动作时，连接过程术语用以表达动作的先后顺序及关系。

由：指动作开始时的方位，如由右向左。

经：指动作过程中须强调经过某一特定位置时，如双臂经体侧向上。

成：指动作应完成的结束姿势，如右腿侧迈一步成右弓步。

接：强调两个单独动作之间连续完成，如开合跳接吸腿跳。

至：指动作必须到达的某一指定位置，如踢腿至水平位置。

2. 健美操专门术语

描述健美操动作或技术性质、类别确切含意的词汇是专门术语。

(1)大众基本步伐名称术语与分类(表 13-2)

根据动作完成形式的不同,可将基本步伐分为五类。

①交替类:双脚始终做依次交替落地的动作。

②迈步类:一条腿先迈出一步,重心移到这条腿上,另一腿用脚跟、脚尖点地或吸腿、屈腿、踢腿等,然后向另一个方向迈步的动作。

③点地类:一腿屈膝站立,另一腿伸出,用脚尖或脚跟点地后还原到并腿位置的动作。

④抬起类:一腿站立,另一腿抬起的动作。

⑤双腿类:双腿站立,身体重心在两腿之间的动作。

表 13-2　大众基本步伐名称术语与分类

类别	原始动作形式	低冲击力形式	高冲击力形式	无冲击力形式
交替类	踏步	踏步 走步 一字步 V 字步 漫步	跑步	
迈步类	侧并步	并步 迈步点地 迈步吸腿 迈步后屈腿 侧交叉步	侧并步跳 小马跳	
点地类	点地	脚尖点地 脚跟点地		
抬起类	抬腿	吸腿 摆腿 踢腿 弹踢腿跳	吸腿跳 摆腿跳 踢腿跳 弹踢腿跳 后屈腿跳	
双腿类			并腿跳 分腿跳 开合跳	半蹲 弓步 提踵

(2)动作强度术语

人体运动时对地面产生一定的作用力,地面同时也给予人体相应的反作用力,即"冲击力"。这种冲击力随着每一个动作自下而上通过人体向上传递并逐渐消失。以脚接触地面时,身体所承受的冲击力大小划分为以下三类。

无冲击力动作：两只脚都接触地面的动作，或不支撑体重的动作，如双腿半蹲、弓步等。

低冲击力动作：总有一只脚接触地面的动作，如踏步、侧交叉步等。

高冲击力动作：两条腿都离开地面，即有腾空的动作，如开合跳、吸腿跳等。

(3)动作表现形式术语

弹性：健美操中所指的弹性是指关节自然地屈伸，给人一种轻松、自然的感觉。

力度：指动作的用力程度，通常以肢体的制动技术来体现力度。

节奏：指动作的用力强弱交替出现，并合乎一定的规律。

幅度：指动作展开的大小，一般是动作经过的轨迹越大则幅度越大。

风格：一套动作表现的主要艺术特色和思想特点。

第三节　第三套健美操大众锻炼标准套路一级

一、第一节

预备姿势：立正。

1.1×8拍(图13-2)

脚下步伐：右脚开始一字步2次。

上肢动作：1~3双臂前屈，4双臂后摆至体侧，5双臂前屈，6双臂上举，7双臂前屈，8双臂后摆至体侧。

动作要点：双手握实心拳，动作到位、路线清晰、有力度感。

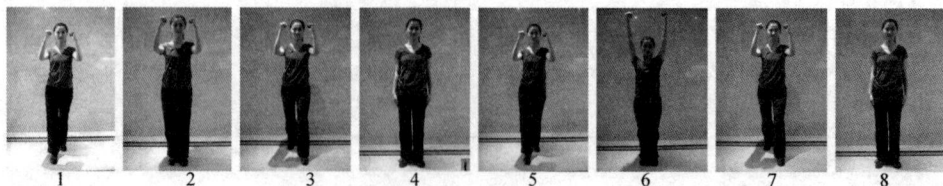

图 13-2

2.2×8 拍(图 13-3)

脚下步伐：1～4 右脚开始向前走 3 步吸腿，5～8 左脚开始向后退 3 步吸腿。

上肢动作：1～3 双肩经前举后摆至肩侧屈，4 击掌，5～8 手臂同 1～4。

动作要点：吸腿时支撑腿保持直立，抬起大腿至水平，上体保持正直，注意身体的稳定性。

图 13-3

3.3×8 拍(图 13-4)

脚下步伐：1～4 右脚开始侧并步 2 次，5～8 右脚向侧连续并步 2 次。

上肢动作：1 右臂肩侧屈，2 还原，3 左臂肩侧屈，4 还原，5 双臂胸前平屈，6 还原，7～8 同 5～6 动作。

动作要点：关节有弹性地屈伸。

图 13-4

4.4×8 拍(图 13-5)

脚下步伐：1～4 左脚十字步，5～8 左脚开始踏步 4 次。

上肢动作：1～4 手臂自然摆动，5 击掌，6 还原，7～8 同 5～6 动作，第 5～8 拍，动作相同，但方向相反。

动作要点：脚步下落时，踝、膝、髋关节依次有弹性的缓冲。

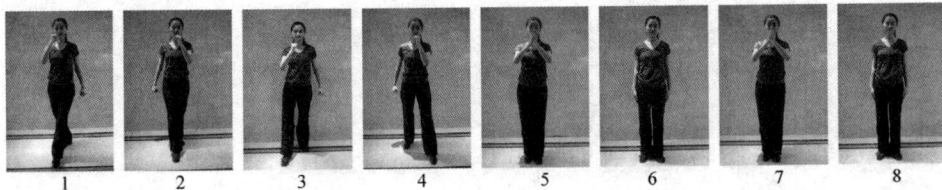

图 13-5

二、第二节

预备姿势：立正。

1.1×8拍(图 13-6)

脚下步伐：右脚开始前点地 4 次。

上肢动作：1 双臂屈臂右摆，2 还原，3 左摆，4 还原，5 右臂摆至侧上举、左臂胸前平屈，6 还原，7～8 同 5～6 动作，但方向相反。

动作要点：动作到位、路线清晰、有力度感。

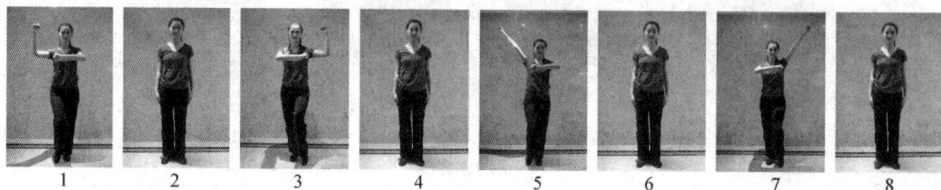

图 13-6

2.2×8拍(图 13-7)

脚下步伐：1～4 右脚开始向右弧形走 270 度，5～8 并腿半蹲 2 次。

上肢动作：1～4 手臂自然摆动，5 双臂前举，6 右臂胸前平屈(上体右转)，7 双臂前举，8 放于体侧。

动作要点：屈肘角度不宜过大或过小，60 度左右。

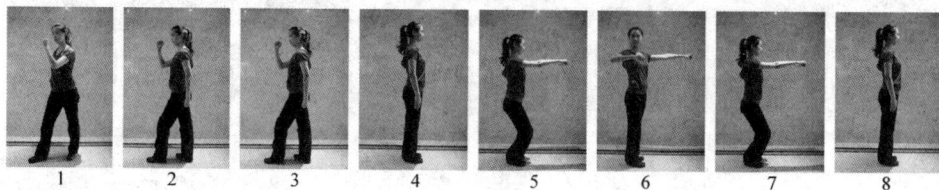

图 13-7

3.3×8拍(图 13-8)

脚下步伐：1～4 左脚上步吸腿右转转体 90 度，5～8 右脚上步吸腿。

上肢动作：1 双臂前举，2 屈臂后拉，3 前举，4 还原，5～8 同 1～4 动作。

动作要点：经过屈膝半蹲，还原时支撑腿稍屈膝。

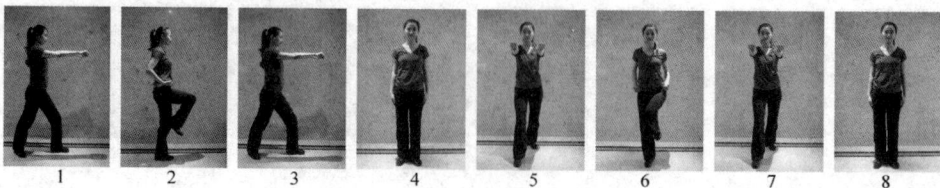

图 13-8

4. 4×8 拍(图 13-9)

脚下步伐：左脚开始向侧迈步后屈腿 4 次。

上肢动作：屈肘前后摆动，第 5～8 拍，动作与 1～4 拍相同。

动作要点：经过屈膝半蹲，支撑腿稍屈膝，后屈腿的脚跟靠近臀部。

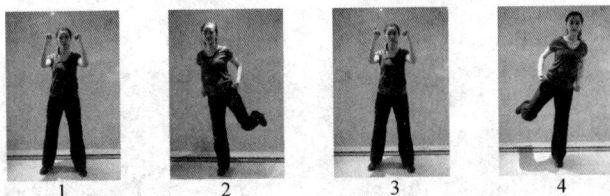

图 13-9

三、第三节

预备姿势：立正。

1. 1×8 拍(图 13-10)

脚下步伐：1～4 右脚向右交叉步，5～8 左脚向侧迈步成分腿半蹲。

上肢动作：1～3 双臂经侧至上举，4 胸前平屈，5、6 双臂前举，7、8 放于体侧。

动作要点：第一步脚跟先落地，身体重心快速随着脚步而移动，保持膝、踝关节的弹动。

图 13-10

2. 2×8 拍(图 13-11)

脚下步伐：1～4 右脚开始侧点地 2 次，5～8 右脚连续 2 次侧点地。

上肢动作：1 右臂左前举、左臂屈肘于腰间，2 双臂屈肘于腰间，3～4 同 1～2 动作，但方向相反，5～8 同 1～2 动作，重复 2 次。

动作要点：两腿有弹性地屈伸，重心移动，轨迹呈弧形。

图 13-11

3.3×8拍(图13-12)

脚下步伐：左脚开始向前走3步接吸腿3次。

上肢动作：1双臂肩侧屈外展，2胸前交叉，3同1动作，4击掌，5肩侧屈外展，6腿下击掌，7~8同3~4动作。

动作要点：经过屈膝半蹲，还原时支撑腿稍屈膝。

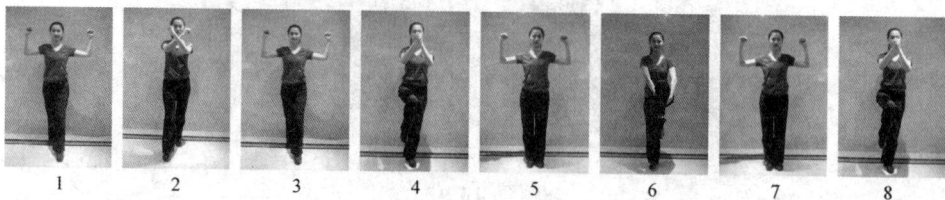

图13-12

4.4×8拍

脚下步伐：右脚开始向后走3步接吸腿3次(动作同3×8)。

上肢动作：手臂动作同3×8，第5~8拍，动作相同，但方向相反。

四、第四节

预备姿势：立正

1.1×8拍(图13-13)

脚下步伐：1~4右脚开始V字步，5~8A字步。

上肢动作：1右臂侧上举，2双臂侧上举，3~4击掌2次，5右臂侧下举，6双臂侧下举，7~8击掌2次。

动作要点：两腿膝、踝关节始终保持弹动状态，分开后成分腿半蹲，重心在两腿之间。

图13-13

2.2×8拍(图13-14)

脚下步伐：1~4右脚开始弹踢腿跳2次，5~8右脚连续弹踢2次。

上肢动作：1双臂前举，2下摆，3~4同1~2动作，5双臂前举，6胸前平屈，7同5动作，8还原体侧。

动作要点：腿弹出时要有控制，两膝盖紧靠，弹踢腿，脚尖伸直保持上体正直。

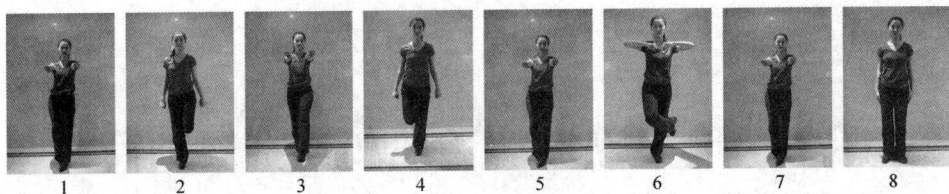

图 13-14

3.3×8 拍(图 13-15)

脚下步伐:左脚漫步 2 次。

上肢动作:双臂自然摆动。

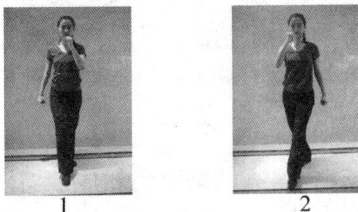

图 13-15

4.4×8 拍(图 13-16)

脚下步伐:左脚开始迈步后点地 4 次。

上肢动作:1~2 右臂经肩侧屈至左下举,3、4 同 1、2 动作,但方向相反,5、6 右臂经侧举至左下举,7、8 同 5、6 动作,但方向相反。

动作要点:两腿有弹性地屈伸,重心移动,轨迹呈弧形。

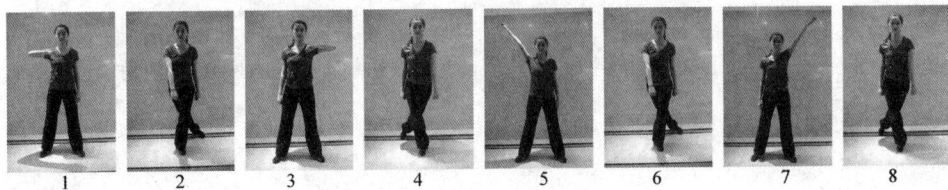

图 13-16

结束造型(图 13-17):右脚侧一步成开立,右臂侧举,掌心向前,五指分开。

图 13-17

第四节 健美操运动场地和竞赛规则简介

一、场地器材

1. 赛台

赛台高 80~140 厘米，后面有背景遮挡。赛台不得小于 14×14 平方米。

2. 竞赛地板和竞赛区

比赛场地可为地板或地毯，要清楚地标出 12×12 平方米的比赛区域(在某些项目比赛中使用 7×7 平方米)。标志带为 5 厘米宽的醒目色带，标记带是场地的一部分。所用地板必须符合国际体联的标准，只有经国际体联认可方可用于正式比赛。

3. 座位区

裁判组坐于赛台的正前方。视线员坐于赛台的斜对角。高级裁判组坐在裁判组正后方的高台上。

4. 音乐伴奏

(1)音响设备

音响设备必须达到专业水准，包括常规设备及以下基本装置：运动员专用音响和 CD 机。

(2)录音

可以使用一首或者多首乐曲混合的音乐，原创音乐或加入特殊音响效果的音乐均可使用。每张 CD 中只允许录制 1 首音乐。自备两张比赛光盘，并且清楚地标明运动员姓名、国家、参赛项目和音乐时长。

(3)音质

音乐录制必须达到专业化水准。

二、竞赛相关知识

1. 性质

全国健美操锦标赛、全国健美操联赛、全国健美操冠军赛大众组比赛及各类健身健美操比赛。

2. 种类

比赛分明星赛、组合赛、集体赛三种。

3. 参赛项目与人数

明星赛：男子单人，女子单人(参赛人员资格不限)。

组合赛：混双(1男1女)，3人(性别不限)。

集体赛：5～8人(性别不限)。

参加组合赛与集体赛的运动员的参赛项目和组别不得重复。

比赛所设的组别由组委会根据情况在规程中决定分组的内容。

更换运动员：如有特殊情况更换运动员时，需要持有效证明，经组委会批准方可。

4. 运动员年龄和分组

明星赛：18～35岁(不分组别，并且运动员可兼报组合赛和集体赛)。

青年组合赛和集体赛：18～35岁，比赛分院校组、行业组、俱乐部组、风采组。

中年组合赛和集体赛：36～50岁，比赛分院校组、行业组、俱乐部组、大师组。

5. 竞赛内容

竞赛内容为符合规则及规程要求的自编成套动作比赛。明星赛的决赛增加30秒个人特色、魅力表演(表演形式不限)。

6. 成套动作时间

计时由第一个可听到的声音开始(包括提示音)，到最后一个可听到的声音结束。

明星赛的成套动作时间为1分20秒至1分30秒。组合赛的成套动作时间为1分50秒至2分10秒。集体赛的成套动作时间为2分20秒至2分30秒。

7. 着装与仪容

运动员须穿适合运动的服装(如背心、短袖或长袖的紧身服，上下连体、分体等服装均可)和全白色的运动鞋；着装整洁、美观、大方，不允许使用悬挂饰物，如皮带、飘带和花边等。不准戴任何首饰和手表。女运动员的头发必须梳系于后，发不遮脸，允许化淡妆。

8. 比赛程序

组合赛和集体赛分为预赛和决赛。凡参赛队均须参加预赛，参加预赛的队伍数量决定进决赛的队伍数量(按国际体联竞赛规程执行)。

9. 评分及计分方法

(1)评分方法

比赛采用公开示分的方法。评判员评分精确到0.1分，运动员最后得分精确到0.01分。

(2)计分方法

成套动作的得分为艺术得分与完成得分之和，艺术分和完成分各为10分、成套动作满分为20分。各组评判员评分去掉一个最高分和一个最低分，中间两名评判员评分的平均数为该组评判得分，两组评判得分相加减去评判长扣分即为最后得分。

(3)排名方法

最后得分高者名次列前，若得分相等，名次排列取决顺序为最高完成分、最高艺术分；若成绩还相等，则名次并列，无下一名次。

不接受对评分结果的抗议。

❓ 思考与练习

1. 健美操的目的、任务是什么？

2. 健美操身体各部位的基本动作包括哪些？

3. 健美操身体基本姿态的规范要求是什么？

4. 健身健美操(全国健美操锦标赛)的比赛场地有什么要求？

5. 健美操常见手形中的分开式手形的规范要求是什么？

🔍 知识拓展

预防健美操运动损伤的方法

1. 学习预防运动损伤的技术和理论，提高教练员的知识水平，积极开展健美操运动损伤的宣传教育工作。

2. 使用适当和慢节奏的热身方法，走、踏步、慢速跑跳、伸展等，选择合适的运动鞋、护腕、护膝等。

3. 10%增加的原则：一周内不要增加频率、强度、持续时间过10%，循序渐进。

4. 保持有氧运动和无氧运动的锻炼均衡，同时进行一些力量和柔韧练习，防止受伤。

5. 根据个人的身体及时调整运动，如果某部位运动产生酸痛，可以考虑减轻运动或停止运动。

6. 加强身体的全面训练，提高机体对运动的适应能力。

7. 合理安排一节课的运动负荷，合理安排练习内容。

8. 加强医务监督，建立和健全自我监督意识，使练习者学会运动损伤的治疗方法和预防措施，学会自我保护。

9. 改善场地设备条件及周围环境，调整好自我的心理状态。

第十四章

游泳运动

📖 **学习目标**

了解游泳运动的起源与发展、特点和健身价值；掌握游泳的基本技术（自由泳、蛙泳、蝶泳、仰泳）和一些水上救生知识与方法；能够运用所学游泳知识和技术参与或欣赏游泳运动。

第一节　游泳运动概述

一、游泳运动的起源与发展

游泳运动是人类历史文化宝库中一颗璀璨的明珠，通过在水中自由地嬉戏，充分展现了人们对生活的热爱和对情感的交流。古代游泳是与人们的劳动生产、娱乐和战争等活动联系在一起的。

现代游泳运动起源于英国，17 世纪 60 年代流行于约克郡等一些地区。当时的英国文化交流频繁，游泳在全国各地也迅速地流行起来。1828 年，在利物浦修建了第一个室内游泳池，在随后的近十年里，英国各地都相继修建了各种泳池。1837 年，英国成立了世界上第一个游泳协会。现代游泳竞赛的历史要追溯到第一届奥运会前，1893 年在英国举办了第一届世界游泳锦标赛。1896 年第一届雅典奥运会上男子游泳被列为 9 个比赛项目之一，1912 年第五届奥运会上，正式设立了女子比赛项目。

竞技游泳运动是由欧美传入我国的。自 1953 年我国著名的游泳运动员吴传玉在国际青年友谊运动会上获得仰泳冠军后，我国的游泳运动员开始走向世界泳坛。随着我国游泳运动训练和比赛制度的建立和完善，训练科学化程度的提高，近几年，我国游泳运动员在一系列国际比赛中取得了辉煌的成绩。

二、游泳运动的特点和健身价值

1. 游泳运动的特点

(1)全身性的运动

游泳是利用水的浮力，减少阻力，增大推进力，在全身协调配合用力的情况下进行练习，使人体各个器官系统都参与运动。

(2)运动技术复杂

游泳时，人是在平卧(俯卧或仰卧)姿势下进行的，与人在正常空间定向的感觉不同，这种姿势和水的特性影响人体前庭器工作的一惯性，这样就使人体经常处在一种不平衡的状态中。游泳时人体不断调节平衡向前游，所以，人体的姿势因调整而引起的肌肉紧张的条件比人在陆地上运动要复杂得多。

(3)呼吸方式独特

游泳时的呼吸方法复杂特殊，既要求在水中呼气，水上吸气，又要求与相应的动作紧密配合。各种泳姿的呼吸都有短暂的闭气，吸气之后短暂的闭气能够提高机体对氧的利用率，还可以保持运动时水对身体的浮力。

2. 游泳运动的健身价值

(1)强身健体

游泳是一项有氧运动，长期坚持游泳锻炼，不但使神经、呼吸和血液循环等系统的机能得到改善和提高，而且还能提高肌肉力量、耐力和关节灵活性，使身体得到全面的协调发展。

(2)防病治病

经常进行游泳锻炼能有效地增强体质，因此，游泳是防治疾病的重要手段。

(3)改善情绪状态、锻炼意志

游泳除有锻炼身体的作用外，还能给人带来愉快和喜悦，缓解紧张的精神状态，从而调节人的情绪，改善心理健康状况。长期坚持游泳锻炼，可以磨炼意志，形成吃苦耐劳、不怕困难的品质。另外还有娱乐的功能。

第二节　游泳运动基本技术

一、熟悉水性

熟悉水性是初学游泳的一个重要环节，是初学者必须经过的阶段。其目的是使初学者通过身体的感官感知水的浮力、压力和阻力等，逐步适应水的特性和环境，消除对水的恐惧，并掌握水中行走、呼吸、漂浮、滑行等一些游泳基本动作，为学习和掌握各种游泳技术打下基础。

1. 水中行走

水中行走可以使初学者了解水环境中的浮力、阻力等特性，以便在水中站立或行走时能保持身体平衡，消除怕水心理。

(1)动作重点

一般在齐腰深的水中进行，做各种方向的行走、跳跃练习。开始动作不宜太大，速度不宜过快，要保持身体协调，维持身体平衡，最好按练习方法依次进行。

(2)动作难点

先动作幅度小、速度慢，再过渡到动作幅度大、速度快，始终保持身体的平衡。

(3)练习方法与手段

①扶池边或分道线行走。

②扶池边或分道线跳跃。

③水中行走(图 14-1)。

④水中跳跃走。

⑤游戏"结网捕鱼"。

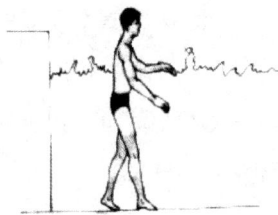

图 14-1　水中行走

游戏方法：在指定区域内，挑选 2 人当"捕鱼者"，手拉手去捉人(捕鱼)，被捉到的人要与"捕鱼者"拉起手(结网)再去捉其他人，直到把所有的人捉到为止。

游戏规则：①整个游戏过程人必须在水中行走，不允许游动或潜入水中。

②游戏中"捕鱼者"必须手拉手，松开手捉到人无效。

③跑出规定区域的被视为犯规，接受惩罚。

2. 呼吸方法

呼吸方法是游泳教学的难点，也是熟悉水性阶段的关键内容，应贯穿于整个游泳练习的始终。通过练习掌握游泳的呼吸方法、呼吸过程、呼吸节奏，适应头部浸入水中的刺激，消除怕水心理。

(1)动作重点

练习前深吸一口气，然后憋气，低头或慢慢下蹲，把头部浸入水中。停留片刻后抬头，同时用嘴和鼻子呼气后再吸气，这样就不易呛水。

(2)动作难点

正确的游泳呼吸是用嘴吸气、用嘴或鼻呼气。

(3)练习方法与手段

①水中憋气(图14-2)。扶池槽或在同伴帮助下，用口吸气后闭气，慢慢下蹲将头浸入水中，停留片刻后起立，口鼻出水后，先呼气后吸气。

②水中呼气(图14-3)。双手扶池边，深吸一口气，屏住呼吸，身体沉入水中，用鼻子在水中"咕咕"地呼出气来。使气泡连续不断地冒出水面，时间越长越好。

图14-2　水中憋气　　　　图14-3　水中呼气

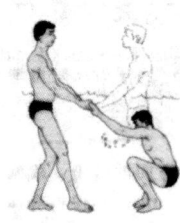

③游戏"袋鼠跳"。站立水中，先深吸一口气，然后屏气、下蹲，当水没过头顶时，双脚蹲地模仿袋鼠的样子向上跳起，同时将气呼出再吸气、下蹲。能够一次连续做10次以上的为及格，20次以上为优秀。(注意事项：在泳池中练习时注意脚下站稳，以免滑倒、呛水)

3. 水中漂浮

学习水中的漂浮技术，主要是让身体漂浮起来，体会水对人体的浮力，初步掌握人体在水中的平衡能力，排除对水的恐惧心理。

(1)动作重点

漂浮尽量把头浸入水中，以便学习后面的动作；站立时，迅速收腹、收腿，两臂快速向下按压水，同时两腿向下踩成站立。练习时，只要憋住气，四肢放松，身体会自然漂浮起来。

（2）动作难点

水中漂浮尽量深吸气，在水中闭气的时间应尽量长些，并且要求身体放松。

（3）练习方法与手段

①握住水槽上浮（图14-4）。站立在池边，双手握住水槽（或池边），先深吸一口气然后屏住呼吸，将头没入水中，同时双脚轻轻蹬地，双腿并拢伸直向水面上抬起。注意头、肩、臀、腿要成一条直线，不要把头"扎"进水里；双臂伸直，微微收腹，全身放松。

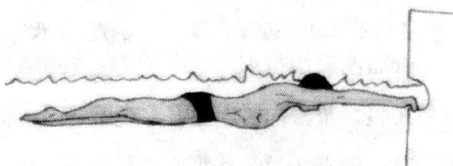

图14-4　握住水槽上浮

②扶着浮板上漂。浮板在学习游泳中起着重要的作用，可利用浮板练习漂浮。双手握住浮板两侧的中端，按照"憋气、低头、伸臂、蹬地、展体"的动作顺序一气呵成。注意握住浮板的双手不要用力下压，也不要左右摇晃，尽量用双臂控制住浮板；肩部放松，不能耸肩。

③抱膝团身上浮。站在水中深吸一口气，潜入水中，同时双手抱住膝盖，使身体抱为一团，想象自己是一个吹足了气的"皮球"浮在水面上。双膝尽量靠近胸部，团身抱紧。身体要尽量放松，自然地漂浮于水中。呼气后，两臂前伸向下按水并抬头，同时两腿伸直向下踩成站立。

④展体漂浮练习（图14-5）。站立水中，深吸气后，下蹲憋气低头抱膝，放松漂浮于水中后，展开身体；或两臂放松向前伸直，深吸气后身体前倒并低头，两脚轻轻蹬离水底，成俯卧姿势漂浮于水面，臂、腿自然分开，全身放松，身体充分展开。呼气后，两臂前伸向下按水并抬头，同时两腿伸直向下踩成站立。

图14-5　展体漂浮练习

4. 水中滑行

水中滑行是进一步体会水的浮力，掌握运动过程中维持身体的平衡姿势能力。

（1）动作重点

滑行练习是熟悉水性的重要内容，应反复多次练习。在做蹬池壁练习时，尽量增大蹬腿力量，以增加滑行距离；两腿和手臂尽量并拢，以保持身体的流线型。滑行时身体保持适度紧张，适当延长闭气时间。

(2)动作难点

滑行时，臂和腿自然伸直，身体放松成流线型，尽量延长闭气时间和滑行距离。

(3)练习方法与手段

①蹬池底滑行练习(图14-6)。两脚前后开立，两臂前伸，两手并拢。深吸气后屈膝，重心前移，当头和肩浸入水中时，前脚掌轻轻蹬池底，随后两腿并拢伸直，使身体呈流线型向前滑行。

②蹬池壁滑行练习(图14-7)。背对池壁，一手拉池槽，一臂前伸，同时一脚站立，一脚紧贴池壁，深吸气后低头，上体在水中前倾成俯卧姿势，然后上收支撑腿，两脚贴住池壁，臀部靠向池壁，随即两臂前伸并拢，头夹于两臂之间，两脚用力蹬壁，使身体呈流线型向前滑行。

图 14-6　蹬池底滑行练习

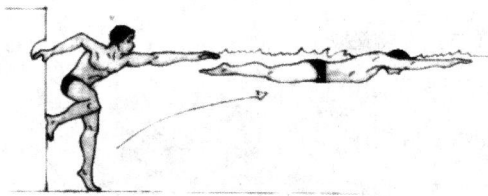

图 14-7　蹬池壁滑行练习

二、游泳技术

1. 蛙泳

蛙泳是模仿青蛙游泳动作的一种姿势。蛙泳比其他竞技游泳姿势速度慢，但动作平稳，呼吸便利，适于长距离游泳，又便于观察和掌握方向，实用价值大，也是救护、潜水和泅渡江河湖泊的常用动作。

(1)腿部动作

①动作重点：蛙泳的腿部动作是推动身体前进的主要动力，是掌握蛙泳技术的基础。其动作要领为收腿、翻掌、蹬夹、滑行四个主要环节。在动作节奏

上，强调收腿时慢而放松，蹬腿时快而有力。

②动作难点：收腿、翻掌、蹬夹水动作及时而又充分的翻脚。

③练习方法与手段：

a. 坐撑模仿练习：坐在池边或地上，上体稍后仰，两手体后撑，两腿伸直，模仿做蛙泳收腿、翻掌、蹬夹的动作。练习时两眼注视双腿的动作，先分解后连贯进行练习(图 14-8)。

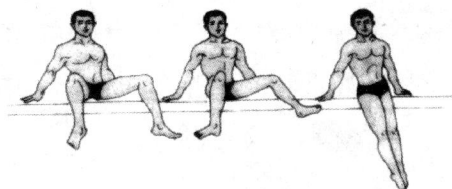

图 14-8　坐撑模仿练习

b. 俯卧模仿练习：俯卧在池边或地上，手臂前伸，模仿蛙泳收腿、翻掌、蹬夹的动作。在练习中应注意动作节奏和动作路线，慢收腿，边收边分，翻脚要充分。辅助者可用虎口握住练习者两脚掌内侧，协助做收腿的练习(图 14-9)。

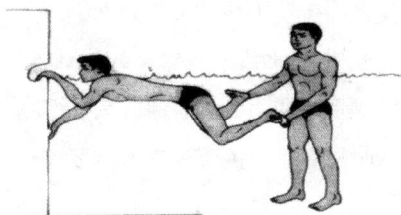

图 14-9　俯卧模仿练习

c. 水中固定支撑做腿部动作练习：手扶池边或同伴的手，头潜入水中，使身体展开漂浮于水面(同伴可帮助)，两腿放松伸直并拢，做收腿、翻掌、蹬夹的动作，可先分解后连贯进行练习(图 14-10)。

d. 水中移动支撑做腿部动作练习：在水中扶同伴的双手(或扶浮板等)，头潜入水中，使身体展开漂浮于水面(同伴可帮助)，两腿放松伸直并拢，在使练习者有滑行动作后做收腿、翻掌、蹬夹腿的练习，并且练习者在做蹬夹腿时，同伴应稍用力拉练习者一下，使练习者体会蹬夹腿后身体向前的滑行效果(图 14-11)。

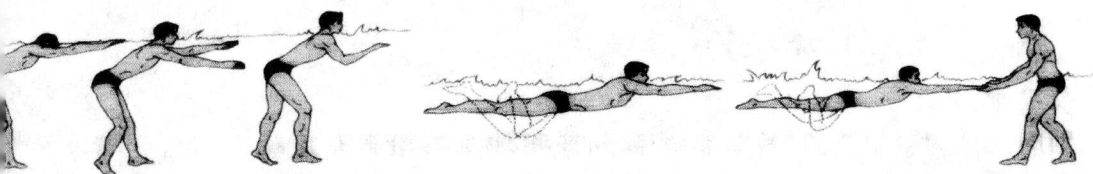

图 14-10　水中固定支撑做腿部动作练习

图 14-11　水中移动支撑做腿部动作练习

e. 滑行做腿部动作练习：练习者脚蹬池边或池底后，两手臂并拢伸直向前滑行，只做收腿、翻掌、蹬夹腿动作。练习时注意动作节奏，蹬夹腿要伸直并拢，要有向前滑行的动作，并且最好闭气进行该练习。记住：该练习是学会蛙泳最重要的动作练习，应反复进行(图 14-12)。

图 14-12　滑行做腿部动作练习

(2)手臂动作

①动作重点：蛙泳臂部动作由前伸滑行、外划、内划、收手、伸臂五个连贯动作所组成。从两臂并拢前伸开始，掌心向斜下后方，两手向外划至与肩同宽，屈肘，快速划水到颌下，两手合拢前伸，掌心相对。

②动作难点：划水时屈臂，肘关节稍高，但不应超过肩横轴线，并保持动作连贯、协调一致。

③练习方法与手段：

a. 陆上模仿手臂动作练习：两腿分开站立，上体前屈，两臂伸直，掌心向下，模仿做蛙泳手臂分解动作。数"1"做外划，数"2"做内划，数"3"做伸臂滑行动作。

b. 站立水中做手臂动作练习：在水中原地站立，手臂前伸时，低头入水，同时呼气、划水，收手时抬头吸气。练习时注意动作节奏。

c. 水中走动做手臂动作练习：在水中手臂前伸的同时向前走一步，低头入水呼气；划水、收手时抬头吸气。反复进行练习(图 14-13)。

图 14-13　水中走动做手臂动作练习

d. 蹬池壁做手臂动作练习：蹬池壁滑行，做手臂的外划、内划、伸臂等连贯动作练习。

（3）腿部动作与手臂动作配合

①动作重点：臂外划时腿不动，内划时收腿；手臂向前将伸直时蹬腿，蹬腿结束后手臂和腿伸直并拢，呈流线型姿势滑行。

②动作难点：尽量掌握收手时收腿、伸手时蹬夹水，做到动作轻松自然，配合协调。

③练习方法与手段：

a. 陆上模仿手臂与腿的配合练习：两脚左右开立，两臂伸直并上举，按节奏做外划、内划下蹲（表示收腿），向上伸臂站起（表示蹬腿）的练习（图 14-14）。

图 14-14　陆上模仿手臂与腿的配合练习

b. 蹬池壁滑行做手臂与腿的配合练习：在水中手臂前伸的同时，脚蹬池壁滑行并闭气，小幅度划水收手时收腿，臂前伸时，腿做外翻、蹬夹水动作。反复进行配合练习。

（4）完整动作配合

①动作重点：蛙泳完整配合动作一般采用一次划臂、一次蹬腿和一次配合，即两臂外划时腿不动，抬头吸气(早吸气)，内划时收腿、闭气；臂向前将直时蹬夹腿，臂腿伸直滑行时呼气。

②动作难点：伸手蹬夹腿时低头并用嘴慢慢呼气；收手时抬头并再用嘴快呼一次气。

③练习方法与手段：

a. 陆上模仿完整配合练习：两腿站立，身体前倾，两臂伸直，用一腿来代替两腿的动作。数"1"两臂分开，抬头呼气；数"2"收手、收腿；数"3"时手臂伸直并低头入水呼气，同时翻脚蹬腿并拢，两腿交替进行。

b. 同伴帮助做完整配合练习：在水中，在同伴的托扶下练习完整的配合技术动作。

c. 独立进行完整配合练习：在臂、腿连贯配合蛙泳的基础上，加上抬头吸气的动作，独自进行完整配合技术练习（图 14-15）。

2. 自由泳

自由泳，俗称爬泳。自由泳时，由于两臂轮流划水，动作很像爬行，所以人们称之为"爬泳"。它是四种竞技游泳中速度最快的一种姿势，由于游自由泳时，身体俯卧在水中，身体几乎与水面平行，有较好的流线型；两腿不停地上下打水，两臂依次轮流向后划水，因此推进力均匀，动作结构简单，划水效果好；动作配合协调，既省力又能发挥最大的速度。

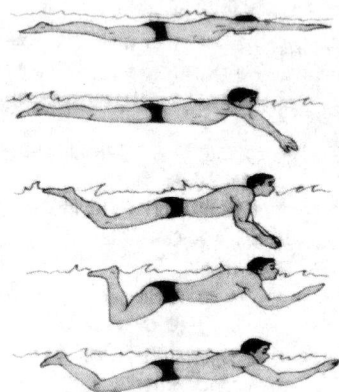

图 14-15　独立进行完整配合练习

(1)腿部动作

①动作重点：a. 自由泳腿的打水动作，几乎是与水平面成垂直方向进行的，从垂直面看，两腿分开的距离为 30～40 厘米，膝关节弯曲的角度约为 160 度。

b. 自由泳腿打水时，两脚稍内扣，踝关节自然放松，由大腿发力，带动小腿和脚做上下鞭状打水动作。游自由泳时，两腿轮流上下交替做打水动作。向下打水是产生推进力的主要因素，因此要用较大的力量和较快的速度进行；而向上则要求放松、自然，尽量少用力，并且速度相对要慢。

②动作难点：大腿带动小腿，两腿用力一致。

③练习方法与手段：

a. 手握池槽或撑池底，成俯卧水平姿势，做直腿打水练习。

b. 蹬边滑行，先直腿打水，再逐步过渡到膝、踝关节适度放松弯曲的鞭状打水。

(2)手臂动作

①动作重点：游自由泳时，两手臂轮流交替向后划水，是推动身体前进的主要动力。它分为入水、抱水、划推水、出水和空中移臂五个动作。

a. 入水。手臂入水时，肘关节略屈并高于手，手指自然伸直并拢，掌心朝向前斜下方，大拇指领先入水，手入水的位置应在肩的延长线上或在身体的中线和肩的延长线之间。入水的顺序为：手→前臂→大臂。手臂切入水后，手和前臂应继续向前下方伸展(图 14-16)。

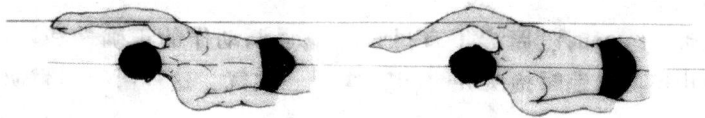

图 14-16　入水

b. 抱水。抱水是手臂寻找发力点和支撑点的抱球动作,是为划水做准备的。手臂入水后,应积极插向前下方,前臂和大臂应积极外旋,并屈腕、屈肘,手向下后方移动,而上臂几乎不动。

当手移至头前下方,手臂与水面约成 40 度时,肘关节屈至 150 度左右,肘高于手,抱水动作结束(图 14-17)。

图 14-17　抱水

c. 划推水。手臂从抱水结束到划至与水面垂直之前为"划水",过垂直面后为"推水"。

划水过程中,应保持高肘姿势,前臂和手的运动速度要快于大臂,手向内、向上、向后运动。当划水结束时,手划至肩的下方,手臂与水面垂直,肘高于手,肘关节弯曲成 90~120 度。同时,推水手臂向后移动,肘关节逐渐伸直,手向外、向上、向后运动。当手划至大腿旁边时,推水动作结束,肘关节几乎伸直。在整个划推水过程中,手的运动路线并不是始终在一条直线和同一平面上,它经历了向外、向下、向内、向外、向上的较复杂的三维曲线动作,移动路线为"S"形,速度由慢到快,有明显的加速划水动作(图 14-18、图 14-19)。

图 14-18　划推水动作(一)

图 14-19　划推水动作(二)

d. 出水。在划水结束后,由大臂带动肘关节向外上方做"提拉"动作,将肘关节、前臂和手提出水面。手臂出水动作应迅速、自然连贯,前臂和手应尽量放松(图 14-20)。

图 14-20 出水

e. 空中移臂。空中移臂是手臂出水的继续,不能停顿,移臂动作应放松自如,尽量不要破坏身体的流线型,与另一手臂的划水动作保持协调一致,注意动作节奏。在整个移臂过程中,肘部应始终保持比手部高的位置(图 14-21)。

图 14-21 空中移臂

②动作难点:入水、抱水、划推水、出水和空中移臂五个动作衔接配合。

③练习方法与手段:

a. 站立浅水中,原地两脚开立,上体前倾做直臂划水模仿练习。

b. 蹬边滑行,做两臂配合的划水动作。

(3)手臂动作与呼吸的配合

①动作重点:自由泳的呼吸动作应有节奏地进行,可根据个人的情况来确定配合方式。采用较多的是两臂各划水 1 次,做 1 次呼吸。吸气时,头随着肩关节、身体的纵向转动转向一侧,使头在低于水面的波谷中吸气。此时,同侧臂正处在出水转入移臂的阶段;移臂时,头转向正常位置。同侧臂入水时,开始慢慢呼气。

②动作难点:手臂动作与呼吸的配合要经过上体绕身体纵轴转动和头部的侧转动共同完成。

③练习方法与手段:

a. 站立浅水中,做上体前倾直臂划水模仿练习。向右侧转头吸气。

b. 蹬边滑行,做双臂配合划水动作。先闭气,然后逐步增加呼吸次数。

(4)完整配合技术

①动作重点:呼吸、手臂和腿的配合形式主要有三种:1∶2∶2 配合(一次呼吸,两次手臂动作,两次打腿的动作),1∶2∶4 配合和 1∶2∶6 配合,其中 1∶2∶6 配合最为常见。

②动作难点：根据游泳距离的长短和自身状况合理选择呼吸、手臂和腿的配合形式。

③练习方法与手段：

a. 滑行打腿，配合两臂分解划水练习。

b. 逐渐加长游距，在练习中注意呼吸。

3. 仰泳

仰泳是用仰卧的姿势游完全程，其动作结构与自由泳基本相同，只是身体是仰卧在水面上，两臂在体侧经空中向前做交替的划水动作，两腿上、下交替打水，形状似反爬泳。

(1)腿部动作

①动作重点：a. 仰泳腿打水以髋部为支点，大腿发力，带动小腿向后上方踢水。向上踢水时，屈膝上踢。

b. 屈膝约成 135 度，脚背向内扣，加大踢水对水的作用面积。向下打腿时，膝关节自然伸直下压，打腿幅度大于爬泳，约为 45 厘米，做鞭状打腿(图 14-22)。

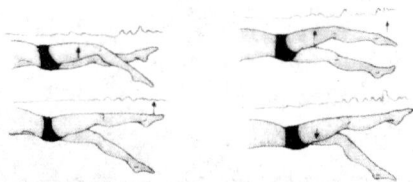

图 14-22　仰泳腿部动作

②动作难点：脚尖绷直，大腿带动小腿，出水时脚尖向上挑。

③练习方法与手段：在水中深吸气后，头和上体慢慢后仰，在同伴的帮助下，做漂浮踢水练习。

(2)手臂动作

①动作重点：a. 仰泳的手臂动作由入水、抓水、划水、出水和空中移臂 5 个连贯动作组成。入水时，手臂伸直，掌心朝外，小拇指领先入水；手稍内收，与小臂夹角为 150～160 度。入水点一般在肩的延长线与身体纵轴之间，臂入水应展胸伸肩。

b. 手臂入水后下滑抓水，积极伸肩并外旋，紧接着勾手腕、屈肘，掌心与前臂对水。抓水结束时，手距离水面约 30 厘米，肘关节弯曲成 150～160 度，此时，手臂已处于有利的划水状态(图 14-23)。

c. 划水分为拉水和推水两个部分。拉水过程中，肘关节弯曲程度逐渐加大。当划至肩部垂直平面时，手掌距离水面 15 厘米左右，小臂与大臂夹角 90～110 度。推水时要充分利用拉水的速度和对水最大的作用面积，使整个手臂同时用力向后下方做推压动作。当手划至臀部侧下方时，推水动作结束，此时手掌距离水面约 45 厘米。仰泳时，手在水下移动路线呈 S 形，速度由慢到快，有明显的加速划水动作(图 14-24)。

仰泳抱水

S曲线划水

图 14-23　仰泳手臂动作(一)　　　**图 14-24　仰泳手臂动作(二)**

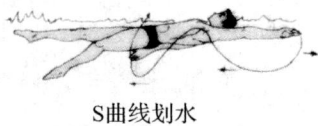

d. 出水时应先压水后提肩，使肩露出水面后，大臂、前臂、手依次出水，出水动作应自然迅速。手臂出水后，应自然、轻松、伸直地由后向前在水平面垂直地移动，移至肩正上方时，手臂外旋，掌心向外，保持该姿势至入水。

②动作难点：两手入水点一致，尽量接近头部，推水时手尽量贴近大腿。

③练习方法与手段：在水中做仰踢水动作练习，然后做配合两臂划水动作练习。

(3)完整配合动作

①动作重点：完整配合动作是由两臂、呼吸与臂的配合而组成。两臂有节奏地配合对划水力量的增大有积极作用，当一手臂入水时，另一手臂推水结束。呼吸与臂的配合一般采用两手臂各划 1 次、呼吸 1 次。而打腿、划臂、呼吸的配合为6：2：1，即打腿 6 次，手臂划水 2 次，呼吸 1 次。这种配合技术对初学者保持身体平衡，维持手臂、腿部动作的协调非常有利(图 14-25)。

②动作难点：双手成对称轴连续划水，身体保持正直。

③练习方法与手段：逐渐加长游距，在练习中加强完整配合动作。

图 14-25　仰泳完整配合动作

4. 蝶泳

蝶泳是由蛙泳演变而来的一种游泳姿势，最初腿部动作模仿蛙泳的蹬夹水，两臂对称由前往后划水出水面经空中前摆，动作近似蝴蝶飞行，故称蝶泳。后来腿部动作又模仿海豚波浪式摆动动作，所以有人称之为海豚泳。

(1)腿部动作

①动作重点：蝶泳的打腿动作对于保持良好的身体姿势，形成身体自然的波浪摆动，提供了主要的推进动力。它是由腰部发力，大腿带动小腿做上下鞭状打水动作。向下打水时，两腿自然并拢，两脚掌稍向内旋，大腿带动小腿，屈膝，踝关节伸直，用脚背对准水面向下快速打水。在小腿和脚向下打水还没有结束时，大腿开始向上提，这样可加速小腿和脚的下打及膝的伸直，形成鞭状打水。腿的下打上移是与提臀伸肩、躯干的上下起伏自然融合在一起的。

②动作难点：腰部发力，大腿带动小腿做上下鞭状打水动作。

③练习方法与手段：

a. 水中蹬边滑行后，两腿并拢，同时做上下打水练习。

b. 手扶泳板做蝶泳打水练习。

(2)手臂动作

①动作重点：

a. 入水。两臂经空中移臂后在肩前插入水中，入水时两手距离略与肩同宽，掌心向两侧，手指向下，手、小臂、大臂依次入水。

b. 抱水。手臂入水后，手掌和前臂向外旋转，同时向外、向后和向下运动，手臂有支撑住水的感觉，像是用手去抱一个大圆球。同时开始屈肘、屈腕，为下个划水动作做好准备。

c. 划水。划水时两臂屈向后，靠上臂内旋，前臂和手加速向内后拉水，拉至与肩平直时屈肘约 100 度；然后继续向后推水直至大腿旁。划水时两手臂的路线形成双 S 形。

d. 出水。随着手臂推水动作的结束，手臂充分伸直，借助惯性提肘，迅速将两臂和手掌提出水面。

e. 空中移臂。手臂出水后，两臂经身体两侧放松，轻快地沿低而平的弧线经空中前移，直至入水(图 14-26)。

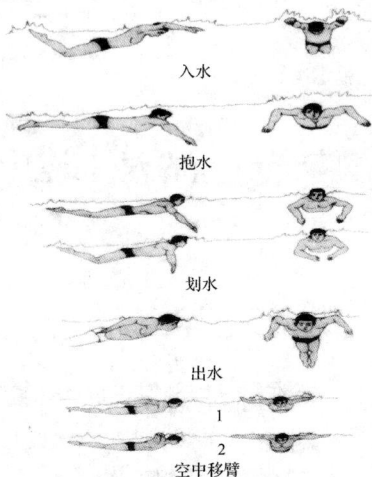

图 14-26 蝶泳手臂动作

②动作难点：双手用力一致，出水时双手直臂尽量贴近水面向前伸展。

③练习方法与手段：水中站立，上体前倾，做蝶泳两臂划水的模仿练习。

(3)完整配合动作

①动作重点：蝶泳一般采用2：1：1配合，即2次打腿、1次划水、1次呼吸动作配合。在两臂入水时双腿做第1次向下打水，屈腕抓水时完成腿的下鞭；在两臂拉水的过程中双腿上抬，并在两臂推水的过程中双腿做第2次向下打水；臂出水时完成腿的下鞭，同时在两臂推水、空中移臂时张口吸气，并在移臂过程中完成双腿上抬(图14-27)。

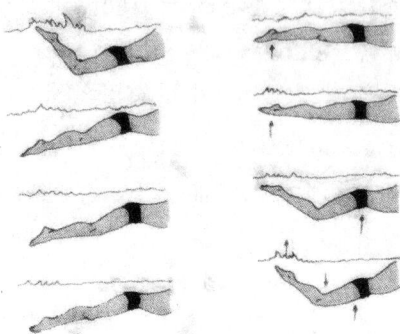

图14-27　蝶泳完整配合动作

②动作难点：一次划手、两次打水的动作配合协调。

③练习方法与手段：

a. 水中站立，上体前倾，做蝶泳两臂划水的模仿练习。配合呼吸练习。

b. 做两次打腿，一次划水，一次呼吸的完整配合练习。

第三节　游泳运动安全与救护

一、游泳注意事项

1. 加强宣传组织工作

游泳是一项安全性要求非常高的运动项目，组织者、参与者应把安全放在首位，严格遵守游泳安全规则，加强安全观念。

游泳场所的管理者，要制定切实有效的安全卫生制度，避免意外事故的发生；每个开放单元，管理人员除了检查安全设备外，还要防止有传染病的人进入泳区；救护人员要时刻保持警惕，发现溺水者，应及时进行救护。

游泳场所还应该配备医护人员，对出现较严重的溺水者要进行紧急处理。

为了确保游泳安全，游泳场所必须根据具体情况，建立严密的安全保障制度。

2. 下列情况不宜游泳

患有精神病、心脏病、皮肤病、肝炎、急性结膜炎、高血压、癫痫、中耳炎，以及其他传染病患者，不宜游泳；女性在经期不应游泳。

饭后、酒后或激烈运动之后，不宜立即下水游泳。

暴风雨期间、急流易产生漩涡的环境，不宜游泳。

3. 游泳的准备活动

游泳者必须在游泳前做好充分的准备活动，提高神经系统的兴奋性，使人体各器官系统进入运动状态。通过拉伸韧带和活动关节以提高肌肉、韧带的弹性和关节的灵活性，防止游泳中的运动伤病。

准备活动完成后，冷水淋浴全身，让身体对水有一定的适应，再下水游泳。冬泳爱好者在冬天游泳时准备活动要更充分。

二、救护与自救

为了保证游泳安全，救生人员随时都要观察游泳者的体质健康状况和游泳技术，做到全面兼顾，注意重点。同时，对重点区域(如深水区)应特别关注意外事故的发生。

游泳池应常备救生器材，如救生圈、绳索、必要的药品、担架和人工呼吸用具等；在天然水域，还应该配备救生艇等设备。

1. 水中救护常识

救生员发现溺水事故后，要镇定、勇敢、果断，利用最短时间做好物质准备，为救人赢得充足的时间。

(1)利用器材救护

水中救护时，应尽量先使用救生器材，对正在呼救和水中挣扎的人，利用竹竿、浮木、救生圈等器材，就能稳当、快速地助其脱险。即使直接进入水中救护，也尽可能把可浮的救生器材抛向救溺的水域，以备急用。

(2)直接救护

救生员入水前，应迅速脱去妨碍游泳的衣裤，跑至最接近溺水者的岸边，跃入水中，对未昏迷的溺水者，应先把溺水者的脸部托出水面，让其有呼吸的机会，并且用安慰语言使溺水者情绪稳定下来，配合救生员游回岸边；对于过分紧张挣扎的溺水者，应避免被其拖住，如被抱、抓，则应迅速果断地解脱，再采取安全措施；对于已经沉没在水中的溺水者，首先是快速寻找，寻找时尽量减少盲目性，可先在溺水者落水的地点，或潜入场地的几个重点的地方寻找，发现溺水者后，采用拖、带的方法，游回岸边，上岸后，立即排除呼吸道中的异物和水，然后进行人工呼吸等急救措施。

2. 水中救护的基本方法

(1)游近溺水者

游近溺水者速度要快，既要保持沉着，又不要失去目标，同时注意节省体力。

游近溺水者时，一般采用速度较快的自由泳或是头不入水的蛙泳，眼睛要盯住溺水者的地点，如溺水者在水中挣扎，应从他的背后接近他，然后采用各种方法抓住他。

正面接近他时，约离溺水者 4 米处，深吸气后潜入水中，然后游蛙泳至溺水者前方，两手抱住他的髋部，将他转体并拖走(图 14-28)。

图 14-28　正面接近溺水者

在水面上正面接近时，可以用左手反手抓住溺水者的左手腕，然后用力向左拉，使溺水者转体并被拖走(图 14-29)。

图 14-29　背后拖住溺水者

(2)水中拖运溺水者

对一般的溺水者，可采用双手抓住腋下拖运法。拖运时要使溺水者的脸部露出水面，救生员腹部贴近溺水者肩下，两手伸直，抓住腋下，头后仰有节奏地做反蛙泳蹬腿，将溺水者拖走(图 14-30)。对挣扎的溺水者，可以用右臂穿过他的右臂下方，同时抓住他的左臂手腕，并用右上臂顶住溺水者的背部，然后用侧泳将他拖走。这种拖法溺水者头部露出水面较高，便于呼吸(图 14-31)。

图 14-30　水中拖运溺水者(一)　　　**图 14-31　水中拖运溺水者(二)**

(3)水中解脱

在救护中如被挣扎中的溺水者拖住，解脱时动作要突然，迅速地抓到溺水者，以便拖运。如果一时解脱不了，一般可以翻身转体，将溺水者压向水下，溺水者为了能向上吸到气，就容易松手。

①溺水者从上面抓住救护人的手腕时，救护人可以两手握拳，然后顺着溺水者的虎口向外，突然从他的大拇指与食指之间解脱(图 14-32)。

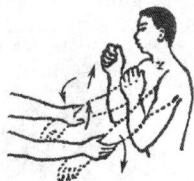

②如果溺水者两手从下面同时抓住救护人的右前臂时，可以把左手从溺水者双手中伸进去，握住自己右手的拳头，用力向下拉开得以解脱(图 14-33)。

图 14-32　水中解脱(一)　　　**图 14-33　水中解脱(二)**

③溺水者从后方抱住救护人颈部时，救护人可以用手抓住他的一只手腕，另一手托住他同一手肘部并向上推开，使溺水者转体(图 14-34)。

图 14-34　水中解脱(三)

④溺水者正面抱住救护人的腰，未抱住两手时，救护人可用一手推托其下颌，另一手紧抱他的腰部，使他转体就能解脱。也可以采用一手抱住其后脑勺，另一手托住他的下颌，向外扭转头部进行解脱(图 14-35)。

图 14-35　水中解脱四　　　　图 14-36　水中解脱五

⑤溺水者从背后抱住救护人的上体，同时抱住两手时，救护者可两手互握，身体稍向上顶，接着突然向下沉，同时手向上弓缩，使两肘向两侧用力顶开溺水者的两臂，就能解脱(图 14-36)。

(4)运送溺水者

运送时，救护人的右臂从溺水者两腿间穿过，并抓住他的右手，用右肩背起，送至目的地后，救护者先跪右腿，左手撑地坐下后，用左手抱溺水者颈部，松右手，将溺水者下肢放在地上，然后将左臂放在自己的大腿上，两手慢慢地将溺水者上身放在地面上(图 14-37)。

图 14-37　运送溺水者

3. 岸上急救

救护人员将溺水者救上岸后，要尽快进行急救处理。如溺水者已经昏迷，呼吸微弱或呼吸刚停止，应该立即进行人工呼吸。

进行人工呼吸前，首先要清除溺水者口腔和呼吸道的异物和呕吐物。如有活动的假牙，也应该取出，以免坠入气管内。如牙关紧闭，可用两手大拇指由后向前顶住溺水者的下颌关节，并用力向前推，同时两手食指与中指向下扳下颌骨，使口张开。如溺水者衣服紧裹身体要解开。在迅速处理完后，立即进行倒水，将溺水者呼吸道、肺中的水排出，如果溺水者外观上没有明显的吸水或吞入大量的水时，可不倒水直接进行人工呼吸。

(1)人工呼吸

人工呼吸的方法很多，常用的方法是口对口人工呼吸。

口对口人工呼吸方法：溺水者仰卧，救护者在他身旁，用一只手捏住溺水者的鼻子，以免吹气时由鼻孔漏气，另一只手托起溺水者的下颌，使呼吸通畅。用纱布或是手绢盖在其嘴上，然后深吸一口气，用嘴对紧溺水者的嘴将气吹入。吹完一口气后，离开嘴，同时松开捏鼻的手，并用手压一下溺水者的胸廓，帮助他呼气，如此反复有节奏地做，每分钟18次左右，一口气吹入的量，应根据把溺水者的胸廓微微升起为宜。

(2)胸外心脏按压

当溺水者心脏已经停止跳动时(假死状态)，除了做人工呼吸外，要同时做胸外心脏按压，以恢复心跳。挤压是利用在胸廓外的压力，间接挤压心脏，使心脏收缩和舒张，恢复功能。具体的操作方法是：救护者在溺水者身旁，右手掌放在胸脯正中的胸骨上，左手掌重叠在右手上。借身体的重力，稳健有力地向下垂直加压，使胸骨下陷，压缩心脏，然后抬起手腕，使胸廓扩张，心脏舒张。这样有节律地进行60～70次/分钟。注意手掌下压的力量不能过猛，以免造成肋骨骨折。

(3)溺水者清醒后的处理

溺水者通过急救，神志已渐清醒，可服用饮料或糖水等，注意身体保暖，必要时可送往医院，做进一步的检查和处理，以预防发生其他疾病。

4. 自我救护

游泳者在水中遇到意外险情而进行的自我保护措施。如遇大腿、小腿、脚趾、腹肌等部位痉挛(俗称抽筋)，要保持镇静，不要慌张，采用放松仰泳，牵拉痉挛部位肌肉的方法，使痉挛肌肉松弛和伸展，应立即上岸，擦干身体，按摩痉挛肌肉部位，使其保暖。在天然水域游泳遇到漩涡，应平卧水面，顺流向外采用自由泳全速游出，逃离涡流。

在水中常发生肌肉痉挛部位的自救方法。

(1)手指痉挛

将手握紧，然后用力张开，这样反复几次，直到痉挛消除为止。

(2)小腿或脚趾痉挛

先深吸一口气使身体浮出水面，用痉挛肢体对侧的手握住痉挛部位，

图 14-38　小腿或脚趾痉挛自我救护

并用力向身体近端方向牵拉，同时用同侧的手按住痉挛肢体的膝盖，以帮助痉挛的腿伸直(图 14-38)。

(3)大腿痉挛

同上述方法，目的是使痉挛处的肌肉牵拉。

三、常见游泳疾病及其预防

1. 皮肤过敏

初学游泳者在水温较低的时候游泳，下水后人全身皮肤立即发红，而且伴有发痒的症状，这种现象医学上称之为"皮肤过敏反应"。还有少数人皮肤过敏反应较严重，随着全身皮肤发红，立即会出现头晕眼花、气急心跳、恶心呕吐等现象。如果游泳者出现上述情况应立即上岸，擦干水，穿上衣服，注意保暖，一般经过休息很快就可恢复。游泳者遇水出现皮肤过敏反应，通过冷空气浴、凉水擦澡，可逐渐适应冷水，游泳时就不会出现上述症状。

2. 运动性腹痛

游泳者在参加游泳运动中常会发生腹痛，这种腹痛一般发生在右腹部或左上腹部。右边的疼痛可能在肝部，如果没有肝病病史，那么右腹痛通常与游泳动作过猛、游泳时间过长、运动量过大有关，这种腹痛通常在初学者或是长时间不游泳的人群中发生；左上腹痛多为胃和脾的部位，这种腹痛除与不合理的运动量有关外，患慢性胃肠炎的人也易在游泳中出现左上腹疼痛。

如果游泳时腹痛是因为不合适的运动量引起的，一般通过降低运动量或间歇休息就可以消除。

3. 游泳性结膜炎

游泳者在游泳后，眼睛出现红肿，这是因为游泳时，水进入了眼内，眼结膜受到水和水中的杂质的刺激而引起的。结膜上的毛细血管受到凉水刺激后，血液流动减慢，出现充血，这是正常的生理反应，一般在数小时后消失。少数人在游泳 2~3 天后眼睛症状仍不消失，反而加重，并且出现眼疼、怕光、睁不开和不断流泪的症状，这是细菌侵袭到眼膜造成的，为游泳性结膜炎，应进行检查和治疗。

预防游泳性结膜炎，应选择清洁卫生的游泳场所，不要到死水塘或混有污水的地方游泳。人工池则要定期换水，对水要进行化验和消毒。每次游泳后，最好用清水充分冲洗眼部，必要时向眼里点眼药水。

4. 中耳炎

游泳后，耳内通常有不舒服的感觉，甚至出现听力障碍，这是因为两耳中留有积水。初学游泳的人，不知道如何将耳中水倒出，直接用手指或其他东西掏挖，往往容易刺破耳孔内的鼓膜，而引发中耳炎。

将耳内的水倒出的方法有以下两种。

(1)跳空法

右耳孔内有水时，头部偏向右侧，左腿提起，用右腿支撑身体，原地连续纵跳几次，水就会流出来。左耳进水，正好用相反的方向即可(图 14-39)。

(2)吸引法

头偏向有水的一侧，用手掌紧压有水的耳廓上，屏住呼吸，然后迅速提起手掌，水滴就会被吸出来(图 14-40)。

图 14-39 跳空法　　　　图 14-40　吸引法

如果这两种方法效果不太好，也可以用消毒的棉花棒或柔软的吸水纸轻轻地伸进耳道，把水吸出。

5. 游泳后的清洁卫生

游泳结束出水后，如果有淋浴设备，应该将身体冲洗。在冲洗时，注意眼、耳、口、鼻等器官的清洗。冲洗后将身上的水擦干。天冷时，迅速地穿上衣服，做些轻微的放松练习，来缓解肌肉的疲劳，达到恢复的目的。

初学游泳的人刚开始时，身体的一些部位的肌肉，可能有酸痛的感觉，这主要是游泳时动作不协调导致这些部位的肌肉局部负担过重而引起的。如果疼痛不太厉害，下一次运动量可以减小一些；疼痛较厉害的，可以对疼痛部位做一些按摩，以缓解疼痛的感觉。

6. 把握循序渐进的练习原则

游泳运动也和其他运动项目一样，在学习的过程中，必须遵守循序渐进的原则。游泳练习的内容、方法和运动负荷的安排应遵循科学的顺序，由易到难，由简到繁，由未知到已知，逐步深化，不断提高。人体的各器官均有生理惰性，对外界环境有一个逐步的适应过程，学习效率逐步提高，违背这一原则，会影响学习效果，甚至会损害人体的健康。

第四节　游泳运动场地和竞赛规则简介

在奥运会上，除了男子是 1500 米自由泳，女子是 800 米自由泳以外，其他项目男女一样。目前，奥运会正式比赛项目有四种泳姿：自由泳、仰泳、蛙泳和蝶泳。其中仰泳、蛙泳和蝶泳的比赛距离为 100~200 米，自由泳则分 50 米、100 米、200 米和 400 米，以及女子 800 米和男子 1500 米。个人混合泳也是奥运会的比赛项目，它的长度有 200 米和 400 米两种，运动员必须在比赛过程中分别使用四种不同的泳姿游相同的距离，顺序依次是蝶泳、仰泳、蛙泳和自由泳。而在混合泳接力项目中，四名运动员也必须分别使用不同的泳姿，顺序则是仰泳、蛙泳、蝶泳和自由泳。奥运会游泳比赛使用的是 50 米长的标准池，所有距离在 50 米以上的比赛都必须在途中折返。

一、转身

在转身的时候，自由泳和仰泳允许运动员使用身体的任何部分来触及池壁，这就允许运动员可以在水下转身后，用脚去蹬池壁。转身的一个例外的规则就是在个人混合泳当中，当运动员从仰泳转换泳姿到蛙泳的时候，必须保持仰泳的姿势直到触及池壁。

二、开始和结束

奥运会上，任何一个运动员在出发时如果有错误都会被取消比赛资格。在奥运会比赛中，所有的游泳运动员的比赛时间和地点都是由一个电子系统自动决定的。运动员出发的时候，出发台上的压力板将记录数据。每条泳道两边的墙上都有触摸板，当运动员触壁的时候也会被记录。由于触摸板和出发台是互连的，因此赛会的官员可以判断参加接力比赛的运动员是否是在他的队友触壁以后才入水的。接力比赛当中，如果任何一个运动员在他的队友触壁前 0.03 秒之前离开出发台的话，这个队将被自动取消比赛资格，除非犯规队员回到起点重新开始(运动员可以在队友触壁的时候做跳水动作，但是脚必须接触出发台)。自由泳和仰泳中，到达终点的时候运动员可以只用一只手触壁，而在蛙泳和蝶泳中，必须使用双手触壁。

三、预赛分组和排位

每一项比赛中，最快的 24 名运动员，根据他们的报名成绩，分成三组参加预赛，每组 8 名选手。在游泳比赛中，最快的运动员被安排在最后一场预赛的第 4 道，第二的被排在第二场预赛，第三名排在第一场预赛，第四名被排在最后一场预赛，如此类推。如果在一项比赛中有超过 24 名运动员通过了报名资格，剩下的运动员将被安排参加开始的附加比赛。

在 400 米或者更长的接力和个人项目中，最快的 8 名选手将直接进入决赛。而对于 200 米以及更短的所有项目，预赛中成绩最好的 16 名选手将参加两场半决赛。排位将决定半决赛的形式。预赛中成绩最好的选手在半决赛中排在第 4 泳道，第二名排在第 5 泳道，他们被安排在泳池的最中间两道，第三名在第 3 道，第四名在第 6 道，以此类推。

四、泳姿

1. 自由泳

自由泳其实并不是规定一种泳姿，而是自由选择，大多数选手都选择了这种传统的爬泳。在混合泳里面，自由泳实际上有着严格的规定：在自由泳阶段，运动员必须使用爬泳。涉及自由泳的主要规则是在整个比赛过程中，身体的一部分必须一直保持在水面以上——运动员不能在水下游，也就是说，除了比赛开始和转身阶段他们可以在水下游 15 米，必须一直遵守这条规则。

2. 仰泳

仰泳运动员在开始的位置必须保持他们的脚和脚趾在水面以下。从仰泳这个名字我们可以知道，运动员在游泳过程中，要保持背部朝下，脸部朝上，而在整个过程中，运动员也可以做一定数量的旋转动作。在开始阶段和转身时，运动员还可以在水下游最多 15 米。

3. 蛙泳

蛙泳运动员必须脸朝下，使用水平的划水动作，脚和手在一个水平面内一起运动。在开始和转身阶段，运动员在水下游动时，手和脚分别只能做一次划水和踢腿动作。除此之外，每一次完整的划水动作之后，运动员的头部都必须露出水面。在比赛结束以及转身时，运动员必须双手触及池壁。

4. 蝶泳

蝶泳是从蛙泳的规则中发展出来的，蝶泳除了划水和踢腿动作都是在垂直平面上进行的，其他和蛙泳很相像。和蛙泳运动员相比，蝶泳运动员除了开始阶段和每次转身以后可以在水下潜行 15 米以外，必须脸部朝上在水面游。选手们在转身和结束的时候也必须使用双手触壁。在蝶泳中，两臂膀必须一起向前摆动，脚必须一起踢出去(大多数蝶泳运动员都采用海豚踢)。

五、泳池

正式游泳比赛使用的泳池长 50 米，深 3 米。整个泳池分 10 道，最外面的两道在比赛中不使用。泳道之间使用泳道线来标记，从结束端看，从右向左依次标记一到八号。在奥运会期间，泳池的水温必须保持在 25～27 摄氏度。

思考与练习

1. 游泳运动的健身价值有哪些？

2. 自由泳的练习方法有哪些？

3. 仰泳的练习方法有哪些？

4. 水中救护的一些基本方法有哪些？

5. 游泳后的清洁卫生要注意哪些？

知识拓展

游泳是一项竞技、休闲娱乐和具有安全隐患的运动。大家在游泳时，切记以下几点。

1. 不要选择不熟悉的、没有救生设施的水域游泳，以免发生危险。

2. 游泳者必须在游泳前做好充分的准备活动，提高神经系统的兴奋性，使人体各器官系统进入运动状态。通过拉伸韧带和活动关节以提高肌肉、韧带的弹性和关节的灵活性，防止游泳中的运动伤病。准备活动完成后，冷水淋浴全身，让身体对水有一定的适应，再下水游泳。冬泳爱好者在冬天游泳时准备活动要更充分。

3. 在游泳时如遇突发事件，不要慌张，要冷静处理。

4. 在游泳时不要相互打闹、嬉戏，以免出现危险。

第十五章
少数民族体育运动项目

学习目标

了解板鞋、独竹漂、摆手舞、龙舟和高脚等几种少数民族体育运动项目的起源及特点；熟悉板鞋、独竹漂、摆手舞、龙舟和高脚等运动的基本规则；能够运用所学的知识和技术参与或欣赏少数民族体育运动项目。

第一节　板鞋运动

一、板鞋运动的起源

板鞋运动是起源于广西民间的一项传统体育运动项目。相传明朝嘉靖年间，倭寇侵扰我国沿海，广西田州土官瓦氏夫人率"狼兵"赴江浙抗倭，瓦氏夫人为了训练被称为"狼兵"的壮族士兵的战斗意志和集体观念，她让几个士兵同穿一双长木板鞋"齐步"跑。经过长期训练，士兵素质大大提高，纪律严明，战斗力强，所向披靡，挫败倭寇，为国立了大功。后来，广西河池地区南丹县那地土州壮族民间效仿瓦氏夫人的"同步"练兵法，在田头地角、房前屋后开展以三人板鞋为主的竞速活动以自娱，相袭成俗，流传至今。

二、板鞋运动的基本技术

板鞋运动的主要基本技术包括：预备姿势、行走技术、跑动技术。

1. 预备姿势

两脚前后开立，与肩同宽，两眼平视前方，双手扶在同伴的肩上或腰部，做好踏步准备(图 15-1)。

正面　　　　　　侧面

图 15-1　预备姿势

2. 行走技术

(1)原地踏步—向前走—快速跑

当同伴都做好准备以后，为达到步调整齐一致，由一人或一起喊口令"一、二、一"或"左、右、左"并原地踏步，声音和步调要一致，熟练后，两手不攀扶其他人，自然摆臂向前走，再慢慢过渡到自然跑、快速跑(图 15-2 至图 15-5)。

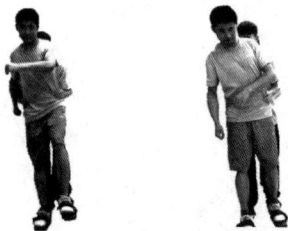

图 15-2　抬左脚正面　　　　　　**图 15-3　抬右脚正面**

图 15-4　抬左脚侧面

图 15-5　抬右脚侧面

（2）弯道走

以左转为例。必须改变身体姿势及摆臂和后蹬的方向。跑进时身体应向左倾斜，右肩高于左肩；右臂摆动幅度大且稍向外，左臂摆动幅度小且靠近体侧；右脚前抬时内扣，后蹬时用前脚掌的内侧扣紧板鞋；左脚稍向外，脚外侧用力；右脚步幅稍大于左脚；转弯后身体逐渐过渡到正常姿势，快速向前跑(图 15-6)。

图 15-6　左转弯

3. 跑动技术

完整的跑动依顺序可分为起跑、起跑后的加速跑、途中跑、终点跑 4 个部分。

（1）起跑

板鞋竞技的起跑分"各就位""鸣枪"两个环节。当发令员发出"各就位"口令时，运动员将板鞋置于跑道起跑线后，运动员共同套好板鞋，两脚前后开立，与肩同宽，身体稍前倾，重心稍降低并稍前移，注意力集中，两眼平视前方。当听到发令枪的鸣放声后，后面的脚迅速向前上方提膝前迈，向前跑出。

（2）起跑后的加速跑

起跑后的加速跑是指向前迈出的板鞋着地，到进入途中跑之前的这一段距离。其任务是在较短时间内尽快发挥较快速度，迅速转入途中跑。起跑后向前迈出的第一步不宜过大，重心迅速前移，两臂积极摆动，保持身体协调、平衡，步幅逐渐加大，步频逐渐加快。

（3）途中跑

途中跑是板鞋竞技全程跑中距离最长、速度最快的一段，其任务是发挥并保持高速度跑。途中跑是一个不断重复的周期性动作，途中跑技术包括两腿动作、摆臂动作、头和身体姿势。因为板鞋竞速是三人同穿一对板鞋共同完成动作，所以三人的动作要协调一致，如果有一人动作不一致，就会立刻失去平衡，脱鞋或摔倒，所以，要注意腿部动作和摆臂动作的协调配合。摆动腿尽量高抬，支撑腿要用力后蹬，两臂积极摆动，配合腿部动作，尽量缩短腾空时间，减小身体的上下起伏，保持身体稳定，上体适当前倾，眼睛向前平视。板鞋竞技运动的强度较大，后程的耐力是保持高速度跑完全程的不可忽视的重要因素；保持稳定的步频和步幅，避免后程因体力不足，而失去对鞋的控制，这一点也非常重要。弯道跑时，身体应向内倾斜，以获得合适的向心力保持人体的稳定和跑动的速度。

(4)终点跑

终点跑的任务是尽力保持途中跑的高速度，跑过终点，争取有利名次。由于体力关系，要注意撞线时控制好身体位置以防跌倒。应基本保持途中跑姿势，到达终点后应在降低速度的情况下停下来，以保证安全。

三、练习方法与手段

练习中注意循序渐进，由易到难，先教原地踏步走，然后教行进间走、慢跑、快速跑、弯道跑、起跑和起跑后的加速跑，最后是全程跑。

①三人穿板鞋原地踏步练习，体会动作的协调性。

②三人穿板鞋配合踏步向前走练习，体会步伐的一致性。

③三人穿板鞋慢跑并逐步过渡到快速跑，体会途中跑的动作。

④三人穿板鞋进行弯道跑，体会如何克服离心力，获得合适的向心力保持人体的稳定和跑动的速度。

⑤三人穿板鞋练习起跑和起跑后的加速跑，体会快而稳的起跑动作和如何较快地获得较快速度。

四、板鞋竞赛规则

1. 场地器材

田径场，板鞋(2块木板和6小块橡胶)。板鞋竞速在标准的田径场地上进行，场地线宽为5厘米，跑道分道宽2.44~2.50米。比赛板鞋以长度为100厘米、宽度为9厘米、厚度为3厘米的木料制成(以三人板鞋为例)。每只板鞋配有3块宽度为5厘米护足面皮，分别固定在板鞋规定的距离上，护皮以套紧脚面为宜。第一块护皮前沿距板鞋前端7厘米，第二块护皮在第一块护皮与第三块护皮的中间，第三块护皮后沿距板鞋末端15厘米。

2. 竞赛规则

竞赛分单项比赛和接力比赛两大类。

(1)单项比赛竞赛规则

①各就位。运动员将板鞋置于跑道起跑线前，运动员共同套好板鞋，任何一只板鞋不得触及或超过起跑线。

② 鸣枪。枪响后运动员方可起动跑。

③ 途中跑。运动员在比赛过程中，如果出现某一队员脚脱离板鞋，脚触地

或摔倒，须在触地(落地)处重新套好板鞋继续比赛。

④终点。以第一名运动员身体躯干任何部位抵达终点线后沿垂直面瞬间为止，运动员的身体和板鞋须全部超过终点线后才能分离。

(2)接力赛竞赛规则

①接力区。每个接力区长度为 10 米，在中心线前后各 5 米，交接的开始与结束均从接力区分界线的后沿算起。

②要求。接力赛采用多副板鞋组成多棒进行比赛。第一棒队员和第二棒队员的交接必须在接力区内完成。完成交接的队员应停留在各自的分道或接力区内，直到跑道畅通后方可离开。

第二节　独竹漂运动

一、独竹漂运动的起源

独竹漂运动的起源可以追溯到明朝洪武年间的"水运皇木"。"水运皇木"是指"皇木"运送的一种途径，即通过水路运送"皇木"。"皇木"是指皇宫、皇陵、王府等的建筑用木，主要包括楠木、杉木等名贵木材，有时也称为"官木"或"贡木"。"皇木"的获得主要通过朝廷派遣大臣到各地"采办"的方式来实现。明清时期"皇木"的采办范围开始扩展至贵州地域。此后，"皇木"采办一直在贵州延续了 500 多年。由于"皇木"非常珍贵，且属朝廷专用，于是采木官遂每棵"皇木"委派一人或多人向外运送。运木人抱着"皇木"沿山区小溪顺水源河道向下漂流，至长江再编筏继续向京师运送；然后经淮河转运河，再顺运河或者出海运到塘沽，最后送达北京。在从小溪至长江的运送途中，沿途水道狭窄，水流湍急不说，而且河道两边怪石林立，岩壁突出，河溪中深涧急滩，并时有浅滩暗礁挡路。因水中抱运"皇木"无法掌控方向，途中时常发生碰壁触礁之事故。后来，有的运木人忍受不住抱运"皇木"的危险，于是铤而走险坐在大"皇木"上顺水向下游漂行，更有甚者干脆站在"皇木"上顺水漂行，遇到险情时，便跳水自救，保证自身安全，这样过了很久，辛劳智慧的运木人在"站运皇木"时，手里增加了一根细木杆，用以划水使用。这样不但有助于增加运木人的身体平衡，而且解决了方向掌控的问题，减少了危险事故的发生。此后，"立于独木之上漂行"的技艺被更多的人掌握，并被黔北地区的各族人民世代传承下来。经过多年发展，这个原本由运木人在"水运皇木"过程中创造的劳动技艺，逐渐演变成人们的一种水上娱乐活动，并在岁时节日中开展。后来，人们为这项运动技艺取了一个好听的名字——"独竹漂"。

二、独竹漂基本技术

独竹漂竞速运动员的基本技术可划分为：握杆、站杆、插杆、拉杆、划杆和手杆复位六个技术环节。

① 手握杆，将手杆对称地放在头顶上，大臂与两肩平行，肘关节屈成90～110度，握杆的点找准之后，最好做好标记，以免在训练中滑动(图15-7)。

图 15-7　握杆

②脚杆站姿，丁字步(根据自己需求前脚和后脚都可以向内一些)站于杆的中心线上，以保持良好的平衡。背部要直起，躯干垂直或前倾10～20度，身体中心应落在杆的重心上或在杆的重心稍后，可以观察杆体的水线是否成水平加以调整。运动员自然站在杆的中心线上，躯干挺拔或者前倾10～20度(不能后仰)，头部正直，两眼平视前方，颈部放松，运动员的这一站姿，有利于躯干和两臂用力(图15-8)。

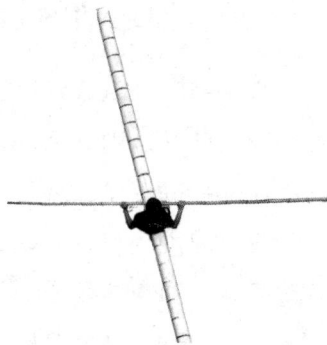

图 15-8　站杆

③手杆插入水时，上体应围绕纵轴最大限度地转动，肩轴和躯干轴一起转动50～70度，前膝向前的弯曲使拉杆顺力前进，前脚撑住杆，手杆入水与水平面成40～50度夹角，入水手臂应伸直，用躯干整体直臂拉杆(图15-9)。

图 15-9　插杆

④手拉杆紧随抓水之后，抓水和拉杆之间没有间断和停顿，力的传递是从抓水开始一直到拉杆结束。拉杆时躯干加速用力。脚撑住杆，要有用力推带杆向前的感觉。在拉杆的过程中，根据力学的原理，手杆应尽量贴近脚杆产生最大推力。运动员根据自己的水感，不断寻找静水，使杆相对固定在入水点。拉杆时，前脚会随着拉杆产生一定的压力，拉杆臂微曲肘，努力控制拉杆的有效垂直距离。拉杆大致到腰部，拉杆臂开始曲肘准备出水(图 15-10)。

图 15-10　拉杆

⑤手划杆出水，杆划水至腰部结束出水，这时手杆与水平面成 130～145 度夹角，屈臂提肘，出水动作应快速、柔和、干净利落，杆尽量少带起水花。杆出水是一个拉杆动作过程中速度最快的阶段，杆速越快，出水越快(图 15-11)。

图 15-11　划杆

⑥手杆复位。杆出水后和杆入水前，大部分肌肉处于放松状态。整个拉杆动作是一次连贯、协调的周期性运动，即使是恢复阶段，也应轻快流畅，没有任何停顿，并且不许杆的速度在两次拉杆之间有明显的减速现象(图 15-12)。

图 15-12 手杆复位

独竹漂竞速运动员的基本技术训练按训练环境可分为陆上训练和水上训练，按练习手段和方法又可分为分解动作训练和完整动作训练。在握杆时，可先找准杆的重心，再使两手握在正确的位置；在脚站杆时，可先降低难度，在陆地上站杆，等具有一定平衡力后再进行水上站杆练习；在进行插杆、拉杆和划杆等技术训练时，可先用轻杆练习，后用重杆或标准杆练习；先陆地上练习，后水上练习；先分解练习，后完整练习的原则进行训练，最后过渡到实战训练。还可采用一些辅助练习手段和辅助器械进行训练，临近比赛时，为增加训练强度，可经常进行一些队内测试或与其他队进行对抗赛，以实现以赛代练、以赛促练的目的。

三、易犯错误与纠正方法

独竹漂竞速运动员在训练中易出现的错误动作主要有：拉杆屈臂过早，划距短；手杆入水过浅或过深，特别是过浅，浪费势能；拉杆出水太晚或太早；手杆入水时溅水，入水动作太慢、无力；拉杆划水距离太短；推手过高或过低；上体过分前倾或后仰；手杆入水角度不好，减少动力；拉推杆用力分开；推杆臂与拉杆臂换位太快；双手握杆不对称或移动，握杆太紧；膝关节前屈时未产生推杆动力；动作不连贯、不协调、整体用力不一致。

针对以上易犯错误，教练员应加强对运动员的心理训练，以提高运动员训练的积极性，消除运动员在运动中的恐惧心理。通过反复观看技术录像，教练员对运动员要进行有针对性的训练，加强运动员身体训练水平动作的协调能力。

四、独竹漂竞赛规则

1. 场地器材

干净水域、航道、竹漂、划竿、航道牌。

航道线应设置浮标，浮标的颜色为黄色和红色。浮标为圆形，直径 0.35

米。黄色浮标自起点至距终点 30 米间安置，间距 10 米；距终点 20 米范围安置红色浮标，间距 4 米。起点线和终点线两端的延长线上(6 米以外)必须设置标志杆，直径 2 厘米，高 3 米。

竹漂采用单棵天然竹材，长度 8 米±0.05 米，直径 16 厘米±2 厘米，前后端裁切为齐头并扳直处理，不做其他加工。

划竿为圆形的天然竹材(竹种不限)，由 2 节长度 2.25 米的竿体连接而成，长度 4.5 米±0.005 米，最大直径 4 厘米，总重量 3.5 千克±0.5 千克。

2. 竞赛规则

独竹漂竞赛设 60 米、100 米、200 米直道竞速(在尽可能短的时间内通过规定距离的直线航道)；4×60 米、4×100 米迎面接力。

竞赛分为男子组、女子组、混合组。

民间竞赛可根据举办条件举行横渡赛、顺流赛、环绕赛和表演赛等。比赛距离和办法由主办单位自行确定。水域、航道及场地设施如下。

①比赛应设在静水水域，航道宽不小于 8 米，各航道宽度相同。起点线与终点线平行，并与航道线垂直。

②根据参赛队数和水域条件，设 3～6 条航道。航道编号按终点裁判台的位置，以近侧为 1 道，远侧为末道。

③航道水域最浅处水深应在 3 米以上，航道内不得有漂浮物和水下障碍物。航道两侧应设不少于 6 米宽的水域作为交通附航道。在起点线、终点线外留不少于 30 米的准备区域和缓冲区域。

④航道线应设置浮标，浮标的颜色为黄色和红色。浮标为圆形，直径 0.35 米。黄色浮标自起点至距终点 30 米间安置，间距 10 米；距终点 20 米范围安置红色浮标，间距 4 米。起点线和终点线两端的延长线上(6 米以外)必须设置标志杆，直径 2 厘米，高 3 米。

⑤起点、终点处应标明每一航道的编号，编号牌安置在起、终点线向外延伸的浮标上，条件许可时悬挂于离水面不少于 3 米高的空中。

⑥检录登漂处设置在起点延长线附近的岸边，登漂处应方便运动员上漂。

⑦起点发令台设置在检录登漂处对侧的起点延长线上，离最近的航道线 6～10 米的岸边或水面。

⑧终点裁判台设置在起点发令台对侧的终点延长线上，离最近的航道线 6～10 米的岸边或水面。终点裁判台设阶梯工作台。

第三节　摆手舞运动

一、摆手舞的起源

摆手舞的起源有很多种说法，有人认为土家族尊重祖先、热爱"领袖"人物，为了纪念他们的业绩，大兴摆手舞以表纪念；也有人认为摆手舞起源于战争，是土家族首领打仗时，为了激励将士，而创造了摆手舞，他们认为摆手舞中有很多军事性的动作，这些很可能是战争和狩猎的遗留；还有人认为，人类社会的一切物质和精神财富都是劳动创造的，从摆手舞的内容看，大多是对四季生产过程的模仿，从舞蹈动作的特点上看，舞蹈中舞者多为双手摆动，双脚上下颤动，顺手顺脚，这些舞蹈的特点是山区人民背着背篓行走山路的典型特点，是劳动创造的结果。大多数土家族聚居区的摆手舞是在正月举行的，摆手舞一般从每年的正月初三跳到正月十七，在这段日子里，土家族聚居区每天夜间都敲锣打鼓，男女穿着盛装聚集在摆手堂前，欢乐地跳舞、唱歌，并且一连十多天不间断，热闹非凡，是土家族盛大的节日。由于地区不同，摆手舞的表演时间也就不一样。

二、摆手舞的基本技术

1. 摆手舞中所包含的形式

摆手舞有"大摆手"和"小摆手"之分，各地形式、内容大致相同。

动作动律：双膝微屈，顺手顺脚，颤动下沉分为"单摆""双摆""回旋摆""雀跃""套摆"等。"摆"是土家族摆手舞的基础，体现出土家族舞蹈与其他民族舞蹈不同的韵味和韵律。所谓的"摆"就是包括人体的肩、胸、臂、手、头等各个部位协调运动。摆手舞"摆"动时身体整体转动变化方向，双臂和双手协调配合在身体两侧自然甩开，手的动作较多但动作较小，最高不超过肩膀。膝部微屈颤动是摆手舞中又一显著的特色，微屈颤动贯穿摆手舞终始，特别是在每一动作最后一拍膝部弯曲更深(图 15-13)。

图 15-13 基本动作

　　围成圆圈集体而舞，一圈换一个动作多与农作、军事有关，也有一些武术动作，如耙田、插秧、扯草、望太阳等表现出春季生产的劳动过程(图 15-14)。

图 15-14 变换方向

2. 摆手舞的基本摆法

　　"单摆"双膝微屈，身体顺边先上右脚出右手，再上左脚出左手，反复一次共上四步，右脚屈点在左脚旁，双膝颤动，双手在胸前交叉，在身体两侧甩开，右一次后转身左一次重复右边动作，称为"单摆"。例如，模仿劳作的"挖地""插秧""打谷"都属于"单摆"动作(图 15-15 和图 15-16)。

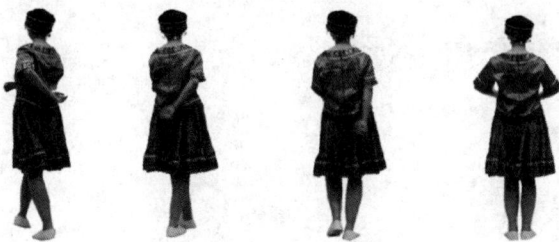

图 15-15 单摆

图 15-16 插秧

"双摆"动作在"单摆"的基础上双手与身体的配合，最后屈膝摆动重复一次称为"双摆"。例如，"蛇缠腰"双手在腰前模仿蛇状的动作便属于"双摆"。

边唱边舞，锣鼓伴奏。"摆手舞"的锣鼓点："点"代表锣声，"咚"代表鼓声。有舞必有歌，土家山歌也为摆手舞增光添彩，使土家摆手舞散发着浓浓的原始山林的味道。古人云：言之不足，故嗟叹之，嗟叹之不足，故咏歌之，咏歌之不足，不知手之舞之，足之蹈之也。

"小摆手"在凡有土家族定居的地方都有，规模较小，只要以村寨旁的小坪，立一个小庙(供的土王)，就成"摆手堂"。"小摆手"规模小，人数以村寨为单位，动作较小，也是以模拟农事为主。

三、摆手舞竞赛规则

1. 场地器材

篮球场或 14 米×14 米的场地，边线为 5 厘米的标记带，标记带为场地的一部分，越过标记带以外的地面，视为出界。

2. 竞赛规则

运动员须统一着装完成规定动作，突出"屈膝""颤动""顺拐""下沉"的动作特点，准确把握民族风格，技术正确，动作优美娴熟，力度、幅度达到规范要求。比赛不可重做，非参赛队责任而中断比赛时，在裁判长同意的情况下可以重做。

第四节　龙舟运动

一、龙舟运动的起源

龙舟，俗称龙舟竞渡，又叫赛龙舟、划龙船，是我国民族传统体育活动，有着相当的群众基础，深受我国各族人民喜爱。龙是中华民族的象征，仿龙造型，以龙取名的龙舟，是我国各族人民在长期的生产活动和社会活动中一个具有独特民族风格的创造。龙舟聚会和竞渡具有浓厚的娱乐性和激烈的竞争性，是我国各族人民非常喜爱的一种文化、体育活动，在南方水乡地区，有着广泛深厚的群众基础。

划龙舟起源很早，古文献中有不少关于人们以"龙"为图腾的记载。同时我国古越一带，因林木繁茂，水网交错，古越人民很早就使用舟船了。史前图腾社会的古越人，他们划着"龙舟"（或"益鸟首舟"），在平时进行渔猎生活，在节日里走乡串寨，探亲访友，并且还把一年一度的端午节作为"龙"的节日，举行盛大的图腾祭。他们将各种食物装在竹筒或裹在树叶里献给图腾神。随后，"在急鼓声中，划着那刻画成龙形的独木舟，在水上做竞渡游戏，给图腾神，也给自己取乐"。这便是最古端午节的意义。而在祭祀中，人们为祈求图腾神的欢心和赐福，便发生了争做第一到达祭神的竞争，这也就是龙舟竞渡竞速比赛的起源。可见，竞渡是一种与祭神结合的娱乐性的民间水上活动。

二、龙舟运动的基本技术

1. 位置名称

从龙舟队员不同的职能来划分，可分为划手、鼓手、锣手、舵手。

划手的身体姿势大概可以分为坐姿、站姿、单脚跪姿。从力学角度讲，坐姿较为合理，站姿、单脚跪姿多在民间的比赛中出现。合理的身体姿势可以减少划水的阻力，有利于两臂的活动，使得动作配合更协调、更有力。

鼓手的姿势可分为站立打鼓、坐打鼓、单脚跪姿打鼓。鼓点、鼓法各有不同，与当地传统有很大关系。

锣手的姿势可分为站立打锣、坐着打锣。民间比赛中锣手常男扮女装。但正式比赛锣手要和学生统一着装，不许做多余的动作。

舵手的姿势有站立把固定舵、站立把活动舵、坐着把活动舵。民间比赛的舵长短不一，舵手还可以参加划水，但正式比赛的舵有统一规格，舵手不能参加划水。

2. 动作方法

划手动作方法由握桨、坐姿、入水、拉水、桨出水和移桨等技术组成。

（1）握桨（以右排为例）

右排的划手左手放在桨柄上，四指从上向下并拢，掌心朝前紧贴桨柄，大拇指从下向上抱住桨柄扣在食指第一指节处。右手在桨杆的下端（桨叶与桨杆的交界处），四指从外向内并拢，大拇指从内向外包住桨杆（图 15-17）。握桨时即不能在桨杆上滑动又要放松，以免小臂发僵。左排坐姿的握桨要领与右排一样，只要左、右手换位就行了。

图 15-17　握桨

（2）坐姿

右排划手的身体保持坐姿，右大腿外侧紧靠船边，右腿弯曲，脚掌抵住自己座位下的隔板，左腿半屈，脚掌前撑前排隔板（左、右腿也可互换）。左排划手的坐姿与右排相反(图 15-18)。

动作方法:合理利用两腿前蹬后撑的力量,稳定身体重心。利用身体前俯,躯干扭转,充分做伸肩动作。拉水时脚要前蹬,移桨时脚要后撑。

(3)入水

双手握桨举起,上臂手过头顶,然后转动下手臂一侧的肩部,身体前倾,当桨叶接触水面时两臂伸直插桨,上手臂向下压桨,下手臂用力拉桨。桨入水的角度为 80~90 度(图 15-19)。

动作方法:桨入水的角度一定在 80~90 度,桨入水时,上臂下压,下臂后拉。

(4)拉水

桨入水后划手要马上拉水,拉水时下臂后拉,上臂向下压桨,右腿(或左腿)前蹬隔板,躯干有后移动作,拉水距离为 1~1.2 米,拉水时桨要垂直水面(图 15-20)。

动作方法:拉水距离要尽量长,拉水时间尽可能短,速度要快。

(5)桨出水

桨拉水结束后的出水动作。出水时,上臂放松,上抬提桨。下臂手腕内扣,上抬提桨,使桨叶御水(图 15-21)。

动作方法:上、下臂放松上抬提桨,桨不能提得太高,刚过水面就可以了。

图 15-18　坐姿

图 15-19　入水

图 15-20　拉水

图 15-21　桨出水

(6)移桨

上下臂上抬前推。前推过程中桨叶不能碰着水面,以免产生阻力。也不能提得太高,影响向前伸展手臂、入水时间以及划行的速度(图 15-22)。

动作方法:移桨过程中左、右臂一定要放松,为拉水过程做准备。

图 15-22　移桨

三、龙舟动作技术的教学与训练

1. 龙舟动作教学方法

龙舟教学与其他体育项目一样，既有体育的性质也有教育的性质，因此龙舟教学过程必须以教育学和体育理论做指导，深入研究龙舟教学的特点、过程、原则、方法，掌握教学规律，不断提高龙舟课程的教学质量。

(1)龙舟教学的特点

龙舟与其他体育项目比较，在教学环境和运动生理方面有如下几个不同因素。

①教学环境。龙舟教学大部分时间在船上进行。由于船在水面上下、左右摇晃使得初学者坐立不稳，易产生怕水心理。并且船摇晃不定使初学者不易掌握平衡，增加了初学者的学习难度。

②运动的动力来源。龙舟的前进力是人体利用桨作用于水而获得的，它是通过第三者的传递后才能获得动力的一种运动，因此增加了学生对理解技术理论的难度。

上述几种因素形成了龙舟教学的特点：确保安全是龙舟教学首先考虑的问题，因此在选择场地、组织教学、教学方法的选择及安排方面，都要从保证安全、防止事故发生等方面来考虑。对于初学者，首先不是教动作，而是先熟悉船在水中的环境，使学生逐渐适应环境，克服怕水心理，然后再进行动作教学。

(2)龙舟动作技术的教学方法

龙舟教学的目的主要是使学生掌握龙舟的知识、技术和技能，龙舟教学中必须以练习方法为主，辅以语言和直观的方法。

龙舟的教学一般采用分解教学法，即把一个完整龙舟划手动作周期合理地分成入水、拉水、御水、移桨四个部分，然后逐步地进行教学，最后达到全部掌握。

2. 龙舟动作技术练习方法

(1)划手动作技术练习方法

龙舟划手教学，分入水、拉水、御水、移桨连贯完整动作教学。模仿分徒手练习、持桨划水练习。经过多次的模仿持桨练习后，再经完整连贯配合练习，达到掌握划水动作节奏的目的。由鼓手打鼓指挥，节奏由慢逐渐加快，然后练习慢节奏划水(60桨/分)、中等节奏划水(90～100桨/分)和快节奏划水(120桨以上/分)三种节奏划水，最后练习起动划水技术，由于船是在静止中起动，故起动划水技术和途中划水技术不一样。起动划水一般采用浅插后拉技术，桨叶2/3吃水，拉水时，两腿前蹬后撑，拉水距离长的特点。起动桨一般用3桨，10～15桨快桨即可进入途中桨。

(2)鼓手动作技术练习方法

鼓手通常站在船头，是全队的指挥中心，鼓手指挥的好坏直接影响比赛成绩。鼓手要求个子较小、体轻、灵活、节奏感强，因此在选人方面要求较高。鼓手练习顺序是：单手打鼓、双手打鼓。鼓点练习顺序是：40桨/分、60桨/分、80桨/分、100桨/分、120桨/分，力求练习到鼓点误差不超过2桨/分。

动作要点：打鼓时思想集中，鼓点心中有数，控制腕力，落鼓快，鼓声不拖泥带水，声音清脆。

易犯错误：鼓点声音时大时小，前臂发力过硬，抬手打鼓时高时低，腕力控制不好。

(3)锣手动作技术练习方法

锣手在整个比赛中，起着传递鼓手与舵手之间的信息以及平衡船的作用。打锣有三种方法：一种是配合鼓手。鼓声响说明桨入水，当御水提桨时，锣声即起，形成一个划水周期一鼓一锣的声音；第一种是鼓手和锣手同时打，形成双音节奏，但锣声不要太大，以听鼓声为主；第三种是以2～3个划水周期打一次锣，这一种适合经过锣手训练的替补队员打锣。鼓手、锣手之间的默契程度，表明该队训练素质的高低。

(4)舵手

舵手是龙舟前进、调度的指挥中心，舵手的素质好坏影响全队的比赛情绪。对舵手的要求是：身材适中、灵活，头脑清醒，注意力集中，有临危不惧的性格。

动作要点：舵手撑舵时，眼看前方，注意鼓手、锣手的反应；身体稍弯腰前俯，两腿前后开立成弓步；当划手拉水时，两腿用力向前蹬船。

3. 龙舟动作教学的组织与要求

龙舟教学和其他体育运动技术的教学一样，是通过一定的组织形式来实现的。龙舟多数是在江、河、湖、海上进行比赛和训练的，由于风浪大，水急，有漩涡，容易翻船。龙舟教学过程中，教师必须有高度的安全观念，备课时要充分考虑安全措施，并在上课时认真落实，从而彻底避免事故发生。

关于龙舟教学的安全工作大体可分为以下几个方面：

第一，首先对学生进行健康检查。如果有心脏病、高血压、传染病、癫痫病等疾病的学生一律不能上船。教学过程中要经常了解学生的健康状况。

第二，要提前勘察上课场地的水情、地形，并准备好救护工具。

第三，对学生进行必要的水上救护知识及技术训练。

第四，如果训练中遇到风浪，要保持镇静，不要惊慌，不要站起来。

四、龙舟运动的基本战术

龙舟比赛的场地一般设在江、河、湖、海上，运动环境变幻莫测，因此龙舟比赛要加强战术意识的培养，要确立正确的战术指导思想，正确对待测验和比赛，加强意志品质的磨炼，在极端恶劣的比赛环境下要充分发挥身体素质和技术作用。在训练中要建立良好的时间概念和速度感觉，比赛时才能合理地分配体力。

在制订作战计划时，在战略上要藐视困难，在战术上要重视困难，积极主动，力争上游。最好的战术就是根据全队的力量，将技术水平平均分配，划分周期要有节奏，使本队在比赛中达到最好的状态。合理分配整队体力是取得优异成绩的关键。一般情况下，起动5～8桨。起动桨后根据各队队员的身体素质，可调整拉水距离、桨入水深度的起动桨技术，直接进入途中桨或先加速150米以后再进入途中桨。离终点150米左右开始冲刺，冲刺桨频根据各队情况加以调整。比赛前要分析对手的情况，根据对手的技战术特点制订合适的战术。

比赛中头脑要冷静、清醒，不要受外界的干扰，影响自己的技术发挥；也不要轻易改变战术，以没有把握的速度对抗，造成不应有的失败，同时也要提倡敢冲、敢拼的精神。

五、龙舟比赛场地器材与规则

1. 场地器材

(1)场地

赛场应设在静水水域，各航道都应是同样的宽度，航道线必须与起航线和终点线相垂直。

(2)器材

①龙舟。

总长：18.40米(含龙头、龙尾)，允许误差±5厘米。

舟长：15.50米，允许误差±3厘米。

舟宽：1.10 米(中舱最宽处)，允许误差±1 厘米。

重量：因龙舟制作材料不受限制，龙舟本身重量不设统一标准。但要求同一次赛事使用的所有比赛龙舟最重与最轻的差距不得超过 5 千克(含龙头、龙尾和舵桨)。

②舵桨。

舵桨采用固定式，固定装置设在尾舱左侧船体上。舵桨总长 2.50 米，其中桨叶长 75 厘米，桨叶前沿宽 20 厘米，上端宽 16 厘米，弧形斜口延伸 15 厘米，允许误差±3 毫米。桨叶的边缘厚度为 0.7～1 厘米。桨杆直径下端 5 厘米，上端 3.5 厘米，桨柄长 15 厘米，直径 3.5 厘米。

③划桨。

划桨长度为 105～130 厘米，其中桨叶长 48 厘米弧形斜口延伸 12 厘米，其中距末端 36～48 厘米是桨叶的肩。桨叶前沿最大宽度为 18 厘米，长 12 厘米处宽 16.75 厘米，长 24 厘米处宽 15.4 厘米，长 36 厘米处宽 14.05 厘米，允许误差±1 毫米。桨叶的边缘厚度为 0.4～1 厘米。桨杆直径 2.5～3.5 厘米，桨杆长 57～82 厘米。

2. 竞赛形式

竞赛形式有直道竞速赛、环绕赛、拉力赛。

(1)竞赛组别

男子组(舵手、鼓手各一名、桨手 20 名)，女子组(舵手、鼓手各一名、桨手 20 名)和混合组(舵手、鼓手各一名、桨手 20 名，其中必须有 8～12 女子选手)。

(2)比赛项目

男子组、女子组 250 米、500 米、800 米、1000 米直道竞速赛。

男子组 5000 米、10000 米、20000 米环绕赛。

女子组、混合组 5000 米、10000 米环绕赛。

男子组、女子组和混合组 10 千米以上拉力赛。

3. 竞赛通则

(1)起航

各队准备就绪后在赛前 1 分钟时间内，发令员可以组织出发，发令程序为"各队注意"(运动员做准备姿势)，"预备"(运动员处于静止状态)，鸣枪或大会规定出发信号(笛声)各队出发。发令员通知"各队注意"时，未准备好的赛队，鼓手应把手高举过头并且不停摆动，发令员将视情况延时发出"预备"口令。此时如属有意延误比赛也将受到黄牌警告，此等警告作为抢航犯规一次处理。发令员发出"预备"口令时，舵手才能松开裁判调船绳(或杆)。"预备"至鸣枪之间相差时间为 2～5 秒。

①抢航犯规。发令员发令(鸣枪)前，凡划桨划动或利用敲鼓、吹哨、呼喊指挥划手者，均判罚为抢航犯规。

②犯规处罚。同组比赛两次受到黄牌警告的赛队、一项黄牌警告又抢航一次的赛队、连续两次抢航的赛队、发生抢航后拒绝裁判召回至起点的赛队均被红牌判罚，取消该项比赛资格。

每组比赛的起航次数不得超过 3 次，若发令员组织第 3 次起航时发生抢航犯规，该组将不再召回，比赛继续进行，只通知途中裁判第 3 次起航时抢航犯规的参赛队的所在航道，由途中主裁判出示红牌，令其退出航道，取消该项比赛资格。

(2)途中

起航后，各队应自始至终在本航道划行，龙舟任何部分均不得超越本航道。若发生串道并以领先优势在其他龙舟之前时，不论相撞与否，实质已对其他赛队造成了影响，则该队被红牌判罚，取消该项比赛资格。发生串道时，串道的龙舟落后于此航道的龙舟，未影响在此航道正常比赛的龙舟队成绩，并能划回本航道时，判罚规则不在此例，包括中间航道的赛队串道处于其他龙舟之后，且又确实未曾接触及影响(包括舟的尾浪的影响)其他龙舟的正常划行，并划回本航道者，可不判犯规。

各队鼓手应积极有节奏地敲鼓指挥划手，可以吹口哨配合鼓声指挥划手，未曾积极敲鼓的赛队将被罚加时 5 秒，此规定在起航 50 米之后生效。

各队鼓手、舵手不得持桨划水，包括不得使用划水器械利用一只手划水。因此占得优势，该队将被红牌判罚取消该项比赛资格。

比赛中如发生两条或两条以上龙舟相撞，根据下列情况判罚和确定是否中止比赛：预赛发生此等事件，犯规队被红牌判罚，取消该项比赛资格，其他队比赛继续；复赛至决赛的赛事在比赛半程内发生此等事件，途中裁判长将发出中止比赛信号(鸣锣)并拦截，犯规队被红牌判罚，取消该项比赛资格，其他队立即回起点重赛；复赛至决赛的赛事在比赛过半程发生此等事件，犯规队被红牌判罚，取消该项比赛资格，其他队比赛继续，由总裁判长指令确已受到影响的队重赛(重赛时间安排在下一轮赛事之前)。该组比赛则以成绩确定名次。

(3)终点

龙舟(龙头)前沿到达终点线，即为划完全程，由终点裁判根据龙舟通过终点线的先后顺序判定名次。

发生下列情况视为终点犯规，成绩无效，名次取消：龙舟未从本航道通过终点；龙舟到达终点时所载队员数目与检录登舟时不同；龙舟上配套器材、设备短缺；发现严禁携带的违禁物品。

第五节　高脚运动

一、高脚运动的起源

高脚竞速俗称高腿马或截竹为马，故又称竹马。高脚竞速是由运动员双手各持一杆，同时脚踩杆上的踏镫，在田径场上进行的比赛，以在同等的距离内所用的时间多少决定名次，是队员在高脚马上进行速度和力量的比赛。

据史料记载，在14～15世纪时，生活在湖南境内的苗族、土家族人由于生活贫困，买不起鞋穿，后来他们就想了一个办法，在两根一米多长的竹竿上各绑一个可以支脚的网子，平时出门的时候，两只脚伸进网子里，用竹竿来代步。再加上当地的气候比较湿润经常下雨，将竹竿的一端削尖，走路的时候既不费鞋又可以防滑。高脚马的发展，还是中华人民共和国成立以后的事。特别是改革开放以来，国家体委(现国家体育总局)和国家民委制定了"积极提倡，加强领导，改革提高，稳步发展"的方针，采取了一系列有力措施，对民族传统体育项目抓紧进行挖掘、整理、提高、发展，从而促使民族传统体育之花灿开在华夏大地。1986年，湖南省体委将高脚马整理成一项民族传统体育项目，并作为表演项目参加了第五届、第六届全国少数民族传统体育运动会的表演。

高脚马的比赛，除了竞速和对抗外，还可以进行越野、障碍和竞艺比赛。越野赛跑，就是在郊外赛跑，需要跨过溪沟、通过泽沼或稻田、走过沙滩、穿过小林等。有上坡，也有下坡。障碍赛跑，就是在竞速的途中设几个障碍的跑。竞艺，就是骑大竹马上，在规定的场地上，在不下马的条件下比谁骑的姿势多、姿势优美、难度大等。

二、高脚运动基本技术

高脚运动是200米及200米以下距离和接力项目，其运动属极限强度运动，供能方式以无氧代谢为主的周期性运动。高脚竞速运动按技术动作的变化分为起跑、起跑后的加速跑、途中跑和终点跑四个部分。

1. 起跑

起跑的任务是获得向前冲力，使身体尽快摆脱静止状态，为起跑后的加速跑创造有利条件。高脚竞速运动比赛规则规定：运动员各就位时必须将两根高脚杆立于起跑线后，杆底部不得触及或超过起跑线。运动员听到"预备"后以任何一只脚蹬上踏镫，另一只脚必须立于起跑线后的地面，做好起跑的最后准备。运动员听到"鸣枪"后，另一只踏地的脚方可踏上踏镫先前跑进。

(1)"各就位"

当运动员听到各就位的口令后，应一边持杆轻快地走向起跑线一边做2～3次深呼吸，使机体获得充足的氧储备。当走到起跑线前面时，将左手持的杆放在起跑线后沿，左脚踏上踏镫，右脚立于左脚后面20～30厘米，两脚与肩同宽。哪只脚在前和在后，主要是以习惯为主或通常以有力的脚在后，便于尽快上镫。

(2)"预备"

运动员听到预备口令后深吸一口气，上体前倾5～6度，两腿呈稍弯曲姿势，大小腿之间形成最佳的角度，利于蹬伸和发力。

(3)"鸣枪"

运动员听到枪声后，触地脚迅速蹬地并踏上踏镫，同侧手臂配合向前迈出第一步(50～80厘米)，上体适当前倾，以利于速度的发挥，但要防止摔倒和跳跃式动作。

2. 起跑后的加速跑

起跑后的加速跑是从触地蹬离地面到进入途中跑姿势前的一个跑段。起跑后的加速跑应尽快接近或达到最高速度，其任务是：充分利用起跑获得的初速度，在较短距离内获得更高的速度。从第一步过渡到"途中跑"，步长应逐渐加大，上体逐渐抬起。起跑后的加速跑同途中跑之间没有明确的界限存在。在加速跑过程中，动作结构有着重要的变化，从第二步至第四步起主要作用的是蹬地力量和速度；第四步以后起主要作用的是动作节奏和步频。因此，运动员在训练中应特别注意在这一跑段内努力达到适宜自己的步长和步频。

3. 途中跑

途中跑的任务是继续发展和保持较长距离的最高速度。高脚竞速运动途中跑的每一单步结构由支撑期和腾空期组成。支撑期支撑腿的动作可分为着地、垂直缓冲和后蹬；腾空期的腿部动作分为提杆、随势动作、拉杆向前摆动和主动下放动作。总之，高脚竞速运动起跑后的加速跑和途中跑的速度取决于步长和步频的适宜比例。相同的跑速，其步长和步频可以有不同的结构比例关系。因此，提高高脚竞速运动的速度可以有以下三种有效途径：

步频相对稳定，增大步长；步长相对稳定，提高步频；步长和步频同步增加。

4. 终点跑

终点跑是全程跑的最后一段，应尽力保持途中跑的高速度跑过终点。高脚竞速运动的终点跑技术，要求运动员在离终点线 15～20 米处时，尽力加快持杆摆动速度和力量，以高脚杆或运动员身体任何部位撞向终点线，跑过终点线后逐渐减速，运动员身体和高脚杆才能分离。

二、高脚竞速运动的技术要点

1. 高脚竞速运动中的"人杆合一"

所谓"人杆合一"，是指运动员踏上踏镫仍能技巧娴熟、动作自如、步履轻盈，充分发挥其体能，利用马杆的弹性，上下肢协调配合，跑出较大的步幅和较快步频，同时具有良好的经济性和实效性。由于高脚竞速运动是手脚与高脚杆协同配合的运动，运动员开始时不太习惯，甚至经常摔倒，因此只有经过长时间的反复训练，运用各种练习方法和手段，坚持不懈，高脚竞速终点冲刺时两腿协调一致，密切配合，从而发挥出最佳速度。因此，训练的重点应是在发展下肢力量的同时，提高上肢力量，特别是同顺运动的用力习惯，通过多种练习方法和手段，达到提高运动成绩的目的。

2. 高脚竞速运动的弯道技术

在高脚竞速运动的比赛中，运动员参加的 200 米、200 米双人接力及 4×100 米混合接力时，都有弯道跑，因此学习和掌握弯道跑的技术，对提高运动成绩是非常重要的。

(1)弯道起跑和起跑后的加速跑

高脚竞速跑在起跑时，应尽可能沿着直线跑进，所以起跑的站位应在跑道的外侧，正对左侧分道线的切点方向。由于跑进弯道时人体要克服离心力，因此，从弯道的起跑到起跑后的加速跑这段距离，运动员应在保持适当步幅的前提下，尽量加快步频，以获得速度。在加速跑进中，保持身体的适当前倾与平衡。

(2)弯道途中跑技术

进入弯道后，整个身体应向内倾斜，因而右肩稍高于左肩，右手持杆的动作幅度要大于左手，右步应大于左步。在弯道跑进中，为了克服人体向前做直线运动的惯性，整个身体要向内倾，以获得所需的向心力，这个力能维持人体在弯道跑进时与之相应产生的惯性离心力，保持动态平衡。从弯道跑进入直道时，运动员应在弯道与直道衔接的几米处，逐渐平稳地减少身体向内倾斜的程度，并顺势做 2～3 步的自然跑进。

三、高脚竞速运动技术练习方法

高脚竞速练习包括：走、跑、转身动作和平衡交换姿势等技巧。高脚竞速不仅能提高人体力量、速度、耐力，还能提高人体协调、灵活、平衡能力，有助于全面增强体质，培养顽强、勇敢、坚定进取的精神。高脚原地踏步及高脚下蹲走均可维持平衡能力。高脚原地高抬腿、高脚大步走及高脚跨步跳均可练习动作幅度。在高脚练习中可以有走、跑、跳台阶练习。

1. 持杆台阶练习法

持杆上下走台阶(两步一台阶)10～20 次。

持杆上下跑台阶(一步一台阶)10～20 次。

持杆上下跳台阶(一步两台阶)10～20 次。

注：主要练习腿部力量，克服心理障碍及加大动作幅度。台阶高度 30～40 厘米。

2. 持杆软道及沙地练习法

这种方法有走、跑、跳练习，主要是提高训练负荷和不同场地的适应能力。

3. 持杆负重练习法

高脚竞速训练中，可充分利用沙裤腿、沙背心等辅助手段练习，提高运动员的综合力量、承受能力及负荷能力等。

4. 高脚竞速跑专门练习法

①持杆原地和行进间小步跑(高频率、快速度、小步幅)。

②持杆原地和行进间高抬腿(高频率、大幅度、中速度)。

③持杆垫步跳、单脚交换跳(发挥腿部力量和协调能力)。

④持杆后蹬跑、蛙跳(练习腿部力量及爆发力)。

⑤持杆加速跑(提高跑的能力)。

⑥持杆半蹲走(提高腿部力量)。

⑦哑铃(1.5～2 千克)摆臂(提高上肢力量和持杆能力)。

⑧持杆后退跑(改善跑的协调性和放松能力)，才能达到"人杆合一"的效果。

思考与练习

1. 请列举几项你熟悉的少数民族传统体育项目。

2. 请描述独竹漂的起源。

3. 请说明摆手舞的动作寓意。

4. 请叙述板鞋运动的竞技要领。

知识拓展

端午节赛龙舟的来历

赛龙舟、吃粽子的习俗，很早就有人把它与屈原联系起来。风俗传承至今，赛龙舟成了一项人民群众喜闻乐见的游娱活动。每年四月初一就开始举行"龙舟出龛"仪式。因为每年赛龙舟后，这些龙舟总要架在各族的祠堂里，现在应该把龙舟请下来修茸油漆，然后下水开始练习。于是这一个月内，鼓声咚咚，处处可闻。龙舟，顾名思义，就是像龙形的船。船头像高高昂起的龙头，船舷和船腹分别涂上不同颜色。龙舟大小不一样，桨数也不同，有六对的，有十二对的，有十七对的，也有五十二对的。如果是一样参赛，那么龙舟的大小一定要相同。如果是新船，那么还必须举行祭龙头的仪式。过去，潮州人赛龙舟还要举行开赛仪式：分别把龙舟划到妈祖庙前祭拜"龙尾爷"。龙首朝庙门，划进划退参拜三次，谓"三参灯"，祈求神灵保佑旗开得胜。比赛时，各龙舟如同长跑的运动员，在起点紧张待发。当发号枪一响，龙舟上的司鼓闻声起鼓，健儿挥臂划桨，那龙舟就如同离弦之箭，在水面疾飞。围观的人为自己的队员呐喊助威，有的甚至跳到水里，为队员泼水，使其精神抖擞。

据考证，早在屈原之前，已有赛龙舟习俗。先秦故事集《穆天子传》卷五载："天子乘鸟舟、龙舟浮于大沼。"注谓："舟皆以龙鸟为形制。"可见"龙舟"很早就存在。至于竞渡，著名学者闻一多认为端午节赛龙舟是古代吴越族举行祭祀的一项内容。吴越多水，江河湖泊密布，有"三江五湖之利"，越人又有"善操舟"之称，而且有"文身断发，以避蛟龙之害"（《汉书·地理志》）风俗，在祭祀他们所崇拜的"龙"时，举行具有吴越特色的龙舟竞赛是很合理的事。

休闲运动编

第十六章
休闲运动与拓展

📖 学习目标

　　了解高尔夫、定向越野、攀岩、轮滑、马术
运动的起源与发展；熟悉高尔夫、定向越野、攀
岩、轮滑、马术运动的基本规则；能够运用所学
知识和技术参与或欣赏高尔夫、定向越野、攀
岩、轮滑、马术运动。

第一节　高尔夫运动

一、高尔夫运动概述

　　据说高尔夫运动起源于 15 世纪苏格兰的圣安德鲁斯。古时的一位苏格兰牧人在放牧时，偶然用一根棍子将一颗圆石击入野兔子洞中，从中得到启发，发明了后来称为高尔夫球的运动。率先打高尔夫球的是苏格兰北海岸的士兵，后来逐渐引起宫廷贵族和民间青年的浓厚兴趣，最终成为苏格兰的一项传统项目。由于打高尔夫球最早在宫廷贵族中盛行，加之高尔夫球场地设备昂贵，故有"贵族运动"之称。

　　目前，世界上已经有许多职业和业余、个人和团体高尔夫球赛，其中以英国公开赛、美国公开赛、美国精英赛和美国职业高尔夫协会锦标赛最为重要。

若球员能连续获得此4项赛事的冠军，在高尔夫球界被称为"大满贯"。团体比赛有世界杯赛(1953年以前称为加拿大杯赛)、莱德杯欧美对抗赛(1979年以前称为英美对抗赛)和沃克杯美英爱尔兰系列赛。

1. 高尔夫运动的特点

(1)贵族性运动

高尔夫运动最初是由宫廷向民间传播的，其场地设施、运动装备等物质条件非常昂贵，是一项典型的贵族运动。

(2)人与自然完美结合的运动

高尔夫球运动的场地建设以自然环境为主，人们在自然环境中进行运动，能够体会到心旷神怡、融入自然、返璞归真的感觉，是人与自然完美结合的一项运动。

(3)广泛的适应性

高尔夫运动具有很强的可参与性，适合各种年龄段、不同体型、不同体能状况、不同性别的人进行练习，具有广泛的适应性。

(4)注重礼仪，讲究自律

高尔夫是一项贵族运动，具有上层社会运动的性质，非常注重礼仪，遵守规则，讲究自律，有丰富的文化内涵。

2. 高尔夫运动的健身价值

(1)增强体质

高尔夫运动能提高人体肌肉力量，提高人体对距离的判断能力和对器械的控制能力，经常练习能够增强人体体质，提高人体各系统的功能。

(2)增进健康

高尔夫运动在风景优美、环境优雅、空气清新的场地进行，在此环境中进行锻炼能够对人体健康产生良好的影响。

(3)提高人体机能

击球前，练习者需对球的方向、位置、力度进行准确的判断，对人体的神经系统、肌肉系统等都有锻炼作用，能够提高人体机能。

(4)提高人的修养

高尔夫运动是一项非常注重礼仪，讲究自律的绅士运动，与高素质的选手练习与竞技，能够提高练习者的修养。

二、高尔夫球场场地设施与器材

1. 高尔夫球场场地设施

高尔夫球场是由草地、湖泊、沙地和树木等自然景物经过球场设计者的精心设计展现在人们面前的"艺术品"。一个标准的高尔夫球场占地60万~100万平方米，包括4个3杆洞、4个5杆洞、10个4杆洞，共18个洞。按照其内部区域和功能的的不同，高尔夫球场可以分为3个主要的功能区域：会馆区、球道区和草坪管理区。

(1)会馆区

它是整个高尔夫球场的管理中枢，也是球场接待、办公、管理、后勤供应的场所，其大小不一，复杂多样。会馆也是球手办理打球手续和打球前后进行娱乐、休息与社交的场所，占地面积一般在20000~50000平方米。

(2)球道区

它是整个球场的主体部分，呈带状铺设在一片开阔地上，其面积占整个球场面积的95%以上，由击球的草坪区域和水域、沙坑、树木等障碍区域组成。球道区以球洞为单元组成，洞与洞之间一般相距90~540米不等，球洞与球洞之间的设置通常依次为开球草坪、开阔草地、地势起伏区或灌木丛、障碍区、球洞草坪。一个标准的高尔夫球场一般有18个洞，依次称为第1洞、第2洞……第18洞。每个洞的场地均设有开球台、球道和球洞。开球台为起点，中间为球道，果岭上的球洞为终点。

(3)草坪管理区

它是球道区日常维护、管理机械和物资等存放的区域，是机械保养和维护的区域，也是进行草坪实验与其他管理活动的场所。它是对球道区进行管理的核心部分，一般设在球场内对球道区进行管理以及与其他各区联系便利的位置，一个18洞高尔夫球场的草坪管理区的占地面积为5000~20000平方米。

2. 高尔夫运动器材

(1)球

质地坚硬、富有弹性的实心小白球，有软硬之分，数字越大球越硬，目前最为流行的是80~100度的球，球的硬度与距离成正比，球越硬飞得越远(图16-1)。

(2)球杆

由杆头、杆身、杆把三部分组成，其长度在

图16-1　高尔夫球

0.91~1.29米之间，号码越大，杆身越短。

木杆多以柿木制成。依照其长度和杆夹斜面的角度可分为不同的号。号数越小，长度越长，球也打得更高、更远。木杆多在发球区使用，最常用的有1、3、4、5号杆。

铁杆以软铁制作杆头，比木杆稍薄、稍小。它主要是用来控制短距离打击，铁杆可粗略分为长、中、短三类。长铁杆易于方向性的把握，中铁杆容易挥动，短铁杆适用于在困难位置击球。

推杆杆头也是由软铁制成的，杆面平直，主要用来推球入洞。推杆可分为T形、L形和D形(图 16-2)。

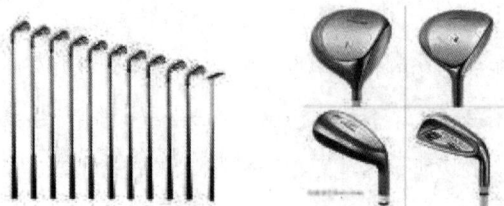

图 16-2　高尔夫球杆

球杆袋。球杆袋多为皮制，口径约 0.203 米，好的球杆袋应具有置杆平稳、质感平滑、整体骨架牢固等特点。

球鞋。高尔夫球鞋的鞋底左右有鞋底钉，可防止滑动，使选手挥杆时保持身体平衡(图 16-3)。

图 16-3　高尔夫球鞋

三、高尔夫运动的基本技术

1. 握杆

握杆是指球手双手握住球杆的方法，它是高尔夫运动中最基本的动作。握杆方式分为左、右手握，直角握等。以握杆时手指的位置可分为重叠握、互锁握等。

(1)左手握杆法

先用杆面瞄准目标，使其方向正确，左手自然下垂，手指指向地面，杆把应位于手掌上部，沿手掌和手指交接处向下经过食指中部，用左手自然握住球杆，把稍应露出 2 厘米，食指第一指节的位置略低于拇指的指尖，拇指放在杆把上部的中央位置，与食指形成"V"字形，缩拇指可使中指、无名指牢固握杆，便于用力。握杆之后，左手背应正对目标，拇指和食指所合成的直线指向右耳，由上往下只能看到前两个指节。

（2）右手握杆法

将右手置于杆身右侧，右手指顺着杆把向下伸出，右小指扣住左手食指的指节，右食指应成扣扳机状扣住球杆，并与中指明显分开；中指、无名指握住球杆；右拇指应位于杆把左侧的中央，以便和食指相互平衡，左手与右手重叠。

2. 准备击球姿势

准备击球姿势是指球手握好球杆准备击球时的身体各部位所处的正确位置。

脚位：球手两脚尖连线与准备击球路线平行。

球位：左脚固定不动，球放在靠近左脚的位置，球杆越短，双脚之间的距离越窄，离球越近。

身体姿势：两脚分开，与肩同宽，身体重心落在两脚之间，双膝稍弯曲，身体左侧朝向目标方向。

3. 瞄球

调整身体各个部位，在击球瞬间保证杆头面正好对着球，以及保证手握球杆沿着目标线挥杆。

4. 挥杆击球

后引时，杆面正对目标，随着球杆上挥，杆面逐渐打开，朝向身体的前方；至顶点时，朝向身体前上方，身体后倾45度；在下挥杆过程中逐渐还原，触球时正对目标方向。杆头应通过球。

5. 顺摆动作

挥杆击球后，球杆杆头继续向击球方向挥动。

6. 切高球

进行切高球技术练习时，身体对着目标成10～20度，球位于两脚之间稍偏右的位置，挥杆击球时身体重心在右脚，下杆时重心移至左脚，挥杆幅度不要过大。

7. 切低球

进行切低球技术练习时，身体要靠近球，使球位于两脚中间偏右的位置，挥杆时以肩膀摆动带动双手和球杆将球击出。

8. 沙坑球

站位时，身体对着目标成30度，握杆下移2.5厘米，瞄球点在球后2厘米，双脚、双膝、臀部和肩膀都朝向目标的左侧，挥杆时以肩膀摆动来带动双手和球杆将球击出。

9. 高草球

站位时，两脚与肩同宽，身体重心放于左脚；瞄球时，球位偏右脚，击球时提起球杆向下劈击。

10. 土地球

站位同高草球，击球时球位于双脚中间偏右位置，挥杆时杆头平面稍陡。

11. 斜上坡球

站位时，身体重心在左脚，两肩、两膝连线与坡面平行，球位偏右脚，顺着斜坡方向采用高挥杆方式将球击出。

12. 斜下坡球

站位时，左膝弯曲，身体重心放在右脚，顺着斜坡方向站立，球位于两脚中间偏右位置，击球时采用较小动作将球击出。

13. 推杆

站位时，两脚与肩同宽，身体重心在两脚之间，球位于两脚中间偏左位置，两眼与将要击出的球的线路成一条直线，击球时动作幅度要小，球的加速要稳定。

动作要点：掌握正确的握杆方法，击打不同的球采用不同的握杆方法、站位方法和击球方法。

练习方法与手段：

①在无球的状态下进行各种动作的模仿练习；

②在球处于不同状态下进行重复击球练习以加强击球的感觉；

③多进行正式比赛，提高身体素质和动作的稳定性。

第二节　定向越野运动

一、定向越野概述

定向越野运动是指运动员、体育锻炼者借助定向地图和指北针，按规定的顺序和方式，自我选择行进路线并到达地图上所标示的地面检查点，以通过全程检查点，用时较短者或在规定时间找到检查点得分较多者为胜的一种体育运动。

1943 年，驻扎在英格兰的挪威反抗军开始将此运动介绍到英国，此后世界各国相继引进这项运动。国际定向越野联合会(International Orienteering Federation, IOF)(图 16-4)，成立于 1961 年，并在 1977 年获得国际奥委会承认，

目前共有 46 个会员国家(地区)。中国定向运
动协会致力于向全国推广定向越野,是我国在
IOF 的唯一合法代表。

图 16-4　国际定联标志

定向越野运动于 1983 年传入中国,当年 3
月,中国人民解放军体育学院在广州白云山组
织了"定向越野试验比赛",7 月,北京市测绘学会利用青少年夏令营的机会举
行了一次由百余名中小学生参加的定向运动比赛。此后,全国很多地区都组织
了类似的比赛。1986 年 7 月,深圳体委与香港野外定向会在深圳岗夏地区举办
了"深圳国际野外定向 86 友谊赛",亚、欧、拉美、大洋洲等近二十个国家和
地区派出代表参赛,并取得满意的成绩,这是我国首次举办国际定向赛事。自
1994 年以来,我国每年都举办"全国定向运动锦标赛"。此外,还多次举办"全
国大学生定向运动比赛"及"全国青少年定向运动比赛"。2002 年 5 月,第二届
全国体育大会上,定向运动首次进入我国综合性运动会,标志着定向运动在我
国得到了空前的发展。

1. 定向越野运动的特点

定向越野的特点主要体现在自然性和社会性两个方面。

(1)自然性

①运动性。定向越野是一项运动,与其他运动项目一样,是一种身体活
动,是以人体运动的方式为主要特征进行的,具有人体运动性特点。

②智能性。定向越野是一项体能与智能相结合的运动。智能性主要体现
在,进行定向越野的人要有地理学、测绘学、军事地形学等相关知识,以及运
用这些知识的能力。

③环境性。定向越野是在野外、森林、山区、公园、风景名胜区等环境里
进行的,是一项与自然环境紧密相连的运动,它使人类重归自然、认识自然,
这是它与在体育场馆进行的运动项目的一个显著区别。定向越野的活动与比赛
场地环境的特殊性是决定这项运动能够吸引人们参与的重要因素之一。

④情趣性。定向越野的环境、活动与比赛的方法,更能激发人们的情趣,
发挥活动的趣味性,从而提高人们参与的主动性和积极性。

(2)社会性

①游戏性。定向越野具有很强的游戏性。定向越野从发展初期就是一种游
戏,直到现代,各式各样的定向越野比赛仍然带有很浓烈的游戏色彩。

②竞技性。定向越野可以进行各种各样的竞赛,其竞技性、激烈程度十分
突出。正是这种竞争的激烈性刺激着人们对胜利的向往和追求,使人们积极投
入到定向越野比赛中,达到乐此不疲的程度。

③群众性。定向越野是一项群众性体育项目，它的参加对象十分广泛。不分男女老少，都能成为这项运动的参加者和爱好者。

④实用性。定向越野的实用性同样也是十分明显的，在瑞典最早就是军队的一种训练形式。在现代，定向越野不仅可以作为军事训练的内容，还可以作为学校体育教学的内容、城乡社会的休闲旅游项目。

2. 定向越野的健身价值

(1)增强身体素质，改善和提高身体功能

定向越野能提高人体灵敏、耐力、力量等身体素质，能够改善人体的肌肉系统、神经系统、呼吸系统、心血管系统等系统的功能。

(2)定向越野能够提高人体对自然环境的适应能力

定向越野多在自然环境中进行，对于人类返璞归真、亲近自然以及提高人体对自然的适应能力都有很大的帮助。

(3)增强智力，提高分析和判断能力

定向越野参与者需要掌握多种知识与定向技巧，同时定向的环境随时改变，对参与者的分析、判断、决策能力提出了更高的要求，因此，经常参加定向越野能够增强人体的智力、分析判断能力等。

二、定向越野的基础和物质条件

1. 定向越野地图

地图是地球表面的简缩图。地图上标明的比例尺显示了地图被缩的倍数。在日常生活中我们看到过各种各样的地图，它们不仅颜色和符号各不相同，而且质量也各不相同，有些简单、粗略，有些精确、详细。进行定向越野时，需要制作专门的定向越野地图。定向越野地图要做得尽量准确、详细，使之更容易比较地图上的符号标记与实际地形中的实物。

(1)地图比例尺

图上某线段的长度与相应实地水平距离之比，就叫地图比例尺。

地图上距离的计算可以通过以下几种方式进行。

①用直尺量读。当利用刻有"直线比例尺"的指北针量读时，可根据比例尺的数值在图上直接读出相应实地的距离。当利用厘米尺量读时，要先从图上量取所求两点间的长度，然后乘以该图比例尺分母，得出相应的水平距离。

②用手量读。提前测量好并熟悉自己的手指骨节长度、指甲宽度等，在实际中替代厘米尺的作用。此方法不够精确，但方便快捷。

③估算法。估算法又叫心算法，这种方法在定向越野比赛中最有实用价值。要掌握它，需要精确地目估地图上和实际中的距离，能够熟悉地图上几种

常用的单位尺寸与相应实地水平距离的对应关系(表16-1)。

表 16-1　常用的单位尺寸与相应实地水平距离的对应关系

基础尺寸 ＼ 比例尺	1：10000	1：15000	1：20000
0.5 毫米	5 米	7.5 米	10 米
1 毫米	10 米	15 米	20 米
2 毫米	20 米	30 米	40 米
5 毫米	50 米	75 米	100 米
10 毫米	100 米	150 米	200 米

(2)地图符号

①地貌符号用棕色表示(图16-5)。

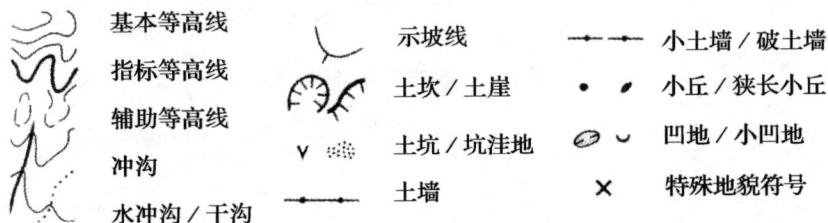

基本等高线　　示坡线　　小土墙／破土墙
指标等高线　　土坎／土崖　小丘／狭长小丘
辅助等高线　　土坑／坑洼地　凹地／小凹地
冲沟　　　　　土墙　　　　特殊地貌符号
水冲沟／干沟

图 16-5　地貌符号图

②岩石与石块用黑色、灰色表示(图16-6)。

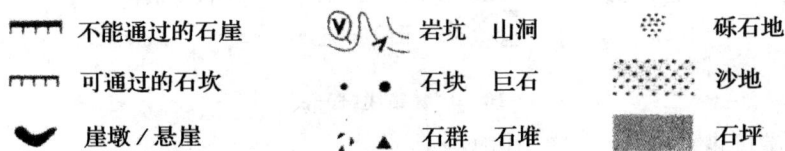

不能通过的石崖　岩坑　山洞　　砾石地
可通过的石坎　　石块　巨石　　沙地
崖墩／悬崖　　　石群　石堆　　石坪

图 16-6　岩石与石块图

③水系与湿地用蓝色表示(图16-7)。

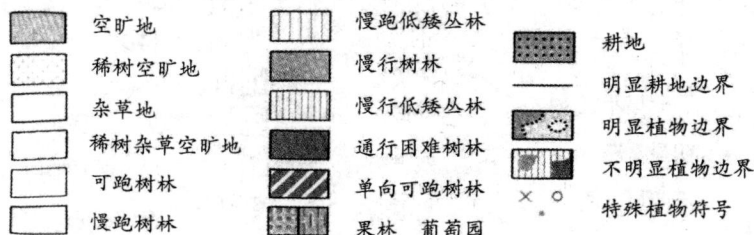

空旷地　　　　慢跑低矮丛林　　耕地
稀树空旷地　　慢行树林　　　　明显耕地边界
杂草地　　　　慢行低矮丛林　　明显植物边界
稀树杂草空旷地　通行困难树林　不明显植物边界
可跑树林　　　单向可跑树林　　特殊植物符号
慢跑树林　　　果林　葡萄园

图 16-7　水系与湿地图

④植被用空白或黄色、绿色表示(图16-8)。

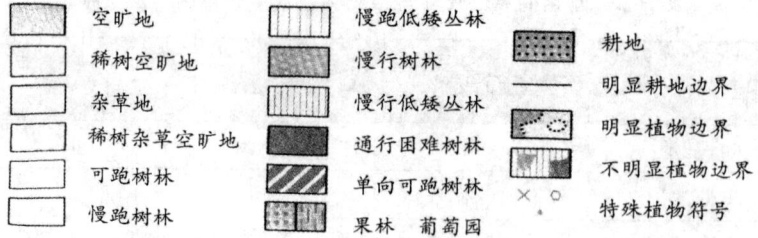

空旷地　慢跑低矮丛林　耕地
稀树空旷地　慢行树林　明显耕地边界
杂草地　慢行低矮丛林　明显植物边界
稀树杂草空旷地　通行困难树林　不明显植物边界
可跑树林　单向可跑树林　特殊植物符号
慢跑树林　果林　葡萄园

图16-8　植被图

⑤技术性符号用黑色、蓝色、棕色混合表示(图16-9)。

磁北线　套版线　高程点/高程注记
228　220
水面高程注记
218

图16-9　技术性符号图

⑥比赛路线符号用紫色表示(图16-10)。

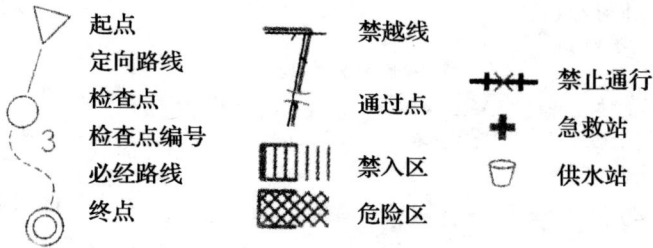

起点　禁越线　禁止通行
定向路线　通过点　急救站
检查点　禁入区　供水站
检查点编号
必经路线　危险区
终点
3

图16-10　比赛路线符号图

⑦人工地物用黑色表示(图16-11)。

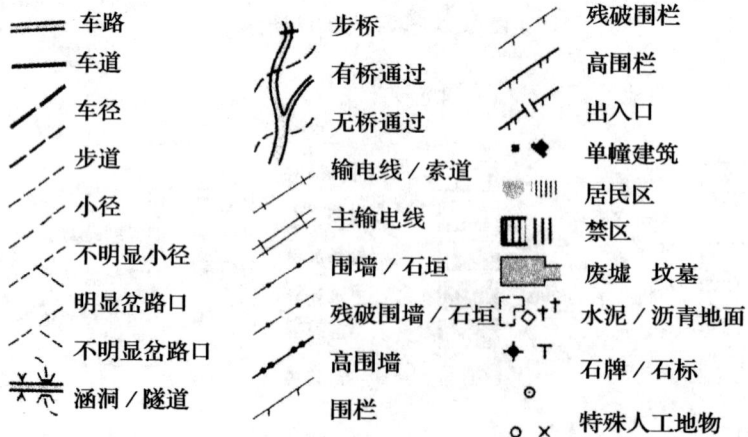

车路　步桥　残破围栏
车道　有桥通过　高围栏
车径　无桥通过　出入口
步道　输电线/索道　单幢建筑
小径　主输电线　居民区
不明显小径　围墙/石垣　禁区
明显岔路口　残破围墙/石垣　废墟　坟墓
不明显岔路口　高围墙　水泥/沥青地面
涵洞/隧道　围栏　石牌/石标
特殊人工地物

图16-11　人工地物图

(3)等高线的识别

定向地图采用等高线法表示地貌，定向地图上所有要素都建立在地貌的基础上，并与地物形成各种关系。要想了解定向图上表示的地貌，事先要懂得等高线显示地貌的方法和会使用等高线。

等高线是按高程测绘的。高程是地面上各点高出平均海平面的高度，又叫真高、绝对高。两点间高程差，叫作相对高(图 16-12)。

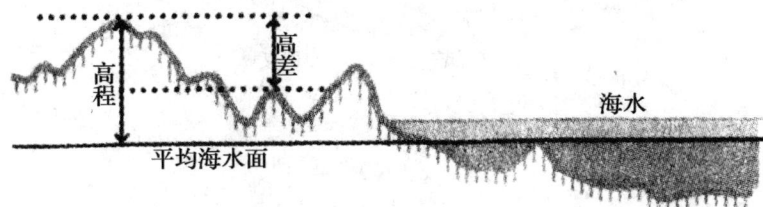

图 16-12 高差和高程起算线

等高线显示地貌的原理图如图 16-13 所示。

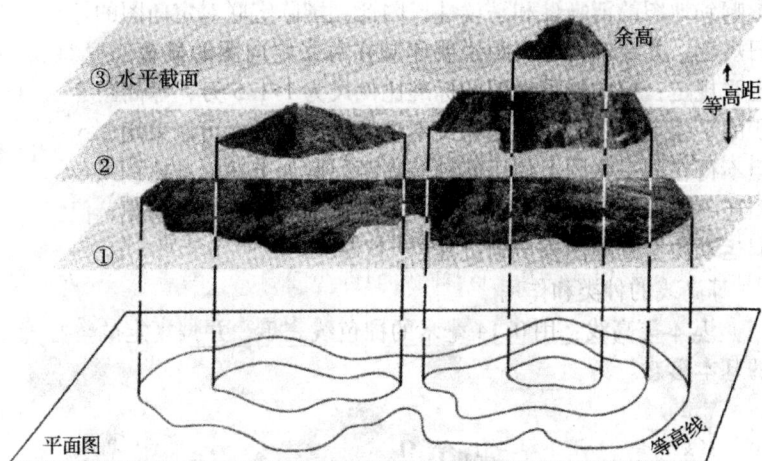

图 16-13 等高线显示地貌的原理图

等高线具有以下特点：地图上的每条等高线都是实地等高线的水平投影，它既描绘出地貌的平面轮廓，也表示出地貌的起伏；同一等高线上，各点的高度相等，每条等高线都是闭合曲线；同一地图或同一等高距中，等高线多，山就高，等高线少，山就低，等高线间隔大，实际的坡度就缓。

地貌的每一种形态都有一个独有的等高图形。图 16-14 表示了定向地图上常见的几种等高线图。

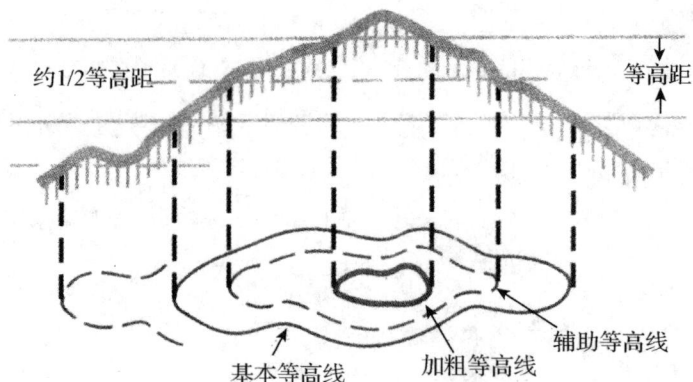

约1/2等高距   等高距

辅助等高线

基本等高线   加粗等高线

图 16-14   等高线的种类

2. 定向越野的装备

(1)服装

定向越野应选择紧身而又不影响呼吸与四肢自如活动的服装。为防止草木的刺伤以及虫蚁的侵袭，最好穿面料结实的长袖衣、长腿裤。

(2)鞋

鞋要求合脚、轻便、结实，鞋底的摩擦力要大，能够适应各种地面。

(3)指北针

指北针分为基板式与拇指式两种。作为一般判定方向的需要和定向比赛的初级用途，也可以使用常见的军用或其他类型的指北针(图 16-15)。

图 16-15   常用指北针

(4)比赛路线

比赛路线须绘制出来或标记在地图上并发给参赛者。在比赛线路中，三角符号表示起点；单圆表示检查点，即在越野中要经过的点；双圆圈表示终点。检查点之间用直线相连，但定向越野者可以自己选择行进路线，但必须按照地图上标明的编号顺序行进。

(5)检查卡

为了证明参赛人找到并访问了各个检查点，赛事组织人员会在比赛前发给每个参赛人一种验证成绩的装置——检查卡或电子指卡。

(6)号码布

比赛的规格较高、人数较多时，要利用号码布来识别参赛人员以利于裁判进行工作。

(7)检查点说明符号

检查点说明符号用于描述检查点的位置及周围的环境，以提高找点速度、减少找点差错等。

三、定向越野的基本技术

1. 标定地图

标定地图就是使地图与实地的方位一致。在野外使用定向地图最重要的前提就是要学会标定地图。

标定地图有以下几种方法。

(1)概略标定

越野图上的方位是上北、下南、左西、右东。当我们在现地正确地辨别了方向之后，只要将越野图的上方对向现地的北方，地图即已标定。

(2)利用直长地物标定

利用直长地物(道路、土坦、沟渠、高压线等)标定地图，首先应在图上找到这段直长地物，对照两侧地形，使图与现地各地形点的关系位置概略相符，然后转动地图，使图上的直长地物与现地的直长地物方向一致，地图便已标定。

(3)利用指北针标定

把指北针水平放在地图上，将指北针上的指针指向要行进的位置，然后水平转动指北针与地图，直至指北针上的指针与地图上表示南北的方向平行，这时，指北针上指针所指的方向就是要行进的正确方向。

2. 确定站立点

(1)直接确定

当自己所处的位置是在明显的地形点上时，只要从地形上找出该地形点，站立点即可确定。

(2)利用位置关系确定

当站立点位于明显地形点附近时，可以采用位置关系法。利用位置关系法确定站立点主要是依据两个要素，一是站立点至明显点的方向，二是站立点至明显点的距离。

3. 确定前进方向

(1)出发阶段

标定地图定好方向，对照地形选准路线。

（2）行进阶段

①拇指辅行法行进。在定向运动中常用拇指压住图上目前站立点的位置，把拿图手的拇指想象为缩小到图中的自己，当你向前运动时，拇指也在图上做相应移动。

②沿地形地貌行进。包括沿线运动法、沿点运动法、分段行进法、水平位移法、偏向瞄准法、一次记忆运动法等。

（3）寻找检查点阶段

定向运动的一个重要目标就是通过寻找检查点的方式提高参加人员识别地图的能力。

（4）结束阶段

找到最后一个检查点后，应依据已选最佳路线，加快速度向终点行进，接近终点时做最后冲刺。

4. **路线选择**

选择路线需要考虑许多因素，主要从以下几个标准和原则入手。

（1）路线选择的标准

省体力、省时间、最安全，便于发挥自己的技能或体能优势。

（2）路线选择时要遵守的基本原则

充分利用道路，坚持"有路不去越野"的原则；起伏不大，树林稀疏可跑的地段，坚持"选近不选远"的原则；地形变化较大，树林密集，障碍大的地段，坚持"统观全局提前绕"的原则。

第三节　攀岩运动

一、攀岩运动的起源和发展

攀岩是从登山活动中派生出来的一项运动。攀岩技术的发展已有100多年的历史。早在1865年，英国登山家、攀岩运动创始人埃德瓦特首次使用简单的钢锥、铁锁和登山绳索等技术装备，成功地攀登上了险峰。1890年，英国登山家马默里又改进了攀登工具，发明了打楔用的钢锥和钢丝挂梯以及各种登山绳结，把攀岩技术推进到了新的阶段。但是，种种难度较大的攀岩竞赛，则是在20世纪50年代末60年代初才出现的。1947年，苏联首先成立了攀岩委员会。当时苏联高加索地区一些地方体协和军队中，率先开始试行攀岩竞赛，逐渐发展为全苏性比赛。1948年，苏联在国内举办了首届攀岩锦标赛，这也是世界上第一次攀岩比赛。从那以后，攀岩运动开始在欧洲盛行。

二、攀岩运动分类

按组织形式可分为：竞技攀登和自由攀登。其中，竞技攀登又可以分为难度赛、速度赛及攀石赛三种比赛项目。

按保护方式可分为：有先锋攀登和顶绳攀登。

按运动场所可分为：人工场地攀登和自然场地攀登。

按比赛形式可分为：世界杯赛和世界锦标赛。

按参赛年龄可分为：20岁以上的成年赛和19岁以下的青少年赛。

按运动员性别分为：男子组赛和女子组赛。

按比赛国际地位分为：国际赛、洲际赛及国家级比赛等。

三、攀岩基本装备

由于攀岩运动本身所特有的危险性，从此项运动诞生之日起，人们就开始不断地研制生产各种为攀登者提供安全保证和便于此项运动开展的装备和器械。攀岩基本装备包括安全带、主绳、主锁、攀岩鞋、岩钉、铁锁、挂片、岩石塞、防滑粉袋、下降器及上升器等(图16-16至图16-21)。

图16-16 安全带

图16-17 主绳

图16-18 主锁

图16-19 攀岩鞋

图16-20 岩钉

图16-21 防滑粉袋

四、攀岩实战技术

1. 攀岩保护

攀岩运动较危险，初学者应在保护下进行攀登。保护的形式一般按保护支点的相对位置分为以下两种。

(1)上方保护

上方保护是指，保护支点位于攀登者上方的保护形式。在攀登者上升过程中，保护人不断收绳，使攀登人胸前不留有余绳，但也不要拉得过紧，以免影响攀登者行动。上方保护对攀登者没有特殊要求，发生坠落时冲击力较小，较为安全。

(2)下方保护

下方保护是指，保护支点位于攀登者下方的保护形式。下方保护没有上方预设的保护点，只是在攀登者上升过程中，不断把保护绳挂入途中安全支点上的铁锁中。这是领先攀登人唯一可行的保护方法，实用性较大。

2. 人工岩壁攀登技术

(1)侧蹬

身体侧向岩壁，以身体外侧手抓握支撑点，脚踩支撑点，另外一只脚伸直以调节身体平衡，靠单腿力量将身体蹬起，抓握上方的支点。

(2)扭身动作

该动作主要用于上身。攀岩时上身扭转，使身体侧对岩壁，通常一只手锁定身体，另外一只手抓握下一个支点。下身经常配合扭膝动作或侧蹬动作。扭身动作在斜面或屋檐地形中运用较为广泛。

(3)侧拉动作

双手侧向拉住支点，脚部与手部反向用力，向反方向蹬踩岩壁或支点，使身体形成互压状态以达到攀岩过程中的平衡。

(4)同手同脚

当支点与脚点处于同一垂直线位置，无法用侧蹬的方法进行攀岩时，可采用同手同脚来完成动作。该动作主要由单手发力抓握下一支点，所以比较费力。当手点与脚点处于同一直线时，容易出现开门动作造成单手和单脚脱落，此时应通过另一手臂和手指的力量来维持身体的平衡。

(5)脚上手点

该技术主要用于垂直岩壁、支点稀少或将脚抬至腰部附近的支点而没有其他支点进行辅助的路线。运用该技术进行攀岩时，要充分利用手臂的力量及快速的换手动作来维持身体的平衡，避免伤害事故的发生。

(6)扭膝

两脚分别踩于两支点上，开始时双脚均采用正踩方式，做动作时一条腿保持不动，另一条腿以所踩支点为轴顺时针或逆时针旋转，使所踩点由正踩变为侧踩，同时身体变为侧向岩壁，靠一只手锁定身体，另一只手向上抓握支点。

(7)蛙步

双手抓握两个支点，双脚尽量抬高踩住胸前或腰部的一个或两个支点，使身体缩成一团，像青蛙一样向上跳跃，同时伸手抓握下一支点。

(8)高抬脚动作

当脚点位置很高时，采用高抬脚的动作进行攀岩。该动作有两种方法。一种是双手抓握同一支点，将身体稍微向所要到达的脚点扭转，身体后倾，腰部向与所要到达脚点的相反方向扭曲，让出空间抬脚。当脚抬到所要到达的脚点时，双手同时发力将身体拉起，同时抬起另一只脚，将身体重心压到所踩支点上。另一种方法是双手抓握同一手点，身体向后微倾，用将要踩踏下一脚点的脚踩现有的脚点，另一只脚蹬一下岩壁，同时身体借力向上移动，将所要抬的脚迅速抬到所要到达的脚点上，以完成高抬脚动作。

第四节　轮滑运动

一、轮滑运动概述

轮滑也叫"滚轴溜冰"或"溜旱冰"。轮滑运动起源于18世纪初，兴起于1863年，最早的轮滑运动组织是1866年在美国成立的"纽约轮滑运动协会"。在此之后，于1924年由德国、法国、英国和瑞士4个国家联合组织了"国际轮滑联合会"。19世纪末，轮滑传入我国。

轮滑运动是从滑冰运动过渡和发展产生的，近年来发展速度越来越快，参与人数也越来越多。轮滑运动同滑冰相比，更刺激、惊险和时髦，四季皆宜，不受时间限制，深受青少年的喜爱。

1. 轮滑运动的特点

(1)娱乐性

轮滑运动有很强的娱乐性和趣味性，可使人们从平时紧张、压力繁重的学习和工作中解脱出来，达到放松身心的目的。

(2)工具性

轮滑运动还具有很多体育项目所不具备的一个特性，即它可以当作交通工具。一般情况下，在平整的路面上，轮滑都可以成为代步工具。

2. 轮滑运动的健身价值

(1)提高人体素质

轮滑运动是一项全身性运动，它能促进心脑血管系统和呼吸系统机能的改善和代谢作用的加强，能增强臂、腿、腰、腹等肌肉的力量和身体各个关节的灵活性。

(2)促进人体动态平衡的发展

轮滑运动具有运动中求平衡的特性，它对人体的前庭器官起到锻炼作用，有利于提高人体的动态平衡能力。

二、轮滑运动的种类

现代轮滑运动分为速度轮滑、花样轮滑和轮滑球三大项。

1. 速度轮滑

速度轮滑是以单排、双排轮滑鞋为比赛工具的竞赛项目。比赛场地分场地跑道比赛和公路比赛两种。世界锦标赛场地跑道正式比赛距离为男子 1000 米、5000 米、10000 米、20000 米四项，女子为 500 米、3000 米、5000 米三项；公路比赛包括女子 21 千米半程马拉松赛、男子 42 千米马拉松赛。比赛场地跑道像自行车场一样呈盆形。

2. 花样轮滑

花样轮滑分为规定图形滑、自由滑、双人滑和双人舞 4 个项目。比赛名次是根据运动员动作的难易程度、优美程度和表现能力来打分确定胜方。

3. 轮滑球

轮滑球打法与冰球相似，运动员脚穿轮滑鞋，手拿 91～114 厘米的木制球杆在场地内进行比赛。球场为长 22 米、宽 12.35 米的长方形水泥或者花岗岩制成的硬质地面，球门高 1.05 米，宽 1.54 米，分置于球场两端线的中间。比赛用球，形如棒球，重量为 155.925 克。比赛时间固定，在有效时间内得分多者胜利，每场比赛分上、下两局进行，每局时间为 20 分钟。在比赛过程中，运动员可以运用个人技术进行传球、运球等一系列战术配合，将球打进对方球门得一分，最终得分多者胜出。

此外还可利用 U 形台比赛，运动员在比赛过程中做各种各样惊险、复杂的技巧表演动作。此项比赛分街道赛和半管赛，它也是轮滑运动中最惊险刺激、最吸引别人目光的比赛，但也是最危险的比赛。

三、轮滑运动的装备

轮滑装备包括：轮滑鞋和轮滑护具。

1. 轮滑鞋

根据轮子的排布，轮滑鞋可分为双排(图 16-22)和单排(图 16-23)两种。双排轮滑鞋又可分为速度轮滑鞋、花样轮滑鞋和轮滑球鞋；单排轮滑鞋有速滑鞋和轮滑球鞋两种。目前国际比赛中大多数采用单排轮滑鞋，这种鞋穿着轻巧，更适合公路赛和轮滑场比赛，对地面要求较低。

图 16-22　双排轮滑鞋　　　　图 16-23　单排轮滑鞋

2. 轮滑护具

轮滑护具(图 16-24)包括头盔、护肘、护腕和护膝。带护具不仅能保护自己，更能给自己心理暗示，使锻炼者能够以良好的心态进行练习。

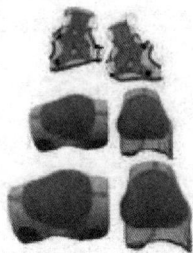

图 16-24　轮滑护具

四、轮滑运动的基本技术

1. 轮滑的基本站立姿势

(1)基本技术

动作方法：两脚平行站立稍比肩窄，重心落在两腿之间，膝关节微屈，两脚稍向外倾斜，以增强身体的稳定性(图 16-25)。

动作要点：屈膝，膝关节内扣，两脚向外倾斜以增加静止时的稳定性。

(2)练习方法与手段

①开始学习时，在同伴或教师的保护下进行站立姿势练习，体会静止站立时的感觉。

②双手扶在栏杆上进行站立姿势练习。

③重复练习以提高站立的稳定性。

图 16-25 基本站立姿势

2. 直道滑行技术

直道滑行的基本动作由蹬地、收腿、着地、摆臂及全身动作配合构成。

(1)基本技术

动作方法：上体前倾，两臂自然下垂，两脚稍分开成外"八"字站立，重心移至右腿上，用右脚内轮蹬地，左脚用力向前滑行，随着蹬地动作的结束，把重心移至左腿上，左腿呈半蹲支撑，靠惯性滑行，接着向前收右腿，同时左脚蹬地，随左腿蹬地动作结束，重心移至右腿上。反复进行。摆臂动作的节奏要与蹬地腿保持一致，臂腿的配合动作是蹬地腿的同侧臂向前，异侧臂向后摆动。摆臂时，两臂以肩关节为轴，以屈伸肘关节的动作完成前后自然摆臂动作(图 16-26)。

图 16-26 直道滑行技术

动作要点：直道滑行时，身体要协调用力，蹬地有力，摆臂自然。

(2)练习方法与手段

①初学时，在保护与帮助下缓慢地进行滑行。

②在空旷平坦的地面进行慢速的直道滑行练习。

③重复练习以提高运动技术。

3. 制动停止方法

(1)"T"形制动法

动作方法：在向前滑行中，将重心放在左脚上，左膝微屈，同时抬起右脚，右脚脚尖外转，横放在左脚后呈"T"形，以右脚的 4 个轮内侧面摩擦地面，减缓滑行速度，此时，重心下降并逐渐移向右脚，加大摩擦直到滑行停止(图 16-27)。

动作要点：注意重心在"T"形制动中的变化，经常练习以提高熟练程度。

练习方法与手段：

①开始练习时，先观摩其他熟练者的站立姿势，掌握正确的技术要领。

②先在滑行速度较慢时进行制动练习，待熟练技术动作后，逐步在滑行速度快的状态下进行制动练习。

图 16-27　"T"形制动

③重复练习，逐步熟练技术动作。

（2）双脚侧平行制动法

动作方法：双脚侧平行制动法是在滑行中将身体和双脚侧转 90 度，使轮子横擦地面的一种制动方法。将要做急停时，上体略抬起。两脚略靠近，首先迅速转动上体，带动臀部和双腿突然侧转。转体时上体稍向上提，使内侧肩稍高，然后重心快速降低，身体呈反向平衡，使体重全部压到腿上，膝关节稍屈，使双脚的轮子与地面摩擦减速制动（图 16-28）。

1　　　　　　2　　　　　　3

图 16-28　双脚侧平行制动

动作要点：进行此种制动方法练习时，要合理控制重心，保持身体平衡，外侧脚的运动幅度大于内侧脚。

练习方法与手段：

①观摩动作熟练者的双脚制动的方法，听取他们的心得体会以掌握正确的技术动作。

②在慢速状态下或有保护与帮助的情况下进行双脚侧平行制动练习。

③可在地上放一海绵垫或其他软物体，围绕海绵垫进行制动练习，以免摔伤。

4. 弯道滑行技术

弯道滑行技术与直道滑行技术有很大的区别。弯道滑行技术特点在于练习者用交叉步滑行，由于向心力的作用，上体不仅前倾，而且还要向内侧倾。

(1)基本技术

①弯道滑行的基本姿势。

动作要领：弯道滑行过程中，上体前倾，支撑腿的髋、膝、踝三个关节保持屈的状态。身体始终向圆心倾斜，并保持鼻与支撑腿的膝关节、前轮都处在同一纵轴平面上，双臂前后自然摆动(图16-29)。

图16-29　弯道滑行技术

②弯道滑行轮子着地技术。

动作要领：右脚着地动作是在右腿收腿动作结束后，利用右脚踝关节的背屈动作使轮子的正面后轮在支撑腿的前内侧较适宜的位置轻轻着地。左脚轮子着地动作是在左腿的收腿动作结束后，左脚踝关节背屈，使前轮子稍稍翘起，利用轮子外侧后部在右脚轮子的前内侧较适宜的位置轻轻着地。

③弯道双脚左右交叉步技术。

动作要领：当抬右腿向左边做交叉步时，重心移到左腿上，此时左脚轮子利用外侧面滑行，右脚轮子利用内侧面滑行，当抬左腿向右边做交叉步时重心移到右腿上，此时左脚轮子利用内侧面滑行，右脚轮子利用外侧面滑行。

动作要点：弯道滑行时，重心偏向弯道的内侧，外侧脚的用力要大于内侧脚。

(2)练习方法与手段

①观摩动作熟练者弯道滑行时的腿部动作及手臂的摆动动作，学习正确的技术动作。

②在慢速状态下进行练习。

③可在地上放一海绵垫，围绕海绵垫进行重复练习，以免摔伤。

五、倒滑技术动作

1. 基本技术

(1)倒滑滑行

重心在左脚，右脚尖略朝外，左脚跟外翻，腰向左扭转，重心完全落在右脚，用右脚后退滑行，左脚略提起放在右脚前方，左脚跟外翻，腰向右扭转，重心完全落在左脚。用左脚后退滑行，右脚略提起放在左脚前方。

（2）后退葫芦形

足尖靠拢，脚后跟打开，两膝弯曲，上身微前倾，两足压轮子内侧面。两脚同时向两旁滑行。两脚滑开后，向外划弧，并向内收，改为外"八"字。两脚同时向内夹紧。两脚跟快接触时，双脚转变为内"八"字，同时往外推开，后滑时重心保持在双脚之间(图 16-30)。

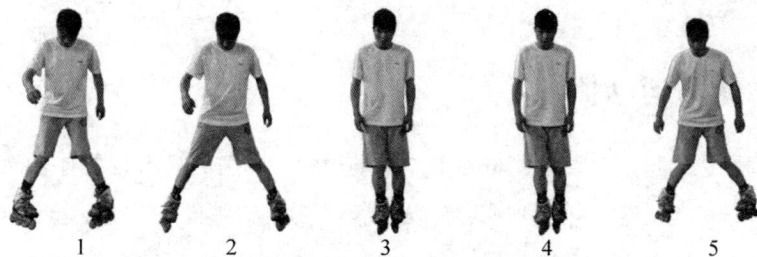

图 16-30　后退葫芦形倒滑技术

六、轮滑运动的安全与装备维护常识

1. 安全常识

为确保人身安全，必须注意以下几点。

①做好准备活动。与参加其他运动一样，每次练习前都应先做好充分的准备活动，尤其是脚踝、膝关节、髋关节与腰部等部位的准备活动。

②穿戴好护具。滑行前应戴上护具，当人体在摔倒时，护具能够起到保护作用。全套护具应包含头盔、护肘、护膝与护掌。

③在安全区域进行轮滑练习。不要在车道、斜坡、会吃轮子的格子地沙，以及有水滩、树枝、叶子、碎石、油渍的场合进行轮滑练习。

④轮滑时不要戴着耳机，以免影响注意力而导致伤害事故的发生。

⑤学习新的技巧或动作时应有人指导，并且要特别小心。

2. 直排轮鞋维修与保养

直排轮鞋维修与保养包括：半个月到一个月调换一次轮子，调换轮子时，先把轮子编号，并做上记号，把左脚的1号轮子与右脚的3号轮子互换，依此类推；合理调整轮子的高度；轴承如果沾染上灰尘，可以用布或牙刷进行清理，可以使用专用的保养油使其转动更顺畅；根据情况更换轴承、清理内衬、更换刹车片等。

第五节　马术运动

一、马术运动概述

马术运动起源于原始人类的生产劳动过程。中国的马术也具有悠久的历史，兴于周代，盛于唐代。现代马术运动始于欧洲。古代为了使战车所用的马匹在战场上移动精确，常对马匹进行各种技巧和协调性的训练，后来就发展成为马术比赛。

1734 年，美国弗吉尼亚州成立了查尔列斯顿马术俱乐部，这是世界上最早的马术俱乐部。

1953 年，举办了首届世界场地障碍马术锦标赛。1966 年起举办花样骑术锦标赛。1900 年，马术比赛首次进入奥运会，当时只设障碍赛一个项目。1912年，马术比赛扩大为盛装舞步赛、障碍赛和三日赛三项。从 1952 年起，女骑师被允许参加奥运会的马术比赛，马术也成为奥运会中唯一一个男女同场竞技的比赛项目。作为一个团队，马匹和选手将共同获得奖牌和名次。2005 年 7月，国际奥委会决定：2008 年奥运会马术比赛在香港举行。

二、马术比赛的器材

马术比赛的器材包括马术防护衣、头盔、马鞭等。

1. 马术防护衣

马术防护衣(图 16-31)也叫骑马防护衣。在马术发达国家，初学者必须穿防护衣。防护衣类似古代武士的铠甲。防护衣用于防止人从马背上摔下来时对身体造成重大伤害，尤其是脊椎和内脏。

图 16-31　马术防护衣

2. 头盔

头盔(图 16-32)最初用途是在战争中防止脑袋被敲碎或砍伤。后来又兼具仪仗的用途。现代马术头盔讲究实用，可以最大限度地防止骑手坠马时可能造成的伤害。

3. 马鞭

马鞭是骑马的辅助用具，用于驱使马匹按照人的意愿完成各种动作。根据不同的马术项目，马鞭分为赛鞭(图 16-33)、障碍鞭(图 16-34)和盛装舞步鞭(图 16-35)等。赛鞭的长度为 60～75 厘米，鞭杆较粗，手柄比较长；障碍鞭长度和赛鞭相仿，但鞭杆比较细，手柄较短。这两种鞭子的前端都有鞭拍。

图 16-32　马术头盔

盛装舞步鞭的长度为 110～130 厘米，鞭头是 10 多厘米长的软梢。

图 16-33　赛鞭　　　　　图 16-34　障碍鞭　　　　　图 16-35　盛装舞步鞭

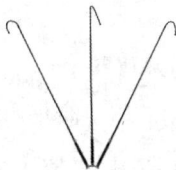

三、马术比赛项目的分类

奥运会的马术比赛分为盛装舞步赛、障碍赛和三日赛三项，每项均设团体和个人金牌，共产生 6 枚金牌。

1. 盛装舞步赛

盛装舞步，又称花样骑术和马场马术，是马术运动的基础，起源于公元前 4～5 世纪。20 世纪初，这种舞步变得更具艺术性和观赏性，逐渐成为一种竞技项目，并在 1912 年正式成为奥运会的比赛项目。

(1)盛装舞步比赛简介

盛装舞步比赛在长 60 米、宽 20 米的平整沙地中进行，骑手头戴黑色阔檐礼帽，身着燕尾服，脚蹬高筒马靴，伴着悠扬舒缓的旋律，驾驭马匹在规定的 12 分钟内表演各种步伐，完成各种连贯、规格化的动作。在整个骑行过程中，人着盛装，马走舞步，骑手与马融为一体，同时展现力与美、张力与韵律、协调与奔放，具有很强的观赏性。无论动作多么复杂多变，人和马都显得气定神闲、风度翩翩，表现出骑乘艺术的最高境界。花样骑术个人于 1912 年被列为奥运会比赛项目，团体于 1928 年被列为奥运会比赛项目。

(2)具体规则

盛装舞步比赛规则包括比赛时间和比赛场次两个方面。

①比赛时间。

裁判员根据骑手、马匹所做的各个规定动作是否正确与规整、人马配合是否协调、马匹是否顺从和有活力等方面给予评分。如果出现违反规定动作路线，裁判长示意骑手暂停比赛并予以纠正。第一次违反路线，从该骑手全场比赛总分中扣除 2 分；第二次违反扣 4 分；第三次违反扣 8 分；第四次违反即被淘汰。全场比赛规定时间是 7 分钟。

②比赛场次。

骑手与马匹须在场地内进行三场比赛；前两场是指定动作——由国际马术联合会设定；最后一场是配乐自由演绎——骑手与马匹演绎自选音乐和自编舞步。

2. 障碍赛

(1)障碍赛简介

场地障碍赛是马术项目中极具观赏性的比赛，要求骑手和马匹配合默契，齐心协力跳跃 12 道障碍，其中包括一道双重障碍和一道三重障碍(总共 15 跳)。

比赛主要是考验人马配合的熟练程度以及按照固定路线快速通过多道障碍物的能力，马匹的弹跳能力、对起跳时机的选择和骑手对比赛节奏的掌控在比赛中尤为关键。

(2)障碍赛规则

比赛在长 90 米、宽 60 米的场地中进行，场内设置 10~12 道不同形状的障碍，其中有一道为双重障碍、一道三重障碍。行进路线长度为 450~650 米。障碍前摆放 1~12 号码牌。骑手按照号码顺序依次跳完全部障碍。障碍高度共分三个难易级别，最低为 C 级，1.2 米高；其次为 B 级，高度为 1.2~1.4 米，一般仅设置数道 1.4 米高的障碍；最高为 A 级，高 1.6 米。障碍前放置有从 1~12 的号码牌，骑手要按号码顺序依次跳完全部障碍。骑手进入比赛场地后，听到裁判长允许比赛的铃声后方可进行比赛。骑手通过起点的标志杆，比赛即开始，全部跳完 12 道障碍，通过终点标志杆后，比赛成绩方有效。骑手通过每一道障碍的正确方向是白旗在左侧，红旗在右侧。骑手在比赛中每打落一个横杆，罚 4 分；马匹在障碍前不跳或者不服从骑手的控制，罚 3 分；超过规定时间，每秒钟扣罚 0.25 分。

场地障碍赛的成绩评定，以罚分少、时间快为优。

(3)障碍赛类型

比赛分为团体赛和个人赛。团体赛每队由 4 名选手组成，将其中前 3 名队员的成绩相加为团体成绩。个人赛的障碍高度高于团体赛，骑手在规定时间内如果出现罚分相同，将进行复发，复赛将减少障碍数量，增加障碍难度和高度。骑手要运用娴熟的技能，既不碰落障碍，又要行走最佳路线，目的是在最短时间内完成比赛，赢得名次。骑手没有按号码顺序跳障碍、落马、超过比赛的限制时间或赛马在一次比赛中两次拒跳，选手即被淘汰。

3. 三日赛

三日赛也称"三项赛"或"综合全能马术比赛"，以测验骑手跟马匹的综合能力。

三日赛比赛分三天进行，骑手必须骑同一匹马。第一天进行盛装舞步的比赛，基本包括步伐和步幅姿态等，盛装舞步赛与单项盛装舞步赛规则相同，但是三日赛中的盛装舞步要比单独的盛装舞步比赛简单得多。第二天进行速度、耐力和越野能力比赛，即越野赛。越野赛全程由 4 个区间组成，骑手必须在规定的时间内到达终点，根据所用的时间长短来评定名次：第 1 区间和第 3 区间均为 20 千米，要求骑手速度为平均每分钟 240 米；第 2 区间为越野障碍赛，赛程为 3600～4200 米，其中每 1000 米设置三个篱栅式障碍，要求速度为平均每分钟 600 米；第 4 区间为越野赛，赛程为 8000 米，其中每 1000 米设置 4 个不同的障碍物，要求速度为平均每分钟 450 米。根据骑手失误罚分和超时限罚分来评定这 4 个区间的总成绩。第三天进行的是场地障碍赛，内容基本上和场地障碍赛的单项比赛相同，只是程度要浅一些；场地障碍赛主要测验马匹的体能和顺从程度，沿途设置 10～12 个障碍，要求速度为平均每分钟 400 米，其中必须有三分之一达到最高限的障碍和一个水沟障碍。裁判员根据骑手失误罚分和超时限罚分来评定成绩，以 3 项总分评定名次。

奥运会三日赛有个人和团体两个项目（均为 1912 年列入），三日赛是奥运会马术比赛中最艰苦也是最考验骑手与马匹的比赛项目，比赛中充满了危险和刺激，是奥运会马术比赛中最难拿到金牌的项目。

四、马术基本姿势和步法

1. 基本姿势

骑手在鞍上的正确姿势非常重要，它有助于正确地运用扶助、与马保持平衡、有效而轻松地骑乘。

（1）基本骑姿

在马上，必须坐在鞍座的最深部位，臀部与马的臀部呈正方形。感觉到自身体重被坐骨两侧平均分担，必须保持身体是垂直的（图 16-36）。必须向前进的方向看。当身体垂直时，要保持柔软而不要僵直。臀部、大腿和膝关节与鞍自然接触，这样才能让膝关节以下部分轻松依靠在马的体侧。骑手必须始终与马的运动保持平衡。只有臀部柔韧，脊柱和肩部保持弹性，才能做到这点。脚掌要始终放在镫的底部，并用适当的压力保持马镫的相对稳定。脚不要偏向一侧或其他方向。从脚后跟到脚尖连线的方向应指向正前方。踝关节始终保持柔韧，脚后跟要略低于脚尖(图16-37)。

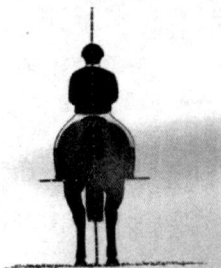

图16-36　正确骑姿：后视　　　　图16-37　正确骑姿：侧视

(2)骑姿的基本要求

耳、肩、髋、脚跟在一条垂直线上；头部与脊椎保持自然的正直，肩膀要放松，肩胛骨要放平；胸要自然、柔和地挺起来，上臂要垂直下来；肘关节要有明显的弯曲，腕部要正直，胳膊肘、手腕与马嘴在同一条直线上；重量要平均地分布在坐骨上；腿要自然地垂下，膝盖要放松；小腿腓肌要稳定地放在马匹的两侧，脚踝要放松；脚在骑坐下方，前脚掌踏镫。

2. 基本步法

骑手必须在所有的步法上与马保持平衡协调，马必须接受骑手腿和手的联系。赛马的舞步大致分为停止、慢步、快步、跑步、袭步、后退、过渡、半停止(半减却)、变换里怀、图形、横向运动后肢旋转、帕沙齐、皮埃夫、收缩、顺从/推进、骑手的姿势和扶助等步伐。其中慢步分为缩短慢步、中间慢步、伸长慢步和自由慢步，快步分为缩短快步、工作快步、中间快步和伸长快步，跑步分为缩短跑步、工作跑步、中间跑步、伸长跑步、反对跑步、简单变脚和空中变脚，图形分为圆形、蛇形和8字形等。3名裁判要根据每个动作的顺序和标准，按骑手的姿势、风度、难度完成情况和艺术造诣等表现来打分。

(1)慢步(中间慢步)

慢步每步有四个节拍，即"四拍"步。每步节拍均匀连贯，骑手可数："一、二、三、四，一、二、三、四……"如果出现了不规则的节拍，则是严重的错误。慢步应当是有目的而且规整地行进(图16-38)。

图16-38　中间慢步

蹄落的次序是：左后蹄；左前蹄；右后蹄；右前蹄(图 16-39)。至少有两个蹄子同时落在地上。

(2)快步(工作快步)

快步是对角蹄同起同落的两节拍步法。每步有两节拍，规律而均匀。骑手可数："一、二，一、二，一、二……"快步时要表现平稳和有节拍，但应积极。

蹄落的次序是：左后蹄和右前蹄同时；右后蹄和左前蹄同时。马的一对斜对角蹄跳起而转向另一斜对角蹄跳起，中间有一瞬间的腾空期(图 16-40)。

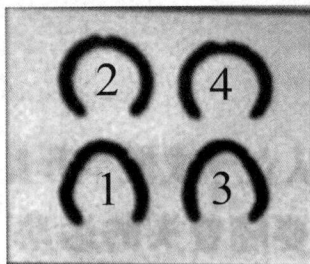

图 16-39　慢步时蹄落地的顺序

图 16-40　快步时蹄落地的顺序

(3)跑步(工作跑步)

跑步因每步有三个节拍而称"三拍步"。骑手可数："一、二、三，一、二、三，一、二、三……"中间有一个静音期。在跑步的状态下，感觉到马步轻快、平衡和有节奏(图 16-41)

图 16-41　工作跑步

左前蹄领步时蹄落地的次序是：右后蹄；左后蹄和右前蹄同时；左前蹄——领步蹄(图 16-42)。紧接着随着四蹄短暂离地而有一个腾空期。

右前蹄领步时蹄落地的次序是：左后蹄；右后蹄和左前蹄同时；右前蹄——领步蹄(图 16-43)。紧接着有一个腾空期。

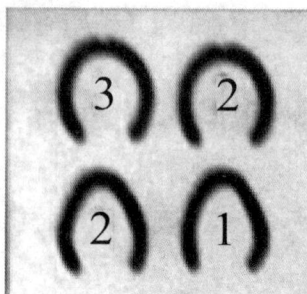

图 16-42　跑步时左领蹄　　　　图 16-43　跑步时右领蹄

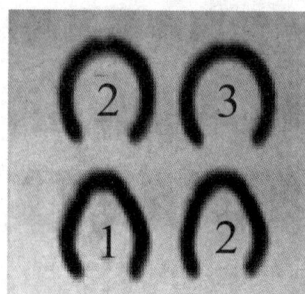

(4)袭步

袭步是四节拍运动，每步有快速的四个节拍。骑手可数："一、二、三、四，一、二、三、四……"每步之间有一个静音期。

左前蹄领步时的落蹄次序是：右后蹄；左后蹄；右前蹄；左前蹄——领步蹄(图 16-44)。紧接着有一个腾空期。

右前蹄领步时的落蹄次序是：左后蹄；右后蹄；左前蹄；右前蹄——领步蹄(图 16-45)。紧接着有一个腾空期。

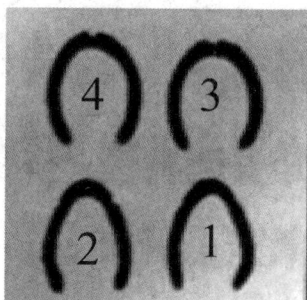

图 16-44　袭步时左领蹄　　　　图 16-45　袭步时右领蹄

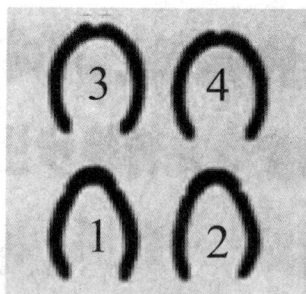

思考与练习

1. 高尔夫握杆的动作要领是什么？

2. 定向越野运动的特点是什么？

3. 攀岩运动的装备有哪些？

4. 轮滑运动有哪几大种类？

5. 马术的步伐有哪些？

知识拓展

马匹小知识

蒙古族堪称马背上的民族，在漫长的历史长河中，蒙古族马文化与能征善战的蒙古民族一同载入史册。如果人类没有骑马习俗，无疑需要花费漫长的岁月才会意识到"速度"的概念。也就是说，没有马就没有人类今天的民族大统一和大发展速度。

马被驯化成家畜是在公元前 4000—公元前 3000 年，比狗、牛、羊、猪较晚。马具有强大的被利用能量，速度备受人类的重视。马匹作为得力的使役工具，主要被用于骑乘和运输上。特别是，由于它有惊人的快跑能力和完成重力劳动的优点，能够扩大人们的活动范围。另外，随着人与马的广泛接触，马逐渐在人类社会的军事、农业和交通运输等领域里被重用。

马在人类社会的各个发展里程中扮演了如此重要的角色，并与人类共存最终成为人类的朋友。马从被驯化为家畜到第二次世界大战为止的漫长的历史进程中，马成为重要的交通运输工具而活跃在战场上。

但是，工业革命之后随着机械化的发展，尤其是汽车、拖拉机等机械的普及，马逐渐丧失了劳动力和运输等各个领域的主导作用。特别是在农村，随着小型耕耘机和割草机的普及，马的数量明显减少。马在人们生活中的地位也逐渐降低了。但是，现代化社会的发展，使人们的生活越来越富裕、悠闲。因此，人们开始利用马开展体育竞技、悠闲娱乐、健身等活动，马并没有从此失去自身价值，被人们遗忘，而在体育健身、娱乐领域里又重新显示了自己的价值。如此，马被重新利用后，世界赛马业不断地向前发展，国际赛马交流活跃起来。随之，关于马的疾病防治、选种选配等工作成为各国需要研究的重要课题，并已成为重要的学术研究方向之一。另外，四年一次的国际性体育盛会——奥运会项目中唯一由动物和人共同完成的项目就是马术比赛。

参考文献

[1] 张瑞林. 体育保健与康复[M]. 北京：高等教育出版社，2005.

[2] 卢昌亚，李洁，龙之友. 运动生理学[M]. 桂林：广西师范大学出版社，2008.

[3] 凌月红. 体育健康教育与运动处方[M]. 北京：北京体育大学出版社，2004.

[4] 李淑清，李连芝. 大学体育[M]. 北京：人民军医出版社，2007.

[5] 从群，赵毅华，邓家平. 大学体育[M]. 上海：上海交通大学出版社，2006.

[6] 郭科伟，翟立武. 大学体育教程[M]. 北京：人民军医出版社，2006.

[7] 卢兵，黄银华. 体育学[M]. 武汉：中国地质大学出版社，1998.

[8] 步德寿，郭才祥. 体育学[M]. 武汉：湖北科学技术出版社，2006.

[9] 宾金生，唐桂黔. 大学体育[M]. 广州：暨南大学出版社，2008.

[10] 王瑛，林立. 大学体育与健康教程[M]. 上海：同济大学出版社，2007.

[11] 傅兰英，杨晓林. 大学体育与健康教程[M]. 北京：高等教育出版社，2009.

[12] 姚鸿恩. 体育保健学[M]. 北京：高等教育出版社，1986.

[13] 赵斌，万昌智，陈上越. 体育保健学[M]. 3版. 桂林：广西师范大学出版社，2000.

[14] 邓树勋，王健，乔德才. 运动生理学[M]. 北京：高等教育出版社，2005.

[15] 王琳，王安利. 实用运动医务监督[M]. 北京：北京体育大学出版社，2005.

[16] 曲绵域，于长隆. 实用运动医学[M]. 4版. 北京：北京大学医学出版社，2003.

[17] [瑞典]伦斯特伦. 运动损伤预防与治疗的临床实践[M]. 北京：人民体育出版社，2005.

[18] 孙麒麟，顾圣益. 体育与健康教程[M]. 4版. 大连：大连理工大学出版

社，2008.

[19] 毕春佑，刘大川. 大学体育[M]. 2版. 北京：北京体育大学出版社，2007.

[20] 刘学谦. 大学体育[M]. 广州：暨南大学出版社，2008.

[21] 王德森. 高职体育[M]. 合肥：合肥工业大学出版社，2006.

[22] 丘钟惠，庄家富，孙梅英，等. 现代乒乓球技术的研究[M]. 北京：人民体育出版社，1982.

[23] 苏丕仁. 乒乓球教学与训练[M]. 北京：人民体育出版社，1995.

[24] 凌群立，胡乐泳. 教你打乒乓球[M]. 南京：江苏科学技术出版社，1999.

[25] 熊启耀，郭仁辉. 体育竞赛组织与编排[M]. 西安：陕西科学技术出版社，1996.

[26] 范素萍. 体育与健康[M]. 北京：科学出版社，2004.

[27] 田振生. 大学体育教程[M]. 保定：河北大学出版社，2004.

[28] 周西宽. 体育基本理论教程[M]. 北京：人民体育出版社，2004.

[29] 从群，赵毅华，邓家平. 大学体育[M]. 上海：上海交通大学出版社，2006.

[30] 曾三明，程锡森，金海波，等. 现代大学体育与健康教程[M]. 武汉：华中师范大学出版社，2008.

[31] 杨乃彤，王建军. 新编体育与健康[M]. 北京：人民体育出版社，2007.

[32] 刘守燕，王良民. 体育与健康[M]. 北京：科学出版社，2008.

[33] 易勤，左丛现，等. 大学体育教程[M]. 武汉：武汉大学出版社，2003.

[34] 杨汉. 山地户外运动[M]. 武汉：中国地质大学出版社，2006.

[35] 孟刚. 户外运动[M]. 北京：北京师范大学出版社，2008.

[36] 李海，史芙英. 网球入门教程[M]. 北京：人民体育出版社，2007.

[37] 王旋，李瑶章，王树本. 花样轮滑规定图形[M]. 北京：人民体育出版社，2004.

[38] 王智慧. 现代跆拳道运动教学与训练[M]. 北京：人民体育出版社，2007.

[39] 黄宽柔，姜桂萍. 健美操 体育舞蹈[M]. 北京：高等教育出版社，2006.

[40] 张云柱，等. 奥运百科知识全书[M]. 北京：当代中国出版社，2003.

[41] 《奥林匹克学》编写组. 奥林匹克学[M]. 北京：高等教育出版社，1999.

[42] 崔志强，吴嵘. 实用高尔夫球规则与判例[M]. 北京：人民体育出版社，2007.